LAROUSSE

guide du pêcheur
en eau douce

DIRECTION DE LA PUBLICATION
Marie-Pierre Levallois

DIRECTION ÉDITORIALE
Catherine Delprat

ÉDITION
Agnès Dumoussaud assistée de Florence Belvisi

DIRECTION ARTISTIQUE
Emmanuel Chaspoul assisté de Jacqueline Bloch et Olivier Caldéron

DESSINS
Denise Bazin, Laurent Blondel, Gismonde Curiace, Jean-Paul Doron

CONCEPTION GRAPHIQUE ET MISE EN PAGES
Christine Dufaut

CONCEPTION DE LA COUVERTURE
Véronique Laporte

LECTURE-CORRECTION
Madeleine Biaujeaud et Édith Zha

FABRICATION
Annie Botrel

ISBN : 203 560 290-4

CRÉDITS DES DESSINS

Les dessins sont des dessins d'artistes. Certains sont inspirés des catalogues de matériel de pêche cités ci-dessous, avec la participation des dessinateurs suivants :

Denise Bazin : dessins pages 20 à 23, 26 à 29, 31, 40 à 43, 45, 56 à 61, 65, 67. **Laurent Blondel** : dessins pages 15 d, 16 h, 17 h, 19 hd, 19 bd, 24, 25, 30 h, 39, 63, 70 à 95, 158, 161, 164 à 171. **Gismonde Curiace** : dessins pages 10 à 13, 14-15, 16-17, 18-19, 30 b, 49 à 52, 55, 178 hg, 179, 180 hg, 181 g, 181 cd, 182, 183 hg, 184 hg, 185, 186 hg, 187, 188 hg, 189, 190 hg, 191, 192 hg, 193 g, 194, 195 hg, 196 hg, 197 hg, 198 hg, 199, 200 hg, 201 h, 202 hg, 203 h, 204 h, 205 h, 206 h, 207 h, 208 hg, 209, 210 hg, 211 g, 212 hg, 213 hg, 214, 215 hg, 216, 217 hg, 218, 219 g, 220 h, 221 h, 222 h, 223 g, 224, 225 g, 226 h, 227 h, 230 h, 231, 232 g, 233 h, 234 h, 235 h, 236 h, 237 h, 240 h, 241 h, 242 h, 243 h, 244 h, 245 h. **Jean-Paul Doron** : dessins pages 98 à 123, 125 à 127, 129 à 147, 149 à 157, 159, 172 à 175, 178 bd, 180 hd, 181 hd, 183 hd, 184 bd, 186 hd, 188 d, 190 d, 192 d, 193 bd, 195 d, 196 bd, 197 d, 198 bg, 200 hd, 201 bd, 202 d, 203 bd, 204 bd, 205 bd, 206 b, 207 b, 208 bd, 210 hd, 211 d, 212 bd, 213 bd, 215 d, 217 d, 219 d, 220 b, 221 b, 222 b, 223 d, 225 d, 226 b, 227 b, 230 b, 232 d, 233 b, 234 b, 235 b, 236 b, 237 b, 240 b, 241 b, 242 b, 243 b, 244 b, 245 b.

h = haut, b = bas, c = centre, g = gauche, d = droite.

Catalogues : Amiaud Pêche, Ardent Pêche, Astucit, Bagley, Balzer, Blue Fox, Cannelle Pêche, Carpe Spirit, Daiwa, Delalandes, Drennan, Eagle, Europêche, G. Loomis, Go Sport, Grauvell, Humminbird, Kettner, La Sirène X21, Le Catalogue belge de la Pêche (Oncle Jo), Le Chameau, Fonderie Lemer, Le Trappeur, Lucky Craft, Markor, Marryat, Meeps, Mouches de Charette, Mouches Devaux Champagnole, Mitchell, Pacific Pêche, Pafex, Peerless Bam, Planète Pêche, Powerline STB, Ragot Normak France, Rive, Robert Cruz, Sert, Shimano, Technipêche, VMC, Water Queen .

L'auteur (luchesi.michel@wanadoo.fr) tient à remercier les personnes qui lui ont fourni des informations pour la réalisation de certaines parties de cet ouvrage, notamment le chapitre intitulé « La Pêche en France ».

LAROUSSE guide du pêcheur en eau douce

Michel Luchesi

Préface de CharlÉlie Couture

Dessins de Denise Bazin, Laurent Blondel,
Gismonde Curiace et Jean-Paul Doron.

LAROUSSE

21 Rue du Montparnasse 75283 Paris cedex 06

SOMMAIRE

Chapitre 6 LES POISSONS D'EAU DOUCE ET LEUR PÊCHE

Chapitre 7 LES POISSONS MARINS FRÉQUENTANT LES EAUX DOUCES

Chapitre 8 LES ÉCREVISSES ET LEUR PÊCHE

Chapitre 9 LA PÊCHE EN FRANCE

PRÉFACE

Assis entre deux roseaux la canne à la main, vêtu aux couleurs du paysage, le pêcheur observe ce qui se passe. Il observe son bouchon, bien sûr, mais, en même temps, les sens en éveil, sensible au frémissement d'une feuille de saule, au chant d'une perdrix, regardant les ombres grandir et le temps qui file comme les nuages reflétés dans l'eau, cet homme de l'attente perçoit souvent, en solitaire, ce qui se passe autour de lui.

Les heures au bord de l'eau ne sont pas seulement des heures aux aguets. Ce sont aussi de longues périodes de rêve, et de méditation, pour pénétrer l'invisible, essayer de voir ce qui se cache sous cette surface miroir, entre les racines de ce peuplier couché ou près d'un ruisseau d'eau claire. Car le pêcheur en est certain : il sait que le poisson est là !

Mais pourquoi donc ne mord-il pas ? Pourquoi ne se laisse-t-il pas tenter par l'appât que je lui propose ? A-t-il été mal esché ? Le courant est-il trop fort, ou l'eau n'est-elle pas assez oxygénée ?

Quand on pêche à la ligne, que l'on soit débutant ou plus expérimenté, on se pose de nombreuses questions. Au fil des minutes, au fil de l'eau et au bout du fil de pêche, le sujet de ces questions remonte parfois jusqu'à la nuit des temps : ai-je assez de connaissances pour défier l'instinct de l'animal ? Pourquoi l'homme moderne respecte-t-il si peu l'eau qui l'a fait naître ? Et si les poissons dont je connais les noms avaient eux aussi un prénom ?

Il y a bien souvent des explications simples pour les plus rationnelles de ces interrogations, pourtant on ne les connaît pas.

À travers ce guide pratique, tout en renseignant le lecteur, de façon précise et fort bien imagée, sur le milieu et la faune halieutiques, Michel Luchesi nous invite aussi à rester à l'écoute de cette Nature vivante, modelée de paysages dans lesquels coulent ces eaux douces qui font bouger les joncs souples derrière lesquels se cache parfois un pêcheur immobile, attentif au moindre mouvement...

CharlÉlie Couture

1

Histoire naturelle

Une bonne connaissance des poissons, de leur anatomie, de leur physiologie et de leurs comportements est indispensable au pêcheur. Il dispose ainsi de tous les atouts pour localiser leurs postes, anticiper leurs réactions et agir en conséquence quelles que soient les conditions.
Un exemple : en période de crue, le néophyte a tendance à ranger ses cannes. Dérouté par la force du courant, il se demande bien où pêcher. Un pêcheur expérimenté privilégiera les secteurs où les poissons peuvent s'abriter : les darses, les reculées et l'embouchure des affluents.
Grâce à son savoir-faire, il fera également un choix judicieux d'appâts ou de leurres. Ainsi, toujours dans les circonstances d'une crue, où les eaux sont teintées, couleur chocolat, un pêcheur à la cuiller n'utilisera pas un leurre à palette brillante, mais noire, parce qu'il sait que les poissons la discerneront bien mieux.

Qu'est-ce qu'un poisson d'eau douce ?

Il n'est pas toujours aisé de définir si telle ou telle espèce pêchée est un poisson d'eau douce. Les cours d'eau réservent parfois des surprises, surtout si la mer n'est pas loin.

VOIR AUSSI

- **Les poissons d'eau douce et leur pêche** pages 176 à 227
- **Les poissons marins fréquentant les eaux douces** pages 228 à 237

Les poissons capturés dans les milieux aquatiques ne sont pas forcément des espèces vivant exclusivement en eau douce. Il y a les poissons migrateurs qui se reproduisent dans les rivières, les fleuves et autres cours d'eau (comme le saumon et l'alose), ou y grossissent (comme l'anguille). D'autres sont des espèces marines pouvant supporter d'importants changements de salinité ; la plie et le flet en font partie. Cette capacité d'adaptation est également partagée par certains poissons d'eau douce. C'est le cas de l'épinoche, qui vit aussi bien en eau douce qu'en mer. Autre sujet d'étonnement : certains vertébrés aquatiques ressemblent à des poissons, mais n'en sont pas vraiment. C'est le cas des lamproies (voir dessin ci-dessous), des représentantes de l'ordre des pétromyzontiformes aux caractéristiques morphologiques et biologiques particulières :

- Elles n'ont pas de mâchoires. Leur bouche a une forme de ventouse.
- Leur corps ne possède pas d'os.
- La respiration se fait par des pores branchiaux.

La lamproie appartient à l'ordre des pétromyzontiformes, mais elle se différencie nettement des poissons par ses caractéristiques morphologiques et biologiques. L'une de ses particularités les plus remarquables est son disque buccal (voir ci-contre, gros plan de la bouche).

Peu de poissons d'eau douce

Il existe environ 20 000 espèces de poissons sur la planète, mais seulement un peu plus de 4 000 vivent dans les eaux douces (la majorité dans les eaux tropicales). En Europe, 200 ont été comptabilisées alors qu'en France il y en aurait plus de 70. En vérité, si on enlève les espèces rares et celles dont la répartition reste très localisée (comme l'apron, l'esturgeon, le barbeau méridional) ou qui ne mordent guère aux lignes, une quarantaine de poissons au maximum intéressent les pêcheurs. La plupart des poissons présents dans nos eaux douces sont des téléostéens. Ils se distinguent par un squelette ossifié. Les premiers représentants sont apparus il y a 220 millions d'années. Avant, vivaient des poissons primitifs, aux formes surprenantes, dont il reste des ancêtres : l'esturgeon ou le lépisostée, un grand carnassier d'Amérique du Nord, au squelette cartilagineux, qui peut atteindre plus de 2 m de longueur.

L'ÉVOLUTION DES POISSONS

Ostracoderme. Ce poisson sans mâchoires est un descendant des cyclostomes qui vivaient à l'air primaire.

Acanthoptérygien. Ce type primitif portait des nageoires rayonnées, supportées par les épines, et possédait une bouche articulée.

Holostéen. Ce groupe de poissons a les attributs des espèces d'aujourd'hui : des mâchoires et des nageoires paires.

Téléostéen. À l'exemple de la perche (dessin ci-dessus), la grande majorité des poissons d'eau douce sont des téléostéens.

DES POISSONS VENUS D'AILLEURS

De nombreux poissons ne sont pas autochtones, en France. La carpe est aujourd'hui considérée comme indigène, mais elle fut introduite par les Romains. Pline l'Ancien rapporte que ces poissons importés d'Asie étaient acheminés sur des bateaux pourvus de viviers. Quant au silure, qui a défrayé la chronique lors de son explosion démographique dans les années 1980, il a été déversé pour la première fois en 1857, dans le bassin du Doubs. Lui aussi s'est bien acclimaté, contrairement au huchon, au crapet des roches et à beaucoup d'autres poissons, mais il est probable que dans le bassin du Rhône il soit présent depuis longtemps, comme le pensent d'ailleurs les spécialistes. La truite arc-en-ciel, un salmonidé d'origine américaine, a également été importée, mais elle ne se reproduit guère dans nos milieux naturels. La présence de certaines espèces est accidentelle (poisson-chat, perche-soleil) et quelques-unes ont franchi nos frontières en empruntant les canaux, comme le sandre, ce percidé originaire d'Europe centrale qui, aujourd'hui, passionne les pêcheurs.

La forme des poissons

Morphologiquement, les poissons ne se ressemblent pas forcément. Des rapprochements peuvent néanmoins être faits, car certaines espèces ont des formes similaires et des liens de parenté.

Au cours d'une longue évolution, les poissons se sont adaptés à leur mode de vie et au milieu dans lequel ils se sont développés. Leur corps s'est modifié. Il n'est donc pas étonnant qu'aujourd'hui on trouve des poissons aux formes variées, mais, globalement, les différences sont beaucoup moins spectaculaires en eau douce qu'en mer. On peut faire le classement suivant :

• **Les poissons discoïformes**, comme la perche-soleil.

• **Les coniformes**, tel le chabot, ce petit poisson de fond à tête imposante.

• **Les anguilliformes**, comme l'anguille.

• **Les oblongiformes**, des poissons ressemblant à la carpe, au gardon et au rotengle.

• **Les fusiformes**, comme le saumon, la truite et le brochet.

• **Les platiformes**, tel le flet, cette espèce marine qui s'aventure en eau douce en remontant les fleuves côtiers, parfois sur de longues distances.

Tous les tronçons ne sont pas ronds

La section du corps est également différente selon les variétés de poissons : la brème est comprimée latéralement, le brochet a le dos massif, l'anguille a le corps arrondi (l'adulte uniquement, car la larve de ce migrateur est plate, comme une feuille de saule).

Plus étrange encore est la différence entre l'alevin et l'adulte du flet. La larve a l'aspect d'un poisson ordinaire, avec un œil de chaque côté de la tête. Lorsqu'elle grandit, une métamorphose a lieu. Son corps s'aplatit et ses yeux se retrouvent sur le flanc droit, parfois à gauche. Chez d'autres espèces – c'est notamment le cas du brochet et de la tanche –, il existe un dimorphisme sexuel : mâle et femelle n'ont pas tout à fait le même aspect ou possèdent des particularismes physiques. En principe, ce sont les femelles qui ont une constitution plus massive.

Les nageoires

La forme des nageoires est également diversifiée, en particulier celle de la dorsale et de la caudale. Chez certains poissons, les nageoires sont soudées et ne forment qu'une frange continue, à l'instar de l'anguille. La lote a une dorsale et une anale rubannées.

D'autres encore possèdent une caudale échancrée comme la truite, fourchue comme le brochet, ou arrondie comme le silure et la lote. Elle peut également avoir une forme hétérocerque (lobes inégaux), à l'exemple de l'esturgeon.

QUELQUES SECTIONS DE CORPS DE POISSONS

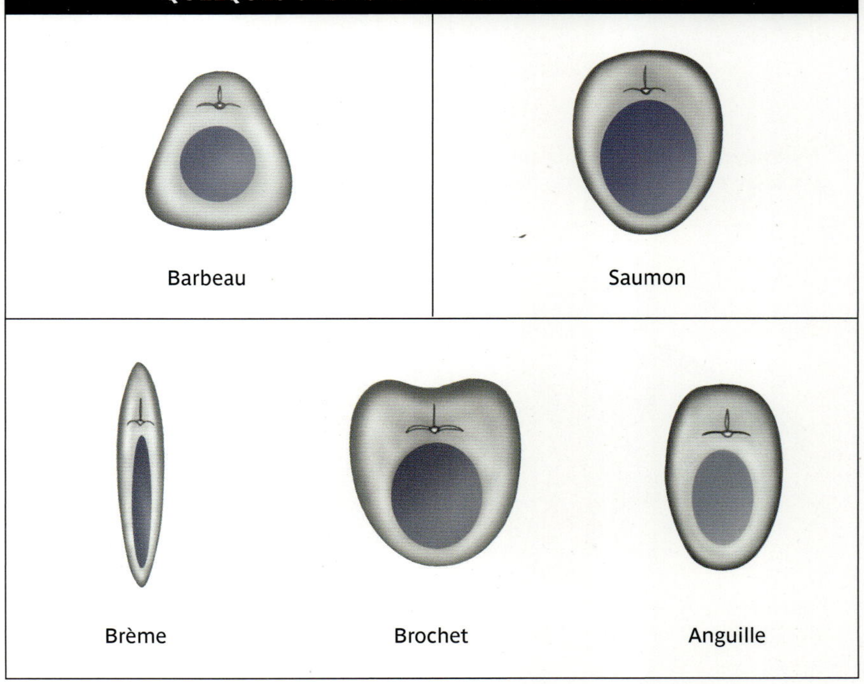

QUELQUES FORMES DE POISSONS

Saumon

Barbeau

Brochet

Anguille

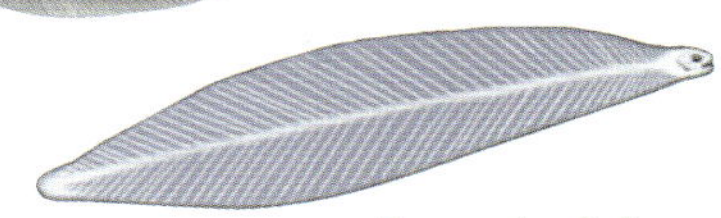
Forme juvénile

Plie

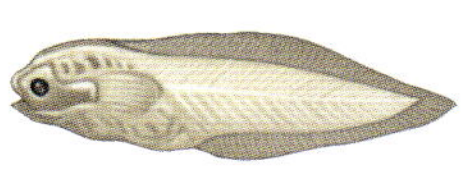
Forme juvénile

LES LIENS DE PARENTÉ

Au total, plus de 20 familles de poissons peuvent se rencontrer en eau douce. La perche et le sandre appartiennent à celle des percidés. Le gardon, le rotengle, l'ablette et la brème forment celle des cyprinidés. Truites, ombles et saumons sont classés parmi les salmonidés, qui ont la particularité de tous posséder une nageoire adipeuse (grasse).

QUELQUES FORMES DE NAGEOIRES CAUDALES

Nageoire tronquée

Nageoire homocerque

Nageoire fourchue

Nageoire échancrée

Nageoire hétérocerque

Anatomie et physiologie des poissons

Comme une bonne partie des êtres vivants, les poissons possèdent une colonne vertébrale, mais ils vivent dans l'eau. Leur anatomie et leur physiologie sont donc adaptées à cette particularité.

Que trouve-t-on dans le corps d'un poisson ? Les mêmes organes que ceux des oiseaux ou des mammifères, sauf que les branchies remplacent les poumons.

La peau et les écailles

La peau des poissons comprend un épiderme superficiel et un derme profond. Le premier contient de petites glandes qui sécrètent du mucus, un liquide gluant. Dans le second sont implantées des cellules pigmentaires et des écailles que la majorité des espèces possèdent. Ces lames de protection s'imbriquent comme les tuiles d'un toit et sont recouvertes d'une couche d'émail. Il en existe plusieurs types :

1 Les cténoïdes. Elles présentent de petites pointes qui les rendent facilement reconnaissables. Le sandre et la perche en possèdent.

2 Les cycloïdes. Ce sont celles que portent les poissons blancs comme le chevesne, le rotengle, le gardon, l'ablette ou la carpe. Elles sont lisses, fines et souples.

L'ANATOMIE EXTERNE DE LA TRUITE FARIO

3 Les placoïdes. Elles appartiennent à des poissons comme le requin ; pas à ceux qui croisent dans nos eaux douces.

4 Les ganoïdes. Épaisses et pointues, ces écailles sont articulées entre elles. On en trouve sur le corps de l'esturgeon.

Le squelette et les muscles

Le squelette des poissons est la charpente qui supporte les muscles et le cerveau. Il se compose des os de la tête, d'un axe vertébral et des arêtes. Les nageoires anale, caudale et dorsales sont rattachées à la colonne, tandis que les nageoires pectorales, ventrales ou pelviennes sont fixées au niveau des rayons osseux et vers la tête.
Les muscles servent à la propulsion des poissons et leur permettent de respirer. Parmi eux, il y a les muscles grêles qui animent les nageoires ; le masséter, indispensable pour bouger la mâchoire inférieure ; et les muscles latéro-dorsaux qui assurent le mouvement de la caudale. Tous ces muscles s'enchevêtrent obliquement.

Les nageoires

Ce sont les membres des poissons qui leur servent à se mouvoir et à s'orienter. Les nageoires pectorales et pelviennes sont en nombre pair. La nageoire dorsale, la caudale et l'anale, en nombre impair, sauf chez la perche, le sandre et le black-bass qui sont dotés de deux dorsales, l'une à rayons épineux, l'autre molle. Les salmonidés et le poisson-chat possèdent une nageoire adipeuse, entre la dorsale et la caudale, dont on ne connaît pas vraiment l'utilité. Tout aussi étonnant : l'épinoche porte des nageoires épineuses sur le dos, et la carpe, un aiguillon cranté.

La bouche et les dents

La bouche d'un poisson est adaptée à son alimentation. Le brochet a des mâchoires impressionnantes : sept cents dents acérées dirigées vers l'arrière pour mieux véhiculer la proie vers la gorge et l'estomac. Le

Les différentes formes d'écailles

1 Cténoïde

2 Cycloïde

3 Placoïde

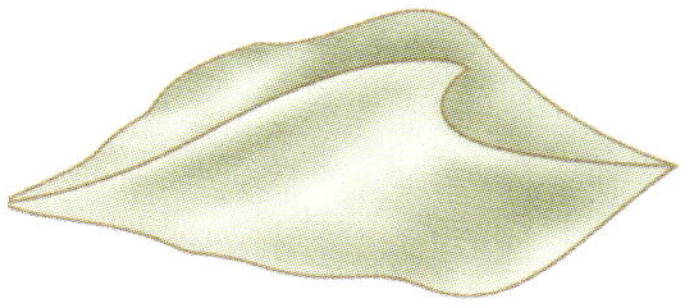
4 Ganoïde

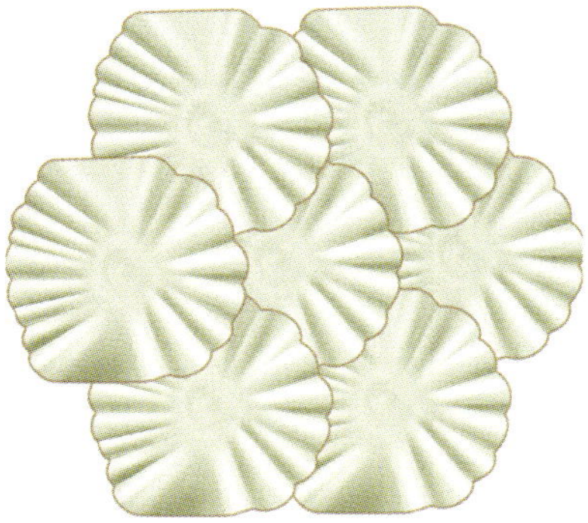
Implantation des écailles

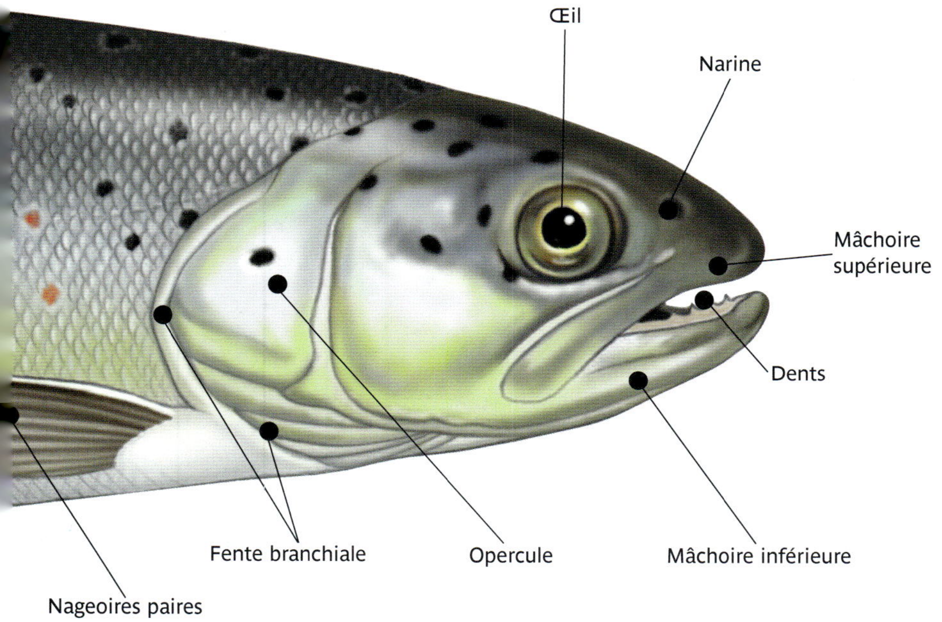

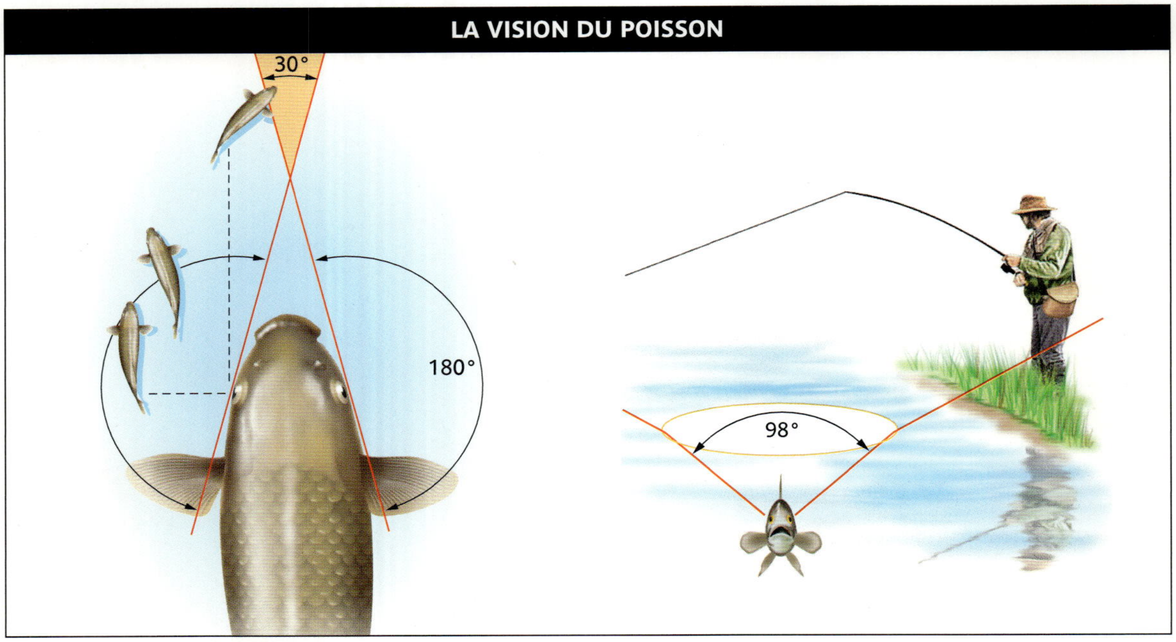

Les poissons ont un champ visuel élargi, ils voient même hors de l'eau selon un angle de 98°.

sandre a des crocs pointus et espacés. Les dents de la truite sont petites mais piquantes. Elle dispose par ailleurs d'une langue comportant de petits crochets (vomer). La gueule du silure est tapissée de râpes. La bouche des poissons blancs se distingue par leur nudité. En fait, des dents se trouvent à hauteur du pharynx et non vers les lèvres ou au milieu du palais. Il s'agit de ce qu'on appelle des « dents pharyngiennes ».
Le hotu, qui se nourrit d'algues et de mousses raclées sur le fond, a des lèvres cornées.

Les branchies

Situées sous les opercules qui les protègent, elles assurent l'oxygénation du sang. Il y en a quatre de chaque côté de la tête de la majorité des poissons d'eau douce. Les branchies sont constituées d'un arc branchial portant d'un côté des branchiospines (sortes d'épines) et de l'autre des lamelles irriguées de sang. Chez des poissons comme l'alose et le corégone, les branchies sont bien développées. Celles du brochet sont plus courtes, avec des lamelles espacées.

La vessie natatoire

Cette poche peut avoir plusieurs fonctions. Pour la plupart des poissons, c'est un appareil hydrostatique. En se remplissant plus ou moins d'air, il leur permet de se maintenir à différentes profondeurs. La vessie natatoire peut éga-

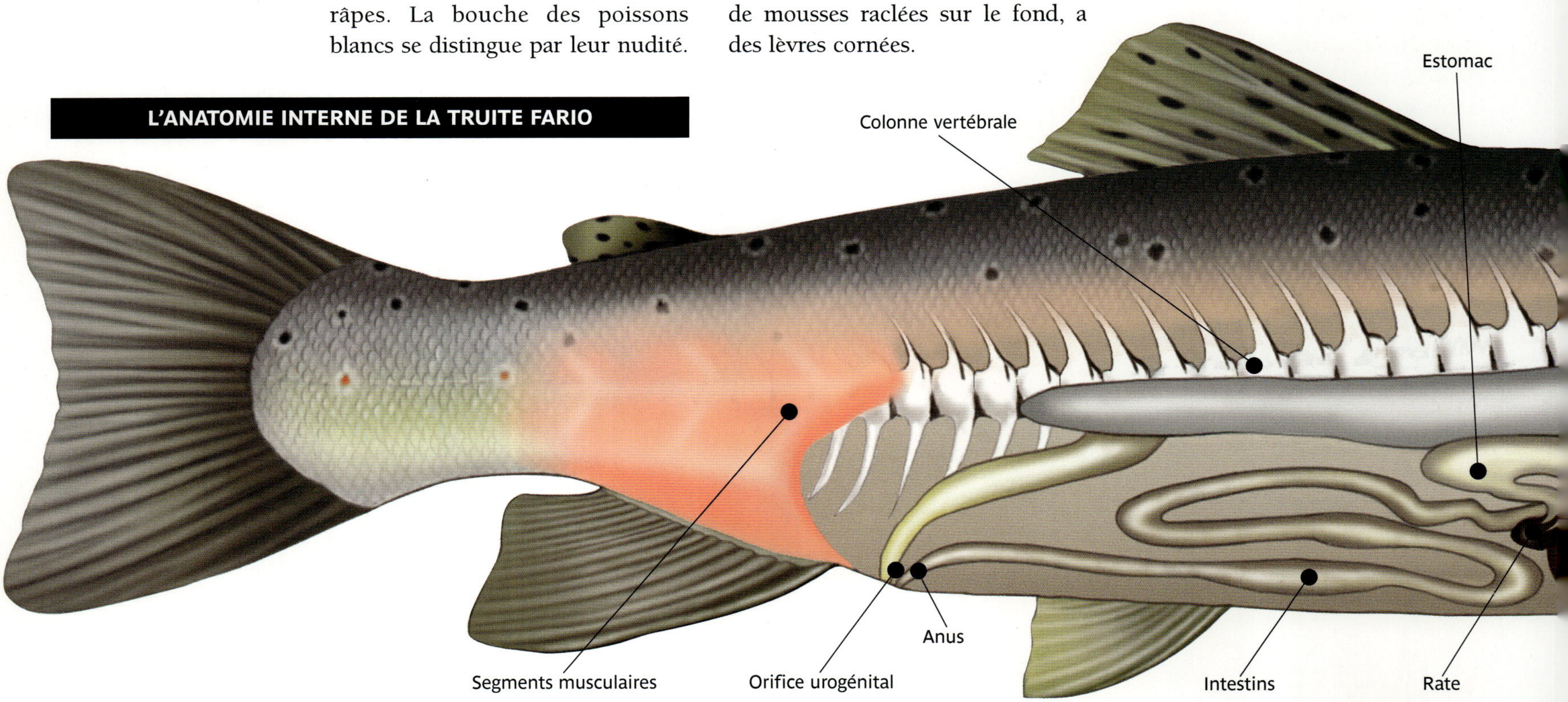

lement servir de caisse de résonance des sons et des vibrations. Certains poissons vivant sur le fond comme le chabot n'en possèdent pas, ce qui ne les empêche pas de bien nager.

L'appareil digestif et l'alimentation

L'appareil digestif commence par la bouche, se poursuit par la cavité buccale, le pharynx, l'œsophage, et l'estomac qui sécrète le suc digestif. Viennent ensuite le foie, la vésicule biliaire, le canal cholédoque et les cæcums pyloriques (des sortes de filaments), le pylore, l'intestin, la rate et l'anus. Chez les carnassiers n'ayant pas d'estomac, la digestion se fait directement dans l'intestin, dont la taille est alors plus importante.
Le régime alimentaire varie suivant les espèces et les disponibilités du milieu. Le brochet mange principalement des poissons, mais il se nourrit aussi de batraciens, d'écrevisses, de vers et de canetons, lorsque ces proies abondent ou en période de disette. Contrairement aux apparences, ce carnassier n'est pas un vorace. Il ne mange qu'à sa faim et digère lentement. La carpe préfère les végétaux et les petits invertébrés, mais il lui arrive aussi de croquer des alevins.

L'APPAREIL CIRCULATOIRE DU POISSON

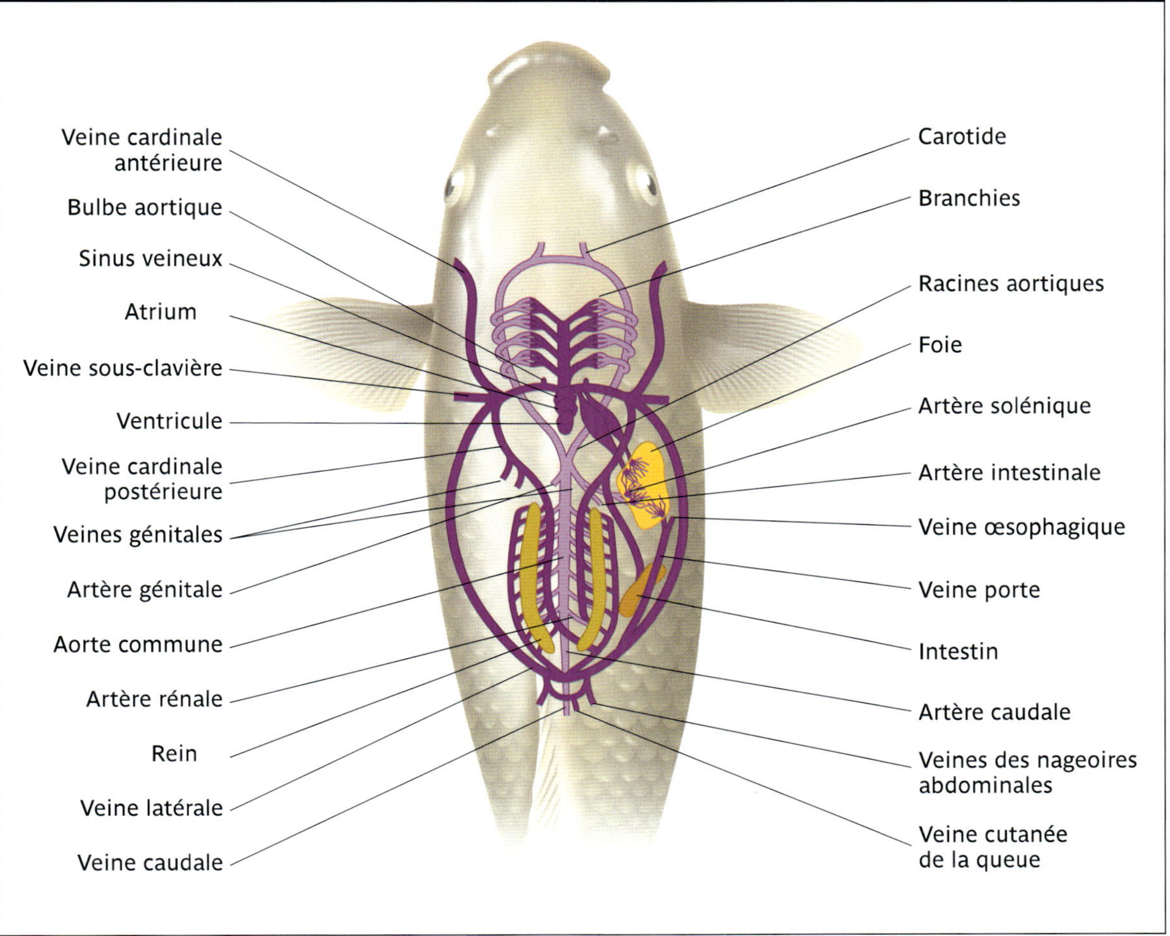

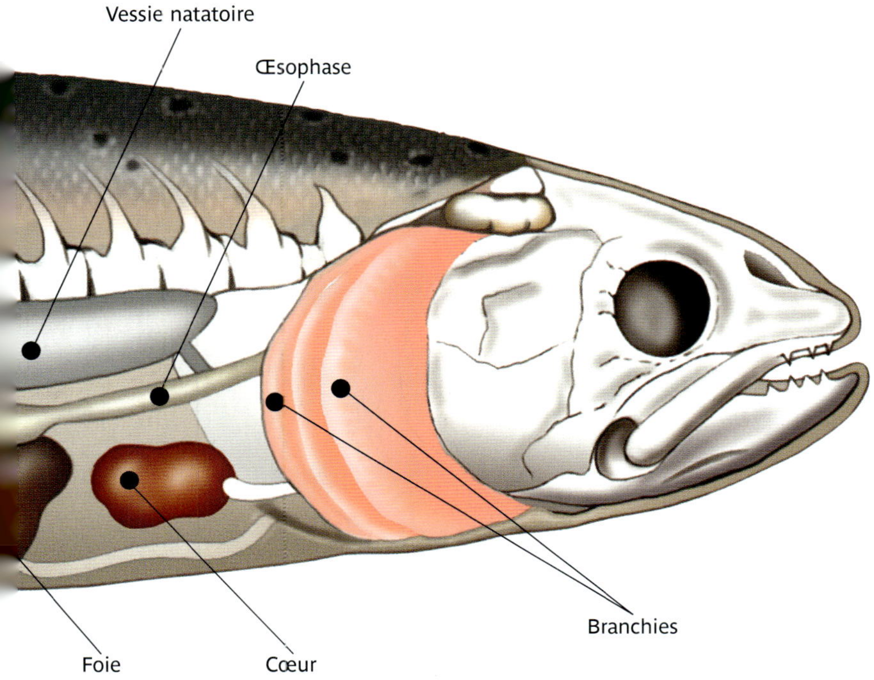

Le cœur et la circulation sanguine

Le cœur se compose de plusieurs parties : le sinus veineux où le sang afflue, l'atrium, similaire aux oreillettes des mammifères, le ventricule qui renvoie le sang vers les branchies, et le bulbe artériel. Il se situe près des branchies, sauf chez l'anguille qui le possède vers la partie inférieure du corps. Pour la tuer, frapper ou inciser sa queue est beaucoup plus efficace que lui donner un coup de maillet sur le crâne. L'appareil circulatoire des poissons, alimenté par le cœur, comprend des vaisseaux : des artères, des veines et des capillaires. L'artère branchiale alimente les filaments des branchies. L'aorte se prolonge par des vaisseaux qui font circuler le sang dans tout l'organisme.

La respiration

Les poissons puisent l'oxygène grâce à leurs ouïes. L'eau est aspirée par la bouche. En passant par les lamelles des branchies, elle libère son gaz que le sang absorbe. Elle ressort ensuite par les opercules. Les mouvements se font à intervalles réguliers et s'apparentent schématiquement à ceux d'une pompe.
Tous les poissons ne consomment pas la même quantité d'oxygène dissous. Les teneurs moyennes minimales sont d'environ 7 mg par litre d'eau pour les salmonidés et 4 mg pour les cyprinidés.

La ligne latérale

Située le long de chaque flanc, la ligne latérale se voit à l'œil nu, mais elle est beaucoup plus complexe qu'il n'y paraît. Au microscope, elle présente une série de petits tubes qui s'étendent généralement de l'opercule à la queue ; ces organes sensoriels traversent l'épiderme et sont connectés au système nerveux. Elle sert à détecter les variations de pression et les vibrations dans l'eau. C'est un capteur tactile pouvant alerter le poisson de la présence d'une proie ou d'un danger, même dans le noir le plus complet. Sa forme peut être sinueuse, concave, convexe ou oblique. Sa longueur est réduite chez certains poissons (vairon), d'autres n'en possèdent pas (athérine). Voir dessin p. 19.

L'audition

Les poissons disposent d'une ouïe bien développée, mais ils perçoivent davantage les sons graves que les aigus. Les ondes acoustiques se propageant dans l'eau sont perçues par leurs oreilles internes, parfois reliées à la vessie natatoire qui sert alors d'amplificateur. Les appareils auditifs comprennent des canaux semi-circulaires (lagena, saccule et utricule) et des concrétions calcaires (otolithes). Voir dessin p. 19.

L'odorat et le goût

Les capacités olfacto-gustatives des poissons sont particulièrement performantes, notamment chez les espèces lucifuges (ayant des mœurs nocturnes). Elles leur permettent de rechercher leur nourriture et de déceler des changements dans la qualité de l'eau. Ils possèdent deux paires de narines, uniquement utilisées pour sentir les odeurs et non pour respirer, qui

LE SQUELETTE DE LA TRUITE FARIO

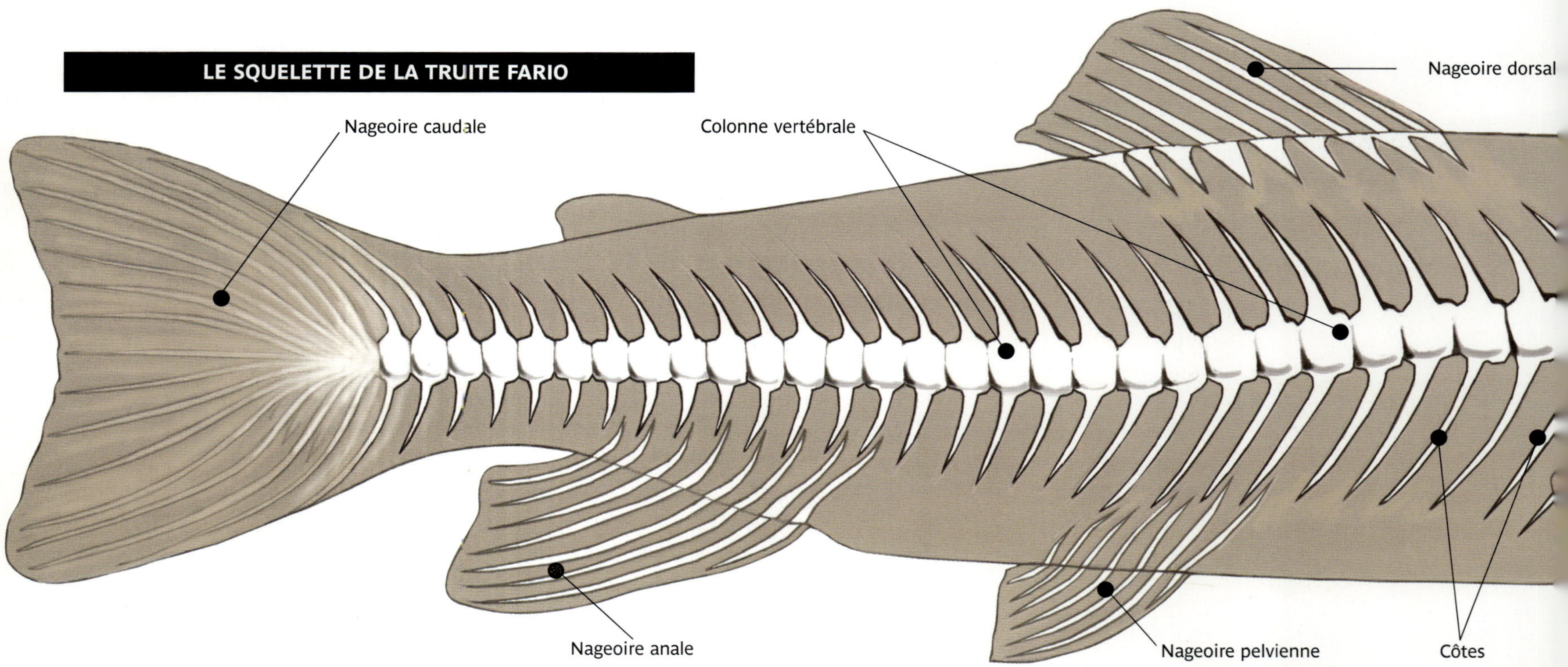

captent les effluves véhiculés par l'eau et les transmettent au cerveau. La détection gustative se fait principalement au niveau de la bouche, des lèvres et des papilles, mais aussi des barbillons, que l'on trouve chez le silure, la carpe ou encore le barbeau.

La vision

La vision des poissons est monoculaire, c'est-à-dire que chaque œil reçoit une image distincte. Ils discernent peu les couleurs. Le cristallin est mobile et la cornée ne réfléchit pas la lumière comme celle des mammifères. Leur champ de vision est par ailleurs plus large : environ 170 degrés pour chaque œil horizontalement, ce qui signifie concrètement que les poissons peuvent voir ce qui se passe derrière eux sans se retourner. Ils repèrent également ce qui se passe hors de l'eau, dans un angle restreint de 98 degrés (voir p. 16). Hors de cette fenêtre, ils ne voient que l'image réfléchie du fond.

L'APPAREIL AUDITIF

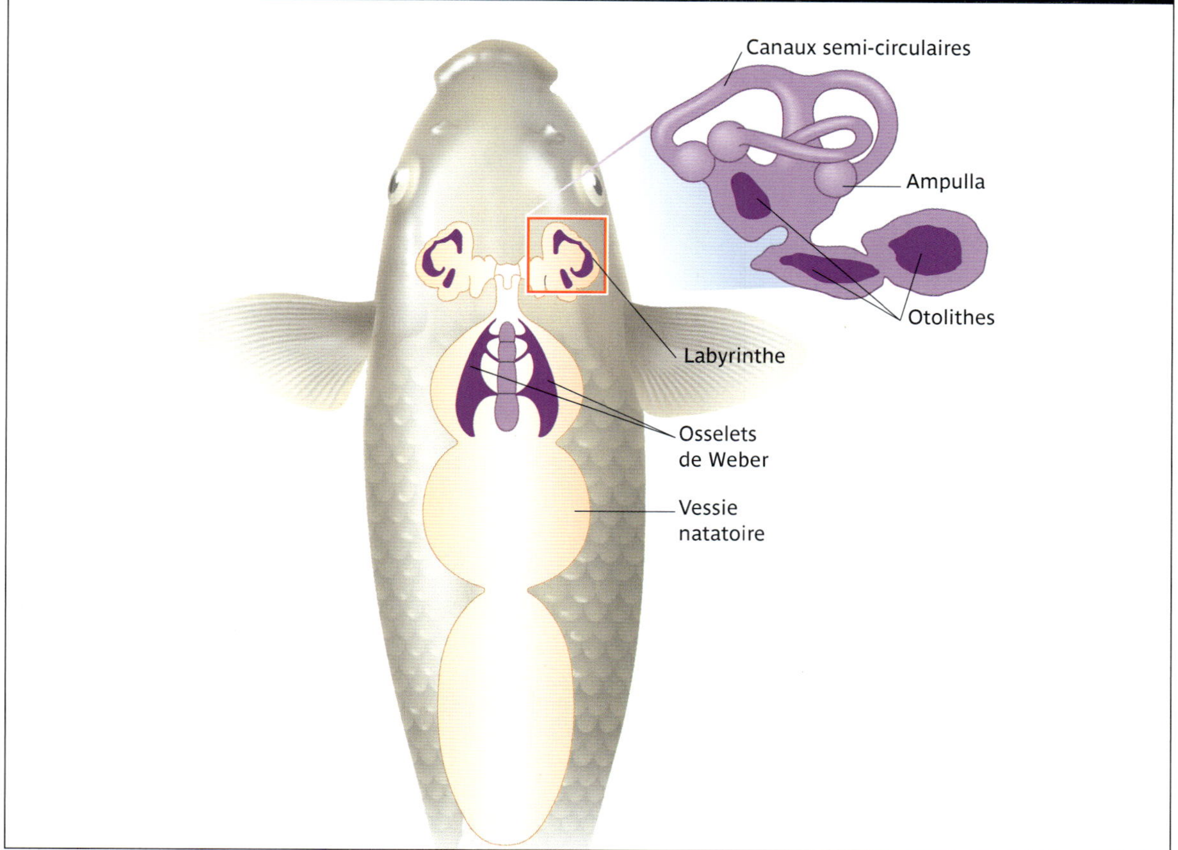

Les poissons ne possèdent pas d'oreilles externes. Ils captent les sons et les vibrations essentiellement grâce à l'oreille interne, la vessie natatoire et la ligne latérale.

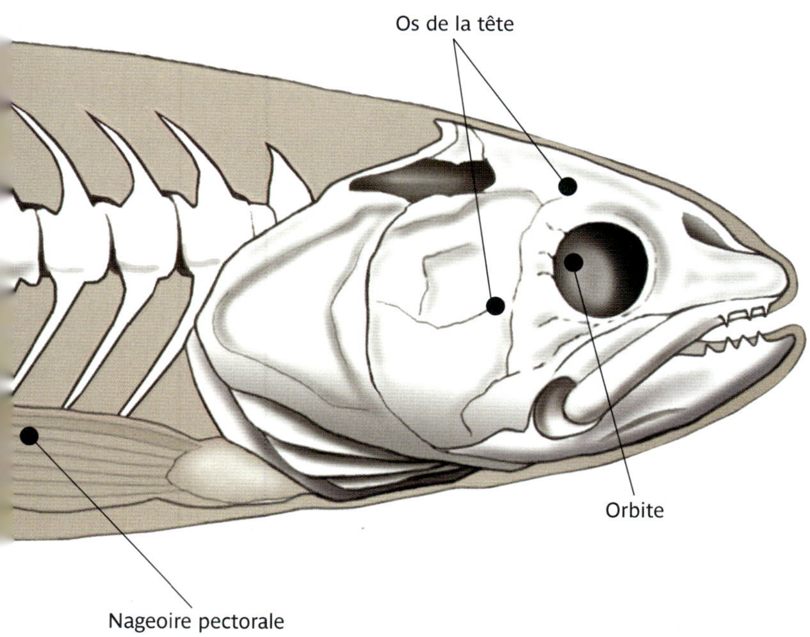

LA LIGNE LATÉRALE

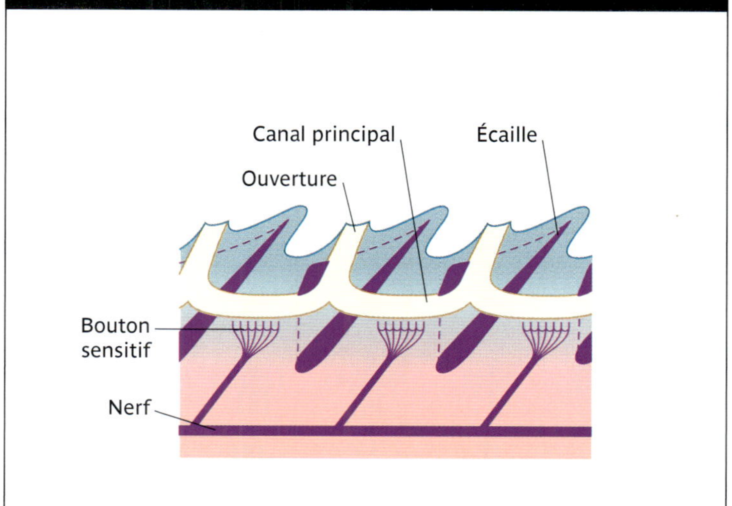

La ligne latérale, située le long de chaque flanc, se compose d'organes sensitifs performants.

Comment se déplacent les poissons ?

Les poissons se meuvent en nageant, pour se mettre à l'abri des prédateurs, pour chasser une proie, glaner de la nourriture ou lutter contre le courant.

Le milieu dans lequel vivent les poissons est beaucoup plus dense que celui où nous vivons. Cette particularité, qui fait que les plongeurs ont besoin de lester leur tenue pour compenser ce que l'on appelle la « flottabilité passive » de leur corps, n'empêche pas les poissons de se déplacer avec plus ou moins de facilité. En effet, bien qu'ils n'aient pas à lutter contre l'apesanteur (les poissons ne pèsent rien dans l'eau puisque leur densité est approximativement similaire à celle de l'eau), il leur faut cependant se maintenir en équilibre, résister aux mouvements des eaux provoqués par les courants et se mouvoir. Pour cela, ils doivent actionner leurs nageoires. La nage des poissons diffère en fonction de la forme de leur corps et des raisons qui les poussent.

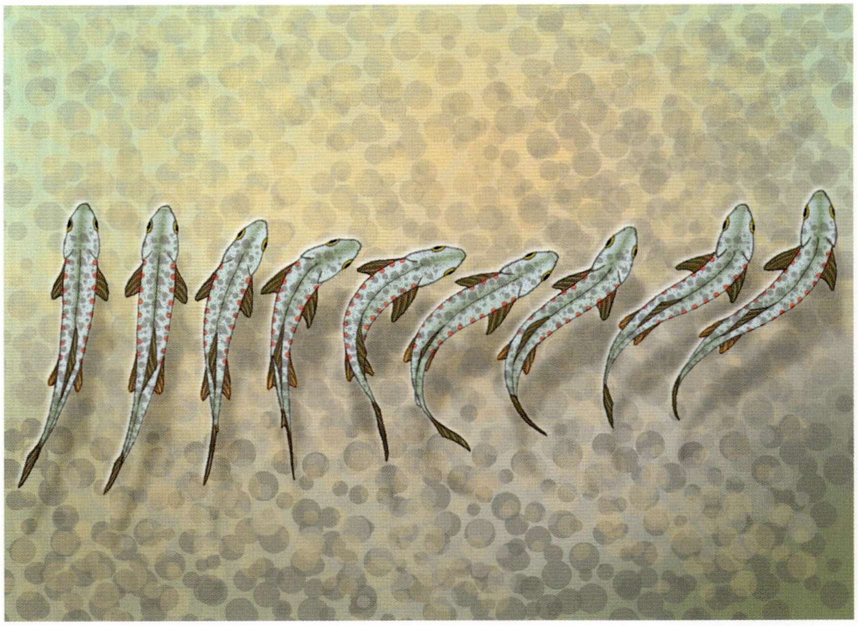

Un exemple type de la nage transitoire. Cette truite opère un virage à droite pour saisir une proie.

La locomotion

Elle se fait par ondulation du corps et de la nageoire caudale. La tête sert de contrepoids tandis que la queue est le moteur.

Pour la majorité des poissons, les nageoires dorsales et anale sont stabilisatrices, les pectorales et les ventrales font office de gouvernails, parfois de rames ou de freins.

L'anguille est un cas à part. Elle progresse comme un serpent. Tout son corps est en mouvement pour repousser l'eau alternativement d'un côté à l'autre.

Le silure et le poisson-chat godillent plutôt leur corps.

Globalement, il est possible de distinguer trois types de nage :

• **La nage soutenue.** Elle est souvent de courte durée et se manifeste lorsqu'un poisson cherche à se saisir d'une proie ou à l'occasion d'une fuite face à un prédateur ou encore pour se protéger d'un danger. C'est le type de nage qu'un poisson adopte lorsqu'une pierre est jetée à l'eau ou qu'un leurre de pêche est propulsé trop bruyamment. Son instinct le pousse à prendre immédiatement la fuite et à se mettre à l'abri dans une cavité de la berge, ou en dévalant le cours d'eau. Il réagit de la même façon en présence de l'intrusion d'un pêcheur peu discret sur son territoire.

• **La nage transitoire**. Ce mode de déplacement est engendré par des mouvements de nageoires brefs, mais amples. Elle peut se manifester aussi bien par des départs rapides rectilignes que par des virages vifs. C'est le cas, par exemple, lorsqu'une truite en poste face au courant se jette sur une proie, en faisant un décroché latéral ou vertical pour la saisir à la dérive.

• **La nage lente.** Le poisson se comporte un peu à la manière d'un oiseau qui plane dans le ciel ou qui bat des ailes uniquement pour orienter son vol ou lutter contre le vent. Il active ses nageoires avec économies. Ses mouvements mesurés sont de faible amplitude. Ce type de nage est employé pour se déplacer lentement ou pour se stabiliser dans le courant. La perche utilise cette nage lorsqu'elle explore un secteur pour y glaner de la nourriture. La carpe fait de même, lorsqu'elle fourrage le fond.

En cas de changement de la température de l'eau, le poisson émigre vers des zones plus favorables, mais il ne peut le faire rapidement, car c'est un animal à sang froid. Si le refroissement se fait trop brutalement, leur corps s'engourdit et ils finissent pas succomber. Certains poissons ont cependant le privilège de pouvoir entrer en léthargie et de se mettre au chaud dans les fosses.

UNE NAGE MULTIDIRECTIONNELLE

Les poissons se déplacent sur les côtés, vers le haut et vers le bas, en avant et en arrière. Leur nage peut être multidirectionnelle.

Ce sont les nageoires pelviennes et pectorales qui leur permettent de monter ou descendre. Pour aller de droite à gauche, le poisson fait varier l'angle de ses nageoires, un peu à la manière d'un avion ou d'un sous-marin.

Pour se diriger vers l'arrière, ce dont peu de poissons sont capables, les mouvements s'inversent. La nageoire caudale devient alors un gouvernail tandis que les pelviennes et les pectorales servent de propulseurs.

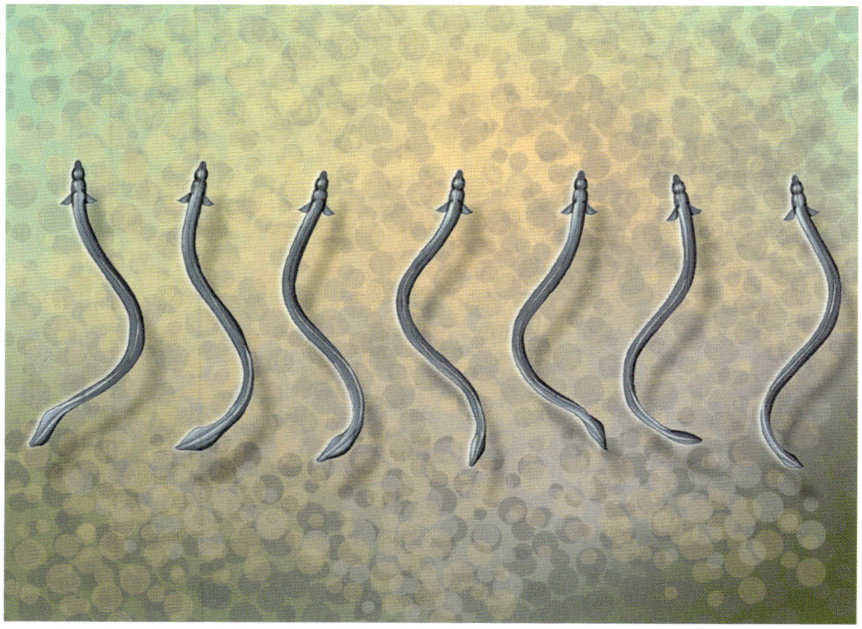

L'anguille a une nage particulière proche de la manière dont se déplacent les serpents.

La vitesse de nage

À quelle vitesse nage un poisson ? Cela dépend de sa taille, de sa puissance et de l'amplitude des mouvements de ses nageoires. Le brochet est capable de faire du 20 km/h, mais sur de courtes distances. La truite est plus résistante, mais elle ne dépasse pas les 12 km/h. La carpe est encore plus lente, puisque sa vitesse de pointe est de 8 km/h. Le saumon, qui nage à une vitesse moyenne de 25 km/h, accomplit des prouesses lors de sa remontée en eau douce. Sa puissance et ses accélérations soudaines lui permettent de faire des sauts de 2 m, voire plus, pour franchir des obstacles à sa migration. Nous sommes loin des vitesses atteintes par certains poissons de mer, comme le thazard (75 km/h).

Comment se reproduisent les poissons ?

Tous les poissons d'eau douce sont ovipares (ils pondent des œufs), sauf la gambusie. Ce vivipare donne naissance à une trentaine d'alevins portés dans son ventre pendant plusieurs mois.

Tous les poissons ne se reproduisent pas de la même façon. Les comportements varient plus ou moins d'une espèces à l'autre. Par ailleurs, les lieux de ponte et de reproduction diffèrent selon les espèces. Si le gardon et le rotengle se reproduisent sans trop se déplacer, ce n'est pas le cas du brochet, des truites et des poissons migrateurs.

Le brochet

Au printemps, entre février et avril, lorsque l'eau atteint 10 à 12° C, les géniteurs gagnent des secteurs de faibles profondeurs, riches en végétation, où l'eau se réchauffe vite : les bras morts des fleuves et des rivières, les fossés naturels, les prairies submergées par les crues, ou les platières, ces zones rivulaires peu

Le brochet se reproduit dans les zones humides. Les œufs (1) sont déposés sur les herbiers. Après éclosion, ils se transforment en larves vésiculées (2), puis en alevins (3).

profondes. Quel que soit l'endroit, une végétation abondante en graminées est indispensable, car ces herbes servent de supports de ponte. L'émission des œufs se fait en plusieurs fois, ce qui garantit un taux de réussite plus important. Une fois fécondés, les ovules se développent et, après 100 à 120 jours d'incubation, donnent naissance à des larves minuscules ne dépassant guère 8 à 9 mm de longueur. Dotées d'une réserve nutritive en forme de sac, elles subviennent à leurs premiers besoins alimentaires, puis deviennent des alevins qui gagneront leurs zones de grossissement situées près des berges, où la végétation leur sert d'abri. En milieu naturel, très peu d'œufs parviennent à leur maturité pour des raisons diverses (prédation, mauvaise qualité de l'eau...).

La truite

Entre octobre et janvier, la truite gagne ses frayères situées en amont de son cours d'eau ou dans des affluents. L'acte reproducteur n'a rien de commun avec celui du brochet. Tout se passe sur le gravier. La femelle se contorsionne et donne de violents coups de queue sur le fond pour creuser une cuvette où elle pourra déposer ses œufs (1 000 à 2 000 par kilo de son poids). Plusieurs mâles l'accompagnent, mais un seul parviendra à se frotter à elle pour l'inciter à pondre. À peine les ovules sont-ils libérés que le mâle les féconde en les arrosant de sa laitance. La femelle les recouvre ensuite de gravier avec sa nageoire caudale pour les tenir à l'abri des prédateurs.

PAS DE BOUVIÈRE SANS MOULE

Ce poisson n'intéresse guère les pêcheurs, mais sa manière de se reproduire est unique. La femelle dépose ses œufs dans une moule à l'aide d'un tube de ponte rattaché à son anus. Le mâle émet ensuite sa laitance sur le siphon branchial du bivalve. Elle pourra ainsi pénétrer à l'intérieur pour féconder les ovules.

VOIR AUSSI

- **Les poissons d'eau douce et leur pêche** pages 176 à 227
- **Les poissons marins fréquentant les eaux douces** pages 228 à 237

La truite fraye sur un lit de graviers. C'est la femelle qui creuse une cuvette sur le fond pour y déposer ses œufs que le mâle arrose de sa semence.

■ **MÂLE OU FEMELLE ?**

Différencier le sexe d'un poisson n'est guère évident. Cependant, cela devient beaucoup moins compliqué à l'approche de la période de reproduction. Les organes sexuels se développent et libèrent des ovules ou de la laitance lorsque le ventre est pressé. La laitance appartient bien sûr au mâle, qui peut aussi se reconnaître grâce à sa parure nuptiale (couleurs vives sur la peau et boutons de noce sur la tête).

Les poissons migrateurs

L'anguille est un poisson catadrome, c'est-à-dire qu'elle se rend en mer pour se reproduire. Arrivée à maturité, elle dévale les cours d'eau pour se rendre dans la mer des Sargasses. Des œufs de 1 mm de diamètre sont émis, puis dérivent. Après leur éclosion, ils se transforment en leptocéphales (larves en forme de feuille de saule de 5 mm de longueur) que les courants marins entraînent vers nos côtes. À l'approche des estuaires, ceux-ci deviennent des civelles (dans le Sud-Ouest, on les appelle des « pibales »), des alevins effilés et transparents qui pèsent un tiers de gramme.

Comme les aloses, le saumon atlantique naît en rivière et grossit en mer. C'est donc un poisson anadrome. En novembre et décembre, les adultes gagnent la partie amont des cours d'eau où ils sont nés, guidés par leur odorat (phénomène du homing). Les femelles enfouissent leurs œufs dans une gravière qu'elles ont creusée, tandis que le mâle déverse sa laitance dessus. Une fois cet acte accompli, les géniteurs tentent de regagner la mer en se laissant emporter par le courant. Très peu y parviendront, car la plupart mourront d'épuisement. Les juvéniles (que l'on appelle des tacons) resteront en eau douce deux ou trois ans puis, après s'être transformés en smolts, ils iront grossir en mer et reviendront dans leur rivière d'origine, s'ils n'ont pas été arrêtés par les filets de la pêche commerciale.

L'alose est également un migrateur anadrome, qui naît en eau douce et gagne la mer pour y grossir. Elle commence à remonter les fleuves côtiers à partir du mois d'avril et arrive généralement sur les frayères de mai à juin, après avoir franchi tous les obstacles. Les sites de reproduction sont caractéristiques. Ils s'agit d'une plage de substrat graveleux entre un radier et une mouille. La ponte se déroule la nuit, après une parade nuptiale spectaculaire. Les mâles et les femelles se rassemblent, forment des couples, tournent en rond et finissent pas frapper la surface de l'eau avec leur nageoire caudale. Les œufs sont libérés dans la foulée par les femelles, les mâles les arrosent de leur laitance pour les féconder. Après avoir accompli leur devoir, les géniteurs meurent.

LE CYCLE DE L'ANGUILLE

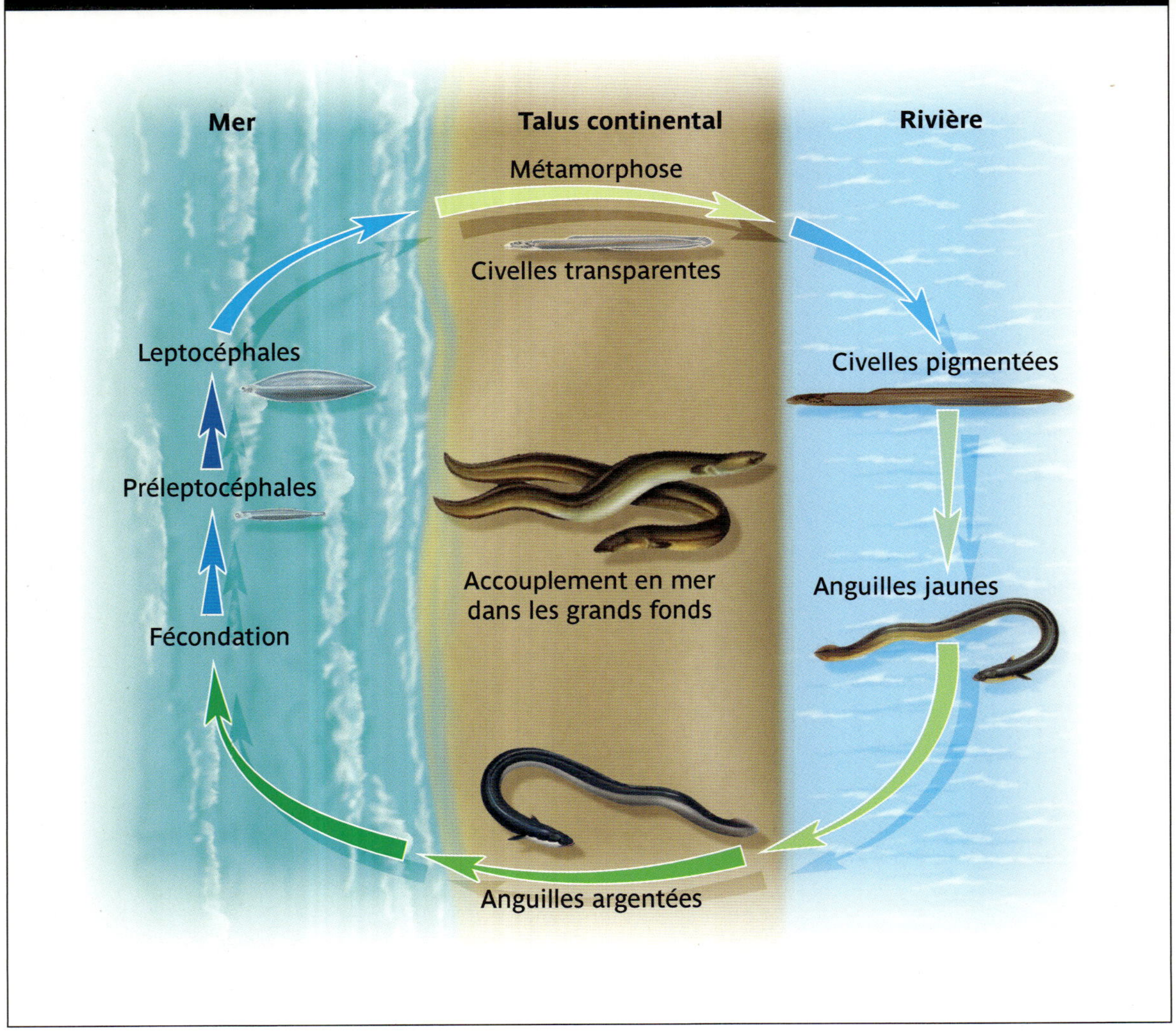

Comment déterminer l'âge d'un poisson ?

VOIR AUSSI

- **Anatomie et physiologie des poissons** pages 14 à 19

L'âge d'un poisson ne peut être estimé avec grande précision d'un simple coup d'œil, même si sa taille fournit quelques indices. Des examens plus poussés sont indispensables.

Plusieurs méthodes sont utilisées pour savoir combien d'années a vécu un poisson, de la scalimétrie à l'ostéométrie. Les renseignements recueillis donnent de précieuses indications sur l'état des populations et les différentes classes d'âge présentes dans un cours d'eau. Des déséquilibres peuvent ainsi être repérés.

L'analyse des écailles

La plus efficace et la moins contraignante des techniques employées est la scalimétrie. Il s'agit de prélever quelques écailles d'un poisson, sans forcément le tuer, de les traiter pour les rendre lisibles et de les observer au microscope. Les zones claires correspondent aux périodes d'été durant lesquelles les poissons s'alimentent abondamment et grandissent plus rapidement ; les zones sombres, aux périodes d'hiver où ils se nourrissent moins et où leur croissance est lente. Grâce à ces indices, il est aisé de déduire le nombre d'années vécues.

L'analyse des otolithes, des opercules et des vertèbres

Des espèces comme la perche ne présentent pas d'écailles lisibles. On utilise alors l'operculimétrie ou l'otolithométrie. La première méthode est basée sur le même principe que la scalimétrie, mais on analyse les zones situées sur les opercules. La seconde, qui est certainement la moins pratiquée, consiste à observer les zones sur les otolithes, ces concrétions calcaires de l'oreille interne. Elle permet de déterminer l'âge des poissons, mais aussi de savoir à quelle espèce ou sous-espèce ils appartiennent. On emploie également l'ostéométrie, une technique basée sur l'analyse des vertèbres.

LES TROIS MÉTHODES D'ANALYSE UTILISÉES

Scalimétrie
Dénombrement des zones de croissance sur les écailles.
Exemple : carpe

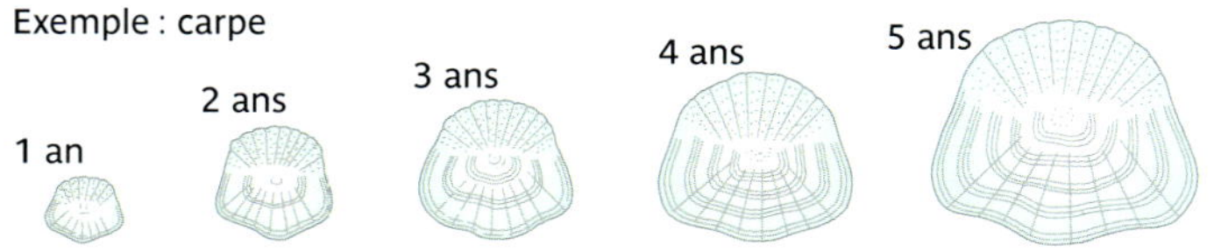

Operculimétrie
Dénombrement des stries sur les opercules.
Exemple : carpe

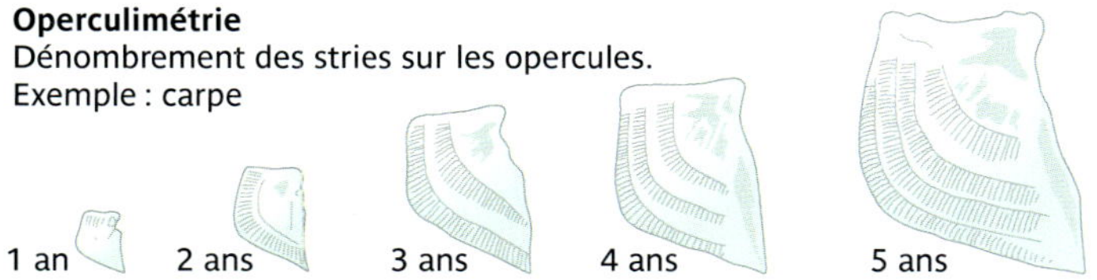

Otolithométrie
Dénombrement des zones de croissance sur les otolithes.

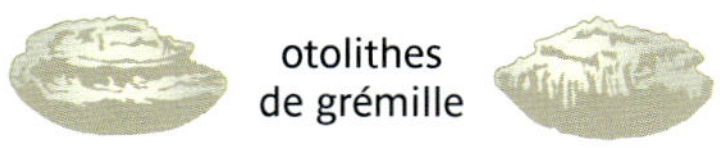

Exemple : anguille

Exemple : plie

LA LONGÉVITÉ DES POISSONS

Contrairement à une idée reçue, les carpes ne peuvent être centenaires. Elles atteignent difficilement l'âge de 30 ans, la nature ne leur faisant pas de cadeau. L'esturgeon et le silure peuvent se faire aussi vieux, alors que la truite ne dépasse pas les 7 ans. La moyenne d'âge pour les autres poissons est de 15 ans.

Mœurs et comportements des poissons

Les poissons ne possèdent pas un cerveau très développé, mais la nature les a dotés de capacités étonnantes, aussi bien pour réagir face au danger que pour rechercher leur nourriture.

Comme tous les êtres vivants, les poissons répondent à leurs instincts naturels, en adaptant leur comportement aux circonstances du moment, ce qui est le meilleur moyen de survivre dans un milieu souvent inhospitalier, voire hostile, mais contrairement à l'homme, ils nont pas conscience des raisons de leurs comportements. Ils réagissent de manière innée, mais aussi héréditaire.

Certains instincts sont offensifs, tel l'instinct de chasse, d'autres défensifs, à l'exemple de celui qui leur dicte de fuir face à un bruit qu'ils n'ont pas identifié ou à l'attaque d'un prédateur.

Leurs réactions sont également des tropismes. Ils réagissent à des stimuli externes ou internes, qui les incitent à satisfaire leurs besoins, un besoin d'oxygène, de nourriture, ou encore les poussent à se reproduire ou à gagner des zones propices à leur développement ou à leur survie.

L'instinct de chasse

Il pousse les poissons à attaquer des proies pour se nourrir ou se défendre. Tous le possèdent, mais les maîtres incontestés sont les carnassiers, comme le brochet et la perche. Ces deux espèces ont d'ailleurs une manière bien particulière de chasser qui trahit leur présence.

• **Le brochet** reste immobile, à l'affût, et s'élance sur ses proies grâce à ses nageoires propulsives. Les poissons se sauvent en éventail pour échapper au prédateur qui ne les pourchasse jamais longtemps.

• **La perche** est un poisson grégaire. Elle vit en groupe et chasse en meute. Ses proies sont poursuivies âprement, sur de longues distances, en faisant claquer ses mâchoires, et rabattues vers des secteurs où il sera plus facile de les attraper. La vision d'un poissonnet fuyant désespérément en se précipitant en tous sens et sautant à la surface de l'eau indique clairement qu'une zébrée est passée à l'action.

• **Le sandre** est lui aussi un carnassier qui chasse en groupe, mais il s'y prend d'une manière différente. S'il se comporte comme la perche

La perche chasse à courre alevins et poissonnets. Elle sélectionne la proie qui lui semble la plus faible et la poursuit sur de longues distances.

pour poursuivre ses proies, ses attaques sont multiples. Il ne se contente pas de chasser un seul poissonnet et de le croquer s'il parvient à l'attraper. Il aurait plutôt tendance à en tuer plusieurs et à se décider à ne les avaler qu'ultérieurement. Il lui arrive souvent de délaisser ses proies quelque temps sur son territoire de chasse, avant de se décider à les manger.

• **Le black-bass** est un chasseur particulièrement actif. Il n'hésite pas à poursuivre ses proies jusque dans les herbiers et à bondir pour s'en saisir. Tous les pêcheurs de black-bass ont vu, un jour ou l'autre, le spectacle saisissant du carnassier déstabilisant une grenouille postée sur une feuille de nénuphar, ou restant immobile juste en dessous, à l'affût, dans l'attente qu'elle se déplace.
Il opère en banc, mais, comme la perche et le sandre, il devient solitaire en vieillissant.

DES RÉFLEXES CONDITIONNÉS

Les actes réfléchis n'existent pas chez les poissons. Toutes les actions qu'ils entreprennent ne sont que le fruit de conditions de vie subies qui suscitent leurs réflexes. La truite (arc-en-ciel ou fario) qui est habituée à être nourrie de granulés jetés bruyamment dans l'eau des bassins des piscicultures en est l'exemple type. Lorsqu'elle est déversée en milieu naturel, elle conserve ses habitudes de poisson d'élevage. À tel point que lorsqu'un pêcheur jette une poignée de sable dans l'eau ou pose sa ligne avec vigueur, en produisant un « splash » caractéristique, elle passe à table et avale tout appât qui se trouve à sa portée. Cela explique la facilité avec laquelle les pêcheurs la capturent.

• **Le silure** possède lui aussi un instinct de chasse très développé, malgré la faiblesse de sa vision (ses yeux petits ne l'aident guère).
Il se tient sur le fond, dissimulé dans la végétation et la vase, ou figé comme le tronc d'un arbre, prêt à saisir les proies qui passent à proximité, en les aspirant dans sa grande gueule. Il lui arrive également de se déplacer pour les traquer, notamment en début de saison où la pêche aux leurres donne d'ailleurs de bons résultats. Le carnassier atteint des

Le brochet est un chasseur solitaire. Il peut rester longtemps dissimulé dans la végétation avant d'attaquer une proie, dès qu'elle se trouve à portée de mâchoire. C'est un sprinter certes, mais opportuniste.

Le black-bass consomme une grande quantité de batraciens. C'est un prédateur redoutable qui n'hésite pas à faire chuter une grenouille de sa feuille de nénuphar.

tailles importantes (jusqu'à 3 m), mais ce n'est pas un gros lourdeau pour autant. Il n'est pas rare qu'il maraude sur les grèves ou sur les bancs de sable, à la recherche de nourriture, ou qu'il marsouine en plein courant.

L'instinct de conservation

Pour se protéger des prédateurs, les poissons ont plusieurs tactiques : se rassembler pour former des bancs, prendre la fuite et se réfugier en des endroits inaccessibles (cavités de la berge, rochers, herbiers, bois noyés...).
Certains poissons se fondent dans leur environnement par le phénomène du mimétisme. Contrairement au brochet qui le fait pour ne pas être repéré par ses proies, le goujon et la loche s'en servent davantage pour ne pas se faire croquer.

L'instinct d'orientation

Il permet aux poissons de retrouver leur chemin pour se rendre sur leur frayère ou sur des secteurs propices à leur développement. C'est le cas des poissons migrateurs comme le saumon qui, après un périple de plusieurs années en mer, revient dans la rivière où il est né pour se reproduire. Comment font-ils pour retrouver leur chemin ? Le phénomène n'est pas totalement élucidé par les scientifiques, mais il semblerait que ce soit leur odorat qui les guide. L'anguille, l'alose, la truite de mer possèdent également cet instinct.

Le branchiotropisme : la quête d'oxygène

Certains poissons, le carassin notamment, peuvent vivre dans des milieux pauvres en oxygène. D'autres, comme la truite, en sont totalement incapables et s'asphyxient rapidement, à moins de se réfugier dans des secteurs hospitaliers. Pour ne pas succomber, ils recherchent donc des milieux oxygénés : partout où l'eau est brassée par le courant. Cela explique pourquoi, durant la saison chaude (une période où le taux d'oxygène

LES ARMES DÉFENSIVES DES POISSONS D'EAU DOUCE

Contrairement à beaucoup de poissons de mer, les habitants des eaux douces ne sont pas pourvus d'armes redoutables : aucune épée ou rostre effilé au bout de la tête, encore moins d'épines venimeuses, à l'exemple de la vive, ou d'organe capable de produire de l'électricité, comme c'est le cas d'un poisson vivant en Amérique du Sud qui émet des décharges de 650 volts, de quoi provoquer la mort d'un assaillant ou d'une proie.

Les poissons d'eau douce, notamment les petits poissons, se défendent des prédateurs grâce au phénomène de mimétisme et à leur capacité à former des bancs (voir la partie consacrée à l'instinct de conservation).

Certaines espèces sont armées d'aiguillons ou de rayons épineux aux nageoires, censés décourager les prédateurs. C'est le cas du poisson-chat qui en a trois: une sur chaque nageoire pelvienne et une sur la dorsale. Un pêcheur, mal informé, qui le saisirait à pleines mains, sans aucune précaution, se ferait piquer. Les carnassiers qui auraient l'imprudence de le croquer rencontreraient quelques problèmes de digestion. Seuls quelques rares poissons tels que le black-bass s'en nourrissent sans ressentir de gêne. La perche porte également des rayons épineux sur le dos, comme le sandre d'ailleurs. Cela n'empêche pas vraiment les prédateurs de la dévorer. La perche n'est-elle pas un bon vif à brochet ?

Pour d'autres, la meilleure des armes est la méfiance. Les poissons sont attentifs à tout ce qui se passe dans leur environnement et les pêcheurs le savent. Ils prennent garde de ne pas se faire repérer physiquement, mais aussi de ne pas laisser des indices de leur présence, en modifiant, par exemple la configuration de la berge. Un élagage des herbiers pour pouvoir disposer des cannes a pour conséquence de déclencher leur méfiance. Ils ne retrouveront leurs habitudes qu'après s'être habitués au changement.

Les pêcheurs ont également conscience que les poissons apprennent à se méfier d'un leurre de manière empirique, c'est-à-dire en se faisant piquer par son hameçon. Il en résulte une crainte instinctive.

diminue), les poissons exigeants comme les salmonidés se tiennent près des chutes d'eau et dans les rapides.

Chimiotropisme : vers des eaux plus ou moins salées

Certains poissons d'eau douce ne peuvent vivre qu'en eau douce. D'autres supportent le sel, voire le recherchent. C'est notamment le cas de l'épinoche et de l'épinochette, qui apprécient l'eau saumâtre, ou des poissons migrateurs anadromes, qui regagnent la mer après s'être reproduits dans les rivières. À l'inverse, des espèces marines, comme les mulets, l'athérine, l'éperlan ou le flet, s'aventurent en eau

Mimétisme : la robe du poisson prends la couleur de son environnement.

LE CYCLE DU SAUMON

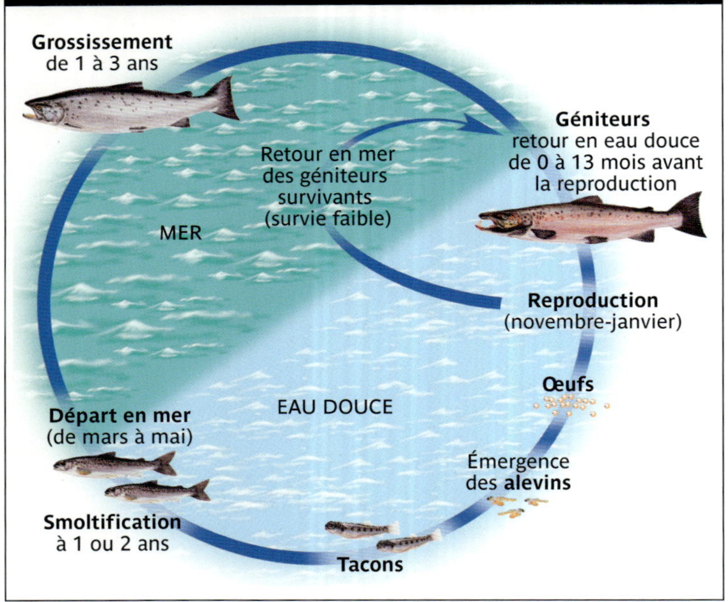

douce. Même le bar fait des raids dans le cours inférieur des fleuves côtiers, à la limite de salure des eaux.

Gamotropisme : l'attirance entre les sexes

Durant certaines périodes de l'année, les poissons répondent à leurs instincts pour se reproduire. Mâles et femelles s'attirent mutuellement vers des secteurs favorables à leur frai, poussés par la nécessité de perpétuer l'espèce. En général, ils y demeurent jusqu'à la ponte et la fécondation de leurs œufs, mais certaines espèces, comme le poisson-chat et l'épinoche, surveillent leurs alevins. Chez de nombreuses espèces, les mâles portent des robes nuptiales durant la période de reproduction. Elles se caractérisent par des couleurs vives et des tubercules.

Limnotropisme : l'attirance vers les eaux calmes

Certains poissons n'aiment pas le courant. Ainsi, la carpe, la tanche ou le gardon préfèrent les parties calmes des rivières où ils mènent une vie adaptée à leurs besoins : en période de reproduction, ils peuvent déposer leurs œufs sans qu'ils soient systématiquement emportés. En période de crue, ils se protègent de la fureur des eaux. Darses, bras morts, affluents et creux dans la berge servent alors d'abris.

Phototropisme : face à la lumière

La réaction des poissons face à la lumière varie selon qu'ils sont lucifuges ou pas. Des espèces comme l'anguille, la lote et le sandre se tiennent plutôt dans des eaux sombres. Le silure, lui aussi préfère l'obscurité. D'autres poissons recherchent des eaux éclairées, voire sont attirés par les sources lumineuses, en témoigne la pêche au lamparo, une technique ancienne qui utilise une torche. Concernant la majorité des espèces, une chose est certaine : leurs yeux peuvent capter de très faibles luminosités.

Thermotropisme : l'eau à bonne température

En hiver, les salmonidés comme la truite migrent dans les petits affluents ou dans les zones amont des rivières pour y trouver des eaux à la température favorable à leur reproduction (entre 8 et 10 °C). Durant la période estivale, de nombreux poissons se tiennent dans les

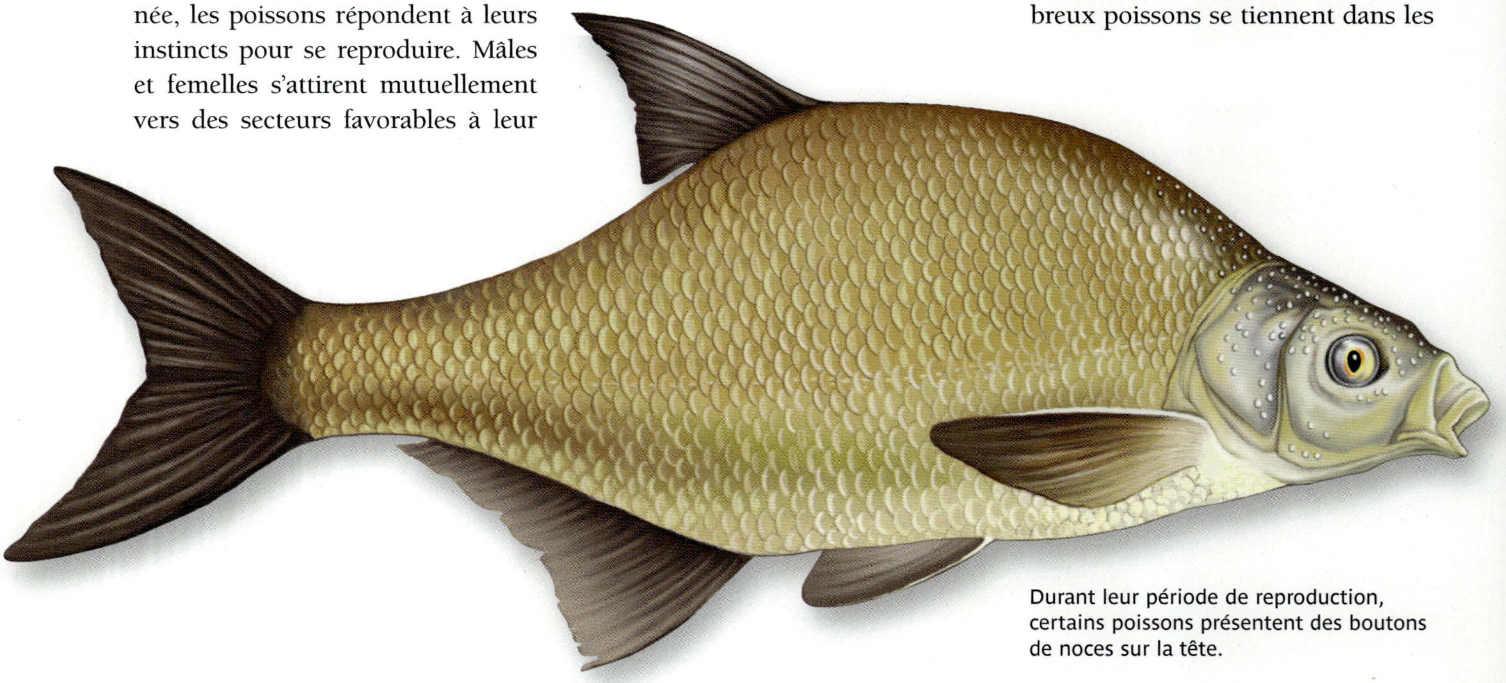

Durant leur période de reproduction, certains poissons présentent des boutons de noces sur la tête.

courants pour y puiser de l'oxygène, mais aussi pour se mettre au frais. Dans les lacs, les poissons s'adaptent tout autant aux changements de température. Durant la saison froide, ils vont dans les profondeurs, là où l'eau n'est pas glacée. Au printemps et en été, ils remontent vers la surface, que les rayons solaires réchauffent plus rapidement.

Tonotropisme : face aux vibrations

Grâce à leurs lignes latérales et aux pores sensitifs de leur tête, les poissons peuvent détecter les vibrations aisément. Cette capacité surprenante de précision leur permet, par exemple, de localiser une proie tombée à l'eau qui se débat pour survivre, mais aussi de les alerter d'un éventuel danger : présence d'un prédateur naturel ou d'un pêcheur. Les leurres de pêche exploitent leur réaction face aux vibrations en émettant des stimuli vibratoires susceptibles de déclencher leur attaque.

Trophotropisme : la quête de nourriture

Les poissons passent leur temps à rechercher de la nourriture. Le brochet n'hésite pas à suivre les bancs de poissons-fourrage en hiver, lorsque s'alimenter devient plus difficile. À la belle saison, les truites fréquentent assidûment les secteurs où il y a beaucoup d'éclosions d'insectes ou de larves de phryganes. Même les silures suivent leur garde-manger, notamment les secteurs riches en moules zébrées (*Dreissena polymorpha*) et en écrevisses.

Rhéotropisme : l'attirance vers les eaux courantes

Certains poissons se tiennent principalement dans les courants. Parce que l'oxygène y est plus important qu'en eau calme, mais aussi parce que la nourriture vient à eux. Truite, saumon, ablette, vairon, vandoise font partie de ces opportunistes qui pointent leur gueule à contre-courant, prêts à saisir tout ce qui passe à leur proximité. Ils peuvent ainsi se nourrir en dépensant un minimum d'énergie vitale. Le courant aide également les migrateurs à s'orienter dans les rivières pour rejoindre les frayères. Dans les passes à poissons des barrages, des courants d'appel sont d'ailleurs prévus pour qu'ils puissent les franchir.

Les poissons localisent aisément les vibrations produites par un insecte tombé à l'eau.

Les éclosions d'insectes mettent toujours les poissons en appétit. Ici une larve d'éphémère se métamorphose.

L'activité des poissons au fil des mois

Toutes les années ne se ressemblent pas. Certaines saisons sont en retard, d'autres en avance. Des généralités très utiles aux pêcheurs peuvent cependant être établies.

La vie des poissons dépend beaucoup de la température de l'eau. En hiver, un grand nombre d'espèces se réfugient dans les profondeurs. Le printemps est le grand réveil de la nature ; l'été, la saison des poissons gobeurs ; l'automne, celle des carnassiers.

Janvier

L'eau est froide, voisine de 0 °C, voire très en dessous. La plupart des poissons se trouvent dans les eaux profondes où la température est plus chaude. Leur activité dépend des rigueurs climatiques. Lorsque le thermomètre descend, à l'exception de certaines espèces qui s'activent, ils restent immobiles, voire entrent en léthargie pour économiser leur énergie. Si le soleil fait son apparition et que le temps se radoucisse, les poissons frileux se réveillent, mais ceux qui n'apprécient guère les fortes chaleurs se réfugient dans les profondeurs ou dans les courants.

Février

Ce mois est certainement le plus froid de l'année et le moins intéressant. La pêche du brochet est fermée. À moins d'un redoux salvateur, seuls les poissons blancs comme l'ablette et le chevesne sont mordeurs. Ceux qui ont la chance d'habiter un département où la lote est présente peuvent se frotter à ce poisson intéressant à plus d'un titre, et pas seulement du point de vue gastronomique. Les moins courageux ont tout intérêt à préparer l'ouverture de la pêche en première catégorie, un rendez-vous à ne pas manquer.

Mars

Le temps est instable. Les giboulées font leur apparition et la température de l'eau reste inférieure à celle de l'air. Les poissons commencent à bouger et sont plus ou moins actifs, selon les espèces. Les cyprinidés vont brouter les premières pousses tendres des végétaux aquatiques. La truite a fini de frayer. Dès l'ouverture, elle pourra à nouveau être pêchée, contrairement au brochet, dont la pêche est fermée (février-mai).

Avril

À moins que la fonte des neiges ne vienne semer le trouble, les poissons s'activent. Même si la végétation aquatique se développe à peine, les larves d'insectes grouillent dans les secteurs exposés au sud.

Certains cyprinidés d'eau vive, telle la vandoise, s'apprêtent à frayer et font des réserves. La truite occupe ses postes de chasse (bois noyé, bloc rocheux…).

Mai

Beaucoup de poissons blancs se reproduisent. Tandis que les cyprinidés d'eau vive déposent leurs œufs sur les fonds de galets ou de gravier, les cyprinidés d'eau calme le font dans la végétation. Les salmonidés sont voraces, sauf si les eaux froides et laiteuses de la fonte des neiges leur coupent l'appétit.

Juin

Les blancs peuvent être pêchés en de nombreux endroits, aussi bien près du bord où ils trouvent de quoi s'alimenter qu'en pleine eau où les végétaux sont également présents.

Les carnassiers sont calfeutrés près des berges, mais aussi plus au large, derrière les obstacles (rochers, souches…) et sur les culs de grève. La truite moucheronne plutôt des insectes tombés à l'eau ou provenant des éclosions.

Juillet

Les chaleurs modifient les habitudes. L'activité des poissons n'est pas la même tout au long de la journée. En règle générale, les cyprinidés, comme les salmonidés s'alimentent tôt le matin et tard le soir. Durant la journée, les poissons se mettent au frais, dans les secteurs où il y a de l'ombre, en des endroits où la surface de l'eau est brassée par le vent. Le brochet, tout comme la perche, n'hésite pas à gagner des eaux relativement courantes.

INFLUENCE DE LA COULEUR DE L'EAU

Tous les pêcheurs le savent, il est important de tenir compte de la couleur de l'eau pour tirer le meilleur parti d'une journée de pêche. Voici quelques indices :

Eau trouble : la lumière ne pénètre guère la couche liquide et les poissons ont bien du mal à repérer les appâts, pas seulement par manque de clarté, mais aussi et surtout à cause des matières en suspension.

Eau à peine teinté : excellente. Les poissons n'ont aucun mal à localiser les appâts ou les leurres, et les pêcheurs peuvent agir sans trop se faire repérer.

Eau teintée : pas franchement excellentes, surtout si elle sont laiteuses (eau de fonte des neiges) ou glauques (prolifération algale).

Eau claire : bon, mais il faut employer une ligne de pêche fine et rester discret.

Eau très claire : la plus grande discrétion est de rigueur et il faut des montages adaptés.

Août

La température de l'eau est à son maximum, alors que la teneur en oxygène est moindre. Les poissons se tiennent partout où l'eau est fraîche et aérée, sur les gués, sous les cascades, près des barrages, dans le courant, mais aussi au cœur des herbiers. C'est tard le soir, voire la nuit, ou tôt le matin que se font les meilleures parties de pêche. Août est un excellent mois pour la pêche de l'anguille et le moment idéal pour se rendre dans les lacs de montagne.

Septembre

La température de l'eau baisse, l'oxygène augmente, ce qui permet aux poissons de circuler un peu partout. Les poissons blancs quittent les secteurs de pleine eau et se rapprochent des berges. Ils peuvent être pêchés toute la journée. Contrairement au mois d'août, il n'est pas nécessaire de se lever aux aurores. Les carnassiers suivent le poisson-fourrage qui se tient aux abords des rives, dans les couloirs d'herbiers… La truite, qui se prépare déjà à la reproduction, fait des réserves de graisse et s'apprête à remonter les rivières pour gagner des zones favorables (fonds de graviers, tributaires).

Octobre

La pêche de la truite est fermée, en première comme en deuxième catégorie, pour cause de reproduction, mais d'autres poissons sont tout aussi intéressants à pêcher : les carnassiers, comme la perche, qui chassent les alevins rassemblés en bancs, mais aussi les poissons blancs que l'on capture dans les parties calmes, bien exposées aux rayons du soleil. En période de crue, les postes favorables sont les secteurs les protégeant de la force du courant (aval d'une langue de terre, darse, cassure dans la berge…).

Novembre

La pêche devient beaucoup moins attrayante. Le froid commence à se manifester, la végétation devient plus rare, le vent entraîne la chute des feuilles mortes sur l'eau, ce qui rend la prospection des postes plus difficile, surtout dans la pêche au leurre. Les poissons gagnent les profondeurs et s'alimentent moins, exception faite de la lote qui sort de sa torpeur et commence à mordre aux lignes. Elle gagne les faibles profondeurs, les bras morts et les annexes inondées, où elle se reproduira dès que l'eau sera suffisamment froide.

Décembre

La température atteint son degré minimal. Les poissons vivent plus ou moins au ralenti, à l'exception du saumon et de la truite qui se reproduisent, mais dont la pêche est interdite, de la lote, ou encore de l'ablette et du chevesne qui se trouvent près du fond, voire entre deux eaux si le soleil darde ses rayons. Les carnassiers, sandre, brochet et silure compris, se trouvent eux aussi dans les fosses. Le poisson mort posé et le mort manié deviennent donc très efficaces, même pour le silure. En hiver, il est moins actif, mais il lui arrive de mordre.

Les maladies des poissons

Les maladies n'épargnent pas les poissons. Eux aussi souffrent d'atteintes pathologiques virales, bactériennes ou fongiques pouvant entraîner des épidémies importantes.

Avec les pollutions qui diminuent les défenses immunitaires des populations piscicoles et l'introduction de poissons pas toujours sains, diverses maladies se développent dans les milieux aquatiques.

Les maladies virales

• La nécrose des nageoires
Ce sont les salmonidés, et surtout les poissons élevés en pisciculture, qui sont victimes de cette maladie. Elle se manifeste par des taches blanchâtres qui apparaissent sur les nageoires dorsales, pectorales et caudales et entraînent leur décomposition.

• La nécrose pancréatique infectieuse
Cette maladie qui se transmet directement par les œufs atteint surtout les alevins de salmonidés. Leur peau devient sombre et ils nagent de manière incohérente. Le ventre se ballonne tandis que les yeux sortent de leurs orbites. La mort survient en quelques jours.

• La septicémie hémorragique
Cette anémie infectieuse se développe lorsque l'eau atteint une température relativement basse : entre 8 et 14 °C. Contrairement à d'autres maladies, les symptômes ne sont pas toujours visibles. Des hémorragies se manifestent généralement au niveau des flancs, des yeux et des nageoires pectorales, et le ventre gonfle. Là aussi la mort peut survenir rapidement.

• La virémie printanière
Les cyprinidés souffrent de cette affection, au printemps, lorsque l'eau atteint des températures avoisinant 8 à 10° C. Le ventre des poissons enfle, des hémorragies apparaissent sur les flancs et les nageoires qui s'altèrent. Les yeux sont exorbités et la cavité abdominale se remplit de liquide.

Les maladies bactériennes

• La myxobactériose
Œdèmes sur les branchies, difficultés respiratoires, nécroses des nageoires et présence de plaques blanches, tels sont les symptômes de la myxobactériose. Elle se développe principalement dans les milieux pollués et les piscicultures.

• L'érythrodermatite
Au printemps, lorsque l'eau se réchauffe, cette maladie peut apparaître. Les poissons malades présentent des plaques rouges sur les flancs, voire des abcès importants. Les nageoires pourrissent et des organes vitaux comme les branchies et le foie s'anémient.

• La furonculose
Les salmonidés comme la truite, l'ombre, mais aussi les cyprinidés sont affectés par cette maladie très contagieuse qui se répand dans les milieux souillés par des matières organiques. Les poissons présentent des taches rouges, près des nageoires pectorales, et des boursouflures sur la peau qui se transforment en furoncles sanguinolents causant une mort certaine.

• L'hydropisie infectieuse
Cette affection se développe au printemps. La cavité abdominale se remplit de pus. Sur le dos et les flancs, des ulcérations apparaissent. L'estomac et le foie finissent également par être touchés.

• La variole de la carpe
L'apparition d'aspérités blanchâtres vers la queue et les nageoires constitue les symptômes de cette maladie contagieuse due vraisemblablement à une mauvaise alimentation. Heureusement, l'affection est rare et localisée.

Les maladies parasitaires

• L'argulose
Également appelé « pour des poissons », le vecteur de cette maladie

est un petit crustacé mesurant quelques millimètres. Il se fixe sur la peau ou les branchies pour y sucer le sang. Le principal danger pour le poisson infesté est l'anémie, ainsi que l'apparition d'infections bactériennes et mycosiques.

• La bucéphalose larvaire
Le parasite responsable ne peut se développer sans la présence de la moule zébrée. C'est elle qui transmet la maladie aux poissons. Le sandre favorise également sa propagation. Les principales victimes sont les cyprinidés, qui souffrent de nécroses et d'ulcérations rongeant les nageoires, la bouche et les branchies.

• Le dactylogyrus
Ce trématode peut entraîner des pertes importantes dans les populations d'alevins, en s'attaquant à leurs branchies. Le poisson éprouve des difficultés respiratoires et finit par mourir.

• L'ichtyophtiriose, ou maladie des points blancs
Elle infeste la peau, les nageoires et les branchies de nombreux poissons. Due à un protozoaire, elle s'apparente à des taches blanchâtres (des cellules mortes se développant autour du parasite) disséminées sur la peau. Les poissons tentent de s'en débarrasser en se frottant sur les rochers, puis deviennent léthargiques.

• La lernéose
Elle est due à un petit crustacé (la lernée) qui pénètre la peau en se glissant entre les écailles. C'est la porte ouverte à des affections encore plus dangereuses, qui finissent par tuer le poisson qui en est porteur.

QUELS DANGERS POUR L'HOMME ?

Y a-t-il des risques à consommer ou toucher des poissons atteints par ces maladies ? Que faire lors d'une capture ? Les réponses sont sans ambiguïté : lorsque vous pêchez un poisson malade, mieux vaut ne pas le relâcher. Il est préférable de l'éliminer afin de préserver les poissons non contaminés. La maladie ne va pas disparaître pour autant, mais vous contribuerez à ne pas l'aggraver. En ce qui concerne les risques pour l'homme, ils sont pratiquement nuls, exception faite des poissons porteurs d'un ver parasite, le bothriocéphale, qui peut se transmettre par ingestion, lorsque la chair est mal cuite. Heureusement, il est plus facile de s'en débarrasser que du ténia, car il ne se fixe pas solidement à la paroi intestinale. Les autres maladies sont sans danger, mais quel plaisir y a-t-il à consommer un poisson porteur de germes ?

• La ligulose
C'est une sorte de ténia blanc, long de 20 à 40 mm. Il infeste la cavité abdominale des poissons par l'intermédiaire d'un crustacé planctonique et d'un oiseau aquatique. Ce parasite provoque de nombreuses mortalités.

• Les sangsues
Elles se fixent sur les poissons afin de sucer leur sang. Outre le fait de causer des problèmes d'anémie, elles permettent à des maladies de s'introduire à partir des plaies occasionnées.

• Le tournis
Cette maladie causée par un sporozoaire touche essentiellement les alevins des truites arc-en-ciel et des truites fario élevés dans les piscicultures. Le parasite qui en est reponsable attaque leur oreille interne, mais aussi l'extrémité de la colonne vertébrale, ce qui dérègle le mécanisme de pigmentation de la peau. Les poissons sont pris de tournis, se précipitent en tous sens, faisant même des bonds hors de l'eau, leur queue devient noire, leur crâne et leurs ouïes se déforment, et ils finissent pas succomber.

Les maladies fongiques

• La branchiomycose
Ce champignon touche les branchies des poissons en créant des marques blanchâtres. Des hémorragies et des nécroses apparaissent et les vaisseaux sanguins finissent par s'obturer. Les poissons malades rencontrent aussi des difficultés respiratoires les incitant à se réoxygéner à la surface de l'eau. Une fois mort, leur corps se décompose très rapidement.

• La saprolégniose
Le champignon responsable produit des filaments qui s'ancrent profondément dans le corps du poisson. Il touche les sujets affaiblis et se manifeste par l'apparition de plaques cotonneuses blanchâtres sur les nageoires, les branchies, puis sur tout le corps.

2

Écologie des milieux aquatiques

La France est riche d'un réseau hydrographique important. Le domaine public totalise plus de 8 700 km de rivières navigables, 2 500 km de cours d'eau flottables, 2 310 km de canaux, sans oublier 50 000 ha de lacs. Le domaine privé se compose de plus de 20 000 km de rivières dont la largeur n'excède pas les 8 m, 87 650 km de ruisseaux d'environ 1 m de large et 150 000 km de ruisselets d'à peine 50 cm de large. À ces chiffres, il faut ajouter 110 000 ha d'étangs privés et les 25 000 ha de lacs de barrage. Ces milieux aquatiques sont d'un grand intérêt pour la pêche. Ils recèlent une grande diversité de biotopes où vivent des poissons de qualité. Parmi les plus connus, on peut citer la truite, la carpe, le sandre, la perche ou l'anguille. Il ne faut pas oublier également les crustacés, comme les écrevisses. Malheureusement, ce patrimoine est fragile et souffre quotidiennement d'atteintes graves : pollutions, destruction des zones humides, prélèvements abusifs de l'eau et des granulats… Si les pêcheurs s'intéressent à ce patrimoine inestimable, ce n'est pas seulement pour pouvoir y pêcher, c'est aussi pour le protéger afin que tous les amoureux de la nature en profitent.

Le cycle naturel de l'eau

L'eau parcourt la terre depuis des millénaires. Elle se déplace en circuit fermé, inlassablement. Avant d'arriver dans une rivière, un fleuve ou un lac, une goutte d'eau aura suivi un long chemin pour le moins déroutant.

Le mouvement des eaux sur la terre ne fait aucun mystère. Aujourd'hui, les hydrologistes connaissent bien le phénomène, mais autrefois, toutes les spéculations étaient de mise.

Le cycle de l'eau au fil des siècles

Les Grecs avaient conscience d'un circuit cyclique de l'eau, mais restaient loin de la vérité. Ils pensaient, par exemple, que l'eau douce provenait de la mer, après un passage par les entrailles de la Terre.
Dans le « Phédon », Platon (Ve siècle) rapporte les propos de Socrate où il prétend que les eaux de source viennent d'un immense gouffre, le Tartare : « C'est en effet dans ce gouffre que se jettent tous les fleuves, et c'est de lui qu'ils sortent de nouveau, et chacun d'eux tient de la nature de la terre à travers laquelle il coule. » (Traduction d'Émile Chambry, 1965).
Il faudra attendre la Renaissance avant que les prémices d'une hypothèse plausible voient le jour. Claude Perrault (1613-1688), qui n'est autre que le frère du célèbre conteur, auteur, entre autres, des « Contes du chat perché », établit que le volume des précipitations du bassin de la Seine était proportionnel au débit du fleuve à son embouchure. Il confirmait une hypothèse émise un siècle plus tôt par le céramiste et savant Bernard Palissy (1510-1589) dans son *Discours admirable de la nature des eaux et fontaines*.
Au XVIIIe siècle, un mathématicien, Alexis Clairaut (1713-1765), et le célèbre naturaliste Buffon (1707-1788) affirmèrent que « le cycle de l'eau ne peut être qu'atmosphérique ».

Quand l'eau s'évapore

Le cycle de l'eau correspond à la circulation de la matière la plus spectaculaire qui puisse avoir lieu sur notre planète. Le phénomène déplace en effet des masses importantes de matières liquides qui représentent approximativement 500 000 km^3.
Sous l'action du soleil, l'eau s'évapore et gagne l'atmosphère pour se transformer en nuages. Au contact de l'air froid, elle se condense et retombe sur les continents et les océans, en pluie, en grêle ou en neige, selon les conditions climatiques (températures, circulation atmosphérique). Une partie de l'eau qui retombe s'évapore pratiquement de façon instantanée avant d'avoir touché les continents et regagne donc l'atmosphère.
Les mers, les océans, les rivières et les lacs ne sont pas les seuls à produire de la vapeur d'eau. Les plantes, les animaux, les hommes et les éruptions volcaniques le font également, mais leur apport reste minime.
La moitié de l'eau évaporée provient des océans, une autre partie des cours d'eau, mais aussi de l'évapotranspiration de la végétation et des êtres vivants.
En moyenne, sur les océans, les précipitations sont moins importantes que l'eau qui s'évapore, mais, sur les continents, c'est tout le contraire, la pluie tombe beaucoup plus. Un certain équilibre est ainsi assuré, d'autant plus que le cycle de l'eau est à deux vitesses : lent en milieu océanique et plutôt rapide sur terre.

L'eau des océans et des rivières

Le plus grand réservoir est le domaine océanique, qui contient 97,2 % de l'eau selon les estimations scientifiques. Les eaux douces ne représentent qu'une faible quantité (2,8 %) et elles sont stockées sous forme de neige et de glace à 75 %. Les eaux souterraines dont le fonctionnement est très lié aux eaux superficielles représentent une part encore moins importante qu'il est difficile d'estimer.

■ **LA NAISSANCE DES SOURCES**

En s'infiltrant dans le sous-sol, l'eau peut dissoudre les roches, ce qui crée des cavités où circulent les rivières souterraines, parfois sur plusieurs dizaines de kilomètres. Chargée d'éléments minéraux, dont la nature varie selon le terrain traversé, elle ressort sous forme de sources.

Infiltrations et ruissellements

Les eaux qui s'infiltrent dans les sols alimentent les nappes souterraines, des réserves indispensables aux sources et au réseau hydrographique. Celles qui ne peuvent le faire, soit parce que le terrain arrive à saturation ou en raison de la présence de matières imperméables, comme l'argile, se concentrent en rigoles et en ravines, ou forment des tributaires qui finissent par gagner des cours d'eau importants, puis par rejoindre les estuaires et le milieu marin.

Les précipitations alimentent également les bassins versants qui, à leur tour, déversent leur eau dans les torrents, les ruisseaux, les rivières, les fleuves, les lacs, les étangs, les mares et les marais. C'est ainsi qu'une grande variété de milieux aquatiques a vu le jour.

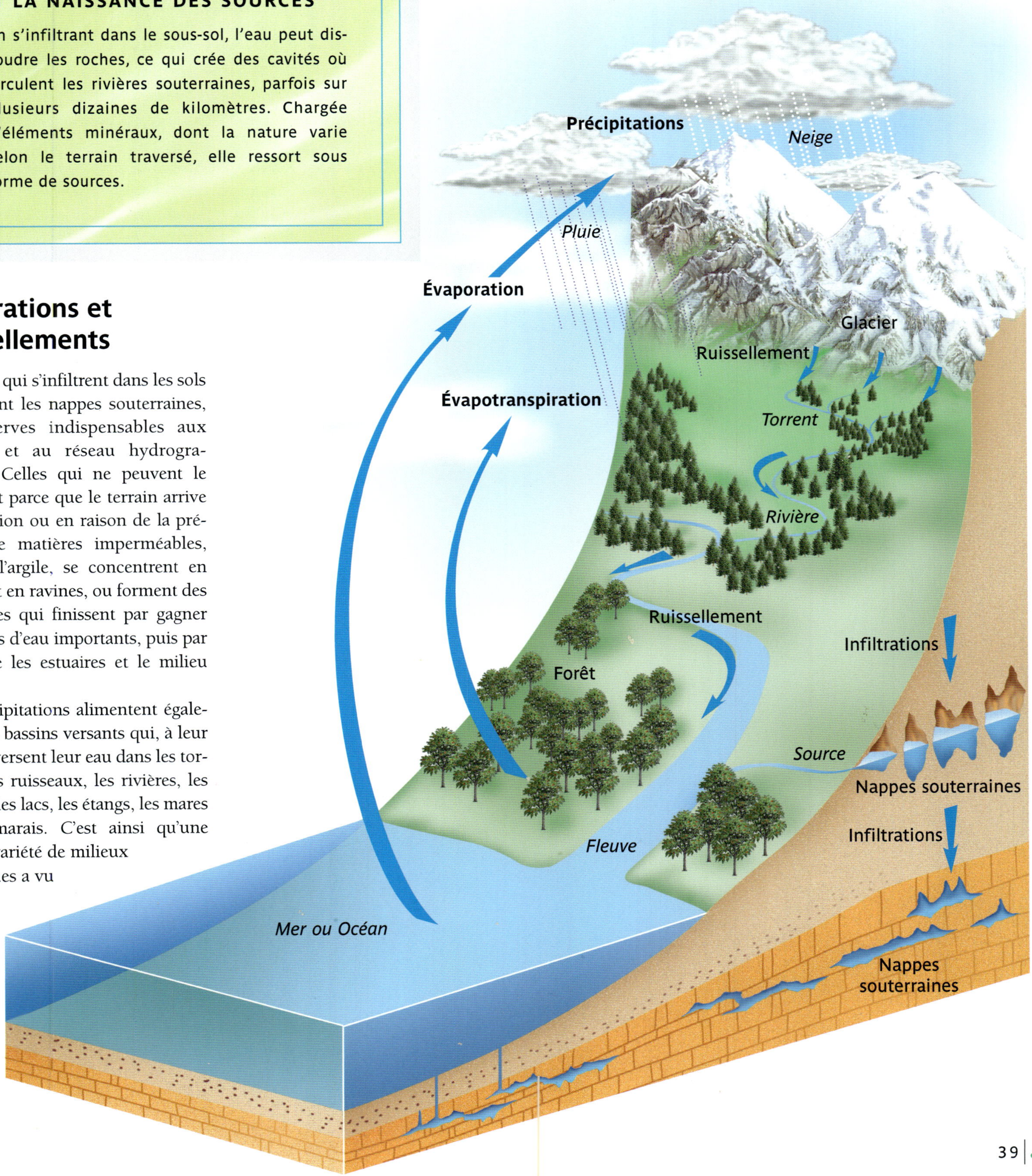

Les milieux aquatiques

Les milieux aquatiques dulcicoles (d'eau douce) sont d'une grande variété. Lacs, étangs, ruisseaux et rivières font le bonheur des amoureux de la nature, dont les pêcheurs.

Ce sont les reliefs de la terre qui déterminent la nature des milieux aquatiques. De la qualité de l'eau et des disponibilités alimentaires dépend celle des peuplements.

Le torrent

Les eaux sont rapides et froides ; les rives, escarpées. Ce milieu présente des conditions difficiles. La température de l'eau est basse, la nourriture peu abondante, mais elle est bien oxygénée et accueille des poissons aussi intéressants que les salmonidés. On y trouve également de petits poissons appréciant les eaux vives, comme le chabot (un cobitidé) et le vairon (un cyprinidé).

Le ruisseau

Ce type de petits cours d'eau est souvent délaissé, parce que difficile d'accès. Il abrite pourtant de superbes truites n'ayant jamais été capturées et des écrevisses. Le savoir-faire du pêcheur est mis à rude épreuve, car il doit s'approcher sans alerter les poissons, parvenir à déployer sa ligne sans qu'elle s'accroche et ramener sa prise en évitant qu'elle n'aille se fourrer dans les obstacles (branchages, rochers…). Un grand nombre de ruisseaux ont été détériorés, transformés en fossés ou en canaux d'évacuation, ce qui constitue un grave préjudice, car beaucoup de poissons s'y reproduisent.

La rivière de moyenne montagne

Ce milieu typique peut aussi bien accueillir la truite que l'ombre et les cyprinidés d'eau vive : chevesnes, vandoises, goujons, ablettes ou vairons. Ces rivières sont relativement larges, entre 10 et 30 m en moyenne, et elles présentent un profil caractéristique : une alternance de radiers et de mouilles. L'eau a une température assez fraîche, ne dépassant pas la quinzaine de degrés, et elle est bien oxygénée.

Contrairement au torrent, la végétation se diversifie sur les berges et le substrat ne se compose pas uniquement de pierres abruptes, de graviers grossiers ou de sable. Les galets font leur apparition ainsi que de belles plantes sauvages, comme la renoncule et la glycérie flottante.

Une grande quantité d'insectes se développent, de la patraque à la mouche de mai (éphémères) en passant par la mouche de pierre (plécoptère), le porte-bois (trichoptère) ou la simulie (diptère). Les petits crustacés que sont les gammares sont également abondants. De quoi fournir au pêcheur de multiples appâts.

La rivière de plaine

Ce type de cours d'eau, au lit large, est bien pourvu en méandres. Il s'écoule lentement sur une faible pente, dans la plaine alluviale, et possède un substrat vaseux sur le fond. La végétation est adaptée à la qualité de l'eau. Des plantes aquatiques comme la renouée amphibie, la sagittaire ou le faux nénuphar se développent. Les berges sont également riches en végétation ; des arbres y poussent, ce qui les consolide et limite l'érosion. On trouve des cyprinidés comme le gardon, la carpe et la brème. Il y a également de beaux carnassiers – sandres, perches, brochets, silures –, parfois des poissons migrateurs, comme l'anguille, l'alose ou encore le saumon.

Le canal

Construits principalement pour les besoins de la navigation, les canaux sont d'un accès facile, mais le repérage des zones où se tiennent les poissons n'est pas toujours évident. Ces milieux artificiels sont apparemment sans courant. En vérité, il est bien présent, mais ne se manifeste pas comme dans une rivière. Des mouvements d'eau sont provoqués par le passage des bateaux et lors de l'ouverture des écluses.

Dans les canaux désaffectés, la végétation offre une multitude d'endroits où les poissons, aussi bien les blancs que les carnassiers, sont susceptibles de se tenir.

Dans les voies navigables, la végétation est pratiquement absente et les postes que sont les obstacles, les cassures sur le fond et les cavités de la berge ne se repèrent pas au premier coup d'œil. Les poissons trahissent cependant leur présence en glanant des insectes tombés à l'eau ou en chassant des poissonnets. Des paquets de bulles apparaissent parfois à la surface. Cela indique que les poissons fouisseurs recherchent leur nourriture dans la vase.

Le fleuve et son estuaire

Quelle est la différence entre un fleuve et une rivière ? En règle générale, bien que certains géographes n'adhèrent pas à cette idée, on

VOIR AUSSI

• **Le peuplement des estuaires** pages 60-61
• **Les zones humides** pages 44-45

désigne par fleuves les cours d'eau qui se jettent dans la mer, ce qui est le cas du Rhône, de la Loire, de la Garonne, de la Seine et du Rhin. Et l'Adour ? Et la Charente ? Et l'Escaut ? Et la Lys ? Il s'agit de fleuves côtiers. On désigne ainsi les petites ou grandes rivières qui prennent leur source non loin des côtes et terminent leur course à la mer.
Les fleuves sont des passages obligés pour les poissons migrateurs, mais également pour les espèces marines qui vivent dans les estuaires et s'aventurent dans les eaux douces ou saumâtres. L'une des particularités des fleuves réside dans le fait que la salinité de l'eau de leur partie inférieure peut varier selon la force des marées ou la nature du terrain. Ainsi, dans la Charente, les plus fortes marées remontent à plus de 80 km de l'océan Atlantique.

Le lac de haute montagne

Situés en altitude, ces lacs offrent aux pêcheurs de nombreux attraits. Celui d'accéder à des paysages magnifiques et de pêcher dans des eaux limpides, peuplées de superbes poissons : truite fario, omble chevalier, omble de fontaine et cristivomer. Pour y accéder, plusieurs heures de marche sont souvent nécessaires. Une fois arrivé, le plaisir est garanti, même s'il n'est pas toujours évident de réaliser des captures. Les poissons évoluent là où on ne les attend pas, souvent près de la berge, alors que le pêcheur inexpérimenté s'évertue à pêcher loin du bord.
La météo a une importance capitale, surtout si les lacs se trouvent en haute montagne. Le vent souffle plus fort, le brouillard joue des tours et les orages peuvent se transformer « en cyclones ». Il est donc indispensable de se renseigner et de bien s'équiper avant de s'y rendre. Les saisons favorables : de juillet à septembre. Avant, les sommets sont souvent enneigés et la surface des lacs est gelée. Après, le temps se gâte et la pêche ferme.

Le grand lac naturel

Les grands lacs ont des origines diverses. Certains sont installés dans les bassins creusés par les glaciers, d'autres occupent des dépressions dans les plaines alluviales et sont associés à des fleuves. Il y a également ce qu'on appelle les lacs tectoniques nés après l'effondre-

ment de la croûte terrestre, et les lacs volcaniques dont le lit est le cratère d'un volcan. Quelles que soient leurs origines, ces milieux sont riches d'une faune piscicole extraordinaire.

Dans le Léman, dont la superficie est de 582 km^2 (239 km^2 en France et 343,4 km^2 en Suisse), on trouve aussi bien des cyprinidés (carpes, tanches, brèmes, gardons, chevesnes, ablettes, goujons) que des salmonidés (truites de lac, arc-en-ciel, ombles). Brochets, corégones, sandres, perches et lotes sont également présents.

Les lacs de Saint-Point et de Remoray abritent des blancs, de superbes brochets, mais aussi des corégones que les pêcheurs locaux capturent avec des nymphes artificielles (voir p. 187 et 188).

La qualité du lac Pavin, situé en Auvergne à une altitude de 1 200 m et d'une superficie de 45 ha, fait beaucoup d'adeptes parmi les amateurs d'ombles chevaliers et de truites.

Le lac de barrage

Contrairement aux apparences, les lacs de barrage ne sont pas des hauts lieux de la pêche. Ces retenues construites pour les besoins en eau potable, pour l'agriculture et les centrales hydroélectriques sont préjudiciables à de nombreux cours d'eau. Les migrateurs n'ont plus accès à leurs frayères, sauf si les ouvrages sont équipés d'une passe à poissons, et le régime de la rivière est radicalement transformé, au point de ne plus pouvoir accueillir certaines espèces. Un exemple typique est le Rhône.

Autrefois, l'eau courait dans le lit du fleuve qui accueillait une grande diversité de poissons, des cyprinidés aux carnassiers en passant par la truite et l'alose. Aujourd'hui, le débit s'est nettement ralenti. Les espèces d'eaux calmes sont majoritaires.

Les vidanges sont par ailleurs néfastes à la faune aquatique. À cette occasion, les lacs sont vidés pour vérifier l'état des ouvrages, ce qui est indispensable pour des raisons de sécurité, mais cette opération cause parfois des dégâts importants. Les poissons risquent de s'asphyxier et des kilomètres de rivière peuvent se retrouver colmatés par de la boue.

Les lacs de barrage présentent toutefois un certain intérêt halieutique si le marnage (baisse du niveau de l'eau lors de son fonctionnement) n'est pas trop important.

L'étang

La plupart des étangs sont des milieux artificiels aux origines parfois anciennes. Ils ont été créés au Moyen Âge, principalement pour y élever des poissons. Aujourd'hui, certains sont toujours utilisés pour l'élevage, notamment dans les grandes régions d'étangs (Dombes, Brenne), mais un grand nombre font aussi le bonheur des pêcheurs.

Les végétaux se composent d'algues, de plantes amphibies et aquatiques. (voir p. 46 et 47). Leur développement est favorisé par la température de l'eau, qui se réchauffe rapidement dès les premiers rayons de soleil.

La microfaune est également importante. Il s'agit d'invertébrés divers, comme les libellules, les dytiques, les chironomes et autres insectes, les sangsues et les mollusques (voir p. 44 et 45). Les grenouilles trouvent en ces milieux des endroits très favorables à leur développement.

Les espèces intéressantes à pêcher sont nombreuses : le gardon, la carpe, le rotengle, la tanche, le brochet et la perche, si elle n'est pas atteinte de nanisme. Des poissons comme le black-bass et l'amour sont parfois présents, à la suite d'opérations d'empoissonnement.

La ballastière

On appelle aussi « gravière » ce trou laissé dans la plaine par l'extraction de graviers et transformé en plan d'eau une fois son exploitation terminée. Il peut accueillir de superbes poissons. Là où l'eau est profonde et reste froide toute l'année, des salmonidés comme la truite arc-en-ciel, l'aquabonite, l'omble de fontaine peuvent même être introduits. Il en est de même des espèces rares comme l'esturgeon sibérien ou l'esturgeon sterlet. Les grandes ballastières accueillent sans problème de belles populations de sandres, de black-bass et de grosses carpes.

VOIR AUSSI

- **Le peuplement des eaux vives** pages 56-57
- **Peuplement des eaux calmes** pages 58-59

Les zones humides

Bras morts, marais, tourbières, prairies et forêts inondables constituent des milieux de transition entre terre et eaux. Ce sont des refuges et des nurseries pour de nombreux poissons.

VOIR AUSSI
- **Les milieux aquatiques** pages 40 à 43
- **Le peuplement des eaux calmes** pages 58-59

Le terme zone humide recrouvre une grande variété de systèmes aquatiques. Si la majorité de ces milieux sont situés dans les fonds de vallée, où coulent fleuves et rivières, il en existe aussi près du littoral, en bordure de mer, et en montagne.
En France, la superficie de l'ensemble de ces milieux est estimée à plus de 2 millions d'hectares (une estimation relative car elle varie suivant les saisons). Cela semble important au premier abord, mais il y en avait beaucoup plus avant qu'elles ne soient drainées pour les besoins de l'agriculture ou asséchées pour pouvoir construire des habitations.
L'homme détruit les zones humides a un rythme inquiétant et de plus en plus soutenu.
Parmi les causes de leur dégradation, on notera également l'abaissement du fil d'eau dans les rivières. Ce phénomène dû au surcreusement de leur lit ou à la présence de barrages, est également catastrophique, car, coupées des cours d'eau qui les alimentent, elles deviennent inaccessibles et les poissons ne peuvent plus s'y rendre pour s'y reproduire. L'une des espèces les plus touchées est le brochet dont le développement est inféodé aux zones humides. La communauté des pêcheurs en est consciente, et certaines fédérations de pêche mènent des programmes de réhabilitation ou de sensibilisation, telle en Ille-et-Vilaine. Cette fédération, dans le cadre du contrat de plan État- Région Bretagne sensibilise le grand public grâce, notamment, à des documents pédagogiques. Elle n'est pas la seule à se faire le chantre d'*Esox lucius* (brochet).

Les zones alluviales

Elles comprennent des prairies inondables, des bras morts, des marais tourbeux, des ripisylves, des berges. Leur intérêt est indéniable : elles participent au maintien de la diversité biologique, qu'il s'agisse de la flore ou de la faune. Ce sont également des refuges ou des sites de reproduction pour de nombreuses espèces : oiseaux, poissons…

Les régions d'étangs

Il s'agit des zones humides des plaines intérieures (Sologne, Brenne, Dombes…), mais aussi des plans d'eau se trouvant près du littoral. Ces milieux constituent des sites de reproduction et d'accueil pour les oiseaux migrateurs ou hivernants. Au XIXe siècle, beaucoup ont été asséchés pour lutter contre le paludisme et disposer de terres cultivables. La Dombes a ainsi perdu 60 % de sa surface en eau.

Les tourbières

Formées par l'accumulation de végétaux morts qui ne se sont pas totalement décomposés, les tourbières sont des milieux typiques. Elles se caractérisent par une forte humidité, l'absence d'oxygène et une composition chimique particulière. On distingue deux types de tourbières :

1 **Les tourbières alcalines**, situées sur des sols calcaires et alimentées par les eaux de surface ou par la nappe phréatique.

2 **Les tourbières acides**, situées sur des sols cristallins et alimentées par les eaux de pluie.
Elles abritent une faune et une flore spécifiques comme les plantes carnivores qui se nourrissent de petits insectes pour compenser la pauvreté des sols en azote. Leur intérêt est double : ces milieux constituent des réserves d'eau pour les nappes souterraines et possèdent un pouvoir épurateur.

Les marais du littoral

Les marais agricoles aménagés du Cotentin, de la Bretagne, du Marais poitevin, les étangs du Languedoc-Roussillon et le delta de la Camargue ont une particularité. Ils accueillent aussi bien les poissons d'eau douce supportant les eaux salées que les poissons marins pouvant vivre en eau saumâtre. Ils abritent par ailleurs de nombreux oiseaux, comme la grande aigrette. Rien qu'en Camargue, 350 espèces ont été recensées. Ces milieux servent également de nurseries à de nombreux poissons (plies, bars, soles...). Les marais du littoral ne sont pas à l'abri des atteintes environnementales : concentration des polluants provenant des cours d'eau, suppression des vasières due à l'implantation de sites industriels, endiguement...

QUELLE EST LEUR HISTOIRE ?

Il y a plus de 15 000 ans, un radoucissement du climat a fait fondre les glaciers. La terre s'est gorgée d'eau, des cuvettes se sont formées, donnant ainsi naissance à des lacs qui ont été comblés par des dépôts d'alluvions puis par l'amoncellement de matières organiques. La plupart des marais et des tourbières témoignent de ces bouleversements. D'autres zones humides se sont formées sous l'action de forces internes de la croûte terrestre ou encore par le mouvement des eaux de surface. L'homme a également participé à leur création, celle des étangs et des marais notamment.

Dans la plaine alluviale, les bras morts des cours d'eau et leurs annexes forment des zones humides de première importance pour la faune.

La microfaune

Les milieux aquatiques abritent une multitude d'invertébrés, dont voici quelques représentants. La plupart représentent une alimentation importante pour les poissons.

Dans les rivières et les plans d'eau existe un monde fascinant qui passe souvent inaperçu. De petites créatures y vivent qui appartiennent à ce que l'on appelle « la microfaune ». Qu'est-ce que la microfaune ? Il s'agit d'animalcules dépourvus de squellette, des invertébrés dont le corps peut être nu, comme les sangsues, protégé par une carapace, comme le dytique et le gammare, ou une coquille, ce qui est le cas des mollusques, des gastéropodes ou des lamellibranches.

Les vers et les cnidaires

1 Les sangsues. Huit espèces principales sont présentes dans nos eaux, que l'on classe en deux groupes : les gnathobdelles (au sang rouge) et les rhynchobdelles (au sang blanc). Parmi les plus connues :

La sangsue médicinale, que l'on rencontre dans les mares, les étangs et les cours d'eau, au corps vert noirâtre parcouru de bandes rousses, qui peut atteindre la taille de 14 cm. Elle s'appelle ainsi car elle était autrefois utilisée pour pratiquer des saignées. Encore aujourd'hui elle est utilisée pour favoriser certaines greffes.

La sangsue piscicola, ou *Piscicola geometra*, longue de 5 cm, dont le corps est de couleur jaune-vert, avec un dos strié. Elle possède à chaque extrémité une ventouse.
Ces deux invertébrés, des hirudinés, se nourrissent du sang des poissons qu'ils parasitent.

2 Les planaires sont des vers plats, de couleur brune ou blanche, d'environ 2 cm, parfois plus. On les rencontre dans les eaux courantes et calmes.
Certains sont carnivores, d'autres détritivores, c'est-à-dire qu'ils s'alimentent de détritus divers. Leur tête porte de petites antennes, reliées à des ganglions, derrière lesquelles se trouve une paire d'yeux. Pour respirer, ils n'ont pas besoin de branchies. Leur corps est si fin qu'il capte l'oxygène directement à travers la peau.

3 Le tubifex. Cet annélide de couleur rouge forme des colonies impressionnantes sur le fond vaseux des cours d'eau, des mares et des étangs. Une partie du corps est fixée dans la vase, tandis que l'autre suit les mouvements de l'eau. À la premiere alerte, il se rétracte.
Le tubifex s'alimente d'algues microscopiques et de matière organique. Sa taille ne dépasse pas les 25 mm. Il est plus connu sous le nom de « ver de vase », mais il n'a pas de points communs avec la larve du chironome qui porte la même appellation, sinon la forme et la couleur. Le chironome est la larve du moustique.

4 L'hydre et la méduse d'eau douce. L'hydre vit sous la forme d'un polype, le plus souvent fixé à un support grâce à une ventouse. Elle a un corps transparent en forme de tube, au sommet duquel apparaît un certain nombre de tentacules qui lui permettent de saisir ses proies. Pour se déplacer, l'hydre dépose alternativement son pied et sa bouche et progresse un peu comme une chenille. Lorsqu'elle est dérangée, elle se rétracte et ne ressemble plus qu'à un minuscule amas gélatineux. Sa taille reste modeste (1 à 2 cm). Elle est présente dans les rivières, les fleuves et les étangs.
Crapedacusta sowerbyi, est la seule méduse présente dans nos eaux douces. Elle ne mesure pas plus de 10 à 20 mm. Durant l'été, lorsque la température de l'eau dépasse 20 °C, il est possible de la voir proliférer dans les eaux lentes des pièces d'eau, des lacs ou des rivières. Elle fait même, parfois, des intrusions spectaculaires dans les bassins des parcs, ce qui laisse perplexes les observateurs, cette espèce étant peu connue du grand public. Comment parvient-elle à se répandre ? Ce sont les oiseaux aquatiques, le plus souvent qui la transportent sur leur patte, sous la forme de polype.

LES ARAIGNÉES ET LES HYDRACARIENS

De nombreuses araignées et des acariens vivent près ou dans les milieux aquatiques. L'argyronète **(16)**, la seule araignée qui vit dans l'eau, construit un abri de soie sous l'eau rempli d'air. C'est une sorte de cloche à plongeur.
La dolomède, une autre araignée, évolue sur la surface, mais elle peut s'immerger dans la couche liquide, grâce à une réserve d'oxygène qu'elle porte sur le ventre.
Les hydracariens sont également présents. Leurs larves parasitent les insectes aquatiques, parfois les mollusques. Les adultes, dont le corps est sphérique, se déplacent en nageant rapidement.

Les mollusques

5 Les gastéropodes. Qu'il s'agisse des planorbes ou des limnées, les mollusques gastéropodes ont un aspect assez proche de celui des escargots terrestres. La coquille a généralement la forme d'une spirale, ornée de trois raies, et la tête porte des antennes.
Deux sous-classes se distinguent : les prosobranches et les pulmonés. Seuls les premiers sont dotés de branchies leur permettant de respirer sous l'eau.

6 Les lamellibranches. On les appelle également des bivalves, car ils possèdent deux valves, comme les huîtres. Ce sont les anodontes, le bivalve le plus représentatif des eaux lentes, dont la taille peut atteindre 15 cm, mais aussi les pisidies (5 cm), qui se développent dans les eaux à truites ou les dreissènes (moules d'eau douce à la coquille zébrée d'environ 4 cm). La prolifération de ces dernières pose des problèmes, car elles obstruent les canalisations et favorisent la propagation de la bucéphalose larvaire, une maladie touchant les cyprinidés (voir p. 35).

Les microcrustacés

7 Le gammare. On trouve ce crustacé amphipode dans les eaux fraîches. Il ressemble à une petite crevette et mesure entre 8 mm et 1 cm. Il se dissimule sous les cailloux et se déplace en nageant sur le flanc. Les pigments colorés du corps des gammares donnent une couleur rose à la chair des poissons, ce qui explique pourquoi certaines truites sont « saumonées ».

8 Les cyclops. Ces crustacés copépodes ont un corps de forme ovoïde et portent des antennes sur la tête. Leur taille est minuscule, de 2 à 5 mm de longueur. Leurs yeux sont tellement rapprochés que l'on a l'impression qu'il n'y en a qu'un. En période de reproduction, les femelles portent leurs œufs dans deux sacs situés en arrière du corps. Ils se nourrissent d'algues plactoniques et sont abondants dans les eaux stagnantes.

9 Les daphnies. Ce sont des crustacés cladocères que l'on rencontre dans de nombreux milieux. Les plus grands représentants, *Daphnia magna* mesurent jusqu'à 5 mm de longueur, mais la plupart ne dépassent pas 3 mm. Leur nage est saccadée et ils se servent de leurs antennes comme de rames. Ces créatures font partie ce que l'on appelle le « zooplancton », cet ensemble d'organismes qui alimente les poissons. Les femelles pondent leurs œufs dans une poche qu'elles portent sur le dos.

10 Le cloporte aquatique. Cet invertébré de 10 mm de longueur est également connu sous le nom d'« aselle ». Il appartient à l'ordre des isopodes et ressemble à un cloporte. Son habitat se situe dans la vase des étangs et des rivières. Sa nourriture est constituée de débris végétaux et de petits animalcules.

Les insectes

11 Les coléoptères et les hétéroptères. Certains coléoptères sont aquatiques. Comme leurs cousins terrestres, ils possèdent des ailes et des élytres. On les rencontre dans les eaux lentes riches en végétation. Le plus gros est l'hydrophile brun. Son corps mesure jusqu'à 5 cm. Le gyrin ressemble à une punaise noire. Il nage dans l'eau et remonte souvent à la surface pour effectuer des tourniquets. Un autre coléoptère est le dytique. Il a de beaux élytres sur le dos et se nourrit de têtards, d'alevins et d'invertébrés.
Les hétéroptères se composent des gerris, ou araignées d'eau (l'appellation est trompeuse, car ce ne sont

DES INDICATEURS DE LA QUALITÉ DE L'EAU

Pour évaluer l'état d'un milieu, les scientifiques utilisent une méthode d'appréciation basée sur les espèces bio-indicatrices. Les invertébrés aquatiques benthiques (inféodés au substrat) en font partie. Ils sont largement mis à contribution dans la mise en œuvre de la norme IBGN (Indice Biologique Global Normalisé), qui fait aujourd'hui référence en la matière. Elle repose sur l'échantillonnage (prélèvement selon un processus déterminé et régulier) des invertébrés aquatiques en un point déterminé. Une note de 1 à 10 est ensuite attribuée selon que des espèces sont présentes ou absentes, mais aussi en fonction de leur rôle indicateur.
Grâce aux résultats obtenus, il est possible de suivre l'évolution d'un milieu, et de déterminer s'il a subi des modifications, qu'elles soient naturelles ou provoquées par l'homme (pollutions et autres). Les atteintes environnementales peuvent ainsi être mises en évidence, mêmes les plus infimes qui passent souvent inaperçues autrement.

pas des arachnides), des notonectes ou encore des nèpes cendrées.

12 Les diptères et les mégaloptères. Les simulies (mouches piqueuses), certains moucherons, les chironomes (moustiques non piqueurs), le culex (moustique commun) sont des diptères aquatiques. Leurs larves se développent dans l'eau. La forme varie selon les espèces, mais tous ont un point commun : ils possèdent une paire d'ailes. Il en est de même des diptères terrestres, qui comptent beaucoup dans l'alimentation des poissons : les tipules, les mouches de la Saint-Marc, de couleur bleue ou verte.
Les mégaloptères sont bien représentés par les sialis (mouches de l'aulne), dont les nymphes se développent dans l'eau. Elles se reconnaissent à leur silhouette allongée se terminant par une queue unique, tandis que les adultes ressemblent aux trichoptères : leurs ailes forment un toit et ils possèdent des antennes.

13 Les éphéméroptères et les plécoptères. Les éphéméroptères adultes se reconnaissent facilement. Le corps est long, les ailes, membraneuses, et la queue se termine par deux ou trois cerques. Les larves, qui possèdent des branchies, sont fouisseuses, nageuses, grimpeuses ou rampantes, selon les espèces, et proviennent d'œufs déposés à la surface de l'eau par des femelles. Ces insectes intéressent particulièrement les pêcheurs à la mouche qui utilisent fréquemment des imitations pour pêcher la truite. Les plécoptères ressemblent vaguement aux éphéméroptères, mais ils sont plus trapus. Les adultes ont généralement deux paires d'ailes nervurées, épaisses et brillantes, deux antennes et deux cerques. Au repos, les ailes entourent le corps. Les larves sont aplaties et possèdent également des antennes et des cerques.

14 Les trichoptères et les orthoptères. Une vingtaine de familles sont présentes dans les eaux douces, dont les phryganes que les pêcheurs à la mouche imitent pour créer des artificielles. Le corps des adultes est brun. Il comporte deux ailes membraneuses qui prennent la forme d'un toit au repos. La tête porte deux longues antennes. Les larves aquatiques, que l'on surnomme des porte-bois, vivent dans des fourreaux protecteurs constitués de matériaux divers (brindilles, graviers...). Les phryganes sont présentes là où la qualité de l'eau est bonne, mais certaines espèces vivent aussi dans des mares. Les orthoptères sont des insectes terrestres (grillons, sauterelles et criquets) que l'on trouve en abondance durant l'été. Ils font le régal des poissons qui s'en nourrissent abondamment.

15 Les odonates. Ces insectes comptent les libellules et les demoiselles. Les adultes passent leur temps à voler à proximité de l'eau. Ils fréquentent les bordures des cours d'eau, les lacs de plaine, les étangs, les mares et se posent souvent sur les plantes aquatiques, notamment pour y pondre leurs œufs. La position de leur accouplement est unique, en forme de roue, et les ébats se déroulent souvent dans les airs. Au repos, les ailes des libellules sont déployées, contrairement à celles des demoiselles.

QUELQUES INVERTÉBRÉS D'EAU DOUCE

1 Sangsue médicinale

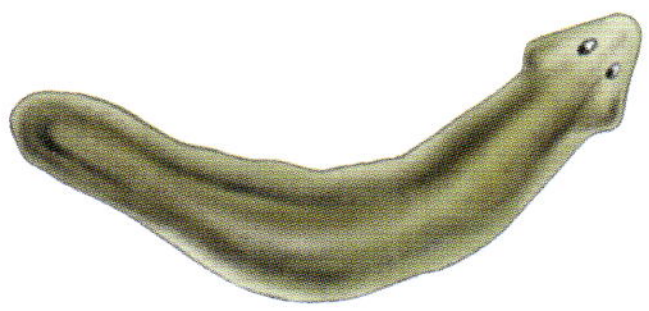
2 Planaire

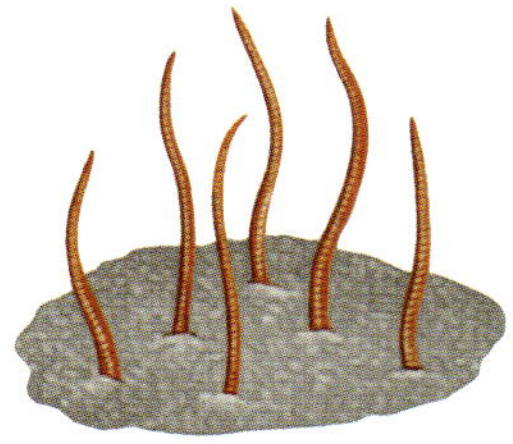
3 Tubifex

4 Hydre

5 Planorbe

6 Dreissène

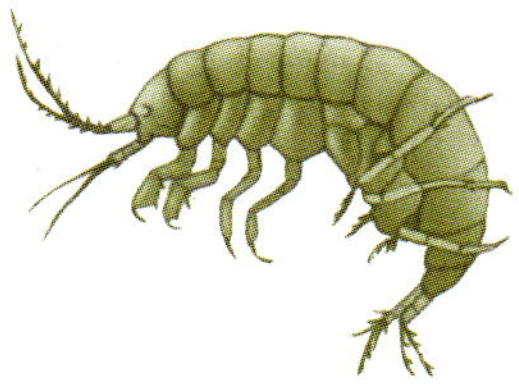
7 Gammare

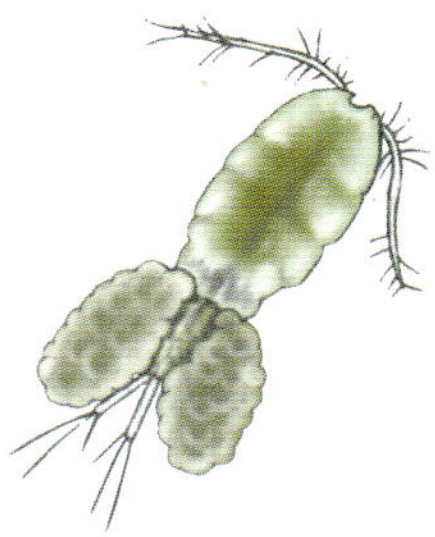
8 Cyclops

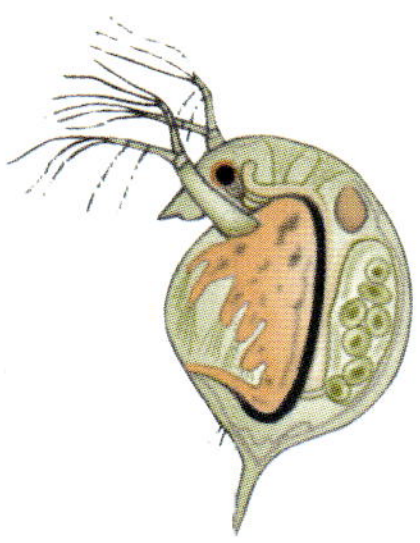
9 Daphnie

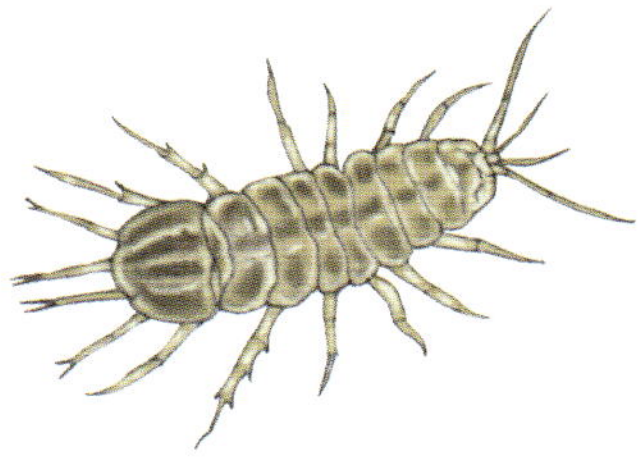
10 Cloporte aquatique

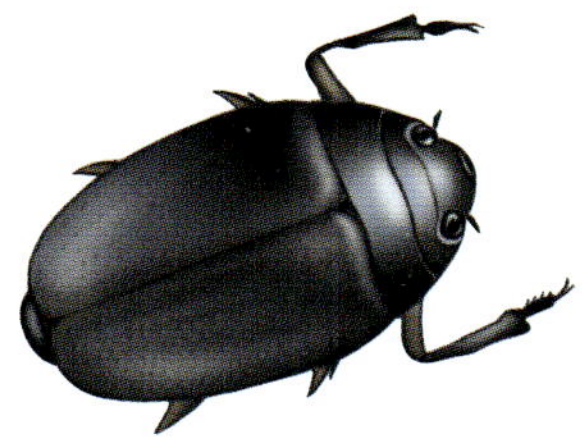
11 Gyrin

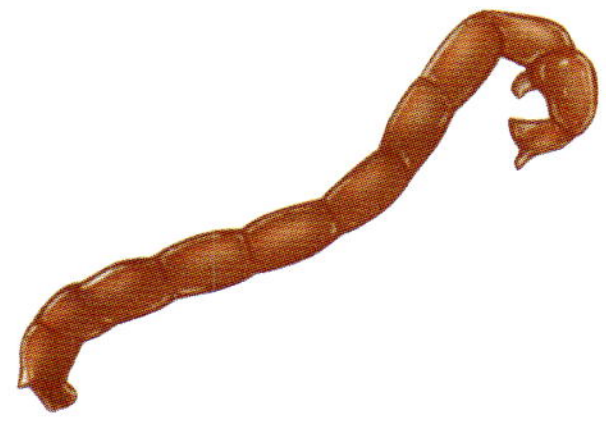
12 Larve de chironome

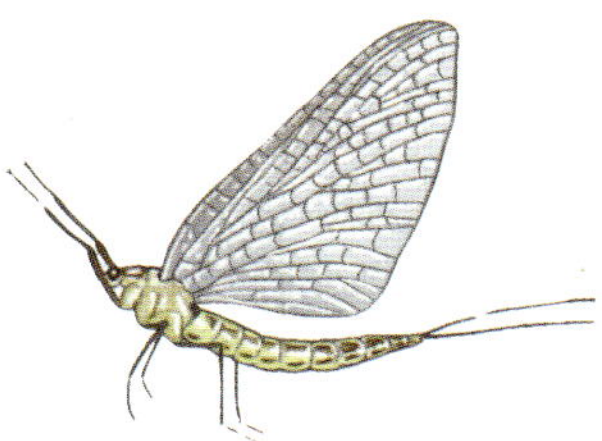
13 Éphémère

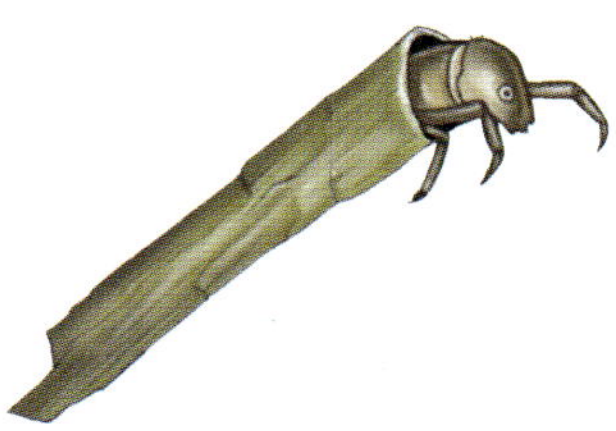
14 Porte-bois

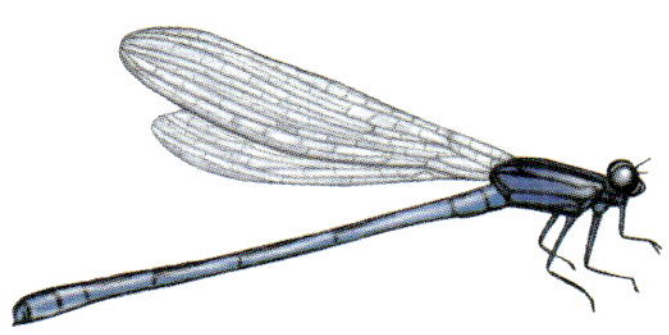
15 Demoiselle

16 Argyronète

Les végétaux

Les rivières, les lacs et les étangs sont riches d'une grande diversité végétale : algues, mousses, plantes aquatiques ou semi-aquatiques, arbres et arbustes de bordure.

Qu'elle pousse en pleine eau ou sur les rives, la végétation joue un rôle fondamental dans le développement de la vie piscicole. Elle offre des abris aux poissons ou attire les insectes et autres invertébrés aquatiques dont ils se nourrissent. Les végétaux participent également, en limitant l'érosion, à la stabilisation des berges. Sans eux, un grand nombre de rives ne résisteraient pas à l'assaut des vagues et s'effondreraient.

Les algues et les mousses

1 **Les algues** peuvent être isolées ou constituer des colonies de cellules. On distingue plusieurs types de ces végétaux.
Dans les eaux courantes, on rencontre surtout les algues rouges.
Dans les eaux lentes et les grandes rivières, les algues vertes, qui se développent dans des milieux chargés en sels nutritifs, sont beaucoup plus présentes. Parmi les plantes bien représentées en eau douce, il ne faut pas oublier les algues unicellulaires comme les diatomées, qui ont la particularité de posséder une coque siliceuse, de forme ronde, ovale ou triangulaire.

2 **Les mousses**, ou **sphaignes**, se fixent au substrat grâce à de petits crampons. Certaines ressemblent à des touffes, d'autres s'étalent et forment des rubans ou des guirlandes. En période d'étiage, des espèces se retrouvent fréquemment au sec, mais la nature fait bien les choses, puisqu'il y a des variétés, particulièrement résistantes, capables de se dessécher et d'attendre le retour de l'eau.

LES ALGUES ET LES MOUSSES

1 Algue

2 Sphaigne

Des mousses comme les sphaignes contribuent à la formation de la tourbière blonde.

Les plantes aquatiques

3 Les plantes émergées. Les plantes qui ont les pieds dans l'eau et peuvent résister à des immersions prolongées, notamment à l'occasion des crues, sont les hélophytes. Il s'agit de la massette, à larges feuilles et dont les tiges se terminent par des épis cylindriques de couleur marron ; des roseaux, ces graminées formant des rideaux épais au bord de l'eau ; des iris à fleur jaune, si caractéristiques, qu'elles sont très facilement reconnaissables ; des salicaires, des plantes velues et fleuries ; des joncs, une graminée porteuse d'inflorescences que l'on utilisait autrefois pour canner les chaises ou en litière pour le bétail ; et du

LES ESPÈCES VÉGÉTALES INDÉSIRABLES

Certaines plantes, arbustes ou arbres sont considérés comme indésirables au bord de l'eau, soit que leur développement est trop important, soit qu'ils nuisent à la végétation indigène. C'est le cas de la renouée du Japon, originaire d'Asie, qui a été introduite. Elle menace la strate arborée et, à ce jour, aucun moyen de lutte efficace n'est connu.
Les peupliers présentent également des inconvénients majeurs. Ces arbres, qui n'ont rien à faire dans une ripisylve, contribuent à l'appauvrissement de la flore indigène. Encore plus grave : leurs racines étant superficielles, ils se déchaussent et se renversent fréquemment en provoquant des dégâts. Les résineux se trouvent dans la même situation, mais, en plus, ils forment un couvert végétal dense qui entraîne la diminution des plantes aquatiques, de la microfaune et des poissons.

LES PLANTES AQUATIQUES

3 Massette

4 Potamot

5 Lentille verte

LES ARBRES ET LES ARBUSTES DE RIVES

6 Aulne glutineux

7 Saule blanc

8 Aubépine

rubanier, qui se reconnaît aisément grâce à ses jolis fruits globuleux garnis de pointes.

4 **Les plantes immergées.** Les organes (racines, tiges et feuilles) de certaines plantes plongent pratiquement en totalité dans l'eau. C'est le cas pour l'élodée du Canada. Sa tige mesure jusqu'à 3 m de long. Les feuilles vertes, de forme ovale, sont disposées en guirlandes. Ce sont d'excellents supports pour les œufs des cyprinidés. Seules les petites fleurs, de couleur blanc-rose ou violacée, flottent à la surface.

Les potamots se développent en de nombreux endroits. Il y en a dans les rivières, les étangs et les lacs. Le plus commun est le potamot nageant qui pousse dans les eaux stagnantes. Sa tige est longue, ses feuilles lancéolées flottent à la surface de l'eau, et ses fleurs verdâtres ont la forme d'épis de 4 à 8 cm de long. D'autres variétés ont des feuilles crépues ou linéaires.

Le cératophylle ou **cornifle** (une plante sans racines), et le myriophylle sont des végétaux entièrement aquatiques. Ils servent de refuges aux alevins et de lieux de ponte. On les trouve dans les eaux calmes ou les courants faibles.
Leurs feuilles vertes sont finement dentelées. Les tiges, rigides, mesurent jusqu'à 1 m chez la cornifle et 3 m chez le myriophylle qui se terminent par des fleurs regroupées en épis émergeant de l'eau.

5 **Les plantes flottantes.** Les rares plantes flottantes non fixées sont les minuscules lentilles d'eau. Elles se limitent à des organes foliaires (feuilles vertes et rondes) ou à des lentilles trilobées. Ses racines se réduisent à un ou plusieurs filaments.
Elles flottent et couvrent la surface de l'eau, sur plusieurs dizaines, voire centaines de mètres, ce qui pose des problèmes au milieu aquatique, la photosynthèse ne pouvant plus se faire correctement.

Les fausses fougères, des plantes vertes pouvant se colorer en rouge, flottent également. Elles prolifèrent dans les étangs et les canaux aux eaux riches en matières organiques et souvent saumâtres.

Les arbres et les arbustes des rives

6 **L'aulne glutineux.** Cet arbre à silhouette conique est un feuillu de la famille des bétulacées. Il peut atteindre 30 m de hauteur.
Le tronc est noir et droit, les branches sont fines et presque orientées à l'horizontale. Les feuilles alternes, d'une forme arrondie et de couleur vert foncé, mesurent entre 5 et 10 cm.
Ses fruits ressemblent à de minuscules pommes de pin. Il s'épanouit au bord de l'eau, sur les rives des rivières, mais aussi dans les zones humides.
Il est considéré comme excellent pour consolider les berges, car son enracinement est dense et profond. Les invertébrés, mais aussi les poissons (les racines se développent même dans l'eau) y trouvent des abris. En milieu fertile, sa croissance est rapide. Sa longévité n'est guère importante, entre 60 et 100 ans.

7 **Le saule blanc** ou osier blanc. De la famille des salicacées, cet espcèce arborescente, très répandue, atteint jusqu'à 20 m de hauteur. C'est le plus grand et le plus résistant des saules.
Ses feuilles, fines et allongées, alternes comme celles de l'aulne glutineux, sont vertes dessus et blanches dessous. Elles sont d'un aspect esthétique particulièrement agréable.
Les fleurs sont des chatons poilus de couleur jaune (mâle) ou verte (femelle).
Le saule blanc joue un rôle important dans la fixation des berges grâce à son réseau de racines.
Parmi les arbres de cette famille, il existe également le saule fragile 15 à 20 m), le saule des vanniers ou osier vert (5 à 10 m), le saule pourpre ou osier rouge (2 à 6 m), le saule à trois étamines ou osiers brun (5 à 10 m), le saule marsault (5 à 20 m) et, pour finir, le saule cendré (3 à 6 m).

8 **L'aubépine.** De la famille des rosacées, l'aubépine a des feuilles lobées. Cet arbuste épineux très répandu en Europe, donne des fruits rouges en automne que l'on appelle « cenelle » ou « poires à « Bon Dieu », très appréciés des oiseaux, mais aussi des hommes qui autrefois les consommaient. Il porte de très jolies fleurs blanches qui apparaissent d'avril à juin.
L'intérêt de cette espèce arborescente, qui peut mesurer de 4 à 8 m, n'est pas seulement d'être belle. Elle constitue une barrière naturelle au bord de l'eau permettant de limiter l'accès et, ainsi, protéger les secteurs fragiles.

LA BONNE GESTION DE LA RIPISYLVE

La ripisylve est l'ensemble des arbres et espèces végétale buissonnantes qui pousse en bordure des cours d'eau. Son intérêt est multiple. Elle forme un paysage, un lieu de vie à une foultitude d'animaux, et assure une protection contre les crues si elle est bien entrenue, de manière à ce que des embâcles ne se créent pas lors de la période de montée des eaux. Bien l'entretenir ne veut pas dire qu'il faille abattre tous les arbres morts, car ils constituent des réfuges pour la faune (insectes, oiseaux, chauves-souris...). Non, ils ne doivent être ôtés que s'ils menacent de s'effondrer ou qu'ils risquent de former un obstacle à l'écoulement des eaux.
Une bonne gestion de la ripisylve passe par une bonne planification des travaux à mener et le choix judicieux des espèces arborescentes (voir encadré de la page précédente) lorsqu'il est nécessaire d'en replanter. La loi oblige les propriétaires riverains à entretenir les rives (article 114 du Code rural), mais tout le monde n'a pas les moyens, ni les compétences pour le faire. Là encore, les Associations agréées de pêche et de protection du millieu aquatique (AAPPMA) se rendent utiles en le faisant à leur place et à leur frais moyennant un droit d'accès qui permette aux pêcheurs de s'adonner à leur loisir.
Beaucoup de propriétaires passent ainsi des contrats avec les AAPPMA, ce qui, au final, satisfait tout le monde, même la collectivité territoriale qui voit ces ententes d'un très bon œil.

Qui mange qui ?

De nombreux animaux font partie de la chaîne alimentaire que l'on peut schématiquement comparer à une pyramide, la masse des différents consommateurs se réduisant à chaque niveau trophique.

VOIR AUSSI
- **La microfaune** pages 46 à 49
- **Les végétaux** pages 50 à 53

La base de la pyramide alimentaire est constituée par ce que l'on appelle les producteurs. Il s'agit des végétaux et du phytoplancton qui alimentent les poissons et permettent aux consommateurs primaires de se développer.
Parmi eux, on trouve le zooplancton (daphnies, cyclops...) et les petits invertébrés (insectes, mollusques, annélides, gammares...). Ils servent aussi de nourriture aux poissons, bien que certaines espèces, comme la larve du dytique, qui possède une paire de mandibules impressionnante, soient de redoutables prédateurs. Elle s'attaque à des alevins et leur injecte un suc digestif dans le corps puis les absorbe.
Les consommateurs secondaires que sont notamment les poissons blancs et les batraciens mangent les consommateurs primaires, mais finissent à leur tour dans l'estomac des consommateurs tertiaires que sont les carnassiers (brochets, sandres, silures, black-bass, perches, truites...).
Autrefois, les pêcheurs à la ligne ne relâchaient pas leurs prises, mais les conservaient pour s'en nourrir. Ils faisaient partie des superprédateurs. Aujourd'hui, les poissons n'ont pas perdu leurs vertus gastronomiques, mais les mentalités ont changé. Un grand nombre de personnes considèrent la pêche comme un loisir. Ils remettent leurs captures à l'eau ou n'en conservent que quelques-unes pour le plaisir de les déguster.
Les superprédateurs seraient plutôt les braconniers, qui font des razzias de civelles, de truites ou de sandres, certains pêcheurs professionnels peu scrupuleux (heureusement il y en a peu), notamment ceux qui, sur l'axe Loire-Allier, où la pêche du saumon est interdite, confondent truite de mer et saumon. Enfin, ceux qui ne tiennent pas compte des TAC (totaux autorisés de capture) sont également nuisibles à la chaîne alimentaire.
Les animaux piscivores, comme le cormoran, sont d'autres superprédateurs et non des moindres (voir p. 67).
La prédation de cet oiseau est considérable. Sa ration alimentaire journalière est de 400 à 500 g de poisson et il y en a un grand nombre.
En 1977, quelque 7 000 cormorans hivernaient en France ; en 2001, plus de 91 000. Une situation alarmante qui mobilise tous les responsables de la pêche associative.
Contrairement à ce que l'on pourrait croire, la loutre n'est pas un féroce prédateur. Son territoire s'étend sur une bonne vingtaine de kilomètres en rivière, une dizaine de kilomètres en zone de marais, et consomme de 10 à 15 % de son poids par jour. Ses poissons de prédilection sont les truites, les chevesnes, les anguilles, les perches, ainsi que les vairons. Les écrevisses font également partie de son menu.
Contrairement au cormoran, elle ne fait pas plus de victimes que ce qu'elle avale. C'est un chasseur efficace et une excellente nageuse dont la présence se remarque par les épreintes (excréments), à l'odeur de poisson, qu'elle laisse sur les rochers.

---

1 Les producteurs
Phytoplancton, algues, mousses et plantes...

2 Les consommateurs primaires
Zooplancton, insectes, mollusques, crustacés...

3 Les consommateurs secondaires
Poissons blancs (cyprinidés) et autres petits poissons, batraciens (grenouilles...).

4 Les consommateurs tertiaires
Poissons carnassiers (brochets, sandres, perches, truites, silures, black-bass, lotes...).

5 Les superprédateurs
Pêcheurs, oiseaux et mammifères (loutres, cormorans...).

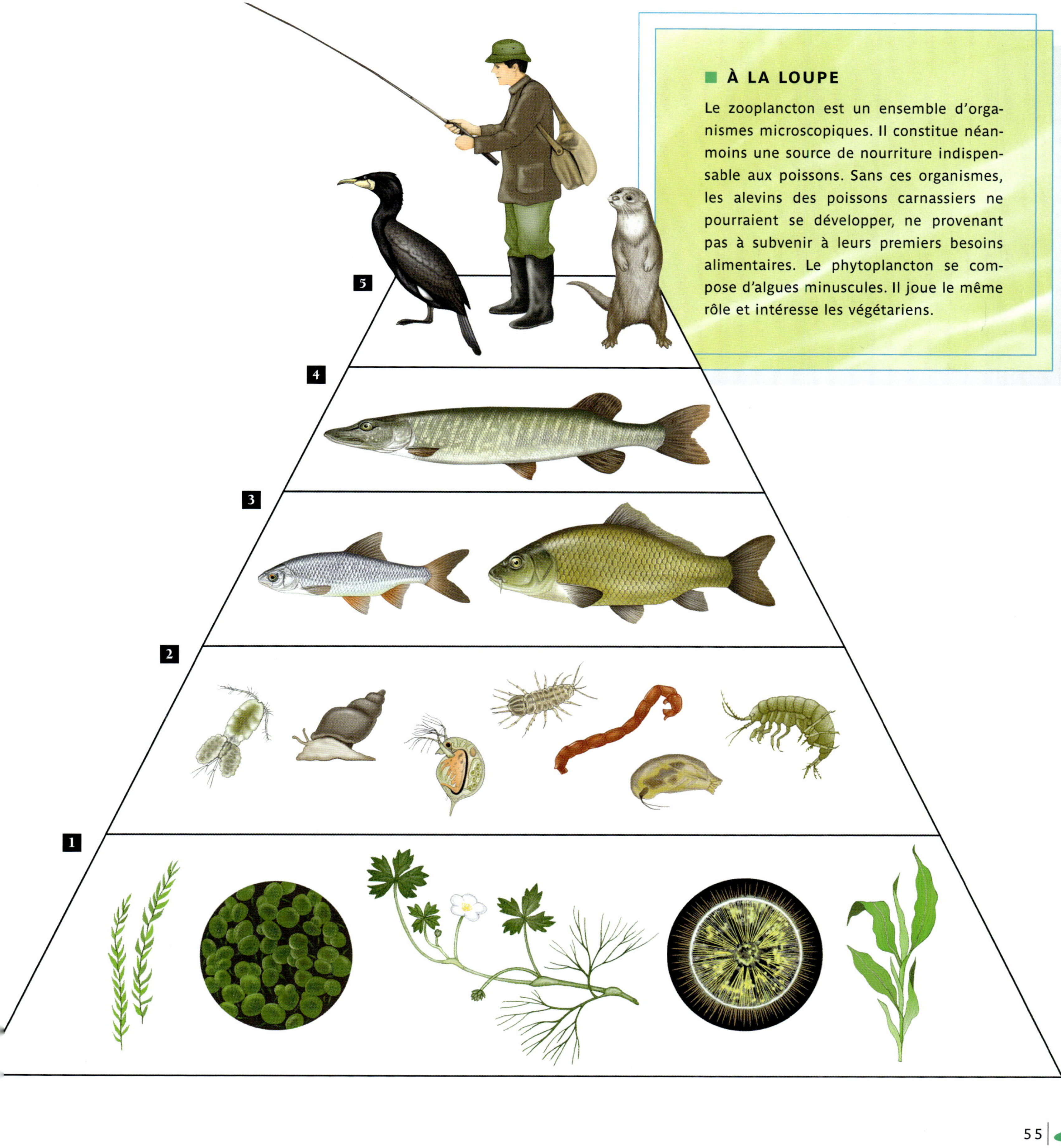

À LA LOUPE

Le zooplancton est un ensemble d'organismes microscopiques. Il constitue néanmoins une source de nourriture indispensable aux poissons. Sans ces organismes, les alevins des poissons carnassiers ne pourraient se développer, ne provenant pas à subvenir à leurs premiers besoins alimentaires. Le phytoplancton se compose d'algues minuscules. Il joue le même rôle et intéresse les végétariens.

Le peuplement des eaux vives

Les eaux vives n'accueillent pas une faune et une flore identiques à celles des étangs. Chaque espèce est adaptée à son milieu, qu'il s'agisse des poissons, des plantes ou des insectes.

VOIR AUSSI
- **Les milieux aquatiques** pages 40 à 43

Les eaux vives sont moins riches que les eaux lentes. Les conditions de vie sont plus rudes pour les animaux et la flore. Si l'eau est bien oxygénée, elle est aussi plus froide. En montagne, les poissons que l'on peut rencontrer sont principalement ceux qui peuplent la zone à truite.
Il s'agit essentiellement de salmonidés et de petits poissons d'accompagnement comme le chabot, (un gobidé qui n'atteint pas la dizaine ce centimètres de longueur) et le vairon (un cyprinidé d'à peine 7 cm).
Il n'y a pratiquement pas de plantes, hormis les mousses. Parmi les insectes, on trouve des trichoptères, des éphémères et des sialis.
Dans les cours d'eau à courant rapide situés en moyenne montagne et dans la plaine, la vie est beaucoup plus abondante. Dans la zone à ombre et la zone à barbeau, une multitude d'espèces cohabitent, dont les cyprinidés d'eau vive : barbeau, vandoise, chevesne, ablette…
Dans les rivières à poissons migrateurs, le saumon vient également se reproduire, lorsque les barrages ne lui barrent pas la route.
Parmi les crustacés, on trouve les écrevisses à pattes blanches et à pattes rouges (voir p. 242 et 243), mais aussi les minuscules gammares qui se cachent sous les cailloux.
Dans ces milieux, la flore est plus importante. L'une des plantes les plus communes est la renoncule aquatique dont les tiges s'étirent au gré du courant, mais il ne faut pas oublier le cresson, la glycérie et la salicaire.

LES LACS DE MONTAGNE

Situés en altitude, les lacs de haute montagne abritent des animaux que l'on rencontre parfois dans les torrents. Si les eaux sont plutôt calmes, les conditions climatiques sont semblables et le taux d'oxygène dissous dans l'eau est important. Tous les ingrédients sont réunis pour que les salmonidés puissent s'y développer, dont des espèces peu répandues comme l'omble chevalier et l'omble de fontaine. Le cristivomer est également présent, grâce à des opérations d'empoissonnement. Les lacs abritent également le triton alpestre, un animal amphibie.

artin-pêcheur
Loutre
Éphémère
Larve de perle
Larve d'éphémère
Chevesne
uite fario
Ablettes
Larve de perle
Larve d'éphémère
Vairons
Écrevisse à pattes rouges
Gammare
Larve de trichoptère
abot

Le peuplement des eaux calmes

Les étangs, les mares, les lacs, le cours inférieur des cours d'eau, les canaux font partie de ce qu'on appelle les eaux calmes. Ces milieux abritent des espèces ayant des points communs.

VOIR AUSSI
- **Les milieux aquatiques** pages 40 à 43

Dans la partie inférieure des rivières (zone à brèmes), le courant a perdu de sa force. Le lit se recouvre d'un substrat fin. La végétation est foisonnante près des rives et dans les zones humides qui communiquent avec le cours d'eau. En été, la température de l'eau atteint son summum, ce qui entraîne parfois le développement excessif des plantes aquatiques, surtout dans les secteurs où l'eau stagne. De petites bêtes sont également très présentes : insectes, mollusques, planaires, hydre d'eau douce, larves de moustiques, sans oublier grenouilles, tortues et certaines écrevisses.

Les poissons tels que la truite et le vairon sont remplacés par les cyprinidés, comme la carpe, le gardon, le rotengle, la brème et la tanche. Parmi les représentants des salmonidés, on trouve la truite arc-en-ciel (lorsqu'elle a été introduite) et parfois des poissons migrateurs qui rejoignent leurs frayères.

Il y a également de belles populations de carnassiers : sandres, perches, brochets et silures.

L'eau des étangs est encore plus calme. La faune qui s'y développe se compose d'organismes pouvant vivre dans des milieux où l'oxygène dissous est moins important. Il s'agit de poissons blancs essentiellement, mais aussi de carnassiers comme la perche et le brochet.

Dans les petites pièces d'eau, certains poissons sont susceptibles de créer des déséquilibres biologiques : le carassin, l'anguille, la carpe, le poisson-chat, soit qu'ils consomment trop de nourriture, soit qu'ils prolifèrent et s'accaparent tout l'espace vital, soit qu'ils troublent l'eau.

Les végétaux sont abondants et variés. La végétation forme une ceinture se composant de plantes semi-aquatiques et aquatiques, comme le jonc, le roseau, la massette, l'élodée ou le nénuphar. Les arbres et les arbustes ne manquent pas également, en particulier les aulnes et les saules.

La microfaune se compose d'insectes, d'arachnides, de mollusques ou encore de crustacés (voir p. 46 à 49). Les écrevisses sont présentes, mais il s'agit de variétés peu exigeantes (voir chapitre 8, pages 238 à 245).

Héron cendré
Ragondin
Libellule
Grenouille verte
Tanche
Dytique
Larve de dytique
Brème
Sandre
Brochet
Tortue
Limnée
Sangsue
médicinale
Larve de chironome
Larve de dytique
Anodonte

Le peuplement des estuaires

Les estuaires constituent des zones de transition entre les eaux douces et les eaux marines. Riches en alluvions, ces milieux regorgent de vie, même si en apparence ils sont plutôt désertiques.

VOIR AUSSI

- **Les milieux aquatiques** pages 40 à 43

Le fond des estuaires est constitué de sédiments fins qui se sont déposés sous l'action des courants et des marées. Lorsque la pollution n'est pas trop importante, une vie intense se développe. Certains poissons y vivent en permanence, comme la blennie, le gobie ou la vive, d'autres s'y tiennent à l'état larvaire (dorades, merlans…) ou pendant leur première année de vie (bars, plies, soles…).

Les poissons migrateurs, le saumon, l'anguille, l'alose, la truite de mer et l'esturgeon, sont également présents. Pour gagner leurs frayères ou leurs zones de grossissement, ils ne peuvent éviter de les traverser.

Les mulets s'y aventurent aussi pour pénétrer dans le cours inférieur des fleuves. Certains vont jusqu'à la limite de la salure, d'autres la dépassent largement.

Le mélange des eaux douces et marines dépend de la force des marées, de la profondeur de la mer, mais aussi du courant des fleuves. Les estuaires profonds ont un taux de salinité plus important, ce qui influence grandement la nature des espèces présentes et leur répartition. Il arrive même que des microclimats se créent et favorisent le développement de certaines espèces (poissons, crustacés ou algues) en des endroits bien localisés.

L'embouchure des fleuves côtiers présente à marée basse un aspect peu engageant. Il n'empêche que la vie animale y est variée et abondante, en particulier dans les bancs vaseux de l'estuaire où les poissons viennent chercher leur nourriture. Seule la slikke, cette étendue de boue lisse et nue, n'abrite qu'une faune peu importante : des vers et des mollusques enfouis dans le sédiment qui y trouvent des abris contre les prédateurs et les courants.

LE ROYAUME DE L'ESTURGEON EUROPÉEN

Le poisson roi des estuaires est l'esturgeon, un migrateur autrefois abondant dans le delta du Rhône et, surtout, dans la Gironde, où il était appelé « créa ». Jusque dans les années 1950, il était pêché pour son caviar, mais la destruction des frayères par les carrières d'extraction des granulats et la pêche commerciale ont entraîné sa raréfaction. La dernière zone de reproduction connue est située dans la partie moyenne du bassin de la Gironde, à environ 200 km de distance de son embouchure.

Saumon
Chenal
Plie
Shorre
Slikke
Bancs vaseux
Crevette
Embouchure
Anguille

La température de l'eau dans les lacs

Savoir où se trouvent les poissons dans les lacs n'est pas aussi difficile qu'il y paraît. Tout dépend de la température de l'eau, de son oxygénation et des disponibilités alimentaires.

S'il existe des milieux où les conditions de vie ne changent pratiquement jamais – c'est le cas, notamment, dans les grottes où il y a peu d'écarts thermiques et où l'obscurité est permanente et complète –, il n'en est pas de même dans un lac.

En effet, l'eau n'y a pas la même température tout au long de l'année. Elle varie selon les saisons, les conditions climatiques, et oblige les poissons à s'adapter.

Pour le pêcheur, savoir comment ils réagissent, c'est augmenter de manière conséquente les chances de capture.

Leurs déplacements varient en fonction de la température de l'eau, mais aussi de la pression, de la teneur en oxygène dissous et de la quantité de nourriture disponible. Les poissons sont des opportunistes. Ils recherchent en permanence les secteurs où ils peuvent subvenir à leurs besoins, en faisant le moins d'efforts possible.

L'évolution thermique, saison par saison

Trois couches peuvent se former dans les lacs profonds : l'épilimnion (la plus superficielle), l'hypolimnion (la plus profonde) et la thermocline (zone intermédiaire où la température peut varier rapidement). Dans les lacs peu profonds, les différences sont beaucoup moins flagrantes.

Au printemps

S'il y a de la glace, elle se met à fondre, sauf en altitude où il faut souvent patienter jusqu'au mois de juillet. Les poissons en profitent alors pour gagner la surface et les secteurs peu profonds. Ils y trouvent plus d'oxygène, l'eau étant brassée par le vent, et une température clémente, grâce aux premiers rayons de soleil.

En été

Les différences de température entre la surface et le fond sont plus nettes, surtout dans les lacs profonds. En profondeur, l'eau est fraîche. En surface, elle est plutôt chaude. Une couche intermédiaire se forme même entre les deux que l'on appelle la thermocline. Les poissons se positionnent en fonction de leurs besoins. Les espèces d'eau froide, comme les ombles, restent au fond ou se rapprochent de la thermocline. Celles qui apprécient les fortes chaleurs, comme les cyprinidés, remontent vers la surface. Certaines espèces s'adaptent sans difficulté. Ils sont donc très mobiles.

En automne

La partie supérieure du lac se refroidit, le fond devient plus chaud, mais, lorsque le vent brasse la surface du lac, les couches se mélangent et la température s'uniformise, ce qui dissémine les poissons. Hormis à la fin de l'automne, il n'y a pas vraiment de conditions climatiques extrêmes qui obligent la grande majorité des poissons à rester en permanence dans les grandes profondeurs.

En hiver

La température baisse, ce qui entraîne des modifications thermiques importantes. La partie supérieure se refroidit puis, lorsque la température diminue de façon encore plus conséquente, une inversion se produit qui fait que la partie la plus chaude du lac se trouve en profondeur. Les poissons s'y réfugient alors. Il leur arrive cependant de remonter vers la surface lorsque le beau temps se manifeste. En dessous de zéro, la glace apparaît.

PRINTEMPS

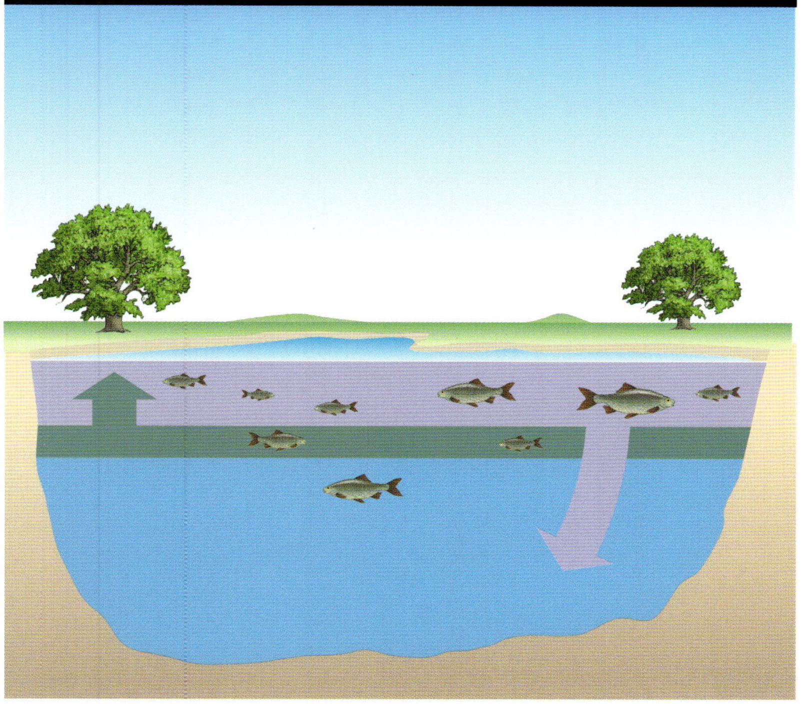

Le brassage de la surface de l'eau fait qu'il y a plus d'oxygène dissous. Les premiers rayons de soleil incitent les poissons à remonter.

ÉTÉ

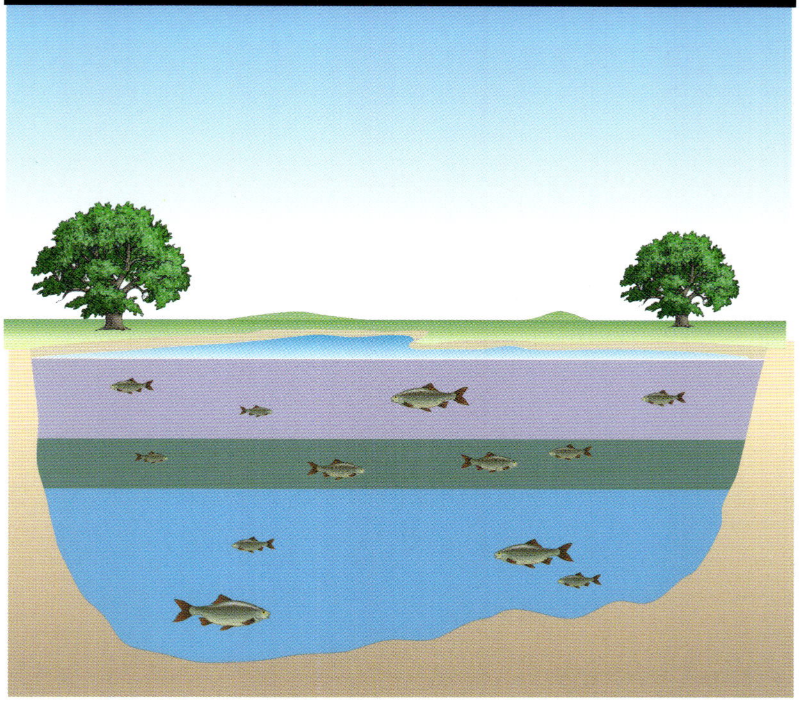

La surface est plus chaude que le fond. Les poissons d'eau chaude se font dorer au soleil, les autres se réfugient au frais, en profondeur.

AUTOMNE

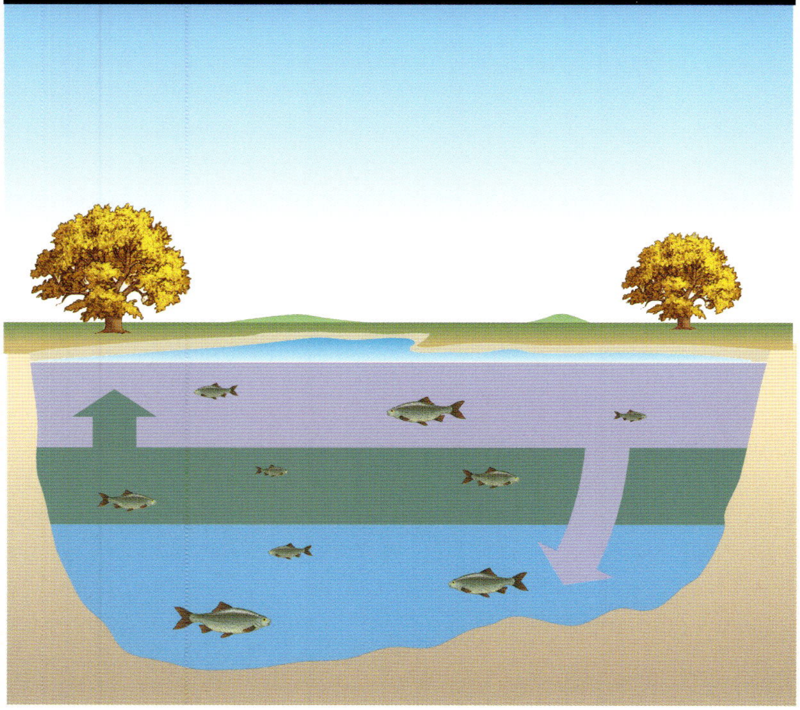

Lorsque le vent brasse l'eau, la température s'uniformise entre la surface et le fond. Les poissons se répartissent un peu partout.

HIVER

La majorité des poissons gagne les grands fonds où l'eau est plus chaude. Ils remontent vers la surface lorsque le soleil darde ses rayons.

Le vieillissement des lacs

L'eutrophisation et le comblement des lacs sont naturels. C'est une fin inéluctable, qui ne se fait pas du jour au lendemain, mais l'homme est responsable de l'accélération du processus.

La majorité des lacs ont une durée de vie comptée. Ils finissent par se combler. Cela se fait en plusieurs siècles, mais un phénomène accélère le processus : la dystrophisation (eutrophisation d'origine humaine) qui est due à la pollution, aux réchauffements des eaux par les centrales thermiques et à l'infiltration des engrais chimiques ou des pesticides (voir p. 66 et 67).
Les causes naturelles de leur disparition sont le déversement de sédiments provenant des cours d'eau du bassin versant. Le fond se remplit et la profondeur diminue de quelques millimètres chaque année. Un exemple : le lac Léman reçoit 7 millions de tonnes par an d'alluvions du Rhône valaisan.
L'eutrophisation est également responsable. L'eau chargée de matières organiques favorise le développement de la végétation, qui envahit les berges puis la cuvette lacustre. Le lac se transforme alors en marais et finit par se colmater.
Cette évolution se fait plus rapidement s'il s'agit d'étangs ou de petites pièces d'eau.

Une transformation spectaculaire

L'évolution se fait en trois grandes étapes, du stade oligotrophe au stade eutrophe. Elle ne se produit pas du jour au lendemain. La grande majorité des lacs dont la cuvette est d'origine glacière ont une espérance de vie de plusieurs dizaines de milliers d'années (de 30 000 à 70 000 ans, en moyenne). D'autres, d'origines structurales (il n'y en a aucun chez nous) peuvent vivre plusieurs millions d'années. C'est le cas, par exemple, du lac Victoria (Afrique de l'Est), du lac Baïkal (Russie) ou du lac Titicaca (Amérique du Sud), qui font partie des plus grands lacs du monde.

Le stade oligotrophe

Le lac est au tout début de son évolution. Les eaux sont claires, bien oxygénées, mais pauvres en faune et en flore. Il y a peu de végétation et de poissons à l'état naturel. Ceux qui intéressent les pêcheurs y ont souvent été introduits. C'est le cas, par exemple, dans le lac Pavin qui, avant 1859, date des premières opérations d'empoissonnement, n'abritait que quelques rares espèces.
Ce type de lac est l'idéal pour les salmonidés qui s'y trouvent bien.

Le stade mésotrophe

Les eaux sont riches en matières organiques et minérales. Les plantes aquatiques se développent et des sédiments se déposent sur le fond, ce qui rend le lac moins profond. L'oxygène dissous diminue et la ceinture végétale s'étend progressivement vers le centre du lac.
Un grand nombre de ces milieux se trouvent dans le sud et le centre de la France. Les poissons vivant dans les eaux chaudes, tels la carpe, la tanche, le carassin ou le black-bass, les apprécient particulièrement. On y rencontre également beaucoup de batraciens.

Le stade eutrophe

Il marque la fin de l'évolution du lac. Les eaux sont riches en matières nutritives. Le fond est couvert de sédiments en état de décomposition qui appauvrissent le milieu en oxygène. La végétation finit par envahir la cuvette lacustre jusqu'à un total comblement. La phase terminale est la transformation du lac en marais, puis en tourbière ou en forêt.
Ce milieu est riche d'enseignement pour les scientifiques. En effectuant des carottages dans la tourbe, il est possible de remonter dans le temps : savoir quels types de végétaux et d'animaux étaient majoritaires à telle ou telle époque. Ainsi, dans le Jura, les pins sylvestres poussaient à profusion il y a plus de 10 000 ans. Il arrive également que les tourbières laissent de spectaculaires témoignages des hommes du passé. Au Danemark, un corps humain vieux de 2 000 ans, en bon état de conservation, a été retrouvé dans les années 1950.

L'ÉVOLUTION D'UN LAC EN TROIS ÉTAPES

1 Lac oligotrophe

2 Lac mésotrophe

3 Lac eutrophe

Les atteintes environnementales

Protéger les milieux aquatiques fait partie des préoccupations majeures des pêcheurs et de la pêche associative. Bien cerner les problèmes d'environnement, c'est se donner des armes supplémentaires pour agir.

La liste est longue des agressions subies par le réseau hydrographique. Il est cependant possible, pour simplifier, de distinguer deux formes de pollution : une forme chimique ou biologique (pesticides, eaux usées...), une forme physique (extraction du granulat, réchauffement de l'eau...).

Les pollutions chimiques ou biologiques

1 Les pesticides. Destinés à lutter contre les maladies des plantes, à protéger les cultures des parasites et des mauvaises herbes, les pesticides sont extrêmement toxiques. Ils peuvent décimer la faune aquatique d'un cours d'eau, et pas seulement les poissons. Lorsque de grosses quantités de pesticides se retrouvent dans le milieu aquatique, la faune dépérit rapidement. Quand il s'agit d'infiltrations moins importantes mais régulières, les effets sont tout aussi pernicieux, mais plus discrets : les pesticides s'accumulent dans les graisses des poissons et finissent dans l'assiette du pêcheur qui les consomme.

2 Les métaux lourds. Sous ce nom, on englobe le cadmium, le mercure, le plomb, le cuivre, le chrome, le zinc... Ces produits proviennent de l'industrie chimique, des sols agricoles ayant reçu des épandages de boues résiduelles des stations d'épuration, des tanneries, mais aussi des retombées atmosphériques. Ils s'accumulent également dans les organismes et touchent toute la chaîne trophique.

3 Le lisier. Rejeté intentionnellement dans les milieux aquatiques, le lisier, qui provient des porcheries, est un puissant polluant très nuisible à la vie piscicole. Utilisé dans les champs comme engrais, il contamine les eaux de surface et risque de gagner rapidement les nappes d'eau souterraines si les sols sont perméables.

4 Les eaux usées. Les matières organiques ne proviennent pas seulement de l'élevage intensif. Les déchets domestiques sont également responsables, mais ils ne sont plus les principaux polluants aquatiques. La pollution a fortement diminué grâce aux centrales d'épuration, bien que toutes les eaux ne soient pas traitées et qu'il arrive que les centrales soient sous-dimensionnées. Leurs rejets deviennent alors aussi nuisibles que des produits directement déversés dans le milieu aquatique.

5 Les rejets industriels et viticoles. Aujourd'hui, l'industrie n'est plus aussi néfaste qu'autrefois. Il arrive cependant que des produits toxiques, parfois corrosifs, soient déversés. Le résultat est souvent désastreux : les poissons meurent par milliers. La viticulture est également responsable, comme l'attestent des hécatombes ayant eu lieu dans les régions viticoles.

Les pollutions physiques

6 Les pollutions thermiques. Elles sont essentiellement dues aux rejets des eaux de refroidissement des centrales thermiques et nucléaires. Lorsqu'elles sont rejetées à la rivière d'où elles viennent, leur température est plus chaude de 4 à 8 °C. Les conséquences sur le milieu aquatique varient selon le milieu, mais elles peuvent être importantes : baisse du taux d'oxygène dissous, accélération du phénomène d'eutrophisation, développement d'agents pathogènes, disparition ou prolifération de certains poissons.

7 L'extraction des granulats. Les pollutions proviennent principalement de l'extraction du sable et du gravier dans les cours d'eau ou près de berges, mais aussi de travaux inconsidérés. De grosses quantités de matières en suspension se retrouvent dans la rivière, les poissons ne peuvent plus respirer et les frayères sont colmatées. Si la pollution est permanente, la photosynthèse des plantes aquatiques ne se fait pas et elles ne libèrent plus d'oxygène. Les poissons en souffrent, mais pas seulement eux. La microfaune est également touchée.

8 La chenalisation des cours d'eau. Afin d'accélérer l'écoulement de l'eau pour tenter de limiter les crues, faciliter la navigation ou récupérer des terres, beaucoup de rivières ont été chenalisées ou recalibrées. L'impact écologique, particulièrement grave et durable, se résume à une modification substantielle du fonctionnement de la rivière qui entraîne la diminution de la diversité des espèces aquatiques et de la biomasse du milieu (de l'ordre de 80 %).

9 Les barrages et les microcentrales. Ces ouvrages empêchent la libre circulation des poissons et causent des préjudices à toute la rivière. Les débits varient énormément, en raison des captages et des restitutions anarchiques de l'eau. Lorsque l'aval n'est pas correctement alimenté (problème de débits réservés) ou s'il y a des pompages excessifs, les poissons se retrouvent dans une eau insuffisante, voire dans un milieu totalement asséché. Lorsqu'il y a des lâchers importants ou des vidanges, ils se trouvent balayés et s'asphyxient au contact de matières en suspension. De la boue peut être libérée sur plusieurs kilomètres.

10 La prolifération des plans d'eau. De nombreux plans d'eau de loisir et autres ont été creusés, certains directement dans le lit des rivières, d'autres en dérivation. Le milieu se trouve altéré par l'introduction d'espèces pouvant entraîner des déséquilibres biologiques et sanitaires. Des espèces envahissantes peuvent s'étendre au détriment des poissons autochtones, ainsi que des maladies. Dans les eaux de première catégorie, le biotope change radicalement.

11 La prolifération des cormorans. En 1997, cet oiseau a été retiré de la liste des oiseaux faisant l'objet de mesures de conservation spéciale (annexe I d'une directive européenne), car il a été estimé que son état de conservation n'était plus favorable. Aujourd'hui, il cause néanmoins des dégâts importants, aussi bien dans les milieux naturels que dans les pêcheries : un cormoran consomme chaque jour entre 400 et 500 g de poisson, et ses coups de bec font également de nombreux blessés.
Les populations ont nettement augmenté. En France, entre 1999 et 2001, 40 départements ont vu s'accroître leur population de plus de 10 %. Et ils ne se contentent plus d'hiverner. En certains endroits, ils se sont installés.

LE CHEMINEMENT DES PESTICIDES

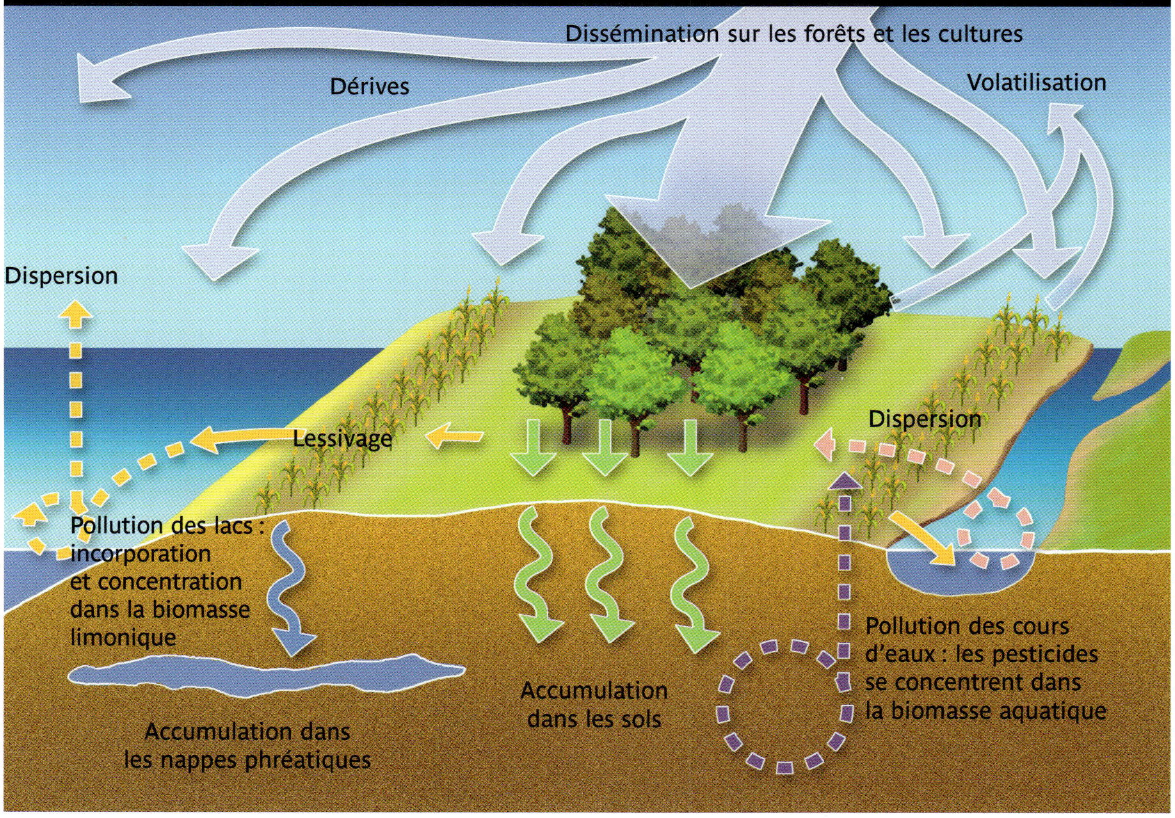

Les produits phytosanitaires apportent des nuisances à toute la chaîne alimentaire.

3

Le matériel et l'équipement du pêcheur

Avec l'apparition des nouveaux matériaux, le matériel de pêche a connu des évolutions fulgurantes. Les cannes en roseau, en bambou et en fibre de verre ont été remplacées par des cannes en carbone ou en Kevlar, beaucoup plus légères et à la puissance incomparable. Les moulinets sont également devenus plus légers et la qualité de leurs mécaniques les a rendus beaucoup plus fiables. Quant au Nylon, les principales améliorations concernent sa résistance, sa finesse, mais aussi sa couleur. Des nouveautés comme les monofilaments fluorescents ont apporté plus de confort au pêcheur, en lui permettant de suivre la progression de sa ligne dans l'eau. Un atout pour des techniques comme la pêche au mort manié. La mise sur le marché des tresses est également un événement important. Elles présentent des avantages indéniables, notamment un faible diamètre pour une résistance accrue et une absence d'élasticité.

Cannes et moulinets pour la pêche au coup

La pêche au coup englobe plusieurs techniques : la pêche des poissons blancs à la canne simple, à l'anglaise au waggler, à fond, à la bolognaise, au toc, mais aussi la pêche des carnassiers à poste fixe.

Aujourd'hui, la gaule en bambou n'est plus la panacée pour pêcher au coup. Les cannes ont beaucoup évolué et les techniques de pêche au moulinet se sont également développées.

Les cannes

1 la pêche au coup traditionnelle, la canne, en carbone, est télescopique ou à emmanchements. Elle mesure de 2 à 10 m de longueur, voire plus ; les pêcheurs de compétition n'hésitent pas à employer des cannes de 14 m. Les scions sont droits, creux ou pleins, et forment un angle s'il s'agit d'une crosse roubaisienne. Pour pêcher la petite blanchaille, une mitraillette est indispensable. Il s'agit d'une canne télescopique courte permettant de pratiquer la pêche de vitesse, une technique destinée à attraper de la friture en un minimum de temps.

2 l'anglaise, la canne, d'une puissance de 4 à 12 g, mesure entre 3,50 et 4,50 m. Elle est pourvue d'une quinzaine d'anneaux monopattes, d'un porte-moulinet à bagues, à vis ou à crémaillère, et se compose généralement de trois brins en carbone ou en matériaux composites. L'action de pointe est tout indiquée pour pêcher à longue distance. La parabolique convient mieux si la méfiance des poissons vous oblige à pêcher sur fil fin. La semi-parabolique est polyvalente. Le scion doit s'adapter à la technique. Pour pratiquer au flotteur, qu'il s'agisse d'un waggler, d'un stick ou d'un Avon, il doit être souple. Pour pêcher au feeder (amorçoir) ou à la plombée, un indicateur de touches sensible est nécessaire : un quiver-tip pour les eaux courantes, un swing-tip en eau calme.

3 la bolognaise, la canne, d'une puissance de 6 à 20 g, est télescopique et à anneaux surélevés. Elle mesure de 5 à 8 m et comporte un porte-moulinet à crémaillère ou à vis. Un bon modèle doit être léger, donc à base de carbone, pour faciliter l'action de pêche. Le contrôle de la ligne peut s'avérer exténuant après quelques heures de pratique.

4 Pour la carpe, une batterie de trois cannes est généralement utilisée, ce qui permet d'augmenter les chances de capture. Leur lon-

gueur varie de 3,60 à 3,90 m pour une puissance de 2 1/4 à 3 lbs. L'action semi-parabolique offre l'avantage de contrer les rushes des gros poissons et de pouvoir lancer loin, en douceur. Les poignées sont particulièrement étudiées pour que la tenue de la canne et les lancers se fassent dans les meilleures conditions.

5 Pour la pêche au toc, vous avez le choix entre une canne à fil intérieur, à entretoises, ou de type anglais. La première permet de pêcher dans les rivières encombrées, l'autre est particulièrement favorable à la pratique du toc en dérive. Leur longueur varie entre 3,60 et 4,50 m. Une canne téléréglable, de 6 à 10 m de longueur, présente également des avantages pour explorer les postes sans se faire voir des poissons.

6 Pour la pêche au vif et au poisson mort posé, le modèle est différent selon les poissons pêchés. Si une canne à l'anglaise convient pour la truite et la perche, il faut du solide pour le brochet, le silure et le sandre. La longueur de la canne est de 3 à 5 m environ. À noter qu'il existe des modèles spécifiques pour le silure d'une puissance de 100 à 500 g.

Les moulinets

7 Pour la pêche à l'anglaise, vous avez le choix entre un modèle à anse de panier ou un modèle capoté. Ce dernier limite les emmêlements mais contient moins de fil, ce qui n'est pas l'idéal si vous envisagez de pêcher loin du bord. Cependant, quel que soit le type de moulinet choisi, leur gabarit doit être proportionné à votre canne et leur frein – si possible placé à l'arrière du carter – est progressif, de manière à bien contrôler le poisson pendant la bagarre.

8 Pour la pêche à la bolognaise, de nombreux moulinets peuvent faire l'affaire, en particulier ceux destinés à la pêche à l'anglaise : un modèle à tambour fixe (ou capoté), adapté à la canne et possédant un frein progressif, au ratio de 70 cm par tour de manivelle.

9 Pour la pêche de la carpe, le choix se fait selon des critères précis : le frein arrière, micrométrique, doit être puissant et d'une grande qualité, car la moindre erreur lors de l'épuisement d'une grosse carpe est sanctionnée par la rupture de la ligne. La bobine a une contenance d'au moins 200 m de 35/100, ce qui permet d'atteindre des distances convenables et de mater les belles prises.

10 Pour la pêche au toc, on emploie des moulinets à tambour tournant qui servent principalement de réserves de fil puisque la pêche se fait le plus souvent sous la canne. Les modèles comportent idéalement un guide-fil pour éviter les emmêlements.

11 Pour le vif et le mort posé, un solide moulinet est recommandé. Son rôle est limité, mais il doit pouvoir épuiser de gros poissons. Soyez vigilants quant à la qualité du frein. L'anse de panier a tout intérêt également à être en matériau résistant. Le fil a vite fait d'entamer un pick-up, surtout s'il s'agit d'une tresse.

CARBONE ET ÉLECTRICITÉ

La plupart des cannes sont aujourd'hui fabriquées en carbone. Ce matériau performant offre des atouts évidents : une grande légèreté et une action optimale. Son seul défaut est sa conductibilité. Les accidents sont rares, mais arrivent parfois, par imprudence, pendant un orage ou à proximité d'une ligne à haute tension. Il ne suffit pas de toucher cette ligne pour s'électrocuter. Un arc électrique peut également se produire si vous êtes trop près.

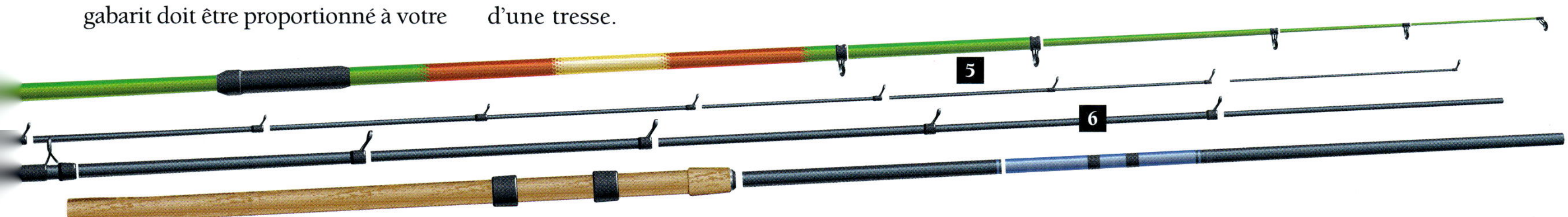

Le petit matériel et les accessoires pour la pêche au coup

Nylons, flotteurs, plombs, hameçons, bourriches... les catalogues des fabricants de matériel de pêche regorgent de produits. Voici des conseils pour vous équiper convenablement.

1

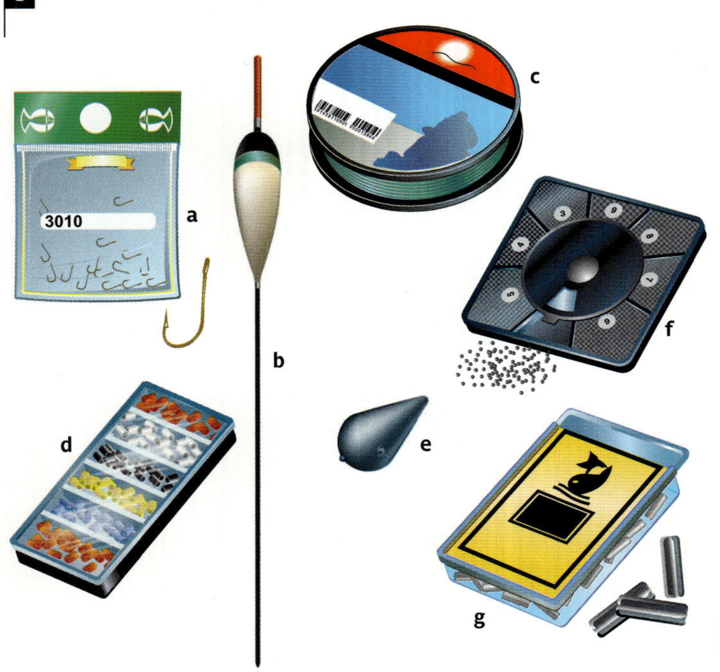

(a) Hameçons de forme Crystal. **(b)** Flotteur fusiforme. **(c)** Bobine de Nylon transparent. **(d)** Boîte de gaines en plastique pour flotteur. **(e)** Olivette. **(f)** Boîte de plombs ronds. **(g)** Boîte de plombs cylindriques.

Les cannes sont les pièces maîtresses de l'équipement du pêcheur au coup. Il ne faut cependant pas oublier le petit matériel pour monter les lignes et les accessoires qui vous facilitent la pêche (et la vie !).

Le petit matériel

1 Pour la pêche au coup classique

Le premier élément nécessaire pour réaliser une ligne est le Nylon. Il s'agit d'un polymère obtenu par des procédés chimiques dont la résistance, exprimée en centièmes de millimètre, est proportionnelle à la défense du poisson, quelle que soit la technique.

Dans la pêche au coup classique, la bonne fourchette se situe entre 8/100 (pour les petits poissons, comme la friture) et 10 à 12/100 pour les plus gros (chevesne, tanche, carpeau...). S'il vous semble que, pour épuiser vos poissons, il vous faut un diamètre plus important, utilisez un élastique amortisseur ou optez pour la pêche à l'anglaise.

Les flotteurs sont également indispensables. Ils font progresser l'appât à la bonne profondeur et servent à détecter les touches. Plusieurs formes existent, que l'on classe en trois catégories :

- **Les flotteurs effilés**, parfaits pour les eaux calmes des plans d'eau.
- **Les flotteurs en forme de goutte d'eau**, à privilégier dans les rivières.
- **Les flotteurs plutôt ronds**, destinés à pêcher dans les eaux rapides.

Le corps est en balsa, en mousse synthétique, en polystyrène ou en liège. La quille, en métal, en bois, voire en carbone, sert à bien équilibrer le flotteur alors que l'antenne est sa partie visible.

Concernant le bas de ligne, cette portion de fil où l'hameçon est fixé, son diamètre est inférieur d'environ 2/100 à celui du corps de ligne. Cela permet, en cas d'accrochage sur le fond, de ne pas perdre l'ensemble de la ligne.

L'équilibrage de la ligne se fait grâce à des lests. Il y a les plombs ronds fendus, les olivettes, les plombs cylindriques ou ceux en forme de goutte d'eau. La gamme est vaste et certains plombs sont recouverts de peinture spéciale pour éviter leur oxydation.

En ce qui concerne les hameçons, il est possible d'utiliser trois variétés :

• **La forme Crystal.** La pointe est parallèle à la hampe. La courbe de l'hameçon est angulaire, ce qui assure une excellente pénétration au ferrage.

• **La forme renversée.** L'hameçon ne présente pas une pointe droite mais déviée sur l'un des côtés. Pendant la bagarre avec le poisson, les décrochages sont moins fréquents.

• **La forme ronde.** Elle se caractérise par une courbe régulière entre la hampe et la pointe. On l'utilise pour escher des appâts vivaces ou fragiles.

La longueur de la hampe, la section et la couleur du fer diffèrent suivant les appâts et les poissons pêchés. Les fins de fer conviennent pour les esches fragiles, alors que les plus épais sont destinés aux poissons puissants et pourvus de lèvres charnues : carpe, barbeau, tanche… La majorité des hameçons possèdent un ardillon sur la pointe, qui assure une meilleure tenue dans la bouche du poisson, mais il est parfois intéressant de ne pas en avoir, notamment pour décrocher la capture plus rapidement et gagner du temps lors des concours de pêche.
Quant aux couleurs, elles s'adaptent à la nature des appâts. Les hameçons couleur bronze conviennent aux esches animales comme le ver ou encore les insectes. Les dorés s'utilisent avec des esches végétales, comme le blé ou le maïs. Les bleutés, fins de fer, sont généralement employés pour escher les vers de vase. Les blancs sont également fins de fer tout en étant plus résistants.
Les tailles varient également en fonction des poissons pêchés et des appâts. Pour le goujon au ver de vase, un n° 24 est largement suffisant, alors que pour la brème au ver de terreau il faut plutôt un n° 16. La fourchette idéale pour la pêche au coup à la grande canne va du n° 10 au 26, parfois jusqu'au 30 pour pêcher les alevins.

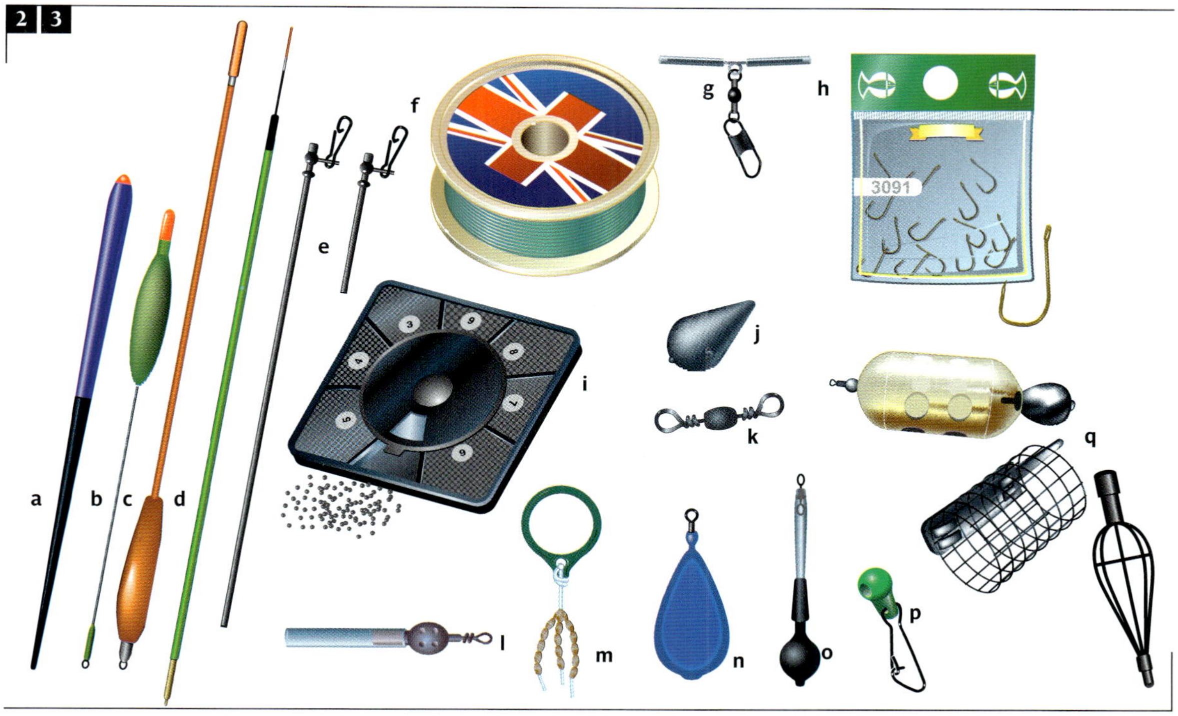

(a) Stick.
(b) Flotteur Avon.
(c) Waggler à bulbe.
(d) Waggler droit.
(e) Antiemmêleurs.
(f) Bobine de Nylon coulant.
(g) Attache pour waggler.
(h) Hameçons de forme ronde.
(i) Boîte de plombs ronds et mous.
(j) Olivette.
(k) Émerillon baril.
(l) Attache pour flotteur.
(m) Stop-float.
(n) Plomb d'Arlesey.
(o) Plomb avec tétine.
(p) Perle de potence.
(q) De haut en bas : swim-feeder, feeder-cage, frame-feeder.

2 Pour la pêche à l'anglaise au flotteur

La bannière est noyée en action de pêche. Il est donc nécessaire que le corps de ligne soit un Nylon coulant, d'un diamètre de 8/100 pour les petits poissons à 16/100 pour les gros. En ce qui concerne le bas de ligne, il faut employer un Nylon de diamètre inférieur, souple afin d'amortir les coups de tête de la prise durant le combat.
Les flotteurs n'ont pas d'équivalents dans les autres techniques. Il en existe trois catégories :

• **Les wagglers.** Ceux-ci peuvent être à bulbe : de bonne longueur (jusqu'à 40 cm) et ils présentent, à la base, une partie stabilisatrice. Ils peuvent être droits, également longs, mais effilés.

• **Les sticks.** Plus courts, ils sont pourvus d'un sommet bombé ou en pointe et se terminent par une quille métallique ou un stabilisateur.

• **Les Avons.** Ces flotteurs destinés à pêcher dans les courants importants ont un corps trapu et une quille épaisse.

La fixation du stick et de l'Avon se fait en deux points, avec des bagues. Celle des autres flotteurs se fait par la partie terminale, à l'aide d'une attache métallique ou d'une tétine. Les possibilités sont nombreuses. Certains wagglers sont pourvus d'un système de preplombage modulable.
Le raccordement du corps de ligne avec l'empile se fait boucle dans boucle, à l'aide d'un nœud baril (voir p. 158 et 159), ou par l'inter-

4

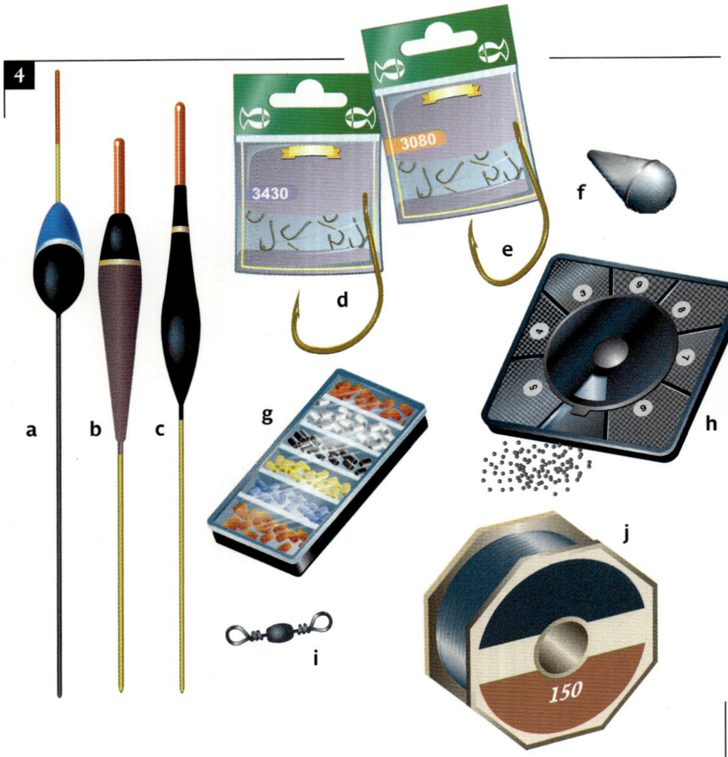

(a) Flotteur bolognaise ventru. **(b)** Flotteur bolognaise effilé. **(c)** Flotteur bolognaise en forme de goutte d'eau. **(d)** Hameçons de forme ronde. **(e)** Hameçons à pointe rentrante. **(f)** Olivette. **(g)** Boîte de gaines en plastique pour flotteur. **(h)** Boîte de plombs ronds. **(i)** Émerillon baril. **(j)** Bobine de Nylon spécial bolognaise.

5

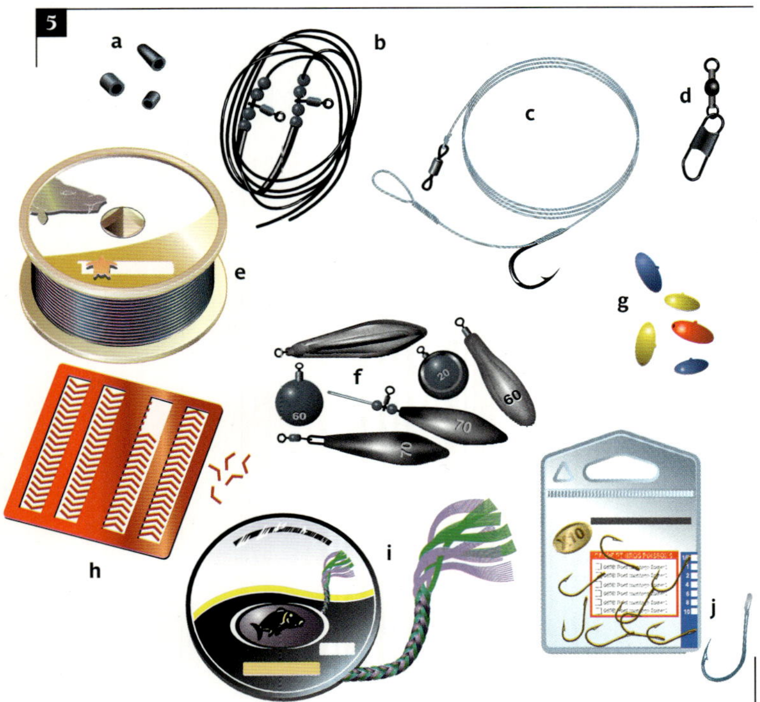

(a) Ledger-stop. **(b)** Antiemmêleur. **(c)** Bas de ligne en tresse avec hameçon à œillet en carbone. **(d)** Émerillon à agrafe. **(e)** Bobine de Nylon spécial carpe. **(f)** De gauche à droite : plombée de forme ronde, plombée trilobée, plomb montre, plombée fusiforme, plombée pour montage hélicoptère, plomb Zipp classique. **(g)** Perles de butée. **(h)** Stop-appât. **(i)** Bobine de tresse pour bas de ligne. **(j)** Hameçons spécial carpe à large ouverture.

médiaire d'un émerillon. Les plombs sont ronds, mous, et leurs poids correspondent à une classification spécifique (voir encadré).

• **Les hameçons** sont de forme classique (voir la partie consacrée aux hameçons pour la pêche au coup traditionnelle).

3 Pour la pêche à l'anglaise à fond

La pêche à l'anglaise au quiver-tip ou au swing-tip n'utilise pas de flotteur. C'est une pêche à fond. La ligne est lestée à l'aide d'un plomb en forme de poire de type Arlesey. Il est relié à la ligne par une perle de potence à agrafe ou à un anti-emmêleur (tube de plastique destiné à éviter les emmêlements du fil). D'autres fixations sont efficaces : la potence triangulaire, l'agrafe porte-plomb ou encore la perle hélicoptère. Tout dépend du montage adopté.

La pêche à l'anglaise peut également se pratiquer avec un feeder. Cet élément remplace la plombée et joue le rôle d'un amorçoir. Parmi les modèles courants : le swim-feeder, le feeder-cage et le frame feeder.

4 Pour la pêche à la bolognaise

Elle est employée pour pêcher loin du bord, généralement de gros poissons, dans les fleuves et les grandes rivières où le courant est important. Le Nylon est flottant et les flotteurs s'apparentent à ceux employés dans la pêche au coup traditionnelle, mais en beaucoup plus gros.

Leur forme va de la goutte d'eau ordinaire, pour les courants lents, à la goutte d'eau inversée, plus massive, pour les eaux rapides. Certains modèles sont coulissants, ce qui permet de pêcher dans les grandes profondeurs.

Les quilles, en carbone, en fibre de verre, en bois ou en métal, assurent une parfaite stabilité en action de pêche.

À la bolognaise, la visibilité de l'antenne est également importante. Il existe d'ailleurs des antennes creuses que l'on peut ajouter au sommet des flotteurs pour les renforcer.

Des micro-émerillons, similaires à ceux employés au toc, évitent le vrillage du bas de ligne.

Les hameçons, des modèles ronds de préférence, ont des tailles en rapport avec celles des appâts et des poissons recherchés.

5 Pour la pêche de la carpe à fond

Les techniques de pêche de la carpe ont beaucoup évolué. Elles utilisent des montages sophistiqués qui se confectionnent avec une multitude d'éléments. Si le Nylon est toujours employé, dans des diamètres allant de 28 à 35/100 en moyenne, des fils spéciaux sont aujourd'hui utilisés, notamment pour la confection des bas de ligne. Il s'agit de Dacron, de Kevlar, de Dyneema ou de Kriston qui vrillent moins et résistent beaucoup plus à la traction et à l'abrasion.

Des anti-tangles ou anti-emmêleurs se placent également sur la ligne. Il s'agit de tubes en plastique, d'une longueur de 10 à 50 cm, dans lesquels le Nylon peut librement coulisser. La plombée y est reliée par une agrafe. Cet élément empêche les emmêlements autour de la plombée.

Des perles plastiques peuvent s'intercaler entre les différents constituants de la ligne pour protéger les nœuds, sans oublier les butées en plastique dont on se sert pour réaliser des montages semi-coulissants à ferrage automatique.

Les formes des plombées sont nombreuses. Il y a les classiques plombs en forme de poire, les missiles, les ronds, les plats… Chacun a ses spécificités : le plomb trilobé a une excellente pénétration dans l'air lors du lancer et permet un meilleur contrôle de la ligne pendant la récupération ; le plat s'enfonce moins dans la vase ; le rond convient bien pour réaliser des montages hélicoptère. Leur poids varie de 20 à 120 g.
Le choix des hameçons se fait dans des tailles allant du n° 2 au 6. Il existe différents modèles spécialement conçus pour la pêche de la carpe : des hameçons à pointe rentrante, à barbe extérieure, à micro-barbe, à pointe renversée, mi-renversée ou spécial bouillette. Contrairement à la pêche au coup à la grande canne, les hameçons ne comportent pas de palette mais un œillet. Il assure une meilleure tenue de l'hameçon et limite l'abrasion du fil.
Les émerillons sont des modèles à baril, avec ou sans agrafe, de couleur noire ou bronze, plus discrets que les nickelés.

6 Pour la pêche au toc

Elle utilise des montages se composant d'un corps de ligne en Nylon, de 12/100 à 18/100. Le diamètre du bas de ligne est inférieur : entre 10 et 14/100. La plombée se compose généralement de plombs ronds fendus. Il n'y a aucun flotteur imposant, juste un guide-fil ou un brin de laine pour bien suivre sa dérive et contrôler l'évolution de l'appât.
L'hameçon a une taille et une forme adaptées à l'esche (même principe que pour les autres techniques). Concernant la couleur, certains spécialistes du toc préconisent les modèles nickelés dont les scintillements attiseraient la convoitise des poissons.

Les micro-émerillons, de type baril ou Minus, ont leur utilité, en particulier dans les eaux vives. Ils permettent au bas de ligne de ne pas vriller.

7 Pour la pêche au vif et au mort posé

Les Nylons sont les plus utilisés pour pêcher la plupart des carnassiers, mais il est possible, surtout si vous pêchez à grande distance ou que votre pêche concerne des poissons puissants comme le silure, d'opter pour une tresse.
Un émerillon baril à agrafe est également recommandé. Il permet de changer de bas de ligne facilement.
En ce qui touche les hameçons, vous avez le choix entre de grands classiques, des hameçons triples, doubles ou simples, et des modèles moins utilisés, mais tout aussi efficaces, comme les hameçons doubles à agrafe de sûreté et les becs de perroquet.
À ne pas oublier : les avançons acier, indispensables si vous pêchez le brochet aux dents tranchantes.

6

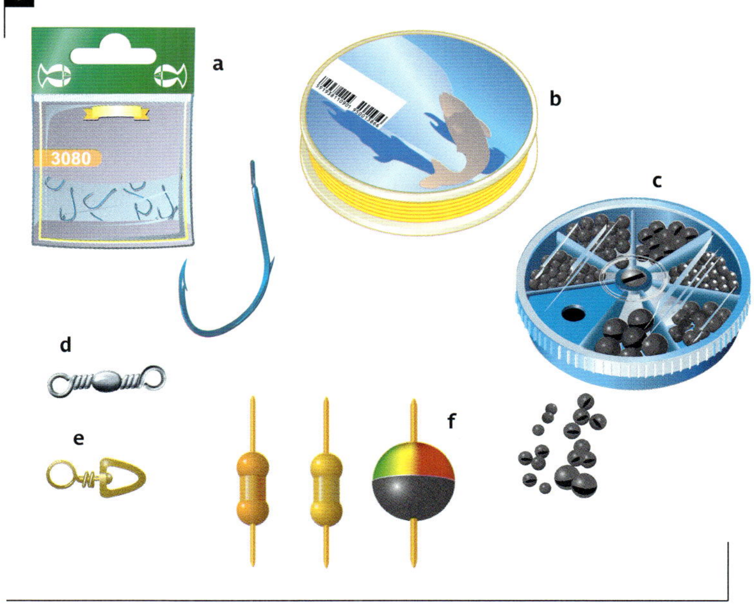

(a) Hameçon à ergot. **(b)** Bobine de Nylon transparent ou fluorescent. **(c)** Boîte de chevrotines. **(d)** Émerillon baril. **(e)** Émerillon Minus. **(f)** Guide-fil de type Ripelotte et Rigoletto.

7

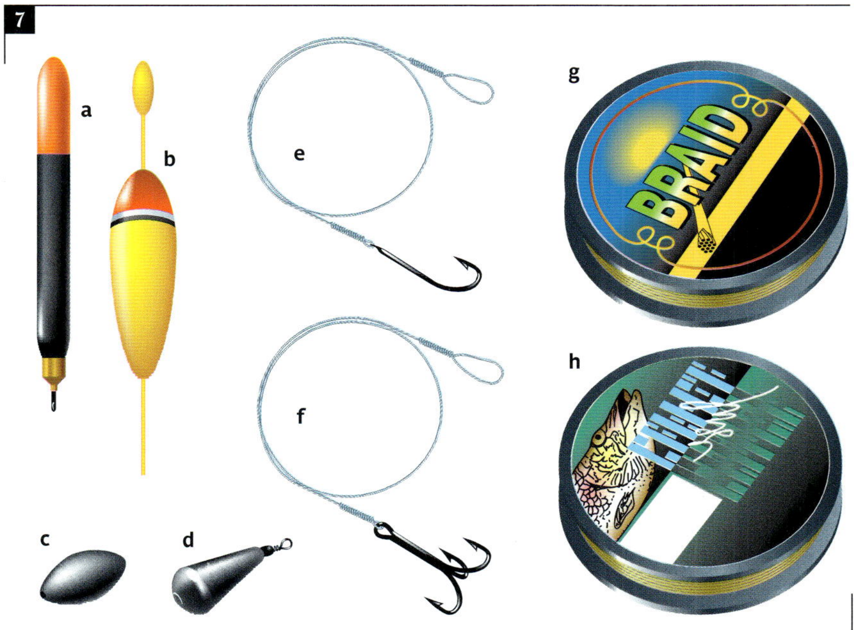

(a) Gros flotteur anglais à une fixation.
(b) Gros flotteur fixe ou coulissant.
(c) Plomb olive.
(d) Plomb d'Arlesey.
(e) Bas de ligne acier avec hameçon simple.
(f) Bas de ligne acier avec hameçon triple.
(g) Bobine de tresse.
(h) Bobine de Nylon transparent ou fluorescent.

Les accessoires

1 La sonde est indispensable pour prendre la profondeur afin de bien régler son flotteur. Le modèle passe-partout est une sonde grenouillère qui se pince à l'hameçon, mais la sonde à bouton-poussoir est aussi très efficace. Elle tient mieux à l'hameçon et se perd moins.

2 Le dégorgeoir, qu'il soit en métal ou en plastique, est très utile pour décrocher les prises. Il permet de libérer l'hameçon de la bouche du poisson et se révèle indispensable lorsqu'il a été engamé profondément. Certains ont une forme de stylo, d'autres sont intégrés à une pince.

3 L'aiguille à locher. Sans elle, il est impossible de locher un vif ou un mort correctement, c'est-à-dire de l'escher en passant le fil et la hampe de l'hameçon sous la peau.

4 Les bacs à amorce. La confection des amorces se fait dans des bacs spécialement conçus, en plastique dur ou en tissu imperméable, de forme ronde ou carrée. Ce dernier est peu encombrant, car il peut se plier lors du rangement. Quel que soit votre choix, l'idéal est d'en avoir trois : un grand pour y mélanger les composants, un moyen pour l'opération de tamisage et un plus petit pour l'eau de mouillage.
Tout au long de la partie de pêche, l'amorce doit se trouver à portée de main. Le bac principal se trouve donc près du panier-siège.

5 Le fourreau à cannes sert à ranger les cannes, les pics de bourriches et des repose-cannes et de petits accessoires. Sa longueur doit être adaptée aux cannes afin qu'elles ne se baladent pas pendant le transport et ne finissent par s'endommager.

6 Le seau à vifs sert à transporter des poissons vivants dont on se sert comme appâts pour escher une ligne à vif ou à poisson mort. Il existe de nombreux modèles, du simple seau en plastique à anse et à couvercle perforé au vivier à panier amovible, en passant par le seau flottant équipé d'un plomb d'équilibrage (adapté pour la pêche en bateau). Un aérateur à pile complète l'équipement. Cet appareil permet de maintenir les poissonnets en vie longtemps.

7 Le panier-siège. La pêche au coup est une pêche d'attente, mieux vaut donc bien s'installer. Le panier-siège sert à s'asseoir, mais aussi à ranger son matériel. Certains modèles disposent même d'un repose-canne intégré et de pieds réglables, très pratiques pour s'adapter à la nature du terrain.

8 La bourriche. Autrefois, les bourriches étaient en métal. Aujourd'hui, elles existent toujours, mais ne sont plus guère utilisées. Les pêcheurs préfèrent les modèles en Nylon qui conservent les poissons en vie tout au long de la partie de pêche, ce qui offre l'avantage de pouvoir les relâcher dans les meilleures conditions. Optez pour

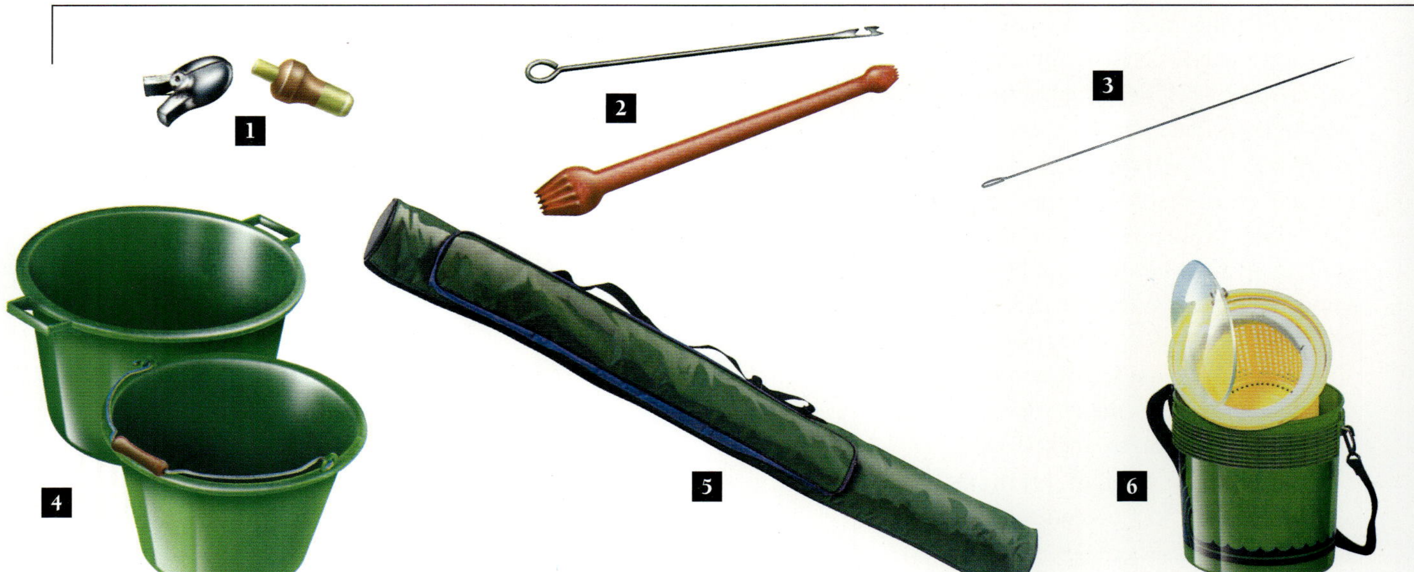

une bourriche à large ouverture et de longueur suffisante afin que les poissons ne soient pas tassés. Mieux vaut choisir également un modèle hydrophobe qui sèche rapidement et ne conserve pas les odeurs. La bourriche se fixe sur la berge ou sur un ponton.

9 L'épuisette. Cet accessoire permet de ramener vos prises dans les meilleures conditions. La tête possède un filet triangulaire, ovale ou rond, selon les modèles. Ce dernier est certainement le plus facile à manier lors de la mise au filet du poisson. Préférez une épuisette légère à manche réglable. Sa taille est bien sûr proportionnée aux poissons recherchés.

10 Le ponton. Cette plate-forme permet de s'installer sur tous les types de terrain et de pêcher dans les conditions optimales. Elle assure une parfaite stabilité au pêcheur et met les accessoires (bourriche, table à appâts, bacs à amorce, repose-canne…) à portée de main.

11 Les repose-cannes. Tenir une canne tout au long d'une partie de pêche n'est pas une mince affaire, même si les cannes que proposent les fabricants sont aujourd'hui en matériaux légers. Il est toujours bon d'avoir un repose-canne, ne serait-ce que pour pouvoir changer d'appât sans être obligé de poser la canne à terre, là où elle pourrait s'endommager. Plusieurs modèles existent, de la simple fourche au support télescopique orientable, en passant par un système de crochets inversés.

12 La fronde et le cobra. Pour lancer des boules d'amorces et des appâts loin du bord, la fronde est indispensable. Elle convient pour des distances de 20 m pour les boules d'amorce, de 30 à 40 m pour les graines et jusqu'à 80 m pour les bouillettes, encore faut-il bien viser. Le cobra a la même fonction, mais il sert à propulser les bouillettes. Avec cet instrument, il est possible d'amorcer jusqu'à 100 m.

UN BATEAU RADIOCOMMANDÉ

Les carpistes ne lésinent pas avec les moyens. Ils leur arrivent, lorsque le procédé est autorisé, d'employer un bateau radiocommandé pour amorcer. Cela permet d'être plus précis et de déposer l'amorce sans qu'elle s'agglutine sur le fond. Les fabricants proposent des engins spécialement conçus pour cet usage.

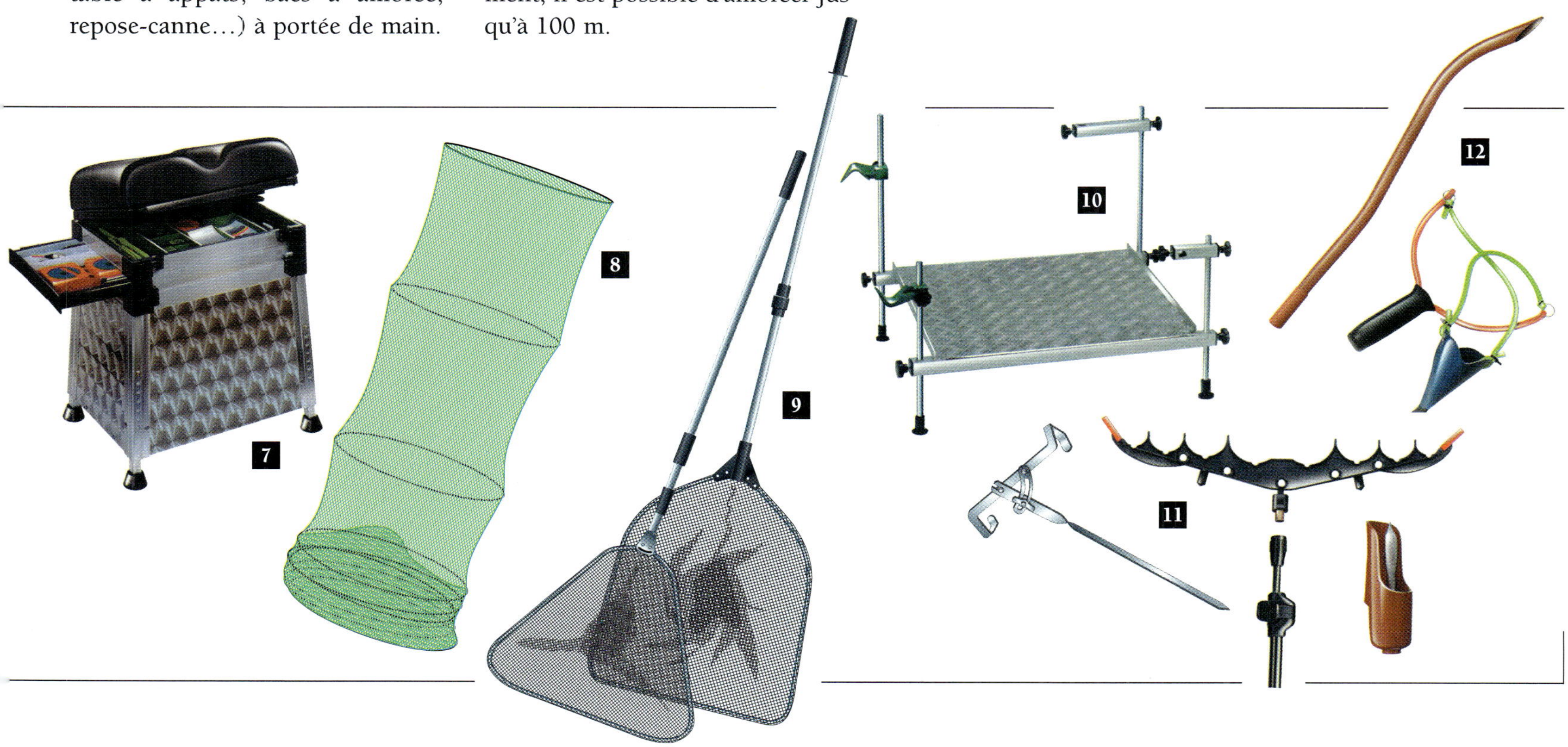

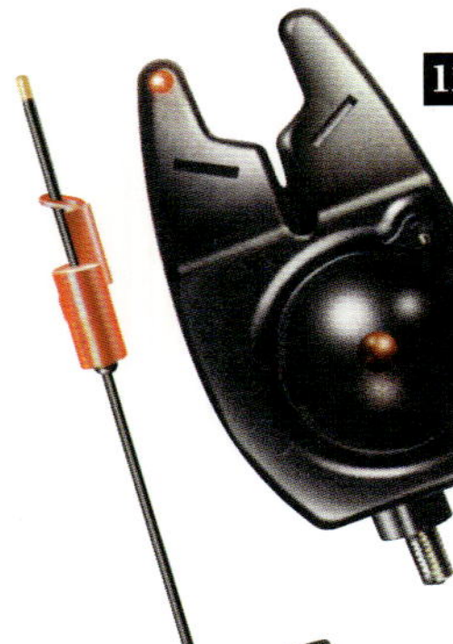
13

14

15

16

17

13 Les détecteurs de touche et les écureuils. Les détecteurs de touche sont des avertisseurs électroniques. Ils émettent une sonnerie stridente au premier départ du poisson, c'est-à-dire lorsqu'il entraîne la ligne après avoir mordu à l'hameçon. Ces appareils se fixent sur le support de cannes. Le Nylon est coincé dans une encoche qui sert également de repose-canne. Un repère lumineux est également prévu pour savoir avec précision quelle canne est concernée. Sur une batterie, il y en a généralement trois.
Les écureuils sont complémentaires de l'installation du carpiste. Ils assurent la tension de la bannière pour le bon fonctionnement des détecteurs, mais aussi pour déterminer la nature du départ. Un départ vers le large fait remonter l'écureuil. Si le poisson se dirige vers la berge, il descend.

14 Les sacs de conservation. Une fois épuisées, les grosses carpes ne sont pas mises dans une bourriche, mais conservées dans un sac spécial. Il s'agit d'un filet à mailles fines permettant de les maintenir en vie et de les relâcher en parfaite santé.

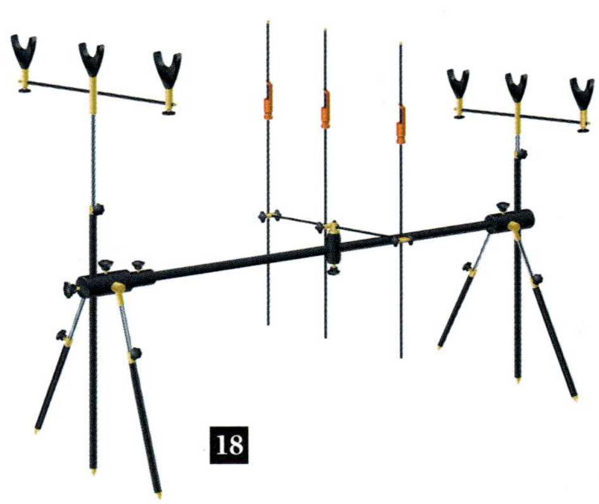
18

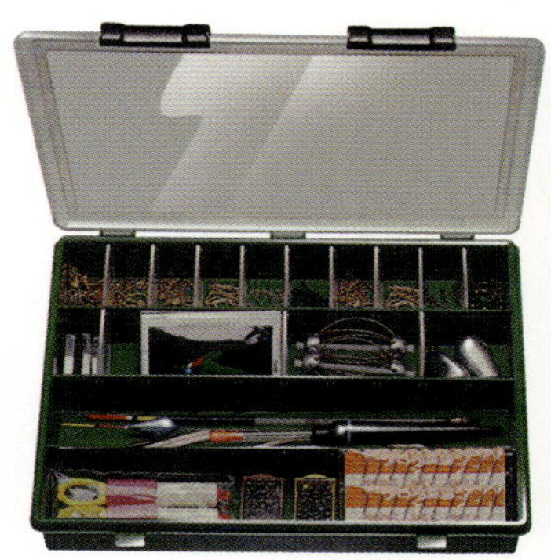
19

20

21

15 Le matelas de réception. Les spécialistes de la pêche de la carpe se font un devoir de gracier leur capture. Pour ne pas les abîmer lors du décrochage, ils utilisent un matelas en mousse synthétique ou en plastique gonflable.

16 Le peson. Le grand plaisir des pêcheurs de carpes est de capturer de gros poissons. Pour les peser, ils emploient des balances pouvant aller jusqu'à 50 kg. De quoi vérifier s'ils n'ont pas battu un record. Ce peson peut également être utile pour les carnassiers.

17 Le bed-chair et la tente. C'est une chaise longue sur laquelle le pêcheur de carpe s'installe confortablement tout au long de sa partie de pêche. À certains endroits, où la pêche de nuit est autorisée, les carpistes ont pris l'habitude de planter leur tente au bord de l'eau. Une pratique très courante chez les passionnés.

18 Les rod-pods permettent de mettre en batterie plusieurs cannes à carpe, en général trois. Les plus sophistiqués se composent d'un tripode orientable et d'un axe central modulable. Les cannes reposent sur des tiges où il est possible de visser les détecteurs de touche.

19 Les boîtes de rangement. Si le panier-siège est très pratique pour ranger les petits ustensiles et les lignes montées, des boîtes supplémentaires sont également très utiles. Pour les hameçons, choisissez une boîte magnétique munie de plusieurs compartiments. Il ne faut pas oublier d'indiquer les numéros des hameçons.

20 Les plioirs. Ces ustensiles étaient autrefois en bois. Ils sont aujourd'hui en plastique. Ils permettent de ranger les lignes et de les transporter sans emmêlement. Pour vous y retrouver (rien de plus agaçant que de chercher son matériel au bord de l'eau), n'oubliez pas de noter les références du montage (diamètre du Nylon, numéro des hameçons) sur la tranche du plioir, voire de mettre en place une classification basée sur un code couleur.

21 Les lignes montées. Si vous n'êtes pas du genre à monter vos lignes, vous pouvez les acheter toutes prêtes. Il en existe pour la pêche au coup traditionnelle, mais aussi pour la pêche au vif, au mort posé, pour pêcher la truite…

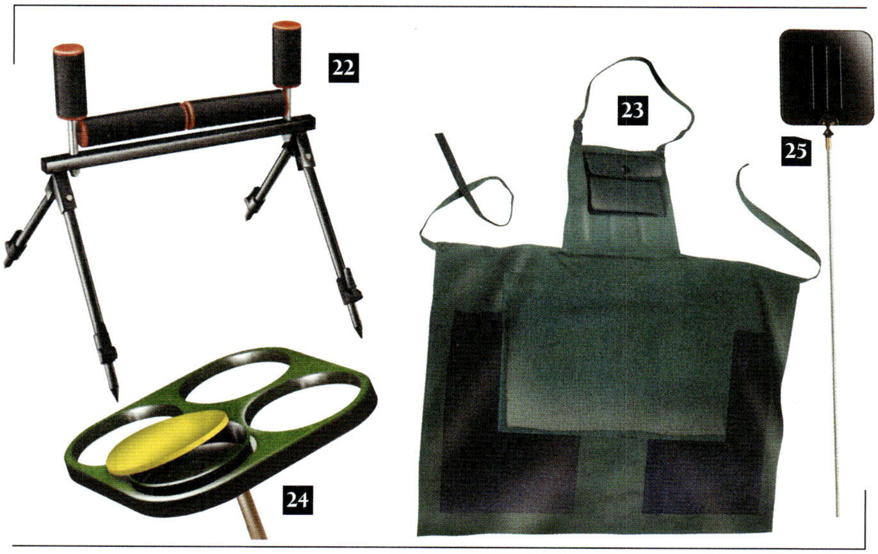

22 Le rouleau à déboîter. Cet accessoire se place derrière le pêcheur. Il sert lorsque vous pêchez avec une grande canne à emmanchements. Son utilisation est simple : le pêcheur pose le talon de sa canne sur le support et la pousse vers l'arrière jusqu'à ce qu'il atteigne la partie qu'il souhaite déboîter pour pouvoir saisir sa prise ou changer d'appât.

23 Le tablier évite au pêcheur de se salir. Si la couleur n'a aucune importante, la présence d'une poche ventrale a un avantage : celui de pouvoir y fourrer des petits accessoires pour les avoir toujours à portée de la main : dégorgeoir, sonde ou pochettes d'hameçons. S'il est imperméable, c'est encore mieux. Vous pourrez décrocher vos prises avec plus de confort.

24 La table à appâts présente l'avantage de bien disposer ses appâts devant soi. L'eschage de votre ligne se fait ainsi dans les meilleures conditions, sans dépense d'énergie inutile et sans agacement.

25 La table graduée. Dans la pêche à fond au quiver-tip, il est un accessoire qui rend de précieux services : la table graduée. Elle n'est pas obligatoire, mais permet de repérer la plus infime touche. On la positionne devant le scion de la canne de manière que son déplacement soit visible. Elle a également une autre fonction : protéger le scion du vent. La fixation de son pic se fait généralement à même le sol.

Cannes et moulinets pour la pêche au lancer

La canne est d'une grande importance dans cette technique. Elle exige de pouvoir effectuer des lancers avec précision et d'épuiser des poissons combatifs.

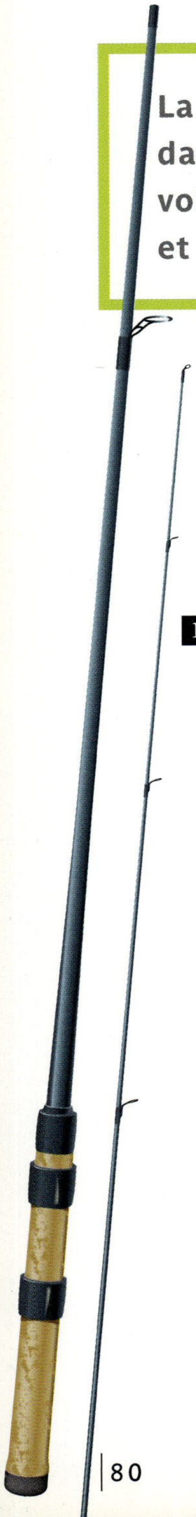

1

La pêche au lancer utilise des cannes à anneaux et pourvues d'un porte-moulinet. On les classe en quatre grandes catégories (ultra-léger, léger, mi-lourd et lourd), mais certaines techniques exigent des modèles à action particulière. C'est le cas du mort manié ou de la tirette.

Les cannes

1 Le lancer léger est destiné à propulser des leurres de 4 à 15 g. Sa longueur, proportionnelle à sa puissance, varie entre 1,50 et 2,20 m. Elle convient pour pêcher dans de nombreux types d'eau, en particulier les rivières et les plans d'eau de taille moyenne.

Pour pêcher au lancer ultra-léger, une technique conçue pour propulser des leurres dont le poids ne dépasse pas 3 g, une canne multibrins en carbone est nécessaire. Sa longueur varie entre 1,50 et 2,20 m. Certains spécialistes de la technique n'hésitent pas à employer des « fleurets » composés d'un seul brin. Quelle que soit l'option, la canne comporte des anneaux et une poignée, en liège ou en mousse, possédant un porte-moulinet. Son action est de pointe (voir encadré p. 89) afin de pouvoir lancer le leurre nerveusement, d'un seul coup de poignet, avec beaucoup de précision.

2 Le lancer mi-lourd, dont la longueur va de 1,50 à 3 m, permet d'atteindre de longues distances et de travailler des leurres lourds. Il convient pour pêcher des poissons puissants, comme les gros carnassiers.

Le lancer lourd fait partie d'une catégorie encore plus puissante. Il s'utilise surtout en mer et, parfois, pour s'attaquer au silure. Dans 99 % des cas, un modèle mi-lourd le remplace avantageusement.

3 Les cannes pour le poisson mort manié peuvent être assimilées à des lancers mi-lourds, mais leur action reste spécifique. Elles sont raides, afin d'animer la monture avec efficacité, de sentir le relief du fond et d'assurer un ferrage sec, et mesurent environ 3 m (2,50 à 2,80 m si vous pêchez depuis un bateau). Celles destinées à la pêche au vairon mort sont plus souples et un peu plus longues (jusqu'à 3,60 m environ), ce qui permet de présenter l'appât avec discrétion dans les eaux claires.

2

4 Les cannes pour la tirette sont fines et sensibles, avec une action de pointe pour bien sentir les touches discrètes pouvant se produire pendant la récupération de la ligne. Prévue pour lancer des poids de 6 à 20 g, elle mesure entre 2,70 et 3,30 m et possède un scion ultra-fin.

Les moulinets

5 Pour l'ultra-léger, le moulinet est à tambour fixe. Il doit être petit, léger (200 g environ), et bénéficier d'un ratio de récupération conséquent (70 cm par tour de manivelle au minimum), la bobine n'étant pas d'un diamètre important. La contenance se limite à une cinquantaine de mètres de 12 à 14/100.

6 Pour le lancer léger, le moulinet est également à tambour fixe. Proportionnel à la taille de la canne, il pèse en moyenne 250 g et dispose d'un solide pick-up. Le frein est progressif et peut être réglé avec précision. La contenance de la bobine est entre 100 et 150 m.

7 Pour le lancer mi-lourd, le moulinet pèse environ 300 g. Tout doit être d'une qualité irréprochable, car le moindre disfonctionnement peut être sanctionné par la casse. Le pick-up résiste à l'usure et possède obligatoirement un galet tournant. L'anti-retour est infini. Le frein de certains modèles se contrôle depuis une gâchette. Un plus pour pouvoir combattre les poissons dans les meilleures conditions.

Un moulinet de type lancer lourd n'est guère recommandé dans une pêche itinérante. Il convient plutôt à une pêche à poste fixe pour traquer les poissons marins, voire les gros silures.

■ UN MOULINET À TAMBOUR FIXE OU TOURNANT ?

Les plus employés sont les moulinets à tambour fixe, sur lesquels le fil s'enroule autour de la bobine par l'intermédiaire d'un pick-up, un bras métallique ou en matériau composite. Il existe également les moulinets capotés dont la bobine est protégée par un carter mais que l'on utilise plutôt pour pêcher au coup, à l'anglaise, ou encore à la pêche au toc. Dans les pays scandinaves, aux États-Unis et au Japon, les moulinets à tambour tournant sont préférés pour pêcher au lancer. Lors de la récupération d'un leurre, c'est la bobine qui tourne et enroule la ligne, et non pas le pick-up. Ces moulinets assurent des lancers à plus grande distance et un contrôle direct du poisson pendant la bagarre.

Le petit matériel et les accessoires pour la pêche au lancer

Pour la pêche au lancer, le petit matériel et les accessoires se limitent au juste nécessaire. La pêche au lancer est une pêche active où le pêcheur est amené à beaucoup se déplacer pour prospecter différents postes.

Chaque technique exige un matériel spécifique et bien adapté au poisson recherché. Si le brochet et la perche se pêchent tous deux à la cuiller, il est bien évident que le bas de ligne est différent. Pour les carnassiers ayant des dents tranchantes – c'est le cas du brochet – , il comporte obligatoirement une empile en acier (voir encadré).

1

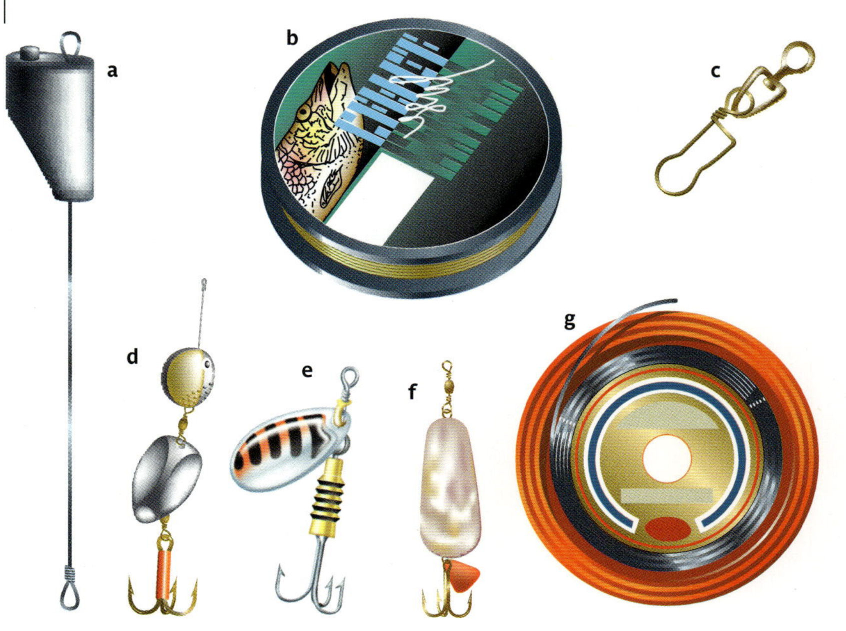

(a) Plomb bateau. **(b)** Bobine de Nylon transparent ou flurorescent. **(c)** Émerillon à agrafe. **(d)** Cuiller tournante plombée en tête. **(e)** Cuiller tournante à plombée axiale. **(f)** Cuiller ondulante. **(g)** Bobine de tresse en inox.

Le petit matériel

1 Pour la pêche à la cuiller

Le Nylon transparent est tout indiqué pour réaliser le corps de ligne. Il se révèle performant aussi bien pour pêcher les petits carnassiers que les gros. L' attaque d'une cuiller est toujours brutale, la souplesse est bienvenue pour amortir la touche, surtout si vous pratiquez avec une canne un peu raide. Le diamètre qui convient diffère suivant le poisson recherché : du 14 au 20/100 pour des espèces du même acabit que la perche ou la truite et du 22 au 35/100 pour le brochet. Pour le silure, il ne faut pas hésiter à monter jusqu'au 40/100, voire au-delà. Deux types de plombée sont employés :

• **Les plombs bateau.** Ils sont particulièrement intéressants pour pêcher profond, loin du bord. Certains modèles sont peints et présentent un signal œil attractif. D'autres ont la forme d'une tête de poisson.

• **Les plombs coniques.** Ils ont la même utilité que les plombs bateau, sauf que leur forme oppose moins de résistance dans l'eau.

Contrairement aux apparences, la cuiller ondulante ne se leste pas de

la même manière qu'une tournante. Afin de ne pas entraver sa nage, mieux vaut placer une olive longue sur la ligne, à environ un mètre du leurre.
En ce qui concerne les émerillons, la cuiller tournante se fixe à un modèle à agrafe, qui permet le changement rapide du leurre et assure la parfaite articulation de la monture. L'ondulante, elle, en est le plus souvent dépourvue. Un anneau brisé le remplace.
Les cuillers ondulantes et tournantes sont équipées d'hameçons triples. Pour diminuer les risques d'accrochage sur le fond, il est préférable de les troquer contre des simples.

2 Pour la pêche au leurre souple

Avec un lancer léger et pour des poissons de taille moyenne, utilisez un Nylon classique ou fluorescent dont le diamètre va du 18 au

LES BAS DE LIGNE ACIER

Quelle que soit la technique, il est important de ne pas oublier que le brochet a des dents coupantes. Pour s'en protéger, les bas de ligne acier sont indispensables. Plusieurs types de qualité existent :
• L'acier gainé Nylon. Il est enrobé de Nylon, mais son âme est formée d'une tresse en acier. Il se monte sur la ligne le plus souvent à l'aide de sleeves (tubes en acier).
• L'acier gainé Kelvar. Sa grande qualité est sa souplesse. Hameçons et leurres peuvent être noués simplement, sans attache particulière.
• L'acier multibrins. Composé de fils d'acier fins et tressés, il supporte également les nœuds ordinaires.
• La tresse Inox. Souple, fine, résistante, cette tresse enrobée de métal possède une âme composite. On l'utilise pour réaliser des montages légers et souples.

2

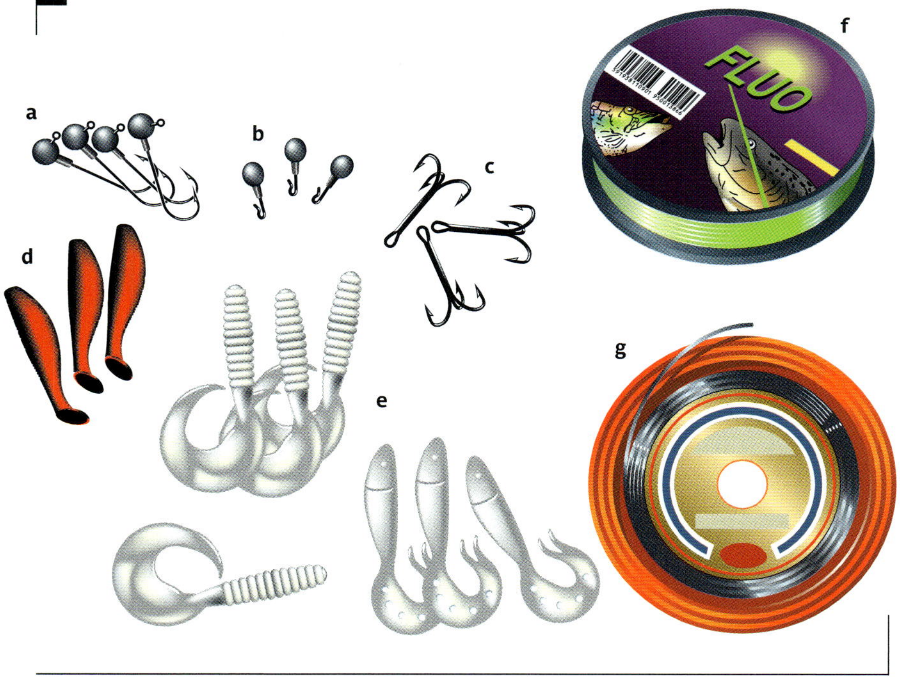

(a) Têtes plombées simples. **(b)** Têtes plombées à agrafe. **(c)** Hameçons triples.
(d) Leurres souples pisciformes. **(e)** Leurres souples falciformes. **(f)** Bobine de Nylon fluorescent.
(g) Bobine de tresse en inox.

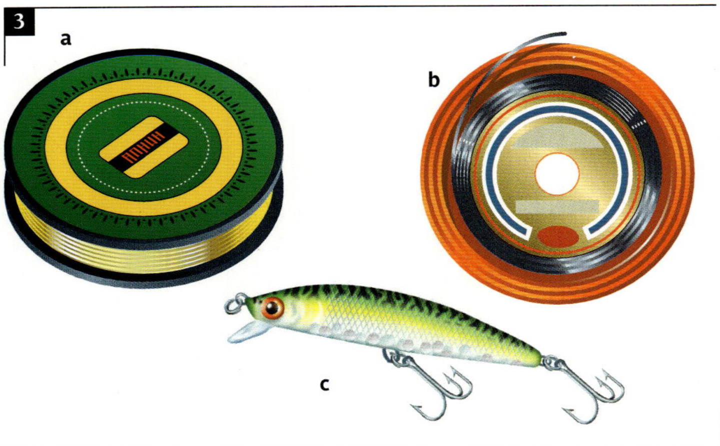

(a) Bobine de Nylon transparent ou fluorescent. **(b)** Bobine de tresse en inox. **(c)** Poisson nageur.

22/100. Pour les plus gros, comme le brochet et le sandre, un Nylon plus costaud est nécessaire : de 24 à 35/100. Augmentez la résistance pour le silure.

Pour les leurres souples, une vaste gamme d'hameçons et de plombs conviennent : les têtes plombées rondes, en forme de banane, de sabot, ou encore ce que l'on appelle des têtes plombées stand-up. Ces dernières présentent le leurre en position haute sur le fond et limitent les accrocs. Un autre avantage : les nuages de sédiments produits lors de la récupération ne manquent pas d'attirer l'attention des carnassiers.

Les hameçons lestés sur tige (à hampe décalée ou à pointe crantée sur l'œillet) sont la solution idéale pour pêcher sur des secteurs encombrés de végétation, en réalisant des montages anti-herbe (la pointe de l'hameçon est piquée dans le corps du leurre souple) que l'on peut lester d'un plomb en forme de balle.

3 Pour la pêche au poisson nageur

Pour la perche et le black-bass, un Nylon classique d'un diamètre de 20/100 convient. Pour de plus gros poissons, comme le brochet, le diamètre du fil peut aller du 28 au 30/100, voire un peu plus si ce fil ne déstabilise pas la nage du poisson nageur. Les tresses et les Nylons fluo sont parfois utiles, mais il faut éviter de s'en servir partout où leur présence se fait trop voyante : dans les eaux calmes ou claires et en surface.

Pour relier le leurre au bas de ligne, vous pouvez employer un émerillon à agrafe qui facilite le changement du leurre, mais beaucoup de pêcheurs préfèrent nouer directement le fil en faisant un nœud spécial (voir p. 160-161). Les poissons nageurs sont commercialisés avec des hameçons triples, de couleur bronze ou chromés, souvent fixés au leurre par de petits anneaux brisés.

4 Pour la pêche au mort manié

Le fil idéal est un Nylon fluorescent, de faible élasticité et plutôt rigide, d'un diamètre variant entre 22 et 35/100. Il permet de suivre l'animation du mort et de percevoir les touches discrètes, qui ne se manifestent pas par une tirée franche mais par un déplacement de la ligne. Dans les secteurs profonds, une tresse de couleur vive est encore plus performante et assure un ferrage efficace.

Pour lester la monture, une simple chevrotine fendue en plomb mou suffit amplement. Elle se pince sur une agrafe et peut facilement être ôtée pour changer de grammage.

Certaines montures sont équipées d'un casque en laiton ou comportent un axe plombé.

(a) Bobine de Nylon transparent ou fluorescent. **(b)** Boîte de chevrotines. **(c)** Monture Drachkovitch avec teasers rouges. **(d)** Monture Drachkovitch simple. **(e)** Monture casquée.

5 Pour la pêche à la tirette

Les Nylons conviennent bien, à condition de ne pas être trop élastiques, mais vous pouvez également employer une tresse fine qui vous permet de bien sentir votre leurre ou votre appât. Elle a également pour avantage de limiter l'abrasion du fil due au frottement sur le fond et de bien gérer le mou pouvant se produire pendant la récupération pour assurer un ferrage parfait. Le diamètre du fil : de 12 à 30/100 en moyenne.

À la pêche à la tirette, les plombs employés ont une forme de sabot, de bâton ou d'olive. Ils travaillent sur le fond et produisent un nuage attractif lors de la récupération. Le plomb bâton peut évoluer sur les rochers sans s'accrocher. Quel que soit le modèle, un émerillon à agrafe est utile pour empêcher le vrillage du fil et changer rapidement de bas de ligne si celui-ci est soumis à rude épreuve. Une perle de butée protège le nœud de fixation. Les modèles d'hameçons vont du triple au simple en passant par la tête flottante.

6 Pour la pêche à la bombette

Le matériel se compose d'un Nylon classique ou fluo, d'un diamètre de 12 à 30/100, suivant le poisson, et d'une bombette (un compromis entre la plombée et le flotteur) de forme fusiforme ou bâton.

Un émerillon double ou triple est nécessaire pour éviter les emmêlements et rattacher le bas de ligne. Une perle de butée protège également son nœud de fixation. Les hameçons sont simples, triples, ou comportent une tête flottante.

6

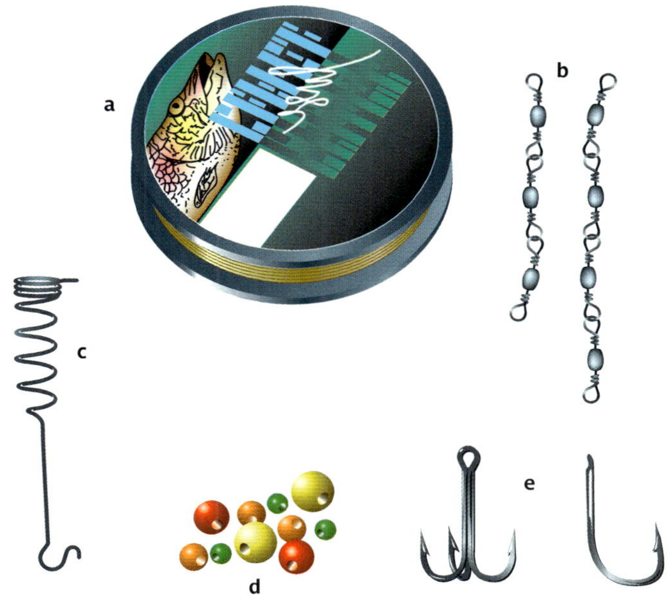

(a) Bobine de Nylon transparent ou fluorescent. **(b)** Émerillon triple et émerillon quadruple. **(c)** Ressort amortisseur. **(d)** Perle de butée. **(e)** Hameçon triple et hameçon simple.

5

(a) Bobine de Nylon flurorescent. **(b)** Bas de ligne en tresse avec émerillon baril, plomb sabot, teasers (palette de cuiller jaune et perles vertes) et hameçon simple à œillet. **(c)** Bas de ligne en tresse avec émerillon baril, teasers (palette de cuiller jaune, perles rouges), plombs cylindriques et hameçon simple à œillet. **(d)** Tête plombée avec signal œil.

LES TRESSES

Quelle que soit leur composition, les tresses offrent des atouts indéniables, en particulier une grande solidité, une absence de mémoire, une excellente résistance à l'abrasion et, pour finir, une plus grande finesse par rapport à un fil de Nylon de résistance équivalente. Mais elles ont aussi leurs inconvénients : elles restent plus visibles, s'emmêlent plus facilement, absorbent l'eau. Certaines tresses opposent par ailleurs une plus forte résistance au vent et au courant, leur section n'étant pas ronde, comme pour le Nylon, mais plutôt aplatie.

Un conseil : choisissez les tresses dont les fibres présentent un tissage serré ou qui sont garnies d'un revêtement.

Les accessoires

1 Les boîtes et les sacs de pêche. Pour bien ranger son matériel, vous pouvez emporter des boîtes ou des coffrets. Les boîtes peuvent stocker des leurres et le juste nécessaire pour monter vos lignes. Les coffrets sont beaucoup plus pratiques car conçus comme des boîtes à outils. Ils peuvent tout contenir, mais deviennent vite encombrants si vous vous déplacez beaucoup. L'idéal est de laisser les gros contenants dans la voiture et de n'emporter qu'une musette ou un sac à dos où seront rangés, dans de petites boîtes, l'essentiel du matériel.

2 L'assommoir. Cette petite massue tue votre capture sans bavure et sans la faire agoniser. Pour les gros poissons comme le brochet, une méthode est encore plus efficace : planter un poinçon dans le crâne.

3 Le bâillon permet de maintenir la gueule de vos captures ouverte sans risque pour vos mains, le temps de décrocher votre hameçon.

4 La pince. Le parfait outil est une pince multiple pouvant à la fois servir à redresser la tige d'un hameçon, à couper un bas de ligne acier ou de Nylon, sertir un sleeve ou retirer un hameçon de la gueule d'un poisson. C'est le cas de certains modèles sophistiqués en métal inoxydable.

5 Les paniers de pêche. Les paniers traditionnels sont en osier. Ils servent surtout à conserver les salmonidés. Il en existe également en plastique recouvert de tissu. Tous se portent en bandoulière.

6 Le dégorgeoir pistolet. Ce modèle de dégorgeoir est parfait pour retirer un hameçon fiché profondément dans la gorge d'un gros poisson, ce qui est particulièrement intéressant lorsqu'il s'agit d'une espèce pourvue de dents acérées.

7 L'épuisette. Les modèles peu encombrants et pliables sont bien sûr ce qu'il y a de mieux, encore faut-il qu'ils se déplient facilement et que le filet soit suffisamment grand et profond pour recevoir de beaux poissons. Lorsque vous pêchez en marchant dans l'eau (wading), les petites épuisettes courtes, en forme de raquette et à cordon de sécurité, sont préférables. Un bâton de wading faisant épuisette est également intéressant. C'est un outil utile et sécurisant puisqu'il sert aussi de canne facilitant votre progression dans l'eau.

8 Le gilet de pêche n'est pas un accessoire de mode. Il a vraiment son utilité pour transporter le petit

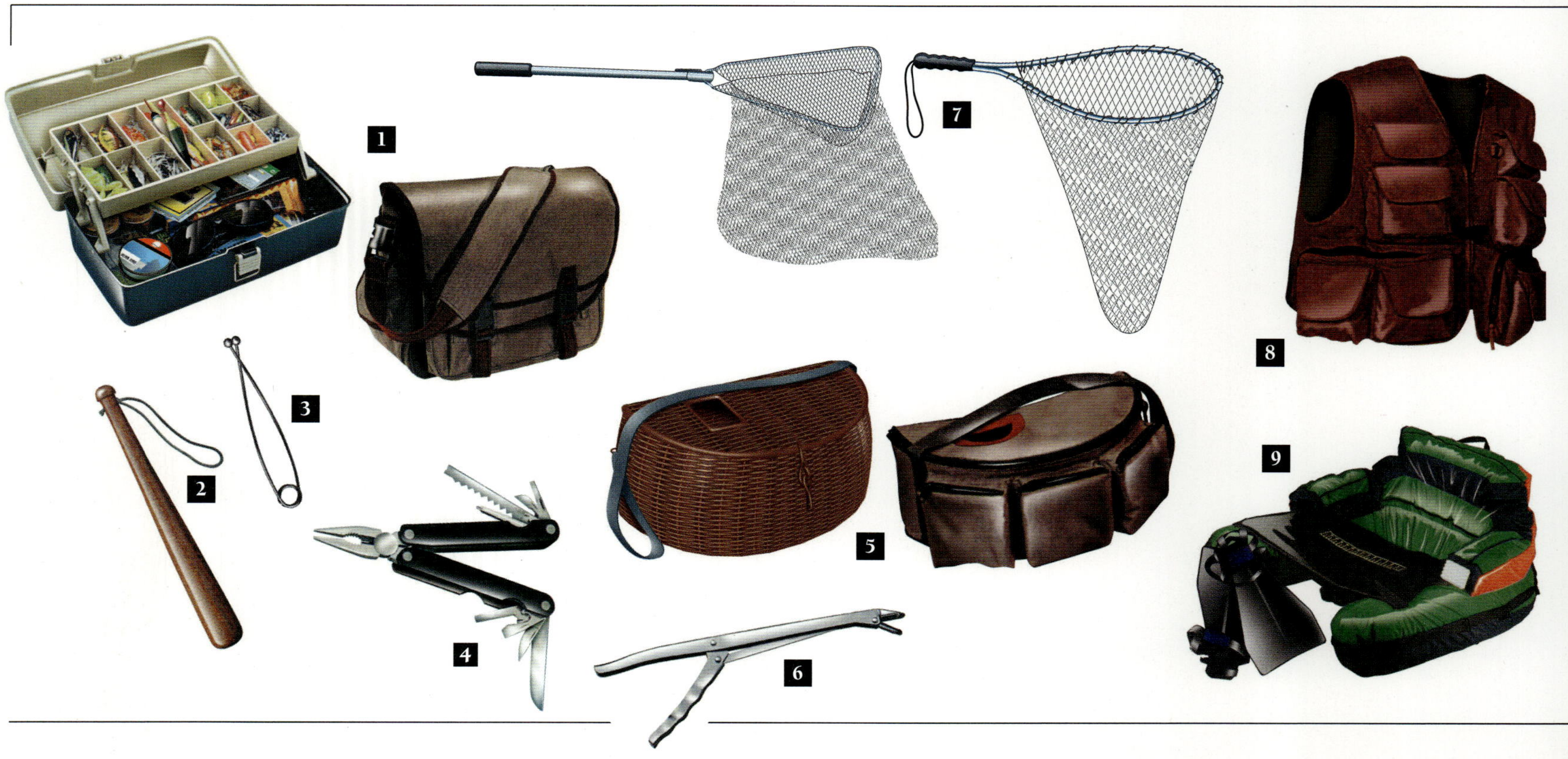

matériel sur soi dans des poches. Certaines doivent être étanches pour mettre à l'abri vos papiers (carte de pêche et carte d'identité...). Des anneaux de suspension sont également commodes pour mettre à portée de la main un coupe-fil ou une pince.

9 Le float-tube. Dans les plans d'eau et les bras morts des grandes rivières, le float-tube offre des avantages indéniables : atteindre les postes inaccessibles depuis le bord ou en bateau. Grâce à cette bouée sur laquelle vous pouvez vous asseoir confortablement, il vous est possible de vous faufiler entre les herbiers et les troncs immergés. Pour vous déplacer, il suffit d'une paire de palmes. L'utilisation du float-tube doit être évitée dans les secteurs fréquentés par les bateaux.

10 La pierre à affûter. Les hameçons s'émoussent vite au contact des rochers ou des galets. Pour que leur pointe retrouve un piquant parfait, il faut affûter les hameçons de taille moyenne avec une pierre à aiguiser et les plus gros avec une lime fine.

11 Le décroche-leurre. Rien n'est plus déplaisant que de perdre un leurre accroché sur le fond. La meilleure solution pour le libérer est de se munir d'un décroche-leurre. Le plus courant est cet anneau à mâchoires que l'on laisse glisser sur la ligne et que l'on récupère à l'aide d'une cordelette.

12 Les waders. Ces pantalons de pêche servent à marcher dans l'eau en vous protégeant jusqu'à la poitrine. Les meilleurs modèles sont en Néoprène, un matériau isolant. Certaines marques les proposent avec des bottes intégrées, d'autres avec des bottines indépendantes. Quel que soit le modèle, les semelles sont en caoutchouc ou en feutre. L'idéal est d'avoir des modèles mixtes, avec des talons en caoutchouc et de la feutrine sur le restant des semelles, ce qui évite de glisser sur l'herbe lorsque vous sortez de l'eau.

13 Les bottes et les cuissardes. Dans les eaux peu profondes, les waders sont déconseillées, car elles tiennent chaud. Il vaut mieux se chausser de cuissardes qui vous protégeront jusqu'aux cuisses. La partie haute des cuissardes se fixe à la ceinture avec des sangles.
Les simples bottes s'emploient uniquement depuis le bord, à moins de pratiquer dans un cours d'eau peu profond.

14 Le clonck. Cet instrument en bois uniquement destiné à la pêche du silure est frappé à la surface de l'eau pour l'attirer. Généralement en bois, il se compose d'un manche et d'une extrémité concave ou oblongue.

15 Les échosondeurs. Les échosondeurs sont des appareils électrocniques servant à détecter les proies dans l'eau grâce à des ultrasons. Pour les utiliser, il suffit de les installer sur votre bateau et de fixer le capteur sous la coque. Une fois mis en route, la présence des poissons devient visible sur un écran de contrôle. Un atout pour localiser les poissons, mais cela ne veut pas dire que la partie est gagnée d'avance. Repérer les poissons est une chose, les inciter à mordre et les capturer en est une autre.
L' utilisation des échosondeurs était interdite durant une partie de pêche, il n'y a encore pas si longtemps.

10
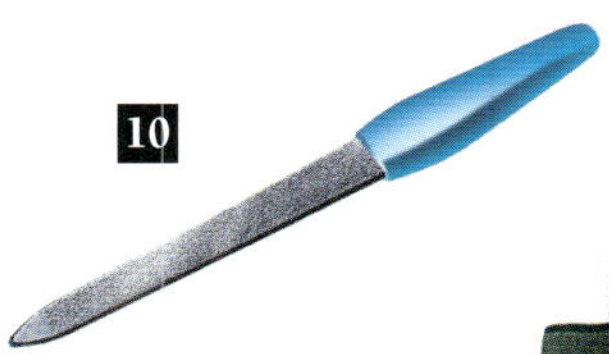

11
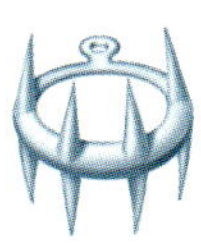

12

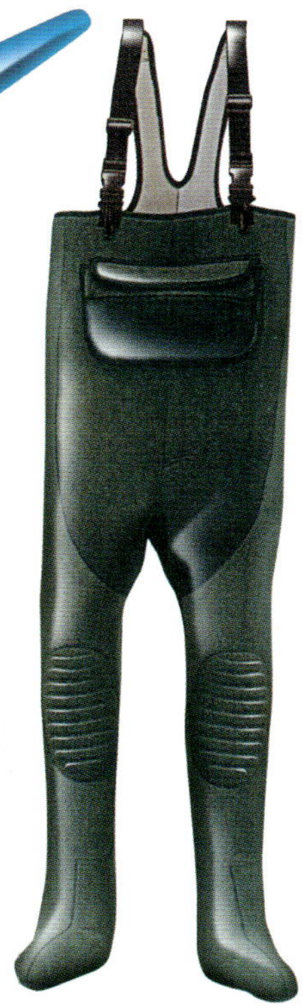

13
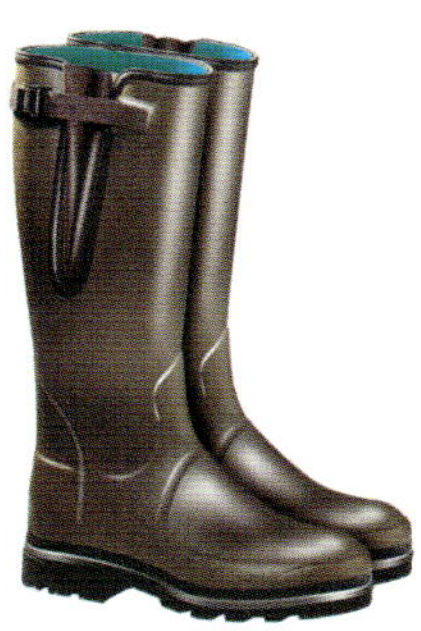

14
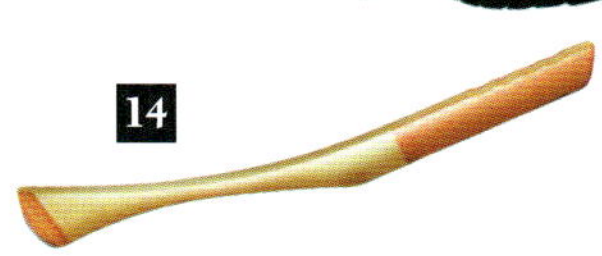

15

Cannes et moulinets pour la pêche à la mouche

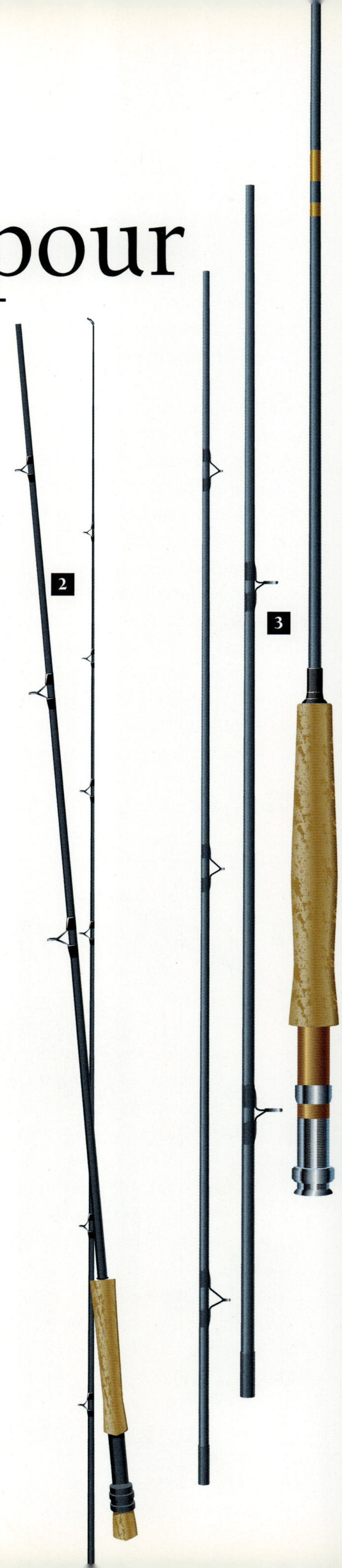

Les cannes à mouche, le plus souvent en carbone, sont multibrins et comportent des anneaux. Le talon, qui a une forme de cigare ou de tronçon, supporte un moulinet à tambour tournant manuel, semi-automatique ou automatique.

L'ÉQUIVALENCE DE LA LONGUEUR DES CANNES

- 6 pieds : 183 cm
- 6,5 pieds : 198 cm
- 7 pieds : 213 cm
- 7,5 pieds : 228 cm
- 8 pieds : 244 cm
- 8,5 pieds : 259 cm
- 9 pieds : 274 cm
- 9,5 pieds : 290 cm
- 10 pieds : 305 cm
- 10,5 pieds : 320 cm
- 11 pieds : 335 cm
- 11,5 pieds : 350 cm
- 12 pieds : 365 cm

Les cannes

1 **Pour pêcher en sèche,** un modèle de 8 pieds convient pour faire ses premières armes, à moins de pêcher dans un petit cours d'eau. Dans ce cas, mieux vaut privilégier une canne de 6 pieds. Si la rivière est large ou qu'elle se trouve dans un secteur bien dégagé, choisissez une canne de 9 pieds pour pouvoir effectuer de longs lancers. Son action est semi-rapide ou rapide si vous préférez les cannes nerveuses.

2 **Pour la pêche en noyée,** la longueur varie de 8 à 12 pieds. C'est une canne à action lente de préférence, afin de pouvoir travailler un train de mouche avec souplesse.

3 **En nymphe,** la canne dépasse rarement les 10 pieds, mais une canne plus longue est parfois utile pour pêcher dans les rivières larges.

4 **Pour le saumon,** la canne mesure de 9 à 16 pieds. Les modèles qui se tiennent à deux mains sont recommandés uniquement pour pêcher les gros poissons dans les grandes rivières, ce qui reste rare chez nous, malheureusement. Leur action est lente. Pour pêcher dans les cours d'eau de taille moyenne, les cannes à une main de 9 à 10 pieds de longueur, à action lente ou semi-rapide, conviennent mieux.

5 **Pour la pêche des carnassiers,** comme le brochet et le sandre, une canne de 9 à 11 pieds, à action semi-rapide, est parfaite. Elle permet d'accomplir des lancers en douceur et de contrer les embardées des poissons pendant la bagarre. C'est le type de canne que l'on emploie également pour pêcher l'alose, un poisson migrateur, ou pour pêcher en réservoir. Ceux qui voudraient tenter l'expérience de la pêche du silure à la mouche ont tout intérêt à opter pour une canne puissante.

Les moulinets

6 Il est possible d'utiliser de simples moulinets manuels, dont la bobine s'enclenche en tournant la manivelle, des moulinets semi-automatiques qui permettent de rembobiner la soie en pressant un levier ou une cordelette, ou encore des automatiques qui facilitent également la récupération de la soie puisque son enroulement se fait automatiquement en manœuvrant un levier. Ces derniers comportent cependant deux inconvénients : leur poids est conséquent et, lors du départ d'un gros poisson, rendre du fil est impossible (à moins de disposer d'un modèle débrayable), car le ressort du moulinet s'active. Par ailleurs, la bobine n'est pas interchangeable, ce qui vous empêche de remplacer votre soie rapidement.

L'ACTION DES CANNES

- **Action rapide.** La canne travaille à hauteur du scion. Sensible et nerveuse, elle peut animer un leurre en finesse, assurer un ferrage sans faille et permettre aussi de pêcher là où il est difficile d'effectuer des gestes amples pour lancer loin.
- **Action semi-rapide.** La canne se courbe en son milieu. Son nerf et sa rigidité en font une canne polyvalente.
- **Action moyenne.** La courbure est régulière. D'une grande souplesse, elle convient pour pêcher avec des fils fins. Mais le ferrage est mou et sa précision dans le lancer laisse à désirer.

7 **Pour pêcher les gros poissons,** au streamer par exemple, un moulinet manuel est préférable. Il comprend un frein à disque et comporte une large bobine pour éviter que la soie ne tirebouchonne lors du lancer. Un système anti-reverse offre également un plus : il empêche que la manivelle ne devienne incontrôlable lors d'un départ fulgurant.

En réservoir, un moulinet manuel à large bobine et doté d'un frein à disque s'impose également. En cas de grosse prise, ce qui n'est pas rare dans ces milieux, le ressort risquerait de se coincer et la ligne casserait inévitablement.

Le petit matériel et les accessoires pour la pêche à la mouche

La pêche à la mouche a le vent en poupe. Un grand nombre de personnes s'y adonnent ou rêvent de la pratiquer. Voici tout ce qu'il faut savoir pour bien s'équiper.

Choisir le bon matériel n'est pas toujours aisé pour le néophyte, d'autant plus que certaines techniques utilisent les mêmes soies ou des bas de ligne similaires. Ainsi, il est tout à fait possible de pêcher en noyée, à la nymphe, en sèche, avec une soie autoflottante ou intermédiaire.

Le petit matériel pour pêcher à la mouche sèche

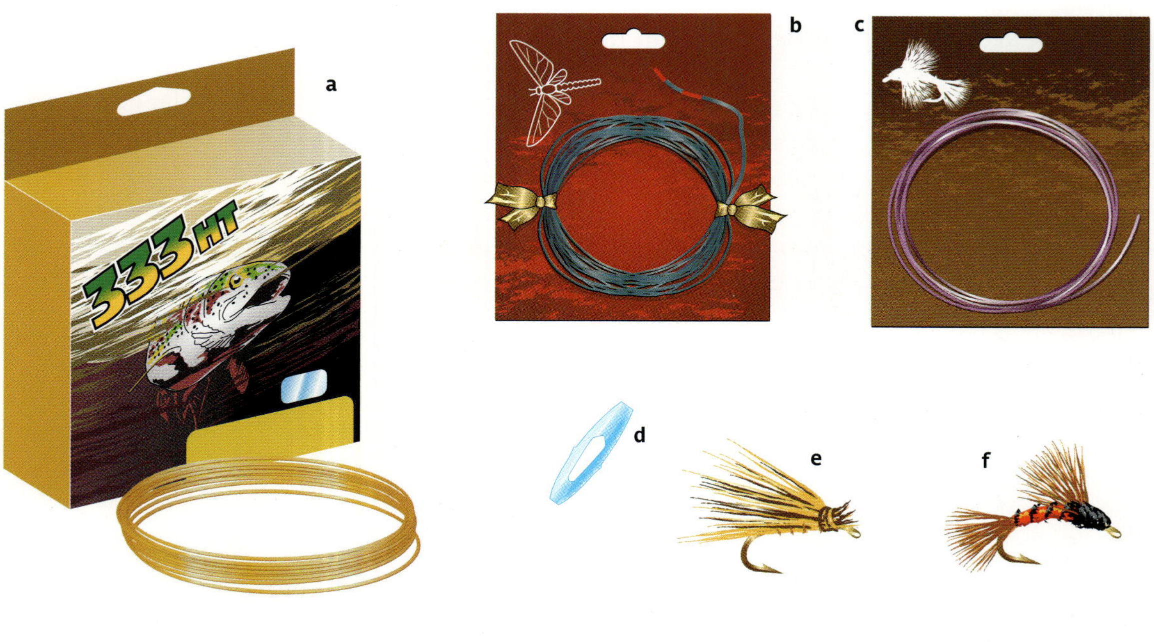

(a) Soie artificielle autoflottante à double fuseau (DT). **(b)** Bas de ligne tissé flottant. **(c)** Bas de ligne simple de type queue de rat. **(d)** Connecteur de soie en forme de grain de riz. **(e)** Mouche artificielle (émergente de sedge en poil de chevreuil). **(f)** Mouche artificielle émergente de chironome.

Le petit matériel

LES SOIES

Dans le commerce, on trouve différentes soies dont le profil et la densité varient. Qu'est-ce que le profil ? C'est tout simplement sa forme. Pour faciliter le choix du moucheur, l'AFTMA (Associated Fishing Tackle Manufactured of America) a établi une codification universelle que l'on utilise aussi pour déterminer la densité et le poids des soies.

• **La soie parallèle** (codée L, abréviation de Level). Le diamètre est égal tout au long de la soie. Elle est peu employée, bien que son posé soit pourtant délicat.

• **La soie à double fuseau** (codée DT, Double Taper). Son diamètre décroît depuis le milieu jusqu'aux extrémités. On l'utilise pour la sèche ou la noyée. Sa forme est réversible, ce qui est pratique lorsque l'un des fuseaux est usé. Elle autorise des posés discrets et précis.

• **La soie à fuseau décentré** (codée WF, Weight Forward). Contrairement à la soie à double fuseau, la partie la plus ventrue ne se trouve pas au centre. Elle est décalée vers l'avant, ce qui permet d'effectuer des lancers plus énergiques. L'idéal pour pêcher avec des cannes rapides et propulser des mouches lourdes à bonne distance.

• **La soie à fuseau triangulaire** (codée TT, Triangle Taper). Le fuseau est également décalé vers l'avant, mais de façon plus progressive. Elle permet de pêcher presque aussi loin qu'une soie WF, en effectuant un posé plus délicat.

• **Le fuseau de lancer** (codé ST, Shooting Taper). Cette courte soie, pas plus longue que 9 m, est très utile pour effectuer des lancers à double traction, en utilisant une ligne de fuite (running line). Bien la contrôler n'est pas évident, mais elle offre la possibilité de pêcher à de très longues distances.

LE CHOIX DE LA DENSITÉ.
La densité est le rapport entre la masse et le volume de la soie. Elle détermine son inertie dans l'eau.

• **La soie autoflottante** (codée F, abréviation de Floating). Elle est destinée pour la pêche en sèche, mais également pour la noyée, avec des bas de ligne de densité variable. Pour pêcher en nymphe, il vous suffira d'opter pour un bas de ligne plongeant.

• **La soie intermédiaire** (codée I, Intermediate). Elle flotte ou coule selon qu'elle est graissée ou pas. Intéressant pour le moucheur qui souhaite s'adapter aux circonstances du moment sans devoir changer de ligne.

• **Les soies plongeantes** (codées de S à SVI, Sinking, Fast Sinking, Extra Fast Sinking). Cette catégorie concerne des soies qui présentent différentes vitesses de plongée, ce qui permet donc de faire travailler sa mouche à tous les niveaux de profondeur. Quelques exemples : la soie codée SII, Fast Sinking, plonge à une vitesse de 7,5 cm/s et peut s'immerger à une profondeur de 5 m.
La SIII plonge à la vitesse de 10 cm/s et coule à une profondeur de 8 m, moins, bien sûr, si les eaux sont rapides. Il existe par ailleurs une soie spéciale, de même type mais encore plus plongeante, la Lead Core, que l'on utilise pour pêcher dans les grandes profondeurs ou dans les courants puissants.

LE POIDS DES SOIES
Il varie en fonction du diamètre de la soie, de sa longueur, et doit être adapté à la puissance de la canne.

• **Les soies légères** (n° 2 à 4) sont recommandées pour pratiquer les pêches fines, lorsque le vent ne souffle pas trop, voire pas du tout pour les plus légères. La longueur des cannes : de 6 à 8 pieds.
Les n° 2 et 3 font des merveilles avec la technique du lancer total (TLT) mise au point par l'Italien Roberto Pragliola.

• **Les soies moyennes** (n° 5 à 8) couvrent la majorité des besoins. Elles sont associées à des cannes de 8 à 9 pieds pour pêcher les beaux poissons en rivière, aussi bien en sèche qu'en noyée ou au streamer.

LES SOIES NATURELLES

Certains pêcheurs ne jurent que par les soies naturelles que l'on utilisait abondamment autrefois, en raison des avantages qu'elles procurent (plus grande densité, solidité...), mais il est bien difficile de s'en procurer aujourd'hui. Quelques firmes en fabriquent encore, mais leurs produits ne sont guère distribués dans le commerce, la majorité des pêcheurs préférant les soies artificielles. Elles nécessitent un entretien particulier. Pour flotter, elles doivent être graissées et il faut les faire sécher après chaque utilisation.

Le petit matériel pour pêcher à la mouche noyée

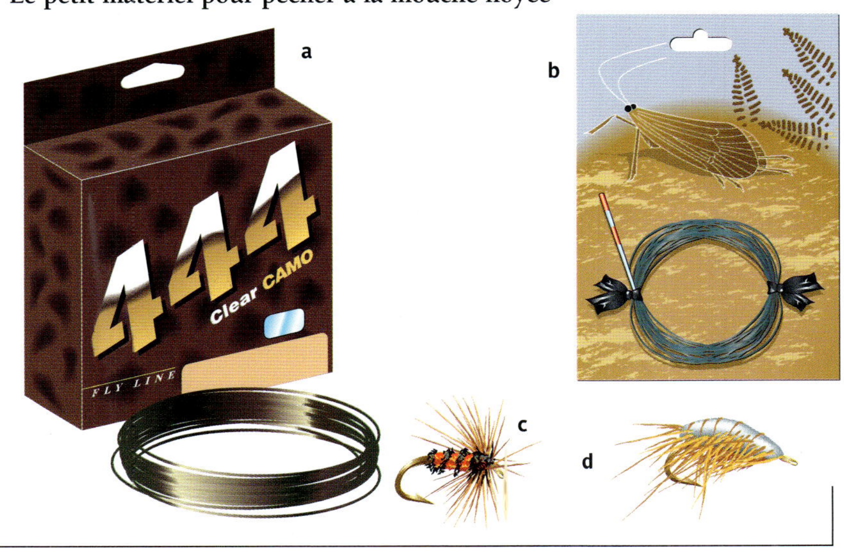

(a) Soie artificielle à pointe plongeante. (b) Bas de ligne tissé plongeant interchangeable. (c) Mouche artificielle bretonne rouge. (d) Mouche artificielle imitant un gammare (crevette d'eau douce).

UN MATÉRIEL ÉQUILIBRÉ

Soie et bas de ligne doivent être en harmonie afin de permettre des lancers précis et aisés. Mais cette harmonie ne s'en tient pas uniquement à ces deux éléments. Il est indispensable qu'elle se prolonge jusque dans la canne.
Sur les cannes sont indiquées clairement les n° de soies qu'il convient d'utiliser selon les modèles, comme 2/3, 4/5, 5/6, 7/8...
À quoi correspondent ces chiffres ? Si la mention 4/5 est précisée, cela signifie que la canne est adaptée à une soie n° 4 ou n° 5. Une soie à la numérotation inférieure ou supérieure occasionne un déséquilibre de l'ensemble et ne permet pas d'effectuer des lancers correctes.

• **Les soies lourdes** (n° 9 à 12) servent à pêcher de gros poissons, comme le saumon, avec des cannes puissantes, de 9 à 16 pieds ; en rivière, mais aussi en réservoir.

LE BACKING

La soie n'est pas enroulée directement sur la bobine du moulinet, mais sur du backing. Cette réserve de fil tissé en polyéthylène permet de bien remplir le moulinet et sert aussi de runing line pour les soies courtes du type Shooting Taper.

LES BAS DE LIGNE

Pour que la ligne soit pêchante, la soie ne suffit pas. Il faut ajouter un bas de ligne que vous pouvez fabriquer vous-même ou acheter, selon les modèles.

• **La queue de rat** est un monofilament de forme conique dont le diamètre diminue vers la pointe. Au départ, il peut être de 50/100, à l'arrivée de 16/100, voire beaucoup moins. Ce bas de ligne mesure de 2 à 3 m et convient bien aux personnes ne maîtrisant pas la réalisation des nœuds.

Le petit matériel pour pêcher à la nymphe

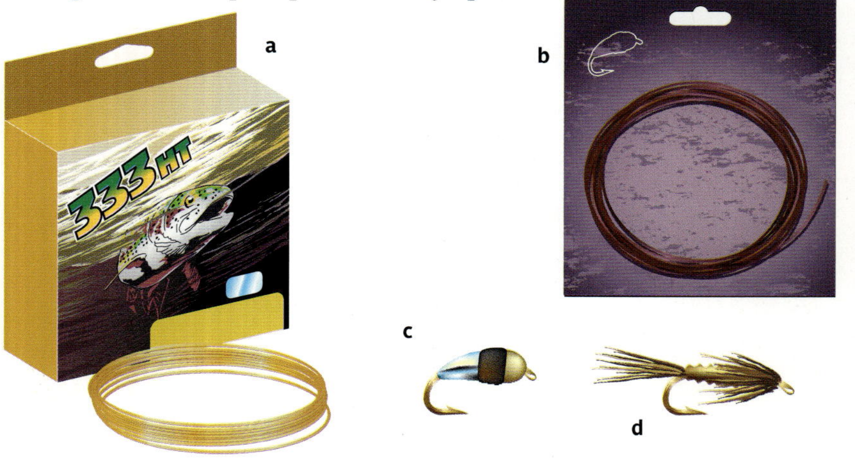

(a) Soie autoflottante à double fuseau (DT). **(b)** Bas de ligne spécial nymphe. **(c)** Mouche artificielle (nymphe casquée). **(d)** Mouche artificielle (Pheasant Tail).

• **Le bas de ligne tissé** ou tressé se compose d'une partie torsadée et de plusieurs brins de Nylon réunis par des nœuds. Il est souple, élastique, et présente une bonne tenue.

• **Le bas de ligne à nœuds** est constitué de plusieurs brins de Nylon de diamètre dégressif (vers la pointe) et noués les uns aux autres. Leur longueur respecte un ordre plus ou moins décroissant, de la partie reliée à la soie jusqu'à l'hameçon. C'est le modèle passe-partout que l'on peut fabriquer soi-même et adapter à toutes les circonstances.

• **Pour des poissons** comme le brochet, le bas de ligne doit comporter une pointe en acier d'au moins 40 cm pour éviter qu'à la première touche il ne coupe le fil.

LA CONNEXION DE LA SOIE ET DU BAS DE LIGNE

Pour relier la soie au bas de ligne, vous pouvez employer un connecteur grain de riz, ce qu'il y a certainement de plus pratique pour le pêcheur débutant, mais ce n'est pas ce qu'il y a de mieux, car le connecteur, qui n'offre pas une grande souplesse, ne remplace pas les procédés de fixation performants comme les connecteurs en Dacron ou une ligature renforcée par un point de colle. Les bas de ligne ordinaires peuvent être passés simplement dans le corps de la soie, à l'aide d'une aiguille. Les bas de ligne tressés ou tissés s'enfilent sur la soie et sont bloqués avec de la colle Cyanolite.

LES MOUCHES ARTIFICIELLES

La ligne se termine par une ou plusieurs mouches artificielles (tout dépend de la technique) que vous pouvez acheter ou fabriquer (voir p. 158-159). La gamme disponible est encore plus vaste que la forme des hameçons. Certaines sont réalistes et imitent des insectes ou des alevins, d'autres sont purement fantaisistes, ce qui n'empêche pas leur efficacité. Il existe un choix non exhaustif de quelques mouches que vous trouverez facilement dans le commerce, dans les magasins spécialisés, ou que vous pourrez réaliser vous-même (pour en savoir plus, voir le livre *Mouches pour la pêche* édité aux éditions Larousse).

POUR PÊCHER À LA MOUCHE SÈCHE

• **La Panama.** Elle n'imite aucun insecte en particulier, mais donne pourtant d'excellents résultats notamment durant la saison chaude.

• **La mouche de mai.** Cette imitation de la grande éphèmère est excellente sur les rivières où cet insecte, de plus en plus rare, est encore présent, à partir de mai ou de juin.

• **L'olive moyenne.** Il s'agit d'une imitation de baétidés. C'est une mouche fort utile lors des éclosions subites.

• **Le Palmer French tricolore.** Mise au point par Henri Bresson, cette mouche a un corps en forme de chenille. Elle n'imite pas d'insecte en particulier, ce qui ne l'empêche pas de plaire aux poissons et pas seulement aux truites.

• **La peute.** En patois franc-comtois, peute signifie « vilaine ». Créée par Henri Bresson, cette mouche est très efficace lors des éclosions de trichoptères. C'est une émergente.

• **La March Brown.** La belle de mars imite un gammare ou un sedge.

POUR PÊCHER À LA MOUCHE NOYÉE

• **La Palatetta.** Grand classique, cette mouche au corps jaune imite de nombreuses larves et s'utilise en mouche de pointe.

• **La perdrix.** En sauteuse, sur un train de mouche, elle permet de faire bonne pêche en début de saison.

• **L'Alexandra.** Cette belle mouche dont le corps est recouvert de tinsel imite un petit alevin fait des merveilles dans les eaux claires, aussi bien en rivière qu'en lac.

POUR PÊCHER À LA NYMPHE

• **Le gammare.** L' imitation de cette crevette d'eau douce est une valeur sûre, car les poissons en consomment de grosses quantités.

• **L'oreille de lièvre.** Cette nymphe de surface s'utilise lorsque les poissons gobent les subimagos.

• **La Pheasant Tail.** La « queue de faisan » a été créée par Frank Sawyer, un pêcheur britannique. Elle imite une nymphe d'éphémère.

• **La Montana.** Cette mouche typiquement américaine imite la larve de la mouche de pierre. Elle est performante dans les réservoirs, mais aussi en rivière.

POUR PÊCHER AU STREAMER

• **Le Booby.** Ce streamer qui progresse au-dessus du fond est redoutable en réservoir, surtout s'il est animé de sacccades, comme il se doit. Il s'utilise avec une soie autoflottante.

• **Le Muddler Minow.** C'est une imitation de poissonnet ou d'alevin que l'on fait draguer en surface.

• **Le Dog Nobler.** Également excellent pour pêcher en réservoir, cette mouche noire a une queue en plume de marabout et un corps velu.

Toutes ces mouches sont équipées d'hameçons simples à œillet, ce qui ne veut pas dire que toutes sont faites ainsi. Les streamers et autres mouches à saumon ou à brochet peuvent comporter des hameçons doubles, voire des triples.

Le petit matériel pour pêcher au streamer

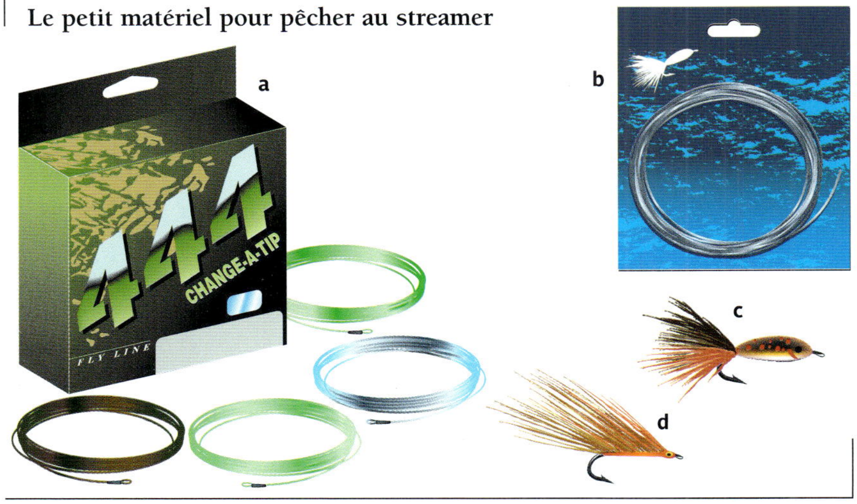

(a) Soie autoflottante à pointe interchangeable, de densité modulable. **(b)** Bas de ligne spécial brochet. **(c)** Mouche artificielle (streamer époxy imitant un alevin). **(d)** Mouche artificielle (streamer à brochet).

Les accessoires

1 Le gilet à mouche doit posséder de nombreuses poches (à soufflet pour pouvoir y placer des boîtes à mouches), des mousquetons et autres œillets de fixation. Les pêcheurs ont tout intérêt à choisir un modèle avec une large poche externe sur le dos pour pouvoir y fourrer un imperméable qui servira en cas d'intempéries. Si vous pêchez en marchant dans l'eau (wading), le gilet doit être court, de manière qu'il ne trempe pas dans l'eau. Privilégiez également des couleurs discètes.

2 Les waders. La pratique du wading est encore plus courante pour la pêche à la mouche que pour la pêche au lancer. Les waders permettent d'accéder à tous les postes, mais aussi de se placer favorablement pour effectuer de longs lancers, sans risque de s'accrocher aux arbres ou aux herbiers de la rive. Si l'eau est froide, préférez les pantalons de pêche en Néoprène. En été, les waders en PVC ou en Gore-Tex, un matériau respirant, vous évitent d'avoir trop chaud. Le fond des rivières à salmonidés étant particulièrement glissant, les semelles doivent être adaptées : talons en caoutchouc crantés et patins en feutrine.

3 Le distributeur de bas de ligne est un distributeur de fils de diamètres différents pour confectionner un bas de ligne à nœuds ou rallonger votre queue de rat. De quoi faire face à toutes les situations qui pourraient se présenter sur le terrain.

4 La boîte à mouches. Le meilleur moyen de ranger ses mouches reste de les stocker dans une boîte (en bois, en plastique ou en métal, selon votre goût et votre budget) dont le fond est en mousse ou comporte des lames de fixation. Vous pouvez ranger vos mouches et les classer comme vous le souhaitez. L' idéal reste tout de même de séparer les mouches sèches des noyées et de ne pas mélanger les différentes tailles d'hameçons.

5 L'épuisette. Il ne la faut pas trop encombrante, car vous êtes amené à vous déplacer beaucoup. Les modèles le plus en vogue sont les raquettes, en bois ou en métal (ces dernières ont l'avantage de pouvoir être pliées). Si vous pêchez de gros poissons, comme le saumon, une épuisette à manche télescopique est plus appropriée, surtout si le manche (solide, cela va de soi) peut vous servir de bâton de wading.

6 Le float-tube. Cette bouée est un plus pour accéder à tous les postes, mais attention à ne pas vous embarquer sur des eaux dangereuses. Pour la pêche à la mouche, le float-tube rend des services dans les lacs, les

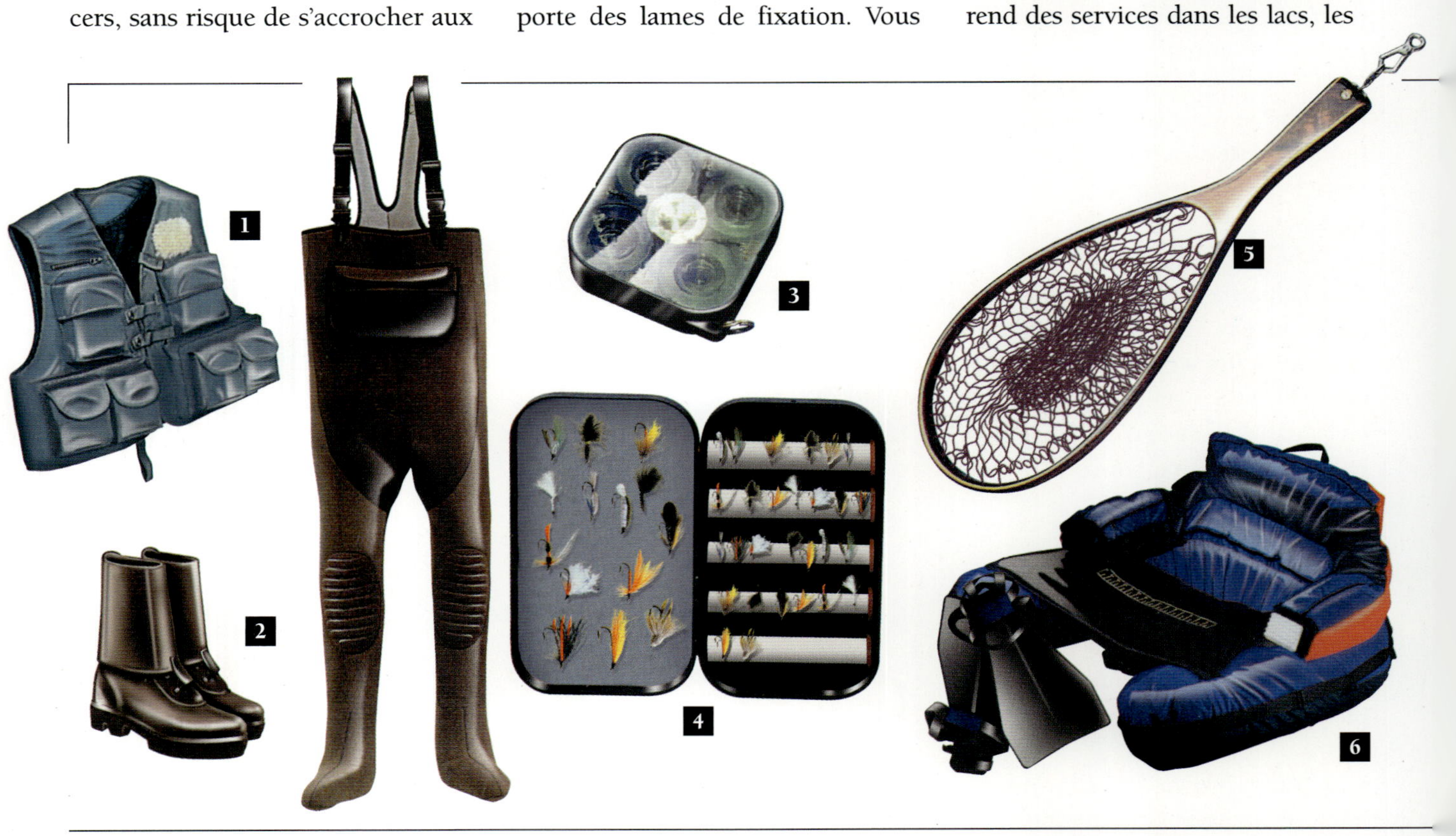

réservoirs ou encore dans les zones humides pour traquer les grosses truites, les brochets ou les black-bass.

7 La pierre à affûter. Pour affûter les hameçons des mouches artificielles, choisissez une pierre en céramique de petite taille. Son grain est fin et vous pourrez l'emporter dans l'une des poches de votre gilet.

8 Le cuir-amadou. Pour une bonne flottabilité des mouches sèches, il est souvent indispensable de les sécher régulièrement. Cet accessoire sert à absorber l'humidité en tamponnant l'artificielle. À noter que l'amadou est extrait d'un champignon.

9 Produit nettoyant pour soie. Afin que les soies flottent convenablement ou glissent parfaitement dans les anneaux, il est parfois judicieux de les nettoyer. Des produits spéciaux sont disponibles sur le marché, mais vous pouvez aussi employer un simple détergent. Il suffit d'imbiber légèrement une éponge et de la passer sur votre soie.

10 Le coupe-fil. Il s'agit d'une pince similaire à un coupe-ongles. Les modèles pourvus d'une aiguille rétractable serviront également à défaire les nœuds ou pour ôter le vernis de l'œillet d'un hameçon.

11 Les lunettes polarisantes ne s'utilisent pas seulement pour protéger vos yeux du soleil. Grâce à leurs verres antireflet, vous pouvez repérer les poissons et suivre la dérive de votre mouche avec plus de confort. Pour les rendre encore plus performantes, n'hésitez pas à vous équiper d'une visière.

12 Le bouton service permet d'accrocher un petit outil (coupe-fil, cuir-amadou…) sur votre gilet, comme une épinglette, et de le manipuler sans risquer de le faire tomber grâce à un dévidoir enrouleur rétractable.

13 La graisse à mouche est indispensable pour qu'une mouche sèche flotte correctement. Elle est conditionnée dans une boîte (ou en spray) et doit être utilisée sans excès sous peine de rendre votre artificielle inefficace. On humecte légèrement l'artificielle à l'aide des doigts.

14 La colle. Il est toujours bon d'avoir un tube de Cyanolite sur soi, ne serait-ce que pour renforcer la ligature de fixation de la soie au bas de ligne.

UN KIT DE MONTAGE DE MOUCHES

Certains moucheurs n'hésitent pas à monter leurs mouches artificielles sur le terrain. Pour cela, ils disposent d'un kit de montage facilement transportable qu'ils laissent dans la voiture. Ils peuvent ainsi faire face à toutes les situations en réalisant, par exemple, un modèle qu'ils n'ont pas dans leur boîte et qui semble être la mouche du jour.

4

La pêche et ses techniques

Un pêcheur du début du siècle dernier serait bien surpris de voir combien les procédés de pêche ont évolué au cours des années. Il suffit de se référer à d'anciens ouvrages halieutiques pour constater de grands bouleversements. Aujourd'hui, de nouvelles techniques ont fait leur apparition, comme la pêche au quiver-tip ou au waggler, la pêche de la carpe au cheveu ou encore la pêche à la bombette.

La mentalité des pêcheurs a également suivi le train du changement. Ils ne pêchent pas seulement pour manger du poisson, mais aussi par goût de se mesurer à un adversaire et d'être en contact avec la nature. Certains prétendent même qu'ils pêchent par sport, ce que les pragmatiques contestent avec force : « Tremper sa ligne n'a jamais été très sportif. » Sans doute ces contestataires ne sont-ils ni des adeptes de la canne (canne à pêche), ni des adeptes de la balle (balle de tennis, de golf ou de ping-pong) et du ballon (ballon de foot, de hand-ball ou de basket). Sans quoi ils sauraient qu'être sportif est aussi un état d'esprit. Ce n'est pas par hasard si la pêche de compétition existe et fait de nombreux émules.

La pêche au coup traditionnelle

LE POINT SUR LA TECHNIQUE :

Cette technique appartient à la grande famille des techniques de pêche au coup. Elle utilise une canne télescopique ou à emmanchements, non équipée de moulinet, et se pratique à poste fixe. Contrairement à une image d'Épinal, il ne suffit pas de tremper sa ligne pour remplir sa bourriche. Il faut faire preuve de savoir-faire, ne serait-ce que pour attirer les poissons sur le coup.

LES POISSONS À PÊCHER :

Les poissons blancs sont principalement recherchés, mais pas seulement. Certains carnassiers, comme la perche et le poisson-chat, peuvent aussi être capturés.

VOIR AUSSI

- **Cannes et moulinets pour la pêche au coup** pages 70-71
- **Le petit matériel et les accessoires pour la pêche au coup** pages 72 à 79

L'action de pêche

Dans sa conception la plus simple, l'action de pêche consiste à présenter une esche à l'aide d'une ligne flottante sur un coup préalablement amorcé. Cette ligne, reliée au scion par un élastique ou attachée par un nœud, se compose globalement d'un corp de ligne sur lequel est fixé un flotteur, d'un bas de ligne se terminant pas un hameçon et d'une plombée ; quelques plombs ronds ou cylindriques, voire une olivette (voir p. 101). Sa mise en place se fait en effectuant un lancé par-dessus l'épaule ou sous la canne. Il faut ensuite suivre la progression du flotteur sur l'eau et ferrer lorsqu'une touche se manifeste. Mais avant, le coup doit être sondé soigneusement. Cette opération, qui consiste à mesurer la profondeur de l'eau, se fait à l'aide d'une sonde grenouillère ou d'une sonde à bouton-poussoir que l'on fixe à l'hameçon. Elle permet de régler le flotteur à la bonne hauteur, en le faisant coulisser sur le Nylon, pour que l'appât évolue au bon niveau : sur le fond, entre deux eaux ou près de la surface, selon le niveau où évoluent les poissons.

SUR LE FOND OU ENTRE DEUX EAUX ?

Si vous souhaitez que le bas de ligne traîne sur le fond, ce qui convient

La pêche à déboîter

1 Cette technique exige l'utilisation d'une canne à emmanchements composée de plusieurs brins qui s'emboîtent. Lors de la touche, le pêcheur ferre, mais plutôt que de relever la canne pour saisir sa capture, comme cela se fait avec un modèle télescopique, il la fait glisser vers l'arrière sur un support à rouleaux, et la déboîte. Il peut ainsi épuiser son poisson et le mettre au sec sans aucune gêne. Cette manœuvre se pratique également lorsqu'il souhaite tout simplement changer d'appât.

2 Pour remettre la canne en place, la tâche n'est pas plus compliquée. Le pêcheur commence d'abord par remboîter l'élément de la canne, puis il la fait glisser à nouveau sur le support à rouleaux. Avec un peu d'habitude, la manœuvre se fait instinctivement et rapidement, mais attention, il faut ménager les emmanchements, sous peine de les affaibler et de risquer qu'ils cassent prématurément. Soumis à rude épreuve pendant l'action de pêche, ces élements s'usent vite. Une bonne précaution à prendre est de pulvériser la partie mâle d'un produit protecteur de façon régulière, en spray, à base de Téflon. Non seulement le pêcheur augmente l'espérance de vie de son matériel, mais il facilite également le mouvement.

pour pêcher des poissons comme la brème, le barbeau ou le goujon, positionnez le flotteur à une hauteur supérieure à celle du fond. Pour qu'il évolue entre deux eaux, pour par exemple toucher des poissons comme les ablettes et les vandoises, il suffit de le placer à mi-hauteur.

Afin de pouvoir moduler le réglage du flotteur, sans pour autant perdre la mesure prise lors du sondage de départ, pensez à prendre vos repères en marquant la canne à l'aide d'un élastique. Cette précaution permet également de savoir avec précision, à quelle profondeur votre esche évolue.

LES BONNES MANŒUVRES

Comment faire évoluer la ligne ? Contrairement à ce que l'on pourrait croire, le pêcheur n'attend pas passivement que la touche se manifeste. Il effectue des manœuvres d'aguichage pour déclencher les attaques en attirant l'attention des poissons : des petites tirées sur la ligne en relevant la canne à la verticale ou en la déplaçant sur les côtés, voire des petits tremblements.

En rivière, la ligne est lancée légèrement en amont, de manière à qu'elle explore bien la zone amorcée. Son évolution doit être suivie avec beaucoup d'attention afin de pouvoir réagir rapidement. Pas de mou dans la bannière, faute de quoi le ferrage ne se ferait pas dans les meilleures conditions. Il est également nécessaire de pratiquer régulièrement des retenues pour que la dérive se fasse correctement dans le courant : la ligne progresse en oblique et c'est l'appât qui est en tête, pas le flotteur. À signaler que les touches se manifestent en fin de coulée au début de la partie de pêche, puis plus en amont lorsque les poissons remontent vers l'endroit où les boules d'amorce se sont déposées.

En eau calme, la ligne est propulsée face à soi et avec discrétion pour ne

VOIR AUSSI

• **Les appâts**
pages 164-165

pas effaroucher les poissons attirés sur le coup par l'amorce. Les manœuvres d'aguichage sont également indispensables, mais plus sobres.

Pour s'attaquer aux gros poissons dans les grandes rivières et les fleuves, une bonne méthode consiste à pêcher à bloquer. La ligne est lourde, pourvue d'une plombée en forme d'olive ou montée en dérivation pour qu'elle prenne appui sur le fond, ce qui ralentit sa dérive et laisse le temps aux poissons de mordre. Pour ce type de pêche, l'idéal est d'utiliser un flotteur rond et plat (une « sucette », comme disent les compétiteurs) qui ne coule pas de manière intempestive sous l'action du courant.

La pêche en canal est également très tactique, car il faut s'adapter aux passages des bateaux et aux fréquentes éclusées qui font que le courant ne cesse de s'inverser ou de s'opposer. Il est donc essentiel de bien analyser la situation. Vous saurez ainsi où et à quelle cadence amorcer. Neuf fois sur dix, le débutant a l'impression de pêcher là où il a amorcé, alors que les boules ont été entraînées ailleurs. Il est aussi important de rester concentré et de bien observer le flotteur, les touches pouvant être discrètes.

LE CHOIX DES APPÂTS

Que ce soit en lac, en étang ou en rivière, les appâts employés les plus courants sont les asticots (pinkies, gozzers…) et les vers de vase, mais il ne faut pas sous-estimer la pâte, particulièrement intéressante dans les eaux froides ; les graines (dont le chènevis) et le pain, plutôt efficaces à la belle saison ; les vers de terre (vers de terreau, de berge, nde fumier ou morceaux de lombric), à utiliser plutôt lorsque les eaux sont teintées, après la pluie.

La crosse roubaisienne

Placée au bout de la canne, la crosse roubaisienne est un scion creux, coudé et en métal. Grâce à cet élément, ce n'est pas le scion qui amortit les coups de nez du poisson pendant la bagarre, mais un élastique amortisseur. De plus grosses prises peuvent ainsi être faites en réduisant au maximum les risques de rupture de la ligne. Le scion coudé peut être remplacé par un scion creux et droit qui peut lui aussi recevoir un élastique.

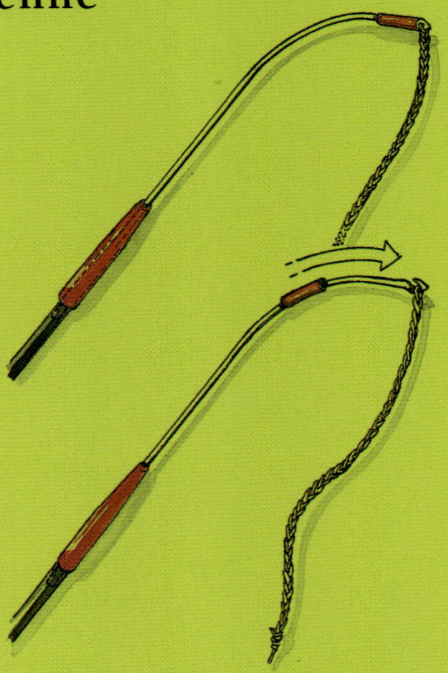

La fixation de la ligne

Il existe plusieurs possibilités dont certaines sont très simples. Sur un scion plein et droit, la ligne peut être enroulée en spirale et bloquée par des gaines en silicone. Il est également possible de fixer la ligne directement à l'extrémité du scion, grâce à un anneau prévu à cet effet.

Sur un scion creux, la ligne se fixe directement à un manchon en plastique, en forme de crochet, ou à un élastique amortisseur introduit dans le scion. Dans la partie inférieure du scion se trouve une fixation en forme de tulipe (il est également possible d'utiliser une « échelle » ou un cône. À son extrémité est positionnée une attache de type Stonfo.

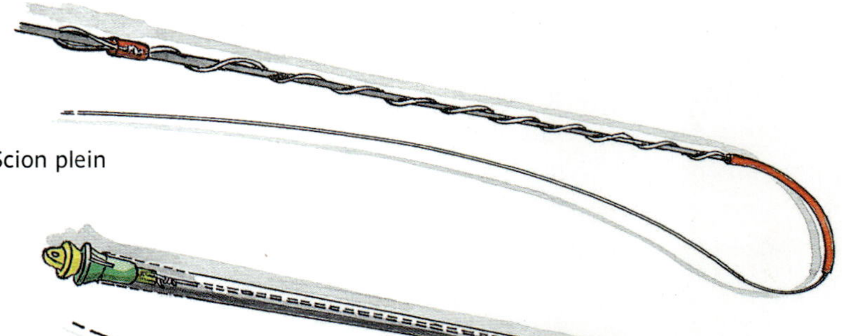

Scion plein

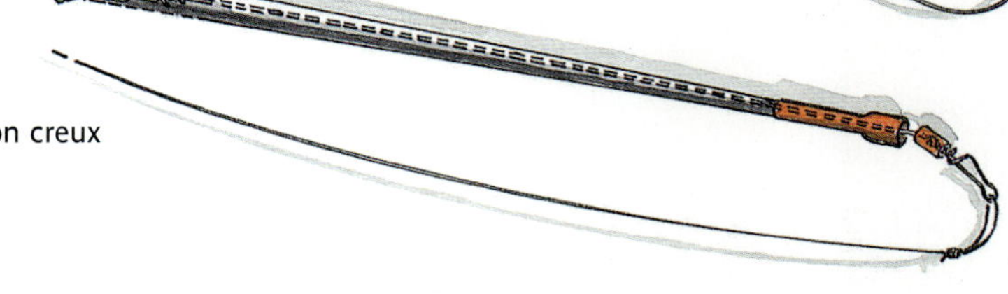

Scion creux

La répartition des plombs sur la ligne

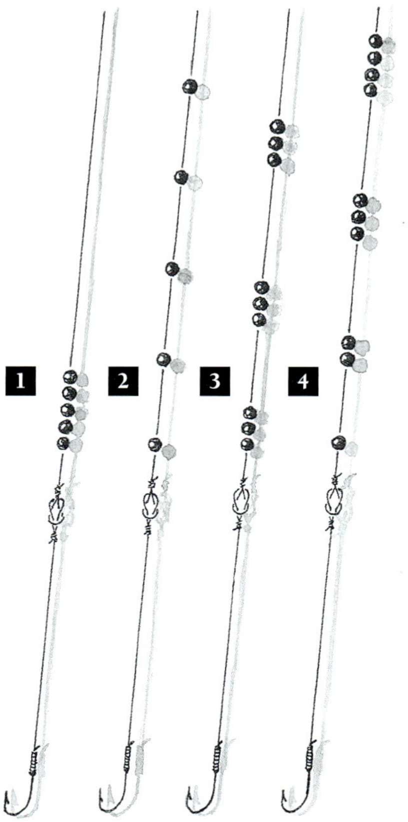

Les plombs, qu'ils soient de forme ronde ou cylindrique, peuvent être répartis sur la ligne de plusieurs manières :

1 La plombée massive est intéressante pour une descente rapide de l'esche vers le fond et, ainsi, faire travailler la ligne dès sa mise en place.

2 La plombée étalée est plus adaptée à une présentation naturelle de l'esche et à un posé discret de la ligne.

3 La semi-étalée associe les deux précédents avantages, ce qui est parfait dans les courants lents.

4 La logarithmique permet un posé très moelleux, surtout si les plombs ont une taille dégressive.

LA FORME DES FLOTTEURS

Les fabricants de matériel de pêche rivalisent d'ingéniosité pour concevoir des flotteurs toujours plus performants et adaptés à chaque situation.
Parmi les flotteurs classiques, on trouve :
- les formes effilées, utilisables en eaux calmes ou faiblement agitées ;
- les formes goutte d'eau, plus stables dans les eaux courantes ;
- les flotteurs trapus adaptés pour pêcher dans de forts courants (voir p. 72).

Aujourd'hui, on trouve même des flotteurs en forme de sucette, à bord tronqué ou pas, très utiles pour pêcher à bloquer dans les courants.

VOIR AUSSI
- **Les produits pour confectionner son amorce** pages 168 à 171
- **La préparation des amorces** pages 172-173
- **L'art d'amorcer** pages 174-175

Les montages de base

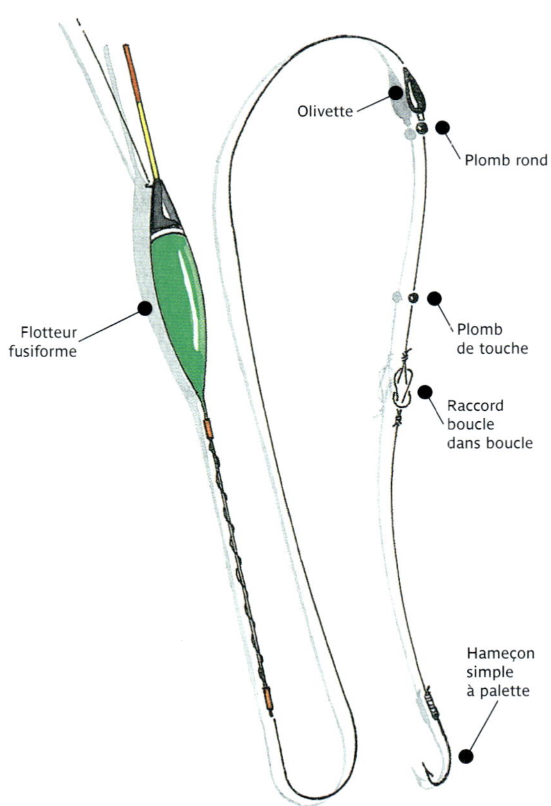

PÊCHE EN ÉTANG

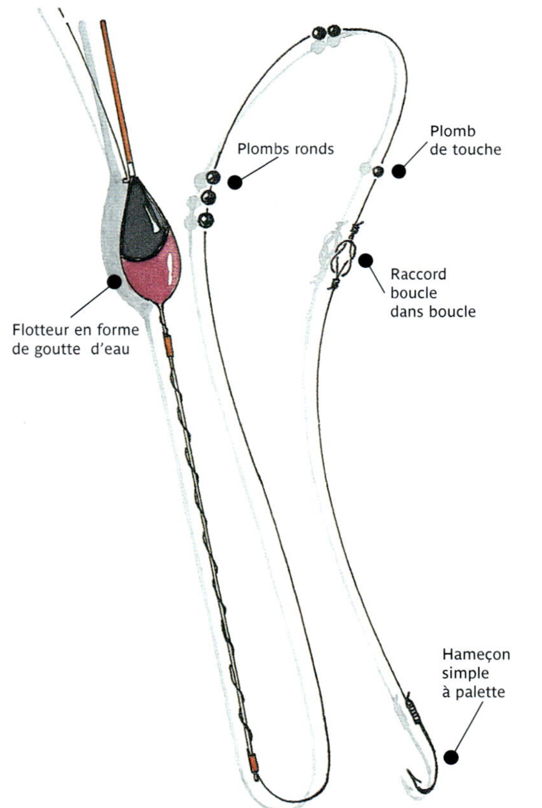

PÊCHE EN RIVIÈRE

La pêche à l'anglaise au flotteur

▶ **LE POINT SUR LA TECHNIQUE :**

Cette technique de pêche au coup au moulinet a été mise au point par les Anglais. Elle allie technique et finesse et permet de pêcher les poissons loin du bord, même lorsqu'il y a du vent.

▶ **LES POISSONS À PÊCHER :**

Tous les poissons blancs sont concernés, de la petite blanchaille aux gros cyprinidés. Elle donne également d'excellents résultats pour pêcher d'autres poissons, comme la perche, la lote ou encore la truite.

VOIR AUSSI

- **Cannes et moulinets pour la pêche au coup** pages 70-71
- **Le petit matériel pour la pêche au coup** pages 72 à 75
- **Les accessoires pour la pêche au coup** pages 76 à 79

L'action de pêche

Elle varie, selon les milieux. En eau relativement calme, la ligne, qui comporte un flotteur que l'on fixe uniquement à la base, est propulsée par un lancer par-dessus l'épaule (voir Le lancer et le positionnement de la ligne, p. 103), puis la bannière est noyée en plongeant le scion de la canne dans l'eau, afin de la soustraire à l'action du vent. Il est donc important d'employer un Nylon coulant.

En eau rapide, la bannière n'est pas noyée, car elle risque d'être entraînée par le courant, ce qui déstabiliserait le flotteur. Il faut se contenter de tendre la ligne pour bien contrôler son évolution et pouvoir réagir rapidement en cas de touche.

Dans les deux cas de figure, des manœuvres d'aguichage sont pratiquées tout au long de la dérive de la ligne pour inciter les poissons à mordre. Si en eau calme, il s'agit principalement de ramener quelques centimètres de fil en tournant la manivelle du moulinet, tout est permis en eau courante. Pour des raisons purement pratiques (le scion peut être bougé sans contrainte), les possibilités sont plus variées : vous pouvez effectuer

Le lancer et le positionnement de la ligne

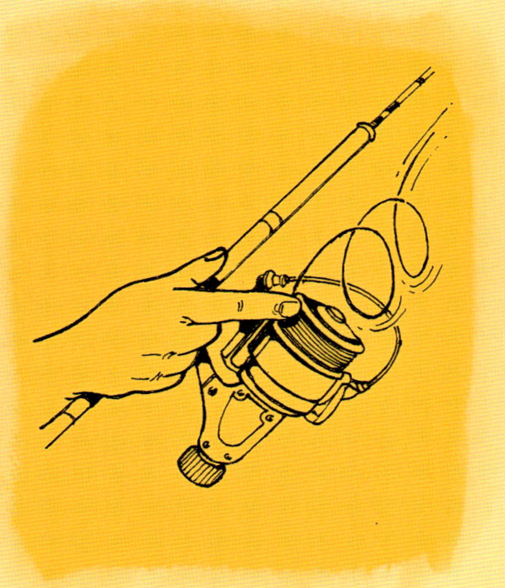

1 Le lancer n'a rien de très compliqué. Il se fait simplement, en effectuant un mouvement par-dessus l'épaule.
La première opération consiste à amener la canne vers l'arrière, derrière soi ou légèrement sur l'un des côtés. La deuxième à lever le pick-up du moulinet. La troisième à crocheter le fil à l'aide de l'index puis à libérer la ligne lors de sa projection vers l'avant. Ces gestes doivent être synchronisés.

2 Tandis que la ligne se déroule, l'index se positionne à proximité du bord de la bobine du moulinet. Au besoin, il freine le déploiement du Nylon. Lorsque vous estimez que la ligne arrive près de la cible que vous souhaitez atteindre, posez votre doigt sur la bobine et stoppez le déroulement du fil en douceur. La ligne va s'étaler, se poser sur l'eau avec délicatesse et pénétrer la couche liquide comme il se doit.

3 Il faut ensuite rembobiner le fil pour éliminer son excédent et noyer la bannière en plongeant le scion dans l'eau et en tirant la canne sur le côté. Elle se trouvera ainsi à l'abri du vent et vous pourrez contrôler sa progression. Lorsqu'une touche se manifeste, ferrez en moulinant quelques mètres de fil au lieu de donner un coup de scion. Cette méthode est la plus efficace pour ne pas manquer le poisson.

de petites tirettes suivies de relâchés. Que ce soit en eau calme ou en eau rapide, il est impératif de relancer la ligne au même endroit, afin d'être sûr de pêcher là où se trouve l'amorce. Pour y parvenir, une astuce consiste à prendre des repères en marquant le Nylon d'un coup de feutre indélébile à hauteur du moulinet et à localiser ce que l'on appelle des « amers » (points de repère) sur la berge.

LE POINT SUR LES TOUCHES

Les touches se manifestent de façon plus franche en rivière que dans les étangs et les lacs, le courant aidant à faire couler le flotteur arrêté dans sa dérive plus rapidement.
Dans les eaux calmes, le poisson est souvent plus méfiant, attentif à tout ce qui se passe autour de lui. Il saisit alors l'appât du bout des lèvres avant de se décider à engamer, si rien de suspect n'a été décelé. Il arrive aussi que le waggler (nom du flotteur employé à la pêche à l'anglaise) remonte ou se positionne en diagonale à la surface de l'eau. C'est probablement un poisson fouisseur, comme la brème, la tanche ou un carpeau, qui s'est saisi de l'appât en basculant sur le fond, du bas vers le haut. Parfois le flotteur se déplace sur le côté sans forcément s'enfoncer tout de suite. C'est le moment de ferrer.

LA BAGARRE AVEC LE POISSON

Avec un peu d'expérience, la bagarre avec le poisson ne présente pas de difficultés majeures, d'autant plus qu'à la pêche à l'anglaise, la canne a généralement une action plutôt souple. Alliée à celle de la ligne, elle limite la casse et offre la possibilité de pouvoir épuiser de grosses prises même avec un fil de faible diamètre (10 à 12/100, par exemple). Il reste cependant à prendre grande de crier victoire

VOIR AUSSI

- **Les appâts** pages 164-165
- **Les produits pour confectionner son amorce** pages 168 à 171
- **La préparation des amorces** pages 172-173
- **L'art d'amorcer** pages 174-175

avant d'avoir mené la prise à l'épuisette. Un gros poisson a des réactions parfois déroutantes, en particulier la carpe qui possède, si l'on peut dire, deux armes secrètes la première est le premier rayon de sa nagoire dorsale, qui est dentelé, et dont elle se sert pour rompre les lignes. La seconde réside dans sa puissance. Capable de faire des démarrages fulgurants, elle parvient facilement, si l'on n'y prend pas garde, à se réfugier dans la végétation, ou un obstacle quelconque, d'où il sera difficile de l'en sortir.

LES APPÂTS

Les appâts varient selon les poissons recherchés et les saisons. Vers, asticots (pinkies, gozzers, fises...), esches végétales (graines et pain) intéressent tous les poissons blancs et peuvent être utilisés une grande partie de l'année.
Pour tenter la truite, la perche ou la lote, un alevin fait des merveilles, notamment au printemps.

Quel flotteur choisir ?

À l'anglaise, deux grandes catégories de flotteurs peuvent être employées que l'ont trouve aujourd'hui sans aucun problème chez les détaillants en articles de pêche, ce qui n'était pas le cas lorsque la technique a fait son apparition en France, à la fin des années 1970.

• **Les wagglers.** Il s'agit des flotteurs qui se fixent par le bas. Se distinguent les wagglers à bulbe, à utiliser pour pêcher loin du bord et dans des rivières où le courant est lent, les wagglers droits, dont le corps est une tige plus ou moins longue, en balsa, en plume de paon ou en sarkanda, et que l'on emploie dans les eaux stagnantes ou pour toucher des poissons chipoteurs. Certains wagglers comportent un prélestage à la bas du flotteur.

• **Les balsas, Avons et sticks.** Cette catégorie concernent des flotteurs à deux points de fixation (voir p. 73). Certains modèles, comme les Avons et les balsas ont un corps effilé ou ventru et possèdent une quille fine, en plastique ou en quill de plume. Ils servent à pêcher dans les courants ou par vent agité, dans les grandes profondeurs s'il s'agit de modèles coulissants. Les sticks sont prévus pour pêcher dans des courants plus calmes, sur des fonds assez irréguliers. Il existe des modèles à tête bombée dont la particularité est de faciliter les retenues dans le courant, mais aussi d'être stable, ou à tête pointue. La grande sensibilité de ces derniers permet de détecter les touches les plus furtives. Les fabricants proposent aussi des sticks à stabilisteur. Leur intérêt ? Ils peuvent évoluer à la même vitesse que le courant, ce qui est très pratique lorsque l'on pêche à la coulée. À signaler que les Avons sont particulièrement performants pour pêcher dans les rivières agitées. Ils peuvent être plombées suffisamment pour se présenter

Le réglage du fond

L'opération est un peu plus délicate que pour la pêche au coup classique, car il faut propulser la ligne loin du bord, parfois à des distances allant jusqu'à plus de 30 m. Pour y parvenir sans que la sonde se décroche, il n'y a pas trente-six solutions. Il faut employer un accessoire approprié : une sonde à bouton-poussoir de type Stonfo. Elle se fixe à la courbure de l'hameçon et peut être expédiée à grande distance, sans risque de décrochage, contrairement à la classique sonde grenouillère. Son utilisation est simple. Pour déterminer si la ligne est bien réglée, il suffit d'observer le comportement du flotteur :
• **s'il flotte** correctement en laissant dépasser légèrement son antenne de la surface de l'eau, il se trouve à la bonne hauteur. Il n'y a plus qu'à pêcher .
• **s'il coule,** il est impératif de revoir le réglage du flotteur en le déplaçant vers le haut de la ligne.
• **s'il se met à plat,** comme le montre le dessin ci-contre, il convient de baisser sa position.

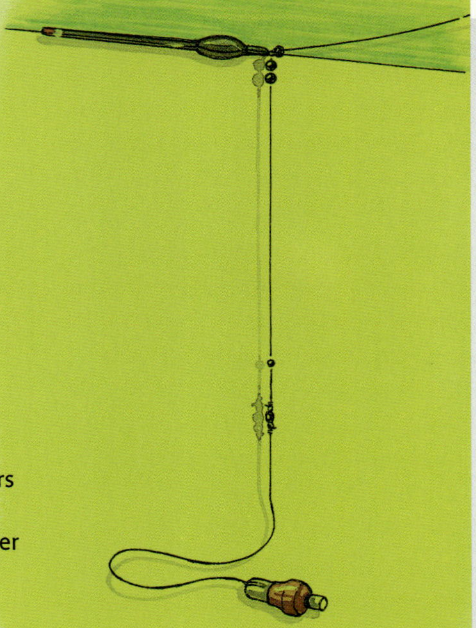

correctement dans une coulée, même avec un vent soufflant vers l'amont..

Quelques conseils pour bien amorcer

La grande difficulté de la pêche à l'anglaise tient beaucoup à l'amorçage. Il n'est pas toujours facile de jeter les boules avec précision, surtout lorsque vous pêchez loin du bord, ce qui est souvent le cas ; de confectionner également un bon mélange qui tienne compte à la fois de la force du courant et de la distance à atteindre.

BIEN CHOISIR SON AMORCE

Les ingrédients utilisés dans la pêche au coup classique restent globalement les mêmes, mais la texture et la densité de l'amorce diffèrent nettement.

Une boule lancée à plus de 20 m doit être compacte afin de ne pas éclater au contact de la surface de l'eau, couler rapidement pour travailler avec efficacité, même dans le courant, et maintenir les poissons en place suffisamment longtemps. Pour y parvenir, le mélange doit être compact, mais pas trop, de manière à ne pas rester inerte sur le fond, être lourd pour éviter toute dérive intempestive, et, enfin, contenir des ingrédients dispersants. Il peut s'agir de produits spécifiques, comme la farine de coprah (écorce de noix de coco broyée) ou la fleurette (noyaux d'olives réduit en farine), mais aussi et surtout d'esches pures, comme les asticots. Il n'est rien de tel que de truffer une amorce de ces larves grouillantes à souhait pour qu'une boule se délite au bon moment. Afin d'alourdir le mélange, vous utiliserez certainement ce qu'il y a de mieux : de la terre de rivière ou de Somme, ainsi que de l'argile. Il est également, important, de ne pas oublier les esches pures dans l'amorce, à intégrer seulement une fois que le mélange est brassé et humidifié, ainsi que les produits traçants qui permettent de rendre l'amorce visible de très loin et sur tous les types de fond. Ils créent un nuage attractif qui incite les poissons à remonter jusqu'à sa provenance, autrement dit d'explorer votre coup.

Un dernier point à préciser : faut-il employer une amorce du commerce ou une amorce maison ? Si vous êtes débutant, optez pour une amorce du commerce.

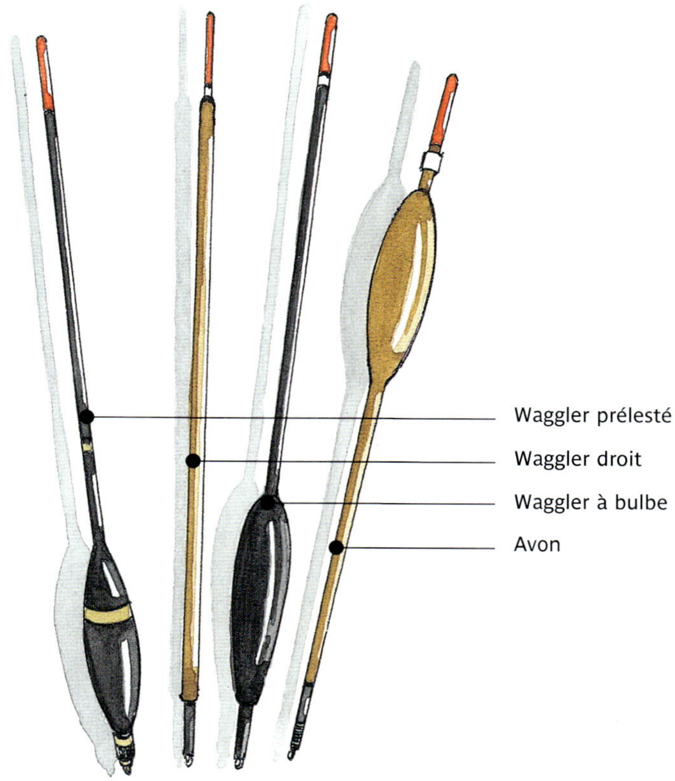

Les montages de base

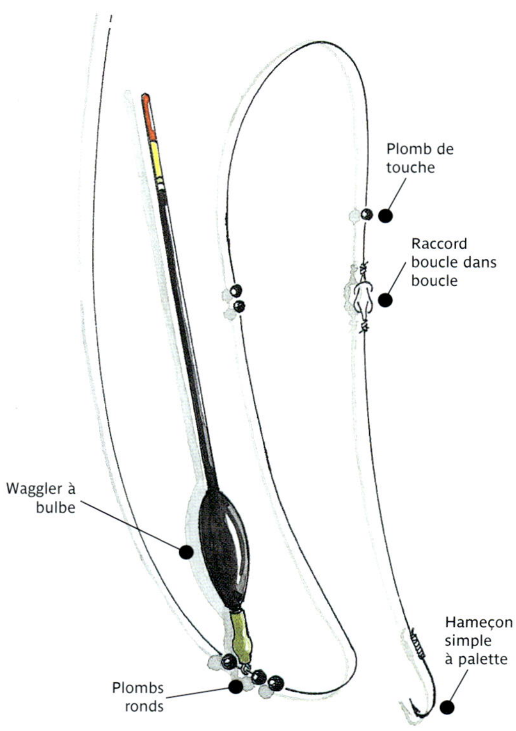

PÊCHE À GRANDE PROFONDEUR

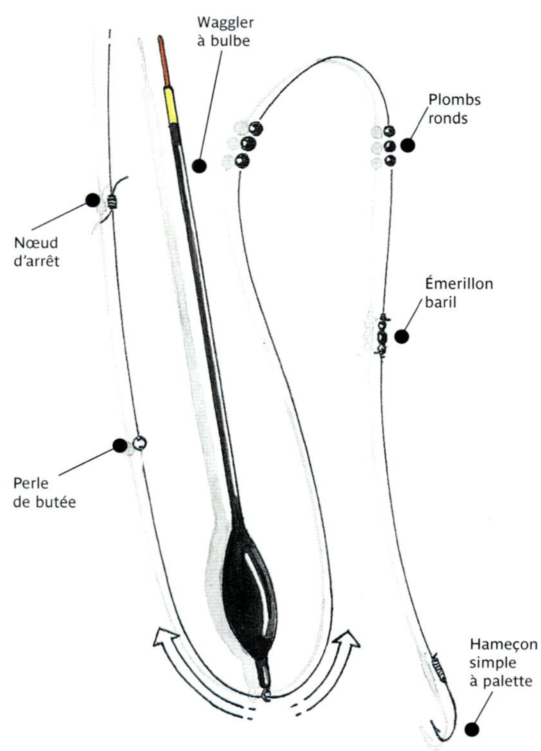

PÊCHE À LONGUE DISTANCE

La pêche à l'anglaise à fond

LE POINT SUR LA TECHNIQUE :
Quand la pêche au flotteur trouve ses limites (trop grande distance, fond important...), l'anglaise à la plombée s'impose. Elle permet de présenter sa ligne loin du bord et à de grandes profondeurs, sans pour autant perdre en sensibilité.

LES POISSONS À PÊCHER :
Cette technique de pêche à l'anglaise ne s'adresse pas uniquement aux gros poissons, comme la carpe et le barbeau, mais aussi à des poissons blancs de taille moyenne.

VOIR AUSSI

- **Cannes et moulinets pour la pêche au coup** pages 70-71
- **Le petit matériel pour la pêche au coup** pages 72 à 75

L'action de pêche

Il existe trois variantes de la pêche à l'anglaise à fond :
- la pêche au quiver-tip ;
- la pêche au swing-tip ;
- et le feeder.

Chacune a ses spécificités, mais toutes ont un point commun : la ligne est lancée sur un poste, comme on le fait avec une plombée classique, puis tendue. La canne est ensuite positionnée sur un support jusqu'à ce que la touche se manifeste. Bien sûr, le moulinet est réglé correctement, c'est-à-dire de manière à donner du fil lorsque le poisson fait des départs ou donne des coups de tête qui risquent de rompre la ligne.

LE QUIVER-TIP

Le quiver-tip se caractérise par un détecteur de touche simple : un scion souple placé au bout de la canne, que l'on visse ou que l'on

Les détecteurs de touche en action

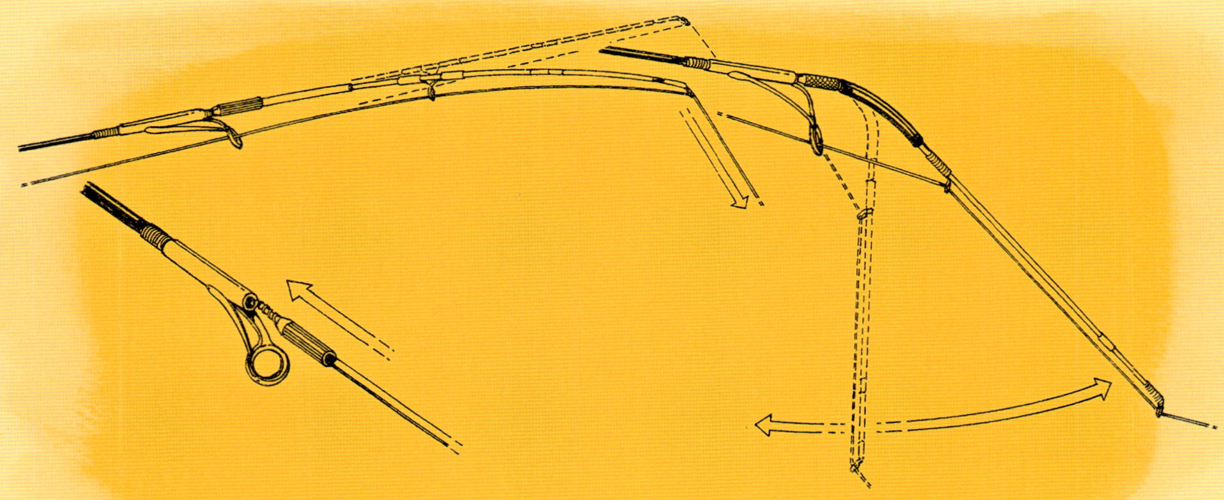

1 Les détecteurs de touche se positionnent au bout de la canne. En ce qui concerne le quiver-tip, il s'agit d'un scion souple, mais droit, qui se courbe selon l'intensité de la touche. Afin de bien visualiser son mouvement, le scion, généralement d'une couleur rouge ou jaune, est placé devant un écran gradué. Ce dernier sert également de protection contre le vent.

2 À la pêche au swing-tip, le détecteur ne se comporte pas du tout de la même façon. Au lieu de se courber, le scion, qui marque un angle d'environ 45 °, se lève ou part sur le côté, selon la postion de la canne. Remarquez, sur le dessin ci-dessus, la partie souple du détecteur qui sert d'articulation entre la pointe et la base du détecteur.

emboîte. Il peut s'utiliser dans toutes les conditions, aussi bien en rivière que dans les plans d'eau, mais il faut en avoir plusieurs à sa disposition pour s'adapter : un souple pour les eaux calmes, de plus rigides pour la rivière et le fleuve.
Même lorsqu'il y a du vent, il est possible de s'en servir, pour peu que le scion de la canne soit bien orienté et qu'il soit protégé par un écran spécialement prévu à cet effet (voir dessin de la page ci-contre). Ce dernier est d'autant plus intéressant qu'il permet aussi de mieux visualiser les touches qui se manifestent par la courbure plus ou moins marquée du scion.

LE SWING-TIP

Le swing-tip est un indicateur de touche plus complexe et plus sensible. Il se compose d'un scion articulé qui, au repos, forme un angle droit. À la touche, la partie antérieure se lève. La grande sensibilité de ce détecteur fait qu'il est impossible de bien l'utiliser lorsqu'il y a du vent. Le scion se balance trop dans tous les sens. L'intérêt de ce détecteur est qu'il permet de repérer les touches furtives qui ne se détecteraient guère autrement.

LE FEEDER

La particularité du feeder ne tient pas au détecteur de touches (c'est le même type de scion que le quiver-tip), mais à sa plombée qui sert également d'amorçoir. Il ne s'agit pas, comme pour les précédentes techniques, de plombs de type Arlesey (voir Les montages de base, p. 109), mais d'une sorte de petite boîte (lestée ou pas) que l'on remplit d'amorce. L'intérêt de ce dispositif est la diffusion de l'amorce (asticots purs ou farine) à la hauteur du bas de la ligne, ce qui est beaucoup plus efficace. Les poissons mis en appétit saisiront l'appât sans se méfier. Deux conseils à ne pas oublier :

VOIR AUSSI

• **Les accessoires pour la pêche au coup**
pages 76 à 79

• **Les appâts**
pages 164-165

• **Les produits pour confectionner son amorce**
pages 168 à 171

• Dès que l'amorçoir se vide, il faut le recharger et le relancer au même endroit pour entretenir le coup en permanence.

• Si vous pêchez à l'asticot, le remplissage se fait toujours après avoir changé l'appât de la ligne. En faisant le contraire, une bonne partie des larves aura le temps de quitter l'amorçoir pendant que vous eschez votre hameçon.

QUEL APPÂT CHOISIR ?

Les asticots (pinkies, gozzers, damiers...) donnent de très bons résultats au feeder, mais pas uniquement. Les vers de terreau, le pain, le maïs, et le blé sont également très prisés. Pensez aussi aux panachés : vers et asticots, pâte synthétique et mie de pain... À vous de choisir, selon la saison et le goût des poissons.

Bien positonner ses cannes

Quelques précisions au sujet du positionnement des cannes sur les supports, afin d'augmenter le confort de pêche, aussi bien en ce qui concerne la visibilité des touches que la qualité du ferrage :

• **Lorsque vous pêchez au swing-tip**, la canne pointe légèrement vers le bas et elle est plutôt placée perpendiculairement à la berge.

• **Au quiver-tip et au feeder**, si vous pêchez en eau calme, il est préférable de positionner la canne parallèlement à la berge, afin que le scion forme un angle de 90° avec le Nylon. Si l'eau est particulièrement profonde, optez pour un angle de 45 ° par rapport à la berge et levez le scion vers le ciel. En rivière, la canne est orientée légèrement vers l'aval, avec le scion dirigé vers le haut.

• **Dans tous les cas**, le pêcheur se trouve à proximité de la canne et se tient prêt à ferrer. Lorsque les poissons sont chipoteurs, n'hésitez pas à saisir le talon de la canne. Vous pourrez ainsi réagir plus rapidement et ferrer sans retard.

Les différents modèles de feeders

Les feeders sont des amorçoirs faisant également office de plombées. Il existe des modèles ouverts ou fermés.

• **Le swim-feeder** a une forme cylindrique. Il est en plastique percé et comporte deux capuchons. On le remplit principalement d'esches pures comme les asticots.

• **Le feeder-cage** est ouvert. C'est une boîte en plastique percée ou en métal grillagé, qui est lestée d'une lamelle de plomb sur le côté. Elle contient de l'amorce pure ou un mélange d'amorce et d'esches.

D'autres modèles sont également intéressants : l'amorçoir à mailles, composé en mousse et comportant des alvéoles d'où se libèrent les asticots, et le frame-feeder, une structure sur laquelle une boule d'amorce est compactée.
À signaler que l'amorce des feeders ne suffit pas pour attirer les poissons. Elle sert essentiellement à tromper leur vigilance et à les inciter à se saisir de l'appât. Un amorçage complémentaire réalisé à la fronde, ou à la main, est nécessaire si le poste n'est pas trop loin du bord.

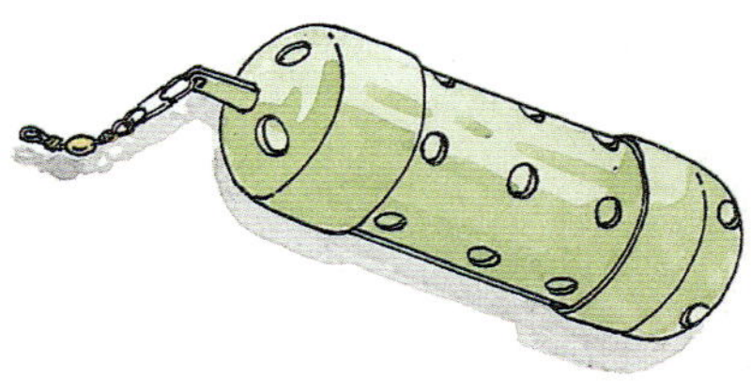

LE SWIM-FEEDER

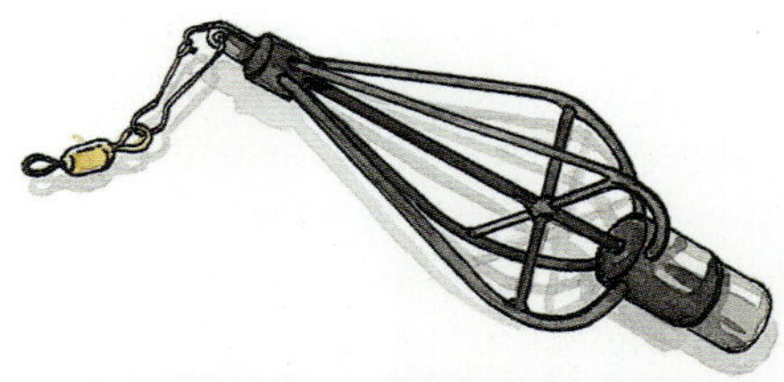

LE FRAME-FEEDER

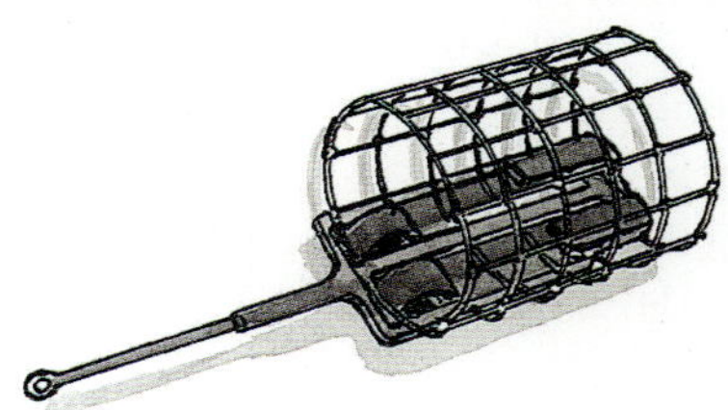

LE FEEDER-CAGE

À la recherche des gros gardons

La pêche à l'anglaise à fond est particulièrement intéressante pour pêcher le gardon, notamment les plus gros spécimens qui offrent de belles sensations au bout de la ligne.

Si leur capture est plutôt hasardeuse pour beaucoup de pêcheurs, il est possible d'augmenter les chances de capture en localisant les bons postes.

En règle générale, ils se tiennent dans les dépressions où les alluvions chargées de nourriture se concentrent plus facilement.

La proximité des herbiers, comme les roselières, réserve de bonnes surprises. Les gardons y font des incursions pour dénicher leur nourriture (escargots, petites crevettes d'eau douce, insectes…) en fouillant les végétaux.

Le courant doit être absent et le fond doit être plus sableux que vaseux.

À la recherche des belles tanches

La tanche est un poisson puissant, mais elle ne se débat pas longtemps. Il est tout à fait possible de la prendre au quiver-tip, au swing-tip ou au feeder. La localiser ne pose guère de problème, pour peu que la rivière ou le plan d'eau que vous prospectez abrite de belles populations. Ce poisson apprécie la végétation où il trouve de la nourriture à foison. Contrairement à une idée reçue, la tanche ne se prend pas uniquement loin du bord et dans les profondeurs importantes. Elle fréquente autant les bordures que les hauts-fonds.

Une tactique à essayer

À la belle saison, entre juin et août, les cyprinidés, tels les carpeaux et les rotengles, se tiennent plutôt près de la surface. Pour les capturer, un montage classique reste efficace (voir le montage avec plomb Arlesey ci-dessous), mais employez plutôt un appât flottant, comme une croquette pour chien, une micro-bouillette ou un simple croûton de pain. Il se maintiendra entre deux eaux ou près de la surface et tentera tous les poissons passant à proximité. Cette pêche est amusante et procure de belles sensations. À la touche, les poissons peuvent saisir l'esche de façon brutale. Si elle se trouve carrément à la surface, un remous se produit qui vous indique qu'il est grand temps de ferrer.

VOIR AUSSI
- **La préparation des amorces** pages 172-173
- **L'art d'amorcer** pages 174-175

Les montages de base

LIGNE AVEC PLOMB D'ARLESEY

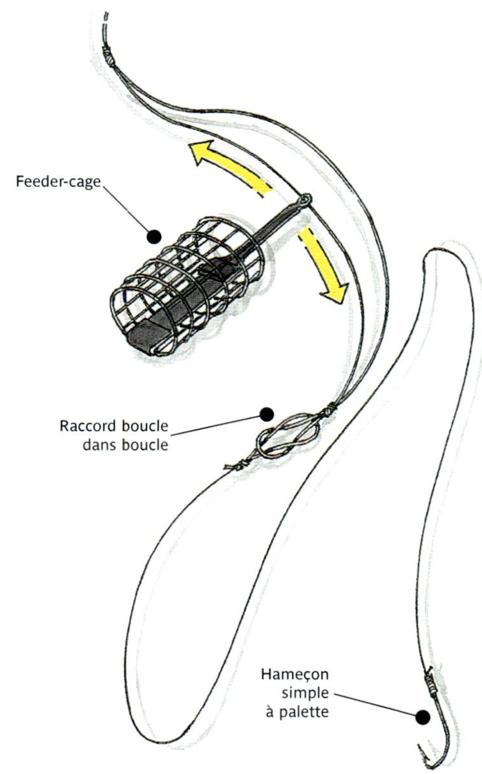

LIGNE AVEC AMORÇOIR

La pêche à la bolognaise

◗ **LE POINT SUR LA TECHNIQUE :**
Cette technique à la ligne flottante, qui se pratique avec un moulinet, est la version moderne de la longue coulée. Elle est adaptée pour pêcher loin du bord, dans les rivières larges et les fleuves au courant puissant.

◗ **LES POISSONS À PÊCHER :**
Tous les poissons blancs de belle taille : chevesnes, barbeaux, brèmes, hotus, carpeaux, vandoises, gros gardons.

VOIR AUSSI

- **Cannes et moulinets pour la pêche au coup** pages 70-71
- **Le petit matériel pour la pêche au coup** pages 72 à 75
- **Les accessoires pour la pêche au coup** pages 76 à 79

L'action de pêche

La pêche à la bolognaise a été mise au point par les Italiens de Bologne. Cette technique, qui consiste à laisser dériver sa ligne dans le courant sur une distance importante, convient merveilleusement pour pêcher à la longue coulée. Elle en est, si l'on peut dire, la version moderne.
En action de pêche, le pêcheur est en position sur la rive, debout afin de bien visualiser la progression du flotteur et déceler la moindre touche. La canne est maintenue en position haute afin de soustraire la bannière à l'action du courant et de pouvoir ferrer sans retard. Le pick-up du moulinet reste ouvert. Seul l'index de la main qui tient la canne, posé sur le rebord de la bobine, contrôle la ligne en freinant ou en bloquant le déroulement du fil. Elle progresse ainsi de manière convenable, en oblique par rapport au fond et bas de ligne en tête. De cette façon, la présentation de l'esche est bien meilleure et les risques d'accrochage limités.

UN AMORÇAGE RÉFLÉCHI

L'amorçage se fait de deux manières, selon la configuration du poste. Si le fond n'est pas trop conséquent, il vaut mieux lancer

Le contrôle de la ligne à la loupe

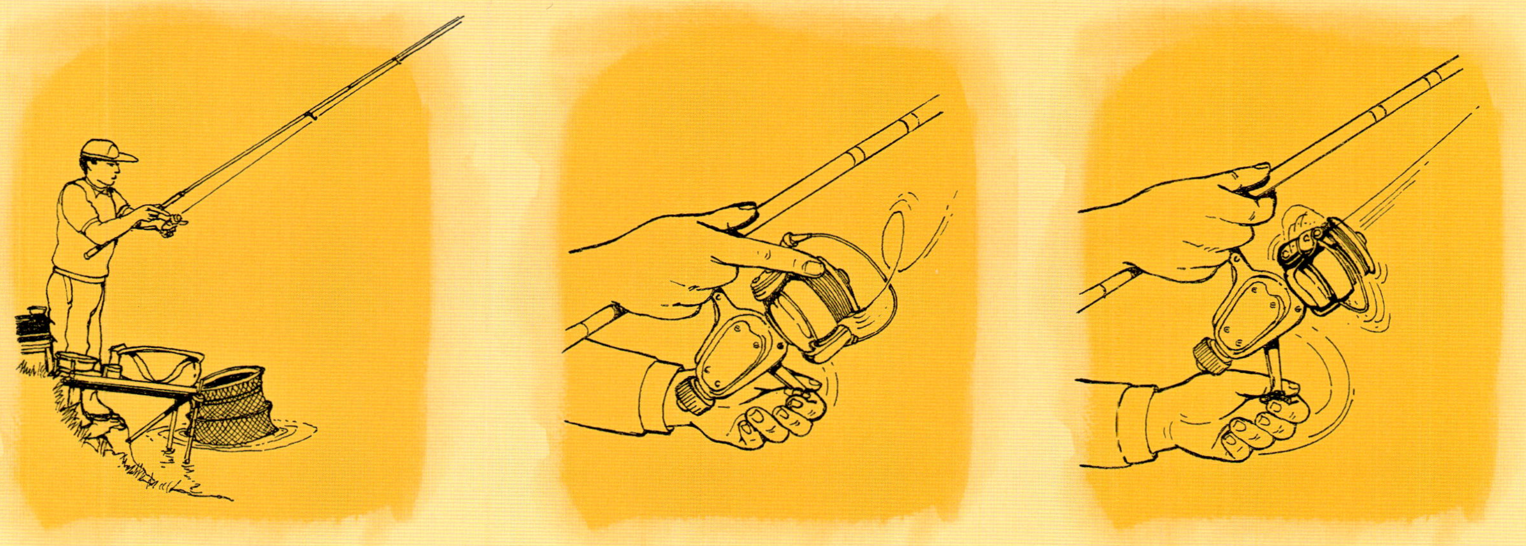

1 Tout au long de la dérive de la ligne la canne est maintenue en hauteur. Sa position forme ainsi un angle d'environ 45° par rapport à la surface de l'eau. Afin de contrôler avec efficacité l'évolution de la ligne et pouvoir répondre à la touche sans retard, il faut veiller à ce qu'il n'y ait pas de ventre (de mou) dans la bannière.

2 Le pick-up du moulinet doit être maintenu levé durant l'action de pêche. Il est ainsi possible de donner du fil durant la dérive du flotteur, selon les besoins. Le contrôle de son déroulement se fait à l'aide de l'index. Ce n'est qu'à l'occasion de la touche que le pêcheur enclenche son abaissement en tournant la manivelle du moulinet.

3 La mise au sec du poisson ne doit pas s'éterniser afin d'éviter qu'il ne prenne appui dans le courant et finisse par rompre la ligne. Pour les grosses prises, le « pompage » de la ligne s'impose. Cela consiste à alterner les relevés de la canne et le rembobinage du fil. Le frein du moulinet aura bien sûr été réglé à la limite de rupture.

les boules d'amorce face à soi, suivant un angle perpendiculaire à la berge. Elles attirent ainsi les poissons dans un secteur où le ferrage peut se faire selon un angle optimale dans le courant. Si le fond est important, il faut amorcer plus en amont afin que les boules ne dévalent pas trop.

Quelques précisions concernant la densité de l'amorce : plus l'eau est forte et plus votre mélange doit former des boules compactes. Cette précaution est destinée à éviter qu'elles ne se désagrégent au premier contact avec la surface de l'eau, ce qui la rendrait inopérante. Votre mélange doit donc contenir des produits plutôt lourds et collants (voir les parties du chapitre 5 consacrées à l'amorce, p. 168 à 175). Comme pour la pêche à l'anglaise au flotteur, vous pouvez truffer l'amorce d'esches pures. Cela est même fortement conseillé. Les poissons apprécient beaucoup ces petites gourmandises et elles aident à faire se déliter les boules sur le fond.

LA TOUCHE ET FERRAGE

La touche se manifeste généralement par une coulée franche du flotteur à laquelle il faut répondre sans attendre et d'un geste ample afin de contrer l'élasticité du Nylon qui augmente avec la longueur de la bannière. Une règle à ne pas oublier qui concerne toutes les techniques de pêche : plus vous pêchez loin du bord, plus la ligne est déployée, et plus le ferrage doit être appuyé.

LE BON ÉPUISAGE DU POISSON

L'épuisage du poisson reste classique, mais attention à la force du courant qui complique tout. Les poissons, essentiellement les gros et les larges, comme la brème ou la carpe, sont plus difficiles à maîtriser. Le barbeau est aussi un « dur à cuire ». Il se calle sur le fond et y frotte son museau pour se libérer de l'hameçon.

VOIR AUSSI

- **Les appâts** pages 164-165
- **Les produits pour confectionner son amorce** pages 168 à 171
- **La préparation des amorces** pages 172-173
- **L'art d'amorcer** pages 174-175

LES ESCHES

Les esches favorables sont nombreuses : asticots (pinkies ou damiers), vers, insectes, graines, fruits, morceaux de fromage, noquettes de pain, cubes de viande ou, comme le font avec succès les Italiens, de la mortadelle. À vous de choisir, et de bien choisir, car l'emploi des appâts ne se fait pas au hasard.Vous pouvez privilégier vos goûts, mais il y a tout de même des règles à respecter.

Les appâts carnés (qui intéressent de nombreux poissons blancs, mais principalement le chevesne et le barbeau) donnent d'excellents résultats dans les eaux froides.

Dans les eaux chaudes, ce sont les appâts végétaux tels que le blé ou les fruits qu'il faut privilégier. Les insectes font aussi des merveilles.

Un appât comme le pain est aussi bon en hiver qu'en été.

Un fil adapté

Le meilleur Nylon pour la bolognaise possède un excellent rapport diamètre/résistance, une élasticité réduite au maximum et un traitement limitant l'abrasion du fil lors des lancers. Les monofilaments coulants utilisés pour la pêche à l'anglaise sont à proscrire, car ils gênent la progression de la ligne dans le courant. Dans le commerce, vous trouverez des Nylons spécialement conçus pour la technique. Certains pêcheurs, afin de bien suivre la progression de leur ligne, préfèrent les Nylons fluorescents. La méthode est intéressante, mais ces fils ne sont pas toujours aussi performants que les Nylons classiques. Entre les produits de plusieurs marques, il existe parfois des différences de résistance.

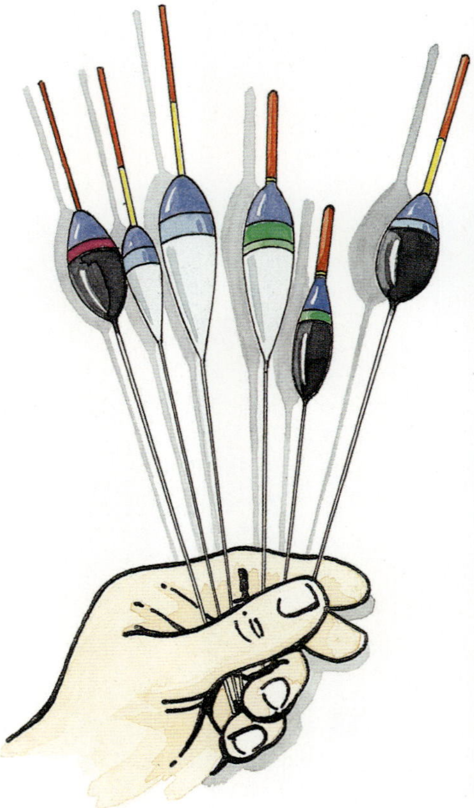

Le sondage

Il s'effectue à l'aide d'une sonde anglaise lourde (à bouton-poussoir) qui est propulsée sur le coup en effectuant un lancer par-dessus l'épaule. Lorsqu'elle touche le fond, penchez votre canne du côté amont pour contrecarrer la force du courant et voir si le flotteur est correctement réglé (seule l'antenne doit paraître). S'il reste couché, il y a trop de fond, il faut le positionner plus bas sur la ligne. S'il reste immergé, il n'y en a pas assez, il faut le remonter, comme le montre le dessin ci-contre.

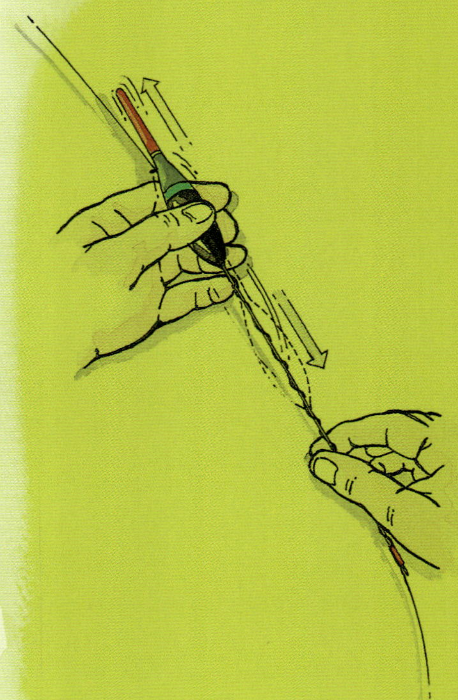

Quel flotteur choisir ?

Une grande variété de flotteurs sont à votre disposition.

• **En rivière moyenne,** les flotteurs à la bolognaise peuvent supporter une plombée de 2 à 6 g. Leur forme est plutôt effilée s'il n'y a pas trop de courant, trapue dans le cas contraire.

• **Dans les fleuves,** leur forme est trapue. Ils supportent une plombée importante : d'un poids de 8 à 20 g. Si la profondeur est supérieure à la longueur de la canne, les modèles coulissants sont indispensables. Pour pêcher à longue distance et bien repérer les touches, il faut employer des modèles à antenne visible. Au besoin, n'hésitez pas à ajouter des antennes creuses.

■ **QUAND LE BRUIT ATTIRE LES POISSONS**

Certains poissons associent le bruit à un danger imminent, d'où leur fuite lorsque l'on jette des cailloux à l'eau. En d'autres circonstances, il est des poissons, à l'exemple de la brème, qui réagissent plutôt favorablement. Des boulettes d'amorce bien compactes jetées bruyamment attisent leur curiosité et les incitent parfois à venir voir ce qui se passe. Lorsqu'un simple amorçage ne semble pas donner de bons résultats, n'hésitez pas à tester la tactique. Est-ce de la peur du ridicule ? Si cela peut vous rassurer, sachez que des pêcheurs de compétition ont été pris en flagrant délit. Ils ne se contentaient pas de lancer des boulettes. Certains allaient même jusqu'à jeter des cailloux, avec succès.

L'influence du vent

Le vent n'est pas toujours un ennemi pour le pêcheur. S'il n'est pas trop fort et qu'il souffle dans le bon sens, c'est-à-dire en remontant le courant et parallèlement à la berge, il serait même plutôt un partenaire.

Il permet en effet, de ralentir, la progression de la ligne et, donc, de la rendre «pêchante» plus longtemps dans la coulée.

Dans les eaux calmes, il crée un contre-courant favorable à la pêche car la ligne ne reste pas inerte. Elle se déplace, ce qui ne manque pas d'attirer l'attention des poissons et de les inciter à mordre.

Une tête de ligne pour limiter la casse

Chaque partie de pêche nécessite de lancer et relancer la ligne de multiples fois. Le frottement dans les anneaux est intense et risque, à terme, d'endommager le Nylon. Pour se protéger de cet inconvénient, une astuce consiste à employer ce que l'on appelle une « tête de ligne ». C'est une portion de Nylon d'un diamètre supérieur à celui du corps de ligne, d'une longueur de 5 à 7 m, que l'on positionne de manière à ce qu'elle s'intercalle entre le moulinet et la pointe de la canne lors de chaque lancer. Afin de ne pas entraver le déroulement du Nylon tout au long de la canne, il est important de relier la tête de ligne avec des nœuds adaptés, comme le nœud baril, qui ne risquent pas de buter contre les anneaux. Ce procédé est fréquemment employé par les pêcheurs en mer qui pratiquent le surf-casting.

Les montages de base

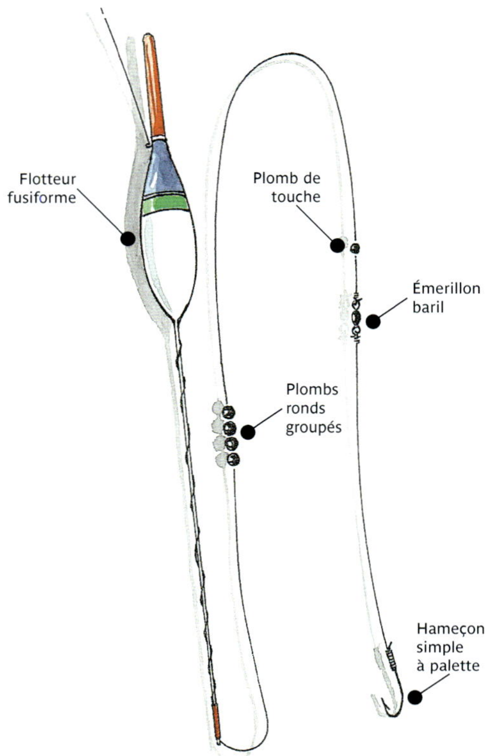

LIGNE POUR PÊCHER DANS LES GRANDES RIVIÈRES

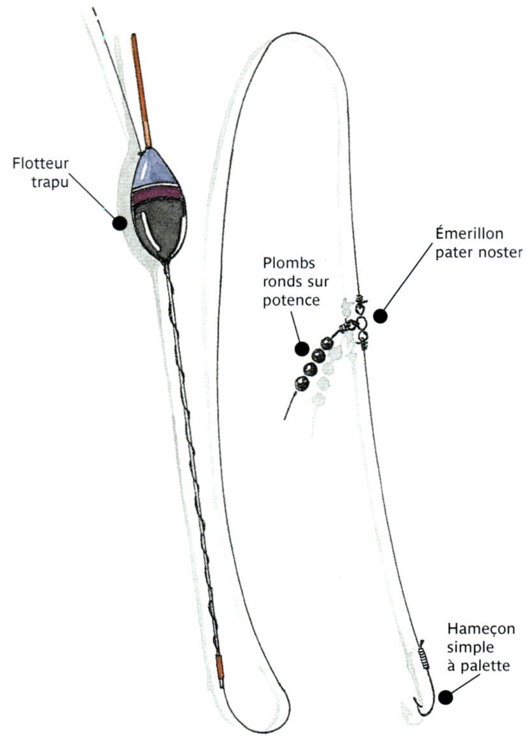

LIGNE AVEC PLOMBS MONTÉS EN DÉRIVATION

La pêche à la surprise

◗ LE POINT SUR LA TECHNIQUE :
Cette pêche itinérante, qui se pratique avec un lancer ou une simple canne au coup, est une école de patience. Le pêcheur présente son esche en surface ou entre deux eaux, en faisant croire au poisson qu'il s'agit d'un insecte, voire d'un fruit tombé à l'eau. Tel un Indien, le pêcheur approche son adversaire en se fondant dans la nature.

◗ LES POISSONS À PÊCHER :
Truite, rotengle, chevesne, vandoise, ablette sont les principaux clients. Il arrive aussi que la carpe se fasse capturer à la surprise.

VOIR AUSSI

- **Cannes et moulinets pour la pêche au coup** pages 70-71
- **Le petit matériel et les accessoires pour la pêche au coup** pages 72 à 79
- **Les appâts** pages 164-165

L'action de pêche

Cette technique de pêche itinérante fait partie, à l'égal de la pêche au toc, des méthodes traditionnelles. Elle ne nécessite pas un matériel important. Le pêcheur peut choisir une canne au coup simple, à emmanchements, ne comportant donc aucun moulinet. Il est également possible d'employer une canne à lancer avec un moulinet adapté. Cette dernière option est certainement la plus efficace, car elle offre une plus grande marge de manœuvre. Les postes éloignés peuvent être atteints et les poissons les plus gros sont combattus dans les meilleures conditions, le frein du moulinet (un modèle à tambour fixe ou un tournant, du même type que les moulinets utilisés pour pêcher au toc) permettant de contrer leurs

Le lancer arbalète

1 Le lancer arbalète n'est pas compliqué, mais il demande un certain savoir-faire. Commencez par libérer une longueur de fil équivalente à celle de la canne, ouvrez le pick-up, crochetez le fil qui sort du moulinet puis pincez le bas de ligne entre les doigts, en formant une boucle.

2 Ensuite, il faut tirer sur la bannière pour solliciter le nerf de la canne et armez votre canne comme s'il s'agissait d'une catapulte. Il ne vous reste plus, à présent, qu'à orienter le scion de la canne vers le but visé. Vous voici prêt à projeter votre leurre ou appât naturel.

3 Cette opération se fait en relâchant le bas de ligne d'un seul coup et en laissant filer l'appât ou le leurre (le doigt qui crochetait le fil à la sortie du moulinet laisse bien sûr le Nylon se dérouler librement) qui se posera sur l'eau en faisant un « floc » attrayant.

embardées à condition qu'il soit bien réglé, c'est-à-dire à la limite de rupture du fil.
Dans sa pratique, la pêche à la surprise est simple. Il s'agit de présenter un appât sur des postes précis, à la surface de l'eau ou à mi-fond. Tout dépend des circonstances, de la ligne employée, et de la tenue des poissons.

UNE PÊCHE ACTIVE

Celui qui s'adonne à la pêche à la surprise se fait plus chasseur que pêcheur. La technique exige de se déplacer beaucoup le long des rives afin de pêcher les poissons en maraudes ou d'explorer les postes favorables. Le pêcheur lance sa ligne en effectuant un lancer fouetté, un lancer sous la canne ou un lancer arbalète (voir la partie ci-dessus consacrée au lancer arbalète). Ce dernier est particulièrement intéressant pour pêcher sous les frondaisons ou pour donner l'impression au poisson qu'un insecte vient de chuter à l'eau. Concernant les deux types de lancer, une bonne astuce consiste à s'aider du vent. Dans la mesure du possible, positionnez-vous de manière à l'avoir dans le dos. Ainsi, il poussera votre ligne vers le large.

FAIRE PREUVE DE DISCRÉTION

Une règle importante est la discrétion. Pêcher sans se faire voir est essentiel. Pour y parvenir, la meilleure solution reste de se positionner en retrait de la berge ou de vous avancer accroupi, voire à plat ventre. Sinon, adieu les poissons : ils prennent la fuite.
Quand les poissons ne sont visiblement pas en activité, mieux vaut pêcher au jugé, en prospectant tous les postes susceptibles d'abriter des poissons. La ligne est présentée, par exemple, dans un remous, derrière un obstacle immergé, à l'aval d'une chute d'eau, sous les frondaisons de la berge ou dans une cavité. Celui qui sait lire l'eau et connaît un tant soit peu le comportement des poissons n'aura guère de difficultés à ima-

giner où peuvent se tenir ceux qui l'intéresse, surtout s'il s'agit de la truite qui occupe des postes caractéristiques.

PÊCHE DE SURFACE OU À MI-FOND ?

L'appât peut évoluer en surface (il s'agit alors d'une sauterelle, d'un grillon ou de tout autre insecte) ou travailler à mi-fond, mais il faut alors lester la ligne, à l'aide d'une chevrotine. Cette dernière méthode convient particulièrement pour explorer les profondeurs avec des esches telles que les vers de terre ou les larves aquatiques. Selon les mêmes principes, d'autres appâts peuvent être employés, comme les fruits : les cerises, les grains de raisin, les baies sauvages ou les fleurs de chèvrefeuille dont les cyprinidés raffolent, en particulier le chevesne. Ce lèche-à-tout n'hésite pas à se poster non loin d'un arbrisseau en fleur pour glaner celles qui tombent à l'eau.

Quel que soit le choix de l'appât, la ligne doit être la plus simple possible afin de ne pas éveiller l'attention des poissons particulièrement craintifs lorsqu'ils se trouvent près de la surface. Elle ne comporte donc pas de flotteur, tout au plus un guide-ligne (brin de laine, petit morceau de tissus, bille flottante, Rigoletto…).

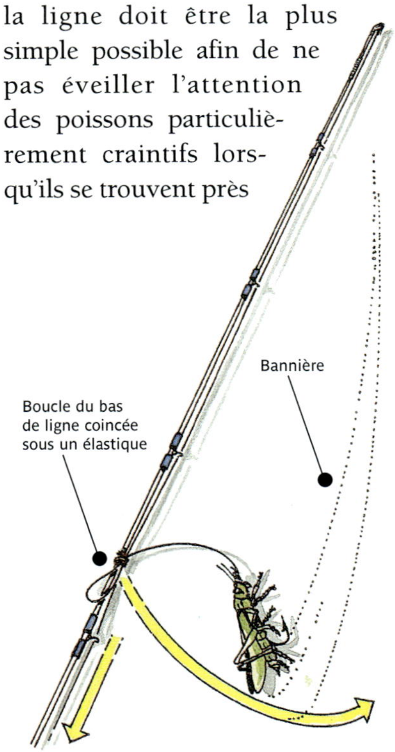

UN BULDO POUR PÊCHER LOIN

Pour pêcher loin du bord, notamment dans les plans d'eau, l'utilisation d'un Buldo, voire d'une bombette, est indispensable.

Le Buldo, une bulle en plastique transparent, se remplit plus ou moins d'eau, ce qui l'alourdit, sans toutefois le faire couler puisque sa densité est proche de celle de l'eau. La bombette a également des avantages similaires (voir La pêche à la bombette, p. 134 à 137).

COMMENT RÉAGIR À LA TOUCHE ?

La détection des touches se fait visuellement en observant attentivement l'appât ou le fil de la ligne. S'il se tend ou se déplace sur le côté, un poisson a mordu. Attention, il faut réagir en ferrant sèchement, mais sans brusquerie. Sans quoi vous risqueriez d'arracher l'appât de la bouche du poisson, voire de casser la ligne.

Avec une ligne comportant un Buldo, tout est encore plus simple, le Buldo faisant office de flotteur. Son enfoncement ou un déplacement suspect appelle le ferrage.

La pêche dans les trouées de verdure

Pour opérer avec grande discrétion, un moyen infaillible reste de pêcher dans les trouées de verdure. Encore faut-il pouvoir passer la canne à travers les branches sans que la bannière s'emmêle. Pour y parvenir, une astuce (voir dessin ci-contre) consiste à former une boucle sur le bas de ligne et à la coincer sous un élastique enfilé sur la canne. Pour libérer la ligne, une fois la canne mise en place, il suffit de tirer le fil à hauteur du moulinet. L'appât pend alors au bout de la bannière, dont vous pouvez régler la longueur en déplaçant l'élastique sur la canne.

La pêche à la volante

Cette pêche était autrefois très utilisée dans la Loire pour capturer les poissons blancs d'eau vive. Aujourd'hui, seuls quelques pêcheurs perpétuent la tradition. Elle se pratique avec une canne sans moulinet, à emmanchements ou télescopique, au bout de laquelle est fixée une soie flottante qui se termine par un bas de ligne de type queue-de-rat.

La technique est identique à la pêche à la surprise, sauf que le positionnement de la ligne se fait par un coup de fouet, à la manière de la pêche à la mouche. Le pêcheur peut également profiter d'un vent porteur.

Les appâts, exception faite de certains insectes dont il convient de faire provision, comme le grillon, se ramassent au fil de l'eau. Plutôt que de faire des réserves et de pêcher avec des esches pas toujours adaptées aux circonstances du moment, ne ramassez que ce qui vous semble être au menu du jour. Une éclosion de trichoptères se produit ? Capturez quelques insectes et eschez-en votre hameçon. Des sauterelles bondissent dans les herbes, près de la rive ? Les poissons n'attendent qu'une seule chose : que l'une d'entre elles chute à l'eau.

Le grillon, un excellent appât

Le grillon des champs, au corps brun-noir, est aux poissons ce que le caviar est aux gastronomes : un met de choix. Mais comment le capturer ? Il habite son terrier qu'il ne quitte guère qu'en juin ou en juillet, pour prendre son essor et, s'il s'agit d'un mâle, faire vibrer ses élytres pour attirer les femelles.

Contrairement à ce que l'on pourrait croire, ce n'est pas lorsqu'il est à l'extérieur qu'il convient de le chasser. La meilleure technique reste de le traquer chez lui, à l'aide d'un brin de paille, d'une trentaine de centimètres, que l'on enfile dans le terrier.

Si la manœuvre est pratiquée en douceur le grillon finit par sortir de son trou. C'est à ce moment qu'il faut le saisir promptement, avant qu'il ne rebrousse chemin et se terre pour longtemps.

Comment reconnaître les terriers à grillon ? Leur diamètre n'est pas plus gros qu'un doigt et des herbes hachées menu se trouvent à l'entrée. On les localise dans les prairies, les pinèdes, près des berges ou dans la terre des talus sableux.

La conservation des grillons se fait dans une boîte en bois aérée que l'on garnit d'herbe afin qu'ils ne se dévorent pas entre eux.

L'eschage est particulier. Soit il est empalé de la tête à la queue, de la même manière que la sauterelle du dessin ci-contre, soit l'hameçon est piqué sous la carapace, à hauteur du thorax. Ce dernier procédé a pour avantage de maintenir le grillon vivant, ce qui est nettement plus attractif pour attirer les poissons.

À NE PAS NÉGLIGER : LE COUP DU SOIR

Le soir, à la belle saison, les poissons débordent d'activité. Ils se mettent en quête des insectes alors très abondants. Il faut en profiter sans perdre de temps, car la nuit n'est pas loin, mais, avant de lancer votre ligne sur les gobages trop précipitamment, observez bien quels sont les insectes qui intéressent les poissons. Il y a de fortes chances pour que ce soit des éphémères fraîchement éclos qui déclenchent leur frénésie alimentaire. Dans ce cas, vous avez le choix entre escher votre hameçon d'un insecte naturel, si vous en disposez, ce qui n'est guère évident, ou opter pour une mouche artificielle. Cette tactique a toutes les chances d'être payante.

Les montages de base

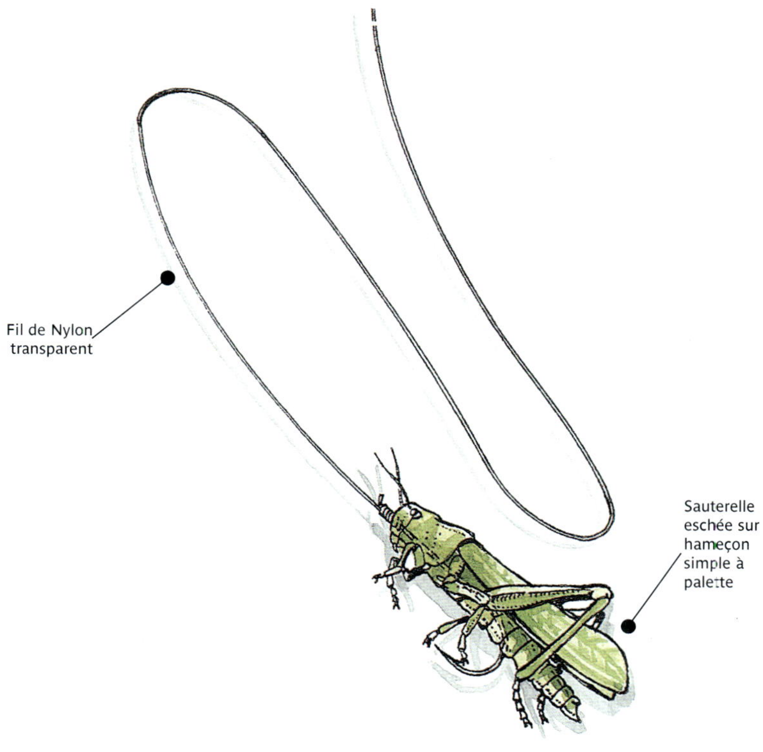

LIGNE SIMPLE POUR PÊCHER À LA SAUTERELLE

La pêche moderne de la carpe

◗ LE POINT SUR LA TECHNIQUE :
La carpe se pêche de différentes manières, mais la technique la plus en vogue actuellement, la pêche à fond à l'anglaise, offre certainement la possibilité de capturer les plus gros poissons.

◗ LE POINT SUR LE POISSON :
Plusieurs types de carpes croisent dans nos eaux, la carpe commune, la carpe cuir et la carpe miroir, mais toutes portent le même nom latin : *Cyprinus carpio*. Ce sont des poissons puissants et combatifs.

VOIR AUSSI
- **Cannes et moulinets pour la pêche au coup** pages 70-71
- **Le petit matériel pour la pêche au coup** pages 72 à 75
- **Les accessoires pour la pêche au coup** pages 76 à 79

L'action de pêche

Avant toute chose, il est indispensable de localiser les postes de pêche favorables : les secteurs où la carpe recherche sa nourriture et le chemin parcouru pour s'y rendre. La tâche semble souvent difficile mais en fait elle se réalise assez aisément pour celui qui connaît bien les mœurs du poisson (voir chapitre 6, p. 194-195). Des signes trahissent clairement sa présence : des sauts ou des marsouinages à la surface de l'eau, des déplacements dans la végétation… Bref, ce n'est qu'après avoir bien jaugé la situation que le pêcheur peut s'installer et pêcher. Le choix du coup est important. En plus d'être fréquenté par les poissons, il doit être bien dégagé. Par souci d'avoir une belle vue sur le paysage ? Pas vraiment. Il s'agit plutôt de minimiser les risques d'accrochage. Lorsque la carpe est piquée, elle cherche par tous les moyens à se libérer, en n'hésitant pas à aller se fourrer dans la végétation ou en entraînant la ligne autour d'un obstacle du fond (bois mort, rochers…).

Le montage de fuite : comment ça marche ?

1 Lorsque la carpe repère un appât, elle s'en approche, l'observe avec circonspection, puis l'aspire si elle n'a rien remarqué de suspect. Elle se décide ensuite à l'emporter vers le large ou vers le bord, selon les conditions. L'eschage au cheveu est particulièrement discret car l'appât n'est pas piqué à l'hameçon. La carpe n'a aucune raison de se méfier outre mesure.

2 Après s'être emparée de l'appât, la carpe prend donc la fuite sans imaginer un seul instant ce qui l'attend. « Elle fait un départ », disent les pêcheurs.
La ligne coulisse dans le tube de l'antiemmêleur ou dans une perle de butée qui relie la plombée. Cette dernière doit être suffisament lourde pour ne pas se déplacer et se maintenir sur le fond.

3 Lorsque la butée vient cogner sur l'anti-emmêleur, le ferrage se fait de manière automatique. La carpe se rend alors compte qu'il se passe quelque chose d'anormal.
Une réaction instinctive la pousse à fuir. C'est une grave erreur, car elle ne fait qu'assurer l'emprise de l'hameçon qui pénètre encore plus profondément dans les chairs de sa bouche.

LA MISE EN BATTERIE DES CANNES

Après avoir lancé les lignes, il faut poser les cannes sur des supports, à l'horizontal (scions légèrement dirigés vers le bas) ; récupérer l'excédent de bannière en tournant lentement la manivelle du moulinet ; placer le fil dans les fentes des indicateurs de touches électroniques et sous les écureuils. En règle générale, trois à quatre cannes sont mises en batterie.

« BIP, BIP... BIP BIP BIP ! »

Lorsqu'il y a une touche, l'indicateur émet une sonnerie, une petite lumière clignote, tandis que l'écureuil se met en mouvement.
Si le poisson fait un départ en se dirigeant à l'opposé de la berge, ce dernier remonte et finit par sauter en libérant la ligne.
Si la carpe s'oriente vers le bord (ce qui est plus rare), il descend. Dans tous les cas, il convient de ferrer fermement, la carpe ayant des lèvres épaisses.
Ce cyprinidé est un poisson rusé, en témoigne les carpistes qui savent quel tour il peut jouer. Il est aussi très puissant. Pendant la bagarre, la carpe oppose une défense vigoureuse qui nécessite une certaine expérience pour la brider et la mener au sec. La moindre erreur (un frein mal réglé, un fil en mauvais état ou un nœud mal fait) peut être sanctionnée par une casse.

LE RESPECT DU POISSON

La carpe est un superbe poisson qui mérite bien quelques attentions. Une fois emmaillotée dans le filet de l'épuisette, la carpe doit être décrochée avec précaution. Afin qu'elle ne se blesse pas sur le sol et puisse être remise à l'eau dans les meilleures conditions, ce que font la majorité des carpistes, le mieux est de le faire sur un matelas en mousse recouvert d'une toile imperméable ou sur un tapis. Les fabricants d'articles de pêche proposent des accessoires adaptés à des prix abordables.

BIEN CONSERVER SES PRISES

Parmi les précautions indispensables à prendre, on notera également la

VOIR AUSSI

- **Les appâts** pages 164-165
- **Les produits pour confectionner son amorce** pages 168 à 171
- **La préparation des amorces** pages 172-173
- **L'art d'amorcer** pages 174-175

bonne conservation des poissons. Vous pouvez relâcher vos prises immédiatement après leur capture, mais vous courrez le risque d'alerter les autres carpes qui se trouvent sur votre poste. Afin d'éviter cet inconvénient majeur, la solution consiste à les conserver, non pas dans une grande bourriche métallique où les carpes se blesseraient inévitablement, mais dans un sac prévu à cet effet que l'on fixe à la berge et qui reste immergé. Vous pourrez ainsi les relâcher à la fin de la partie de pêche. Un conseil : il ne faut stocker qu'un poisson par sac et ne pas les y laisser trop longtemps ; quelques heures tout au plus. Attention, également, à la manière dont vous remettez les poissons à l'eau. Cette opération ne se fait pas n'importe comment, surtout si vous libérez votre prise après la bagarre. Il est nécessaire d'aider la carpe à repartir en l'aidant à se réoxygéner. Maintenez son corps à l'horizontal, le ventre vers le bas, et déplacez-la de l'avant vers l'arrière.

LE POINT SUR LES APPÂTS

Dans la pêche moderne de la carpe, les appâts surtout utilisés sont les bouillettes (au goût carné ou végétal) et les graines (fèves, maïs, pois chiche…), que l'on esche généralement au cheveu. Ils sont présentés sur le fond ou légèrement en suspension. Les bouilettes se composent de farines protéinées, d'acides aminés, de vitamines, d'arômes et de colorants. On en trouvent dans les magasins spécialisés, mais il est aussi possible de les fabriquer soi-même. C'est même une occupation pas trop difficile et passionnante. Le principe est le même que pour les amorces (plusieurs ingrédients doivent être mélangés), mais il vous faut un matériel spécifique : un pistolet à bouillette qui permet de réaliser des « boudins » de pâte que l'on place ensuite sur une table à rouler. C'est avec ce dernier instrument que les boules rondes sont obtenues.

Eschage au cheveu : le mode d'emploi

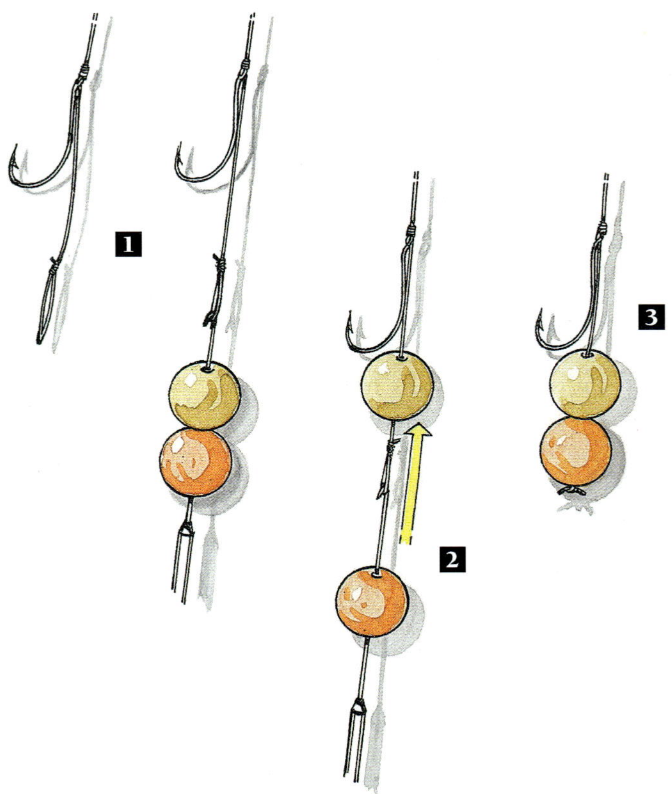

1 Fixez votre hameçon à l'aide d'un nœud simple, du même type que celui utilisé pour fixer un hameçon à palette (voir p. 161, dessin n° 2), mais ne coupez pas l'excédent de fil après son exécution. Conservez-le afin de consituer un cheveu d'une longueur de 2 à 3 cm. Afin qu'il ne se désolidarise pas de la hampe de l'hameçon, bloquez-le à hauteur de la courbe de l'hameçon, à l'aide d'une clé. À l'extrémité du cheveu, une boucle sert à recevoir le stop-appât.

2 Pour escher la bouillette, aidez-vous d'un passe-bouillette (une aiguille fixée à un manche dont la pointe comporte un petit crochet). Il vous aidera à faire coulisser le cheveu dans l'appât.

3 Un stop-appât (un petit brin de plastique) est ensuite passé dans la boucle du cheveu, puis légèrement enfoncé dans la chair de la bouillette qui vient s'y appuyer. Attention ! la taille de la courbe de l'hameçon doit être proportionnée à celle de la bouillette, sous peine d'occasionner des râtés au ferrage.

Une recette de base pour les bouillettes

250 g de farine de soja, 250 g de semoule de blé surfine, 8 œufs, 250 g de semoule de maïs, 250 g de lait en poudre, 1 cuillérée à café d'huile d'arachide.
Cette recette est polyvalente. Elle convient aussi bien pour pêcher en rivière qu'en lac, et en toute saison. Pour l'aromatiser, il vous est possible d'ajouter quelques gouttes de sauce asiatique (Nuoc Mam) ou d'un concentré de jus de fruit. Il est nécessaire, ensuite de former les boules et de les faire cuire dans de l'eau bouillante (entre 1 à 3 mn) ou à la vapeur. Cette dernière méthode est excellente, mais il est plus difficile de déterminer le temps de cuisson.

L'amorçage

Autrefois, un copieux amorçage se faisait durant plusieurs jours pour habituer les carpes à une esche où les rassembler sur un coup, ce qui s'appelle pratiquer un « amorçage d'accoutumance ». Aujourd'hui, si la méthode reste efficace, les carpistes préfèrent amorcer la veille ou quelques heures avant leur partie de pêche, ce qui ne les empêche pas d'entretenir le coup en réamorçant tout au long de la partie de pêche. L'amorçage se fait à la fronde, au tube lance-bouillette, voire à l'aide d'un petit bateau radiocommandé si le coup est situé loin du bord. Une autre méthode consiste à utiliser des sachets solubles remplis de bouillettes que l'on fixe au bas de ligne. Dans ce cas, l'amorçage se fait en même temps que le positionnement de la ligne. Il permet une très grande précision car l'amorce s'éparpille autour de l'appât.

L'ÉTHIQUE CARPISTE

Les carpistes ont beaucoup participé à la propagation du « no-kill », cette pratique qui consiste à remettre les poissons à l'eau sytématiquement après les avoir capturé. Ils ont une grande considération de leurs captures qu'ils considèrent comme des adversaires à respecter. Dans certains étangs, des carpes ont ainsi été prises et reprises maintes fois par les pêcheurs, avec un égal plaisir, parfois même avec un plaisir accru car, à force de se faire capturer, les carpes finissent pas développer une grande méfiance. Réussir à les tromper devient alors un challenge à relever.

Les montages de base

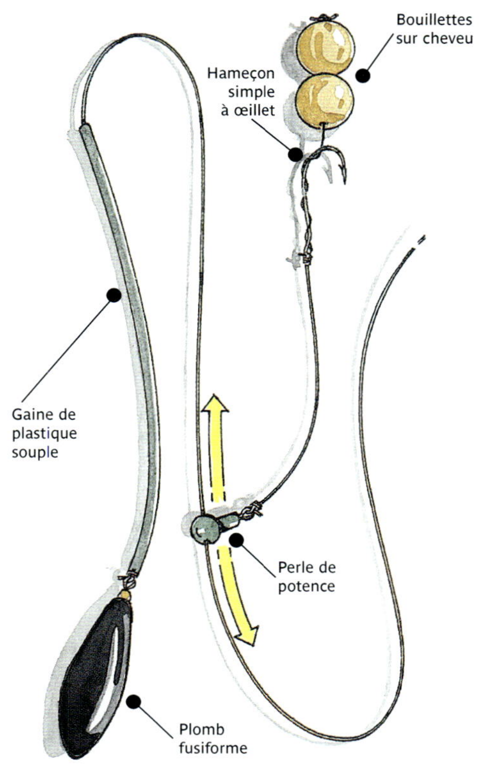

MONTAGE AVEC POTENCE

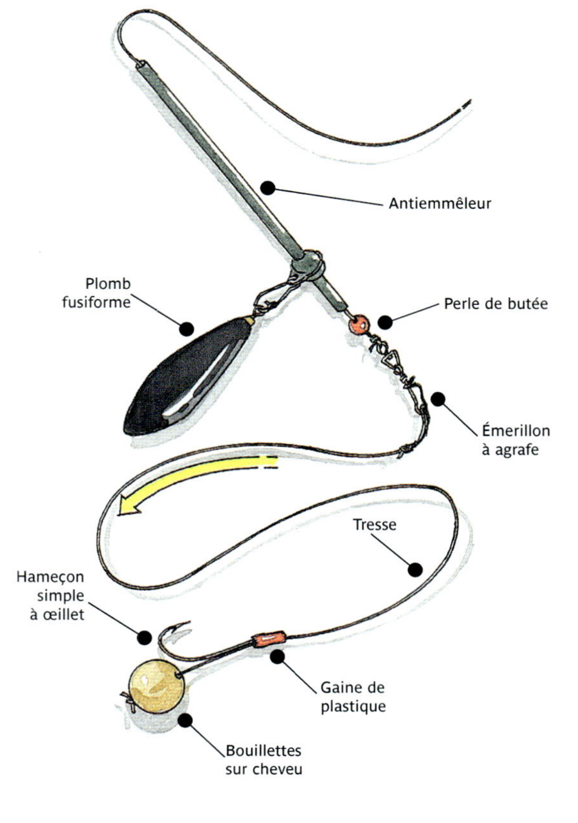

LIGNE DE FUITE AVEC ANTIEMMÊLEUR

LA PÊCHE ET SES TECHNIQUES

La pêche du silure

▸ **LE POINT SUR LA TECHNIQUE :**
Le silure se pêche aussi bien aux leurres qu'au flotteur ou à la plombée, mais les montages doivent être adaptés, ce poisson étant d'un gabarit supérieur à la totalité des carnassiers d'eau douce. Certaines techniques sont spécifiques, comme la pêche au clonck qui utilise un appelant sonore.

▸ **LES POISSONS À PÊCHER :**
Autrefois, le silure était peu présent dans nos eaux. Aujourd'hui, à la suite d'une explosion démographique favorisée par des introductions, on le trouve dans nos grandes rivières et dans certains lacs.

VOIR AUSSI

- **Cannes et moulinets pour la pêche au coup** pages 70-71
- **Le petit matériel et les accessoires pour la pêche au coup** pages 72 à 79
- **Cannes et moulinets pour la pêche au lancer** pages 80-81

L'action de pêche

Elle diffère selon la méthode. Il est possible de pêcher le silure à la plombée, au flotteur, aux leurres, au mort manié ou au clonck. Certains passionnés vont même jusqu'à le traquer à la mouche, en utilisant de gros streamers. Cette technique est encore peu répandue, mais elle commence à faire des émules.

À LA PLOMBÉE

À la plombée, la tactique est semblable à celle de la pêche de la carpe, sauf que les montages sont appropriés à la puissance du silure et que les esches ne sont pas des bouillettes (le plus gros silure pris en France a pourtant été capturé avec des bouillettes !), mais plutôt des appâts d'origine animale (voir p. 164-165), comme les lombrics, les sangsues et les poissons (morts ou vifs).

Comment se servir du clonck ?

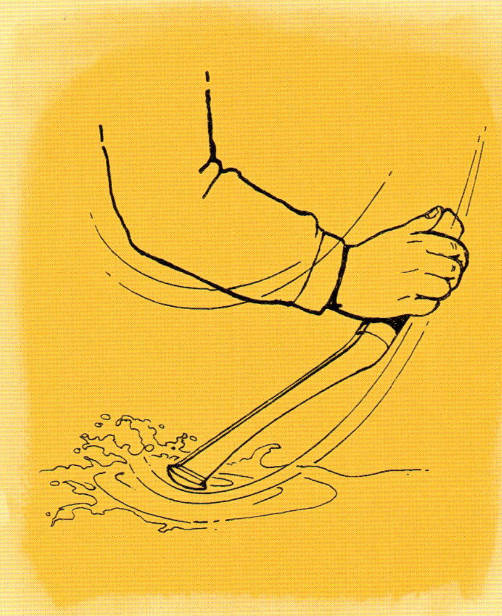

1 La pêche au clonck utilise un appelant en bois que l'on manœuvre depuis une embarcation. Avant de commencer l'opération de « clonckage », il faut d'abord mettre en place votre ligne, en prenant la précaution de ne pas la positionner trop loin du bateau. Ainsi, lorsque le silure s'approchera, attiré par le bruit, il repèrera plus facilement votre appât, ce qui augmente les chances de capture.

2 La méthode consiste à frapper verticalement la surface de l'eau avec la tête du clonck (le bras est à l'horizontal et le manche de l'appelant est tenu à pleine main). La tête du clonck pénètre dans l'eau et suit une trajectoire semi-circulaire avant de ressortir vers l'arrière. Pendant le mouvement, le bras du pêcheur est abaissé à la verticale et le poignet fléchi.

3 Pour que l'opération soit efficace, un certain rythme doit être suivi entre les différentes phases d'animation du clonck. Donnez quelques coups rapprochés (4 ou 5), puis respectez une pause d'environ 20 s avant d'entamer un nouveau cycle. Lorsqu'un silure réagit à la manœuvre, il se dirige vers la source du bruit, puis se décide ou pas à attaquer l'appât de la ligne.

À LA LIGNE FLOTTANTE

À la ligne flottante, de nombreux montages spécifiques ont été mis au point pour pêcher au vif à poste fixe : le pater-noster inversé, également utilisé pour le brochet (voir Les montages de base, p. 125), mais aussi celui qui emploie une ligne équipée d'une bouée. Ce procédé permet de maintenir un gros vif de plus de 500 g sur un poste précis, sans aucune difficulté.

Pour pratiquer en dérive, les grands classiques de la pêche du brochet font des merveilles (flotteur à ailettes), mais il faut des modèles de plus grande taille et éviter les bas de ligne en acier. Une tresse suffit amplement, car le silure n'est pas pourvu de dents tranchantes (voir Silure, p. 218 et 219). La pêche au flotteur au ver ou à la sangsue donne aussi de bons résultats.

AUX LEURRES

Aux leurres, la technique est plus délicate pour le débutant, car elle exige un sens de l'eau plus développé, ne serait-ce que pour repérer les postes. Ce qu'il faut savoir :

• **Dans la journée**, le silure se tient à l'abri de la lumière, dans des secteurs généralement riches en cyprinidés. En ces endroits, il se dissimule sur le fond et attend patiemment qu'une proie imprudente s'approche de sa tanière. Lorsque l'eau n'est pas limpide, il devient plus actif.

• **La nuit ou tard le soir**, il se déplace beaucoup plus. Il recherche ses proies et les localise grâce à ses sens développés : ligne latérale, oreille interne, peau sensitive, papilles et barbillons…

Dans la pratique, vous avez le choix entre une pêche à la cuiller ondulante (travaillée près du fond), une pêche au poisson nageur plongeant, à moins que vous

VOIR AUSSI

- **Le petit matériel et les accessoires pour la pêche au lancer**
pages 82 à 87
- **Cannes et moulinets pour la pêche à la mouche**
pages 88-89
- **Le petit matériel et les accessoires pour la pêche à la mouche**
pages 90 à 95

ne préfériez un leurre souple (LS). Dans ce cas, une grosse virgule montée sur une tête plombée ou sans lest (tout dépend du niveau de profondeur que vous souhaitez prospecter) le séduira certainement. Attention à la touche. Elle n'est pas toujours identifiable au premier coup, surtout pour le pêcheur débutant, car elle donne parfois l'impression que la ligne s'est accrochée sur le fond. Ce n'est que lorsque le poisson s'active que le doute n'est plus permis. Alors commence la bagarre.
Pour renforcer l'attractivité des leurres, vous pouvez les parfumer, les équiper de billes bruiteuses ou de teasers divers. Comment s'y prendre ? Voici quelques exemples à suivre :

• **Pour aromatiser les LS,** faites-les tremper dans un sachet dans lequelle vous aurez versé le produit ou piquez-les à l'aide d'une seringue.

• **Pour aromatiser les cuillers,** placez des brins de laine imprégnés à la hampe de l'hameçon, à moins de disposer un cube de mousse imbibé dans le réservoir spécialement prévu à cet effet (certaines cuillers en sont équipées). Une autre solution également très efficace consiste à escher un ver ou une lanière d'encornet sur l'hameçon de la cuiller.

• **Pour positionner un teaser** bruiteur ou vibrant, le procédé est tout aussi simple : vous avez le choix entre ajouter des hélices métalliques sur le leurre, des billes, ou – cela concerne les leurres souples – enfiler une capsule de verre remplie de billes de métal dans la masse du leurre.

AU MORT MANIÉ

Au mort manié, la monture la plus employée est une Drachkovitch (la fameuse monture Drachko) n° 4 ou 5, mais d'autres montures sont également intéressantes, à commencer par la monture casquée (parfaite pour explorer les fosses en dandine), l'Ariel ou la Donzette, pour ne citer que ces exemples (voir La pêche au poisson mort manié, p. 138 à 141).
La taille de l'appât va de 10 à 15 cm, pas davantage, sans quoi il devient problématique de le manœuvrer correctement, sans fatiguer.
Le maniement de la ligne se fait comme lorsque vous pêchez le brochet : on ramène le mort par des mouvements alternés, en effectuant des tirées lentes, irrégulières, des relâchés et des tremblotements. La prospection se fait au ras du fond, mais aussi entre deux eaux pour provoquer les poissons les plus actifs.

LA PÊCHE AU CLONCK

La pêche au clonck est une technique qui nous vient des pays de l'Est. Elle se pratique en bateau et consiste à attirer les silures, en battant l'eau à l'aide d'un appelant en bois, sur des secteurs où des lignes ont été mises en place. Il peut s'agir d'une ou de plusieurs lignes flottantes eschées d'appâts naturels (vifs, vers...) ou d'une ligne plombée maintenue en suspension entre deux eaux et présentant une grappe de lombrics. Cette dernière méthode est la plus classique.
Une autre variante de cette technique, guère connue chez nous, repose sur l'emploi d'un morceau de bambou flottant que les vagues font vibrer à la surface de l'eau.

À LA MOUCHE

Le silure peut également se capturer à la mouche. Certains mordus de la pêche au silure ont fait des tentatives avec succès.
C'est surtout dans les cours d'eau où le fond n'est pas trop important que toutes les chances de réussite sont réunies. Les artificielles mises au bout de la ligne sont des énormes streamers de 10 à 20 cm de longueur.

Le choix des appâts et des leurres

De nombreux vifs intéressent le silure (tanche, chevesne, carassin, carpe, anguille), mais pas uniquement les plus gros. On peut escher plusieurs poissons de taille moyenne sur un même hameçon. C'est ce que l'on appelle un « eschage en grappe ». Sandres et brochets réagissent particulièrement bien à cette présentation.
Les gros lombrics, les sangsues, les anodontes (moules d'eau douce), les écrevisses, les oiseaux et les poissons morts (dont le tronçon d'anguille), les morceaux d'encornet, le maquereau, le hareng, le mulet, entiers ou découpés en filets, sont des appâts naturels appréciés.
Parmi les leurres, vous pouvez employer des cuillers ondulantes larges et lourdes, mais aussi les modèles légers que l'on utilise à la bombette (voir p. 134 à 137). Les grosses cuillers tournantes sont également à tester. Les leurres souples pisciformes, en forme de faucille, de virgule, de ver et d'écrevisse sont excellents, ainsi que les modèles habituellement réservés à la pêche en mer : anguillons, céphalopodes...

L'échosondeur, un outil appréciable

Cet appareil facilite grandement la localisation des carnassiers dont les silures. C'est un instrument très utile pour pêcher en bateau, notamment au clonck. Certains pêcheurs l'utilisent même pour pratiquer une pêche à vue. Ils repèrent les poissons sur l'écran et suivent de près leur comportement pour ajuster leur stratégie et présenter leurs lignes au bon endroit. Les informations données par un échosondeur ne sont guère difficiles à interpréter, surtout lorsque vous pêchez le silure. Ce poisson étant d'une taille qui ne passe pas inaperçue, il n'échappe pas aux ondes émises par l'échosondeur.

LE SILURE : MONSTRE DES EAUX DOUCES ?

Beaucoup de bêtises ont été dites sur le silure, notamment qu'il s'attaquait aux chiens, voire aux pêcheurs. C'est mal le connaître et remettre au goût du jour les peurs ancestrales. Non, ce représentant de la famille des siluridés ne présente pas de danger. Ce n'est pas pour rien si les pêcheurs n'hésitent pas à le sortir de l'eau en glissant leur main dans sa bouche pour le saisir par la mâchoire inférieure. Des personnes particulièrement courageuse ? Il n'y a aucun risque de se faire mordre en agissant ainsi, car ses mâchoires ne sont pas armées de dents tranchantes, comme chez le brochet, ou pointues, comme chez le sandre. Tout au plus leur main peut-elle être légèrement égratignée s'ils n'ont pas pris la précaution de porter un gant.

Les montages de base

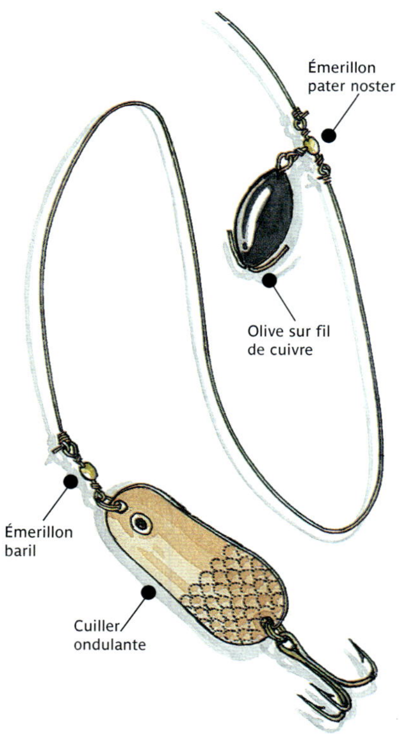

PÊCHE À LA CUILLER ONDULANTE

PELOTE DE VERS POUR PÊCHER AU CLONCK

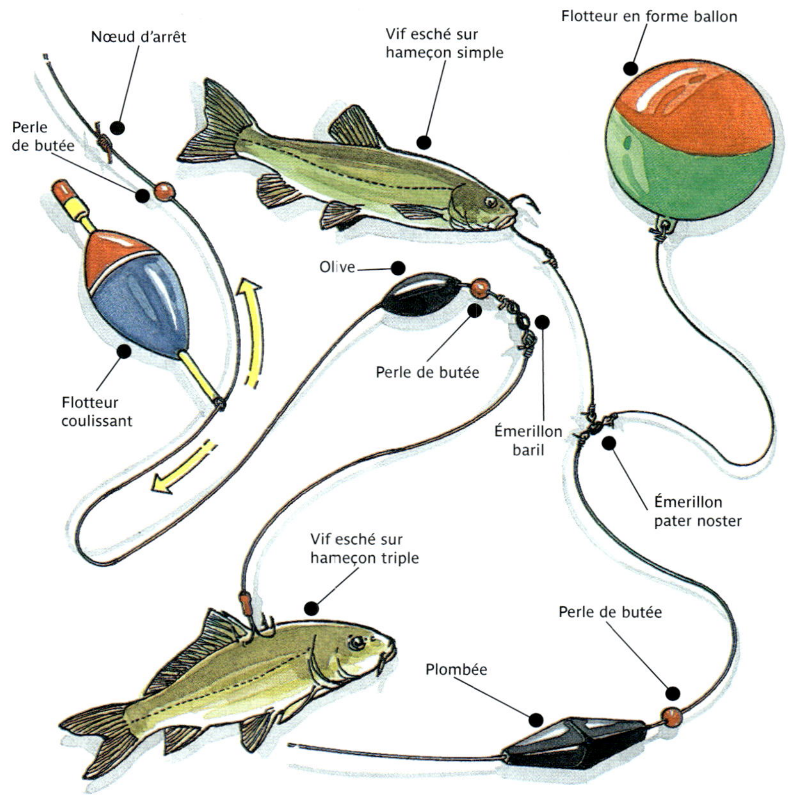

DEUX MONTAGES POUR PÊCHER AU VIF

La pêche au toc

LE POINT SUR LA TECHNIQUE :

Le toc fait des merveilles dans les rivières de première catégorie où les salmonidés sont dominants. C'est une pêche aux appâts naturels qui nécessite une grande attention, la touche étant ressentie tactilement.

LES POISSONS À PÊCHER :

Les salmonidés sont les principaux poissons recherchés, en particulier la truite, même si l'ombre et des poissons blancs comme le chevesne ou la vandoise se font aussi prendre.

VOIR AUSSI

- **Cannes et moulinets pour la pêche au coup** pages 70-71
- **Le petit matériel et les accessoires pour la pêche au coup** pages 72 à 79

L'action de pêche

La pêche au toc est une technique fine et sportive. Elle exige du pêcheur force de concentration, discrétion et savoir-faire.

Développée dans les Pyrénées, le toc s'est aujourd'hui imposé dans d'autres régions. Si les méthodes traditionnelles se pratiquent toujours (la pêche à la « pyrénéenne » et la pêche « à la barre » du Massif central), de nouvelles conceptions ont fait leur apparition qui revitalisent cette pêche et ont su conquérir un nombre croissant de pêcheurs.

Résultat : la pêche au toc se pratique également en compétition. Grâce à cet engouement, les techniques s'affinent encore chaque jour et le matériel ne cesse de se perfectionner.

LE TOC À LA « PYRÉNÉENNE »

La technique traditionnelle se pratique avec une grande canne dont la particularité est d'avoir des éléments d'une longeur qui diminue à mesure que l'on s'approche du scion.

Le mode de prospection se fait lui aussi d'une manière un peu particulière. Le pêcheur positionne sa ligne dans la coulée qu'il souhaite explorer, en variant la longeur de la canne. Il déboîte ou remboîte ses éléments selon la distance à atteindre. Un exemple : si le poste se trouve à ses pieds, il ôte le talon de la canne pour la raccourcir.

Une fois le coup exploré, il change de secteur, en se dirigeant vers l'amont ou vers l'aval. Pêcher en remontant a quelques avantages, celui notamment de pêcher avec une grande discrétion, mais aussi des inconvénients : la difficulté à lire l'eau pour localiser les postes et à bien présenter la ligne de la manière la plus naturelle qui soit.

LE TOC AUJOURD'HUI

Le toc tel qu'il est pratiqué aujourd'hui utilise des cannes de 3,60 m à 4,50 m, mais l'action de pêche se ressemble beaucoup : la ligne est lancée sous le scion ou en effectuant ce qu'on appelle un lancer coup droit ou en revers, à une distance n'excédant guère 20 m, la canne est maintenue haute et le pêcheur accompagne la dérive de la ligne qui se fait sur des secteurs favorables : amorties de courant, aval des rochers, cavité de la berge... Tout au long de son évolution, les doigts de la main libre maintiennent la bannière tendue afin de bien percevoir les touches qui se manifestent par de petits tocs caractéristiques ressentis dans le fil. Il faut être bien concentré afin de réagir rapidement, sans trop se presser cependant, de manière à ce que le poisson ait le temps d'engamer l'esche.

La bonne approche des postes

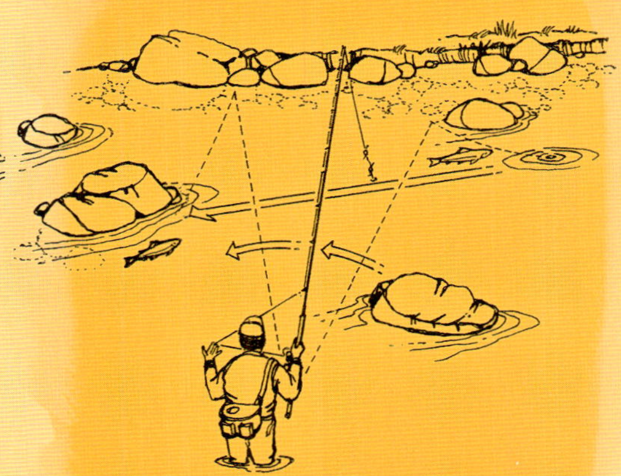

1 Pour pêcher dans les petites rivières et les ruisseaux, la meilleure solution consiste à explorer chaque trou où le poisson est susceptible de se poster, en déposant l'appât le plus discrètement possible et en se tenant à une distance respectable pour ne pas se faire repérer. Le pêcheur pratique le plus souvent depuis la berge et il n'hésite pas, au besoin, à s'accroupir pour passer inaperçu. Une ombre portée sur l'eau serait un désastre.

2 Pour pêcher au toc dans les rivières larges, la ligne est lancée aux trois quarts amont dans les veines d'eau. La localisation des postes est moins évidente que dans les petits cours d'eau. Un plus grand nombre de secteurs peut abriter des poissons et le pêcheur est souvent obligé de pénétrer dans le lit de la rivière pour s'en approcher (ce qu'il faut faire le moins possible, surtout dans les eaux claires où la plus grande discrétion est de rigueur).

LE TOC À « L'ITALIENNE »

Les pêcheurs italiens ne manquent pas de savoir-faire. Pour pêcher jusque dans l'antre des truites, ils n'hésitent pas à utiliser des montages lourds à plombée massive (une chevrotine de 6 à 8 g, voire plus) pincée juste avant l'émerillon.

Le bas de ligne, court, ne dépasse pas la trentaine de centimètres. La prospection des postes se fait en aveugle et il ne faut pas hésiter à animer la ligne en effectuant des mouvements de dandine.

Cette tactique est rudement efficace en début de saison pour pêcher des eaux troubles ou lorsque le courant est fort. Ils emploient également, pour pêcher sur de longue distance, un système de plombée ingénieux, en forme de spirale. Lourd, il peut être lancé à bonne distance, sans pour autant augmenter les risques d'accrochage, la spirale roulant sur le fond aisément.

Le plomb spirale, qui se place sur la ligne entre deux émerillons, se réalise avec du fil de plomb, d'un diamètre d'environ 1 mm, que l'on tourne sur un mandrin de métal. Le principe est similaire à la fabrication des cannetilles que les bijoutiers réalisent pour confectionner les anneaux d'une chaîne.

VOIR AUSSI

• **Les appâts**
pages 164-165

La rivière à livre ouvert

Les postes pouvant abriter des poissons sont nombreux en rivière. La truite occupe aussi bien les pools en fin de courant que les berges creuses que l'on trouve dans la partie concave d'un méandre ou à l'aplomb d'une falaise. Il ne faut pas oublier également l'aval et l'amont des seuils et les obstacles de pleine eau (souche, rocher, herbier), ainsi que les cavités du fond. Comment repérer tous ces postes ? S'il est facile de localiser un herbier qui pointe ses tiges vers la surface, il en est autrement d'un bloc rocheux immergé ou d'une dépression sur le fond.
Des indices permettent cependant de le faire. Un remous signale un trou ou un obstacle dans la pleine eau ; les parties concaves des méandres présentent des trous creusés par le courant, tandis que sur la partie convexe se forment des langues de terre ; un gué, qui peut abriter, lui aussi, de beaux poissons, se repère plus difficilement. Pour le détecter avec précision une astuce consiste à jeter dans l'eau une poignée d'herbes ou de brindilles.
Si les brindilles dérivent lentement puis accélèrent, il est probable qu'à hauteur de l'endroit où a eu lieu l'accélération se trouve l'un des bords du gué.

DES MONTAGES SIMPLES

Les montages employés pour pêcher au toc ne sont pas plus compliqués à réaliser que pour pour les autres techniques. Ils comportent un corps de ligne dont le diamètre est adapté aux poissons recherchés (14/100 à 18/100 en moyenne), une plombée composée de plombs ronds, d'une olivette ou d'une spirale de plomb, d'un émerillon destiné à limiter le vrillage du fil, d'un bas de ligne dont le diamètre est légèrement inférieur au corps de ligne (deux centièmes en moins), et d'un hameçon, un modèle simple, mais à la forme adaptée à l'esche. Pour escher un ver de terre ou un ver de farine, une tige longue convient mieux qu'une hampe courte. Pour une teigne, un tébo ou un porte-bois, un hameçon à hampe ronde est ce qu'il y a de plus adéquat. Il n'y a pas de flotteur, juste un guide-fil de type Rigoletto ou Ripelotte (voir p.75).

Le choix des esches

Parmi les meilleurs appâts employés à la pêche au toc, on notera les larves que l'on peut ramasser soi-même dans les cours d'eau, en prenant garde que ce soit autorisé (certaines font l'objet d'une protection) ou que l'on trouve aussi chez le marchand d'articles de pêche. Les vers sont tout aussi bons.

• **Les vers.** Vers de terreau, lombrics ou vers à tête noire donnent d'excellents résultats, en particulier lorsque les eaux sont troubles. Vous pouvez également opter pour le ver de berge que l'on trouve en remuant la terre humide.

• **La teigne.** Qu'elle soit conservée dans les alvéoles d'un rouleau de carton ou dans une boîte remplie de copeaux, la teigne peut être utilisée en toute saison.

• **Le porte-bois.** Cette larve de trichoptère est une gourmandise pour les truites ainsi que pour les ombres. Les meilleurs portes-bois sont les larves bien dodues à la chair jaune. Elles se ramassent sur le fond des cours d'eau, souvent dans des secteurs où elles se trouvent concentrées.

• **La patraque.** Il s'agit de la larve de la grande perle, un insecte de la famille des plécoptères. On la localise dans les eaux vives, sous les pierres et elle se récolte à l'aide d'un petit filochon. La patraque se reconnaît grâce à sa tête ronde et à son abdomen cerclé.

• **Les larves d'éphémères.** Il en existe une multitude que vous pouvez récolter (sauf les espèces protégées), à l'aide d'une petite épuisette à maille fine.

• **Le morio.** Cette grosse larve convient pour réveiller les truites en début de saison, lorsqu'elles se calent dans leur caborne (trou). Elle est vendue dans le commerce.

• **Le tébo.** Cette autre larve, que l'on trouve également chez les commerçants spécialisés, donne de bons résultats en début de saison.

• **Le ver de farine.** La larve du ténébrion s'utilise aussi bien au printemps qu'en été. Vivace, il séduit les truites ainsi que les ombres et les poissons blancs.

• **Les gammares.** Ces petits crustacés sont très appréciés des poissons. Riches en carotène, ils confèrent une couleur saumonnée à la chair des truites qui s'en gavent. Pour le ramasser, aidez-vous d'un filochon que vous placerez derrière un caillou qu'il ne vous restera plus qu'à soulever promptement. En s'enfuyant, le gammare se fera prendre au piège.

• **Les mouches naturelles.** Qu'il sagisse de la mouche bleue, de la mouche verte ou encore de la mouche à m…, ces diptères font le régal des poissons, encore faut-il pouvoir en disposer. Pour en faire provision, la solution la plus simple consiste à laisser se développer des asticots achetés chez votre détaillant en articles de pêche dans une boîte grillagée.

• **Les sauterelles, les grillons et les hannetons.** Ces appâts s'utilisent à la belle saison, principalement en été, lorsque les poissons recherchent activement les insectes terrestres qui tombent régulièrement à l'eau.

La pêche au toc aux appâts artificiels

Les appâts naturels sont majoritairement utilisés, mais certains spécialistes de la technique emploient aussi des mouches qui imitent des nymphes.

Depuis peu, des larves artificielles spécifiques, faites de fibres colorées, de caoutchouc et d'une tête plombée, ont été mises au point et sont proposées dans le commerce. Elles exigent une utilisation particulière (absence de lest sur le Nylon du bas de ligne, ferrage rapide…).

Certains pêcheurs emploient également des imitations d'alevins, avec succès, mais là aussi il est nécessaire de les utiliser d'une manière adaptée.

Pour tenter les truites d'élevage, les détaillants vous prosposent des pâtes fluorescentes.

PÊCHE À L'ASTICOT

Dans certains départements du sud-ouest de la France, des dérogations préfectorales autorisent la pêche à l'asticot. Ce procédé alimente les polémiques. Des pêcheurs le considèrent comme nuisible pour la truite, en prétextant notamment que les asticots causent des dommages à l'estomac des truites ou que leur utilisation favorise le braconnage, d'autres pensent que c'est une pêche traditionnelle qui ne doit pas disparaître. Difficile de trancher. Ce qui est certain, c'est que les asticots n'incommodent pas l'estomac des truites. Les populations de poissons des rivières où la pêche à l'asticot est permise se portent bien. Mais il est vrai que des pêcheurs peu scrupuleux se servent de ces esches pour amorcer leur coup, ce qui, il faut le rappeler, est totalement interdit, mais passe souvent inaperçu des forces de la loi, un garde-pêche ne pouvant se poster derrière chaque pêcheur.

Les montages de base

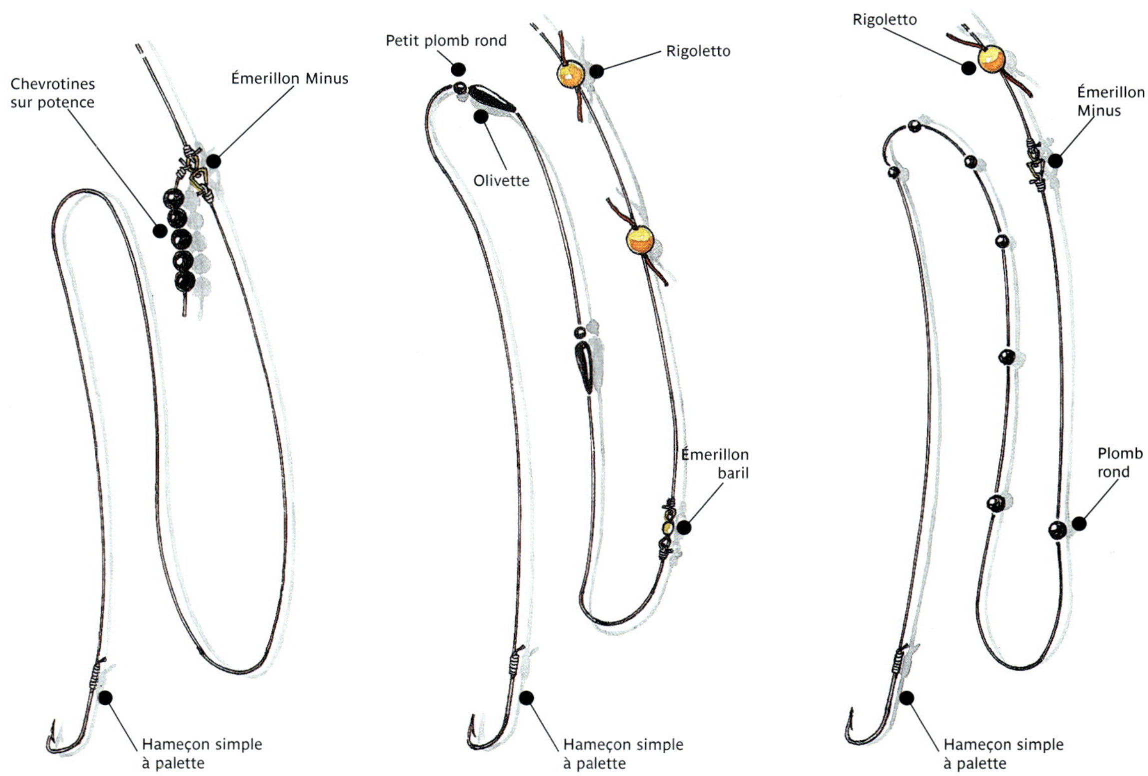

LIGNE POUR PÊCHER EN DÉRIVE | LIGNE POUR LES EAUX FORTES | LIGNE POUR LES EAUX CALMES

La pêche aux leurres

◗ LE POINT SUR LA TECHNIQUE :
À la pêche aux leurres, le pêcheur se fait chasseur. C'est une technique sportive, s'il en est, où il faut battre du terrain pour localiser les poissons. Elle est particulièrement agréable à pratiquer, car le pêcheur ne s'ennuie jamais, même lorsque les poissons ne sont pas au rendez-vous. La beauté des leurres et le plaisir de les faire travailler le consolent de la « bredouille ».

◗ LES POISSONS À PÊCHER :
Tous les carnassiers sont susceptibles d'être pêchés aux leurres, de la truite au brochet en passant par le silure, mais aussi des poissons blancs comme le chevesne ou le mulet.

VOIR AUSSI

- **Cannes et moulinets pour la pêche au lancer** pages 80-81
- **Le petit matériel et les accessoires pour la pêche au lancer** pages 82 à 87
- **Les leurres** pages 166-167

L'action de pêche

La pêche aux leurres passionnent de nombreux pêcheurs. Cette technique, qui s'adresse à des poissons combatifs, est captivante. C'est une pêche itinérante qui exige que le pêcheur se déplace beaucoup pour prospecter les postes.
Dans son principe général, l'action de pêche consiste à lancer sa ligne et à la récupérer en moulinant, mais il y a des différences conséquentes suivant les techniques.

À LA CUILLER TOURNANTE

La cuiller tournante n'imite pas vraiment une proie. C'est un leurre plutôt incitatif et son action repose principalement sur les stimuli visuels, vibratoires et sonores qu'il émet lorsque la palette se met en

La libération du fil lors des lancers

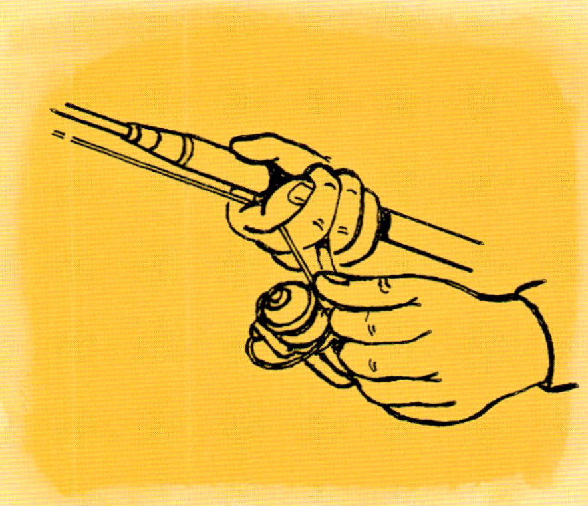

1 Avant de propulser le leurre sur un poste déterminé, le frein du moulinet est réglé à la limite de rupture. Ce n'est qu'à partir de ce moment que le pick-up du moulinet peut être levé.

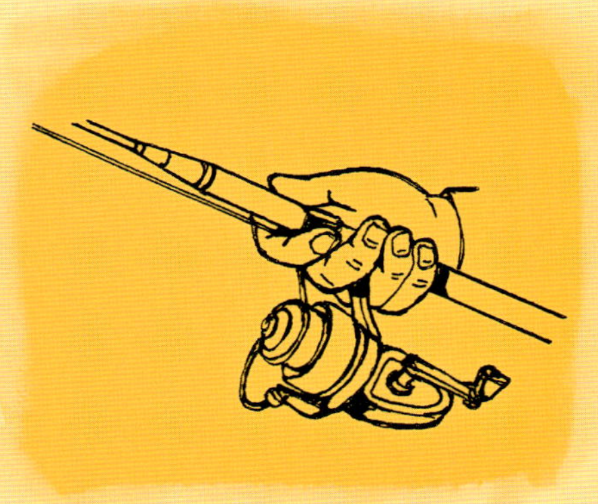

2 La deuxième opération à réaliser consiste à crocheter le fil qui sort du moulinet à l'aide de l'index de la main qui tient la canne. Ainsi, la ligne est bloquée, prête à être lancée.

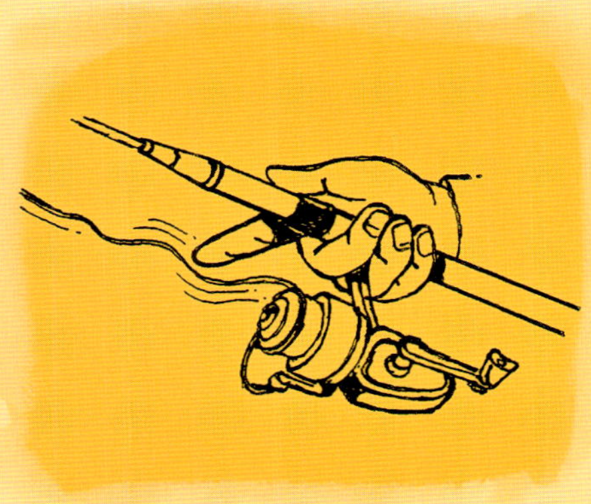

3 Lorsque le leurre est propulsé, de quelle que manière que ce soit (lancer vertical, coup droit...), l'index libère le fil afin qu'il puisse se dérouler et atteindre sa cible sans encombre.

rotation. Une rotation attrayante, mais qui ne suffit pas pour provoquer l'agressivité des carnassiers. Il est nécessaire de pratiquer une animation complémentaire pour lui donner un semblant de vie, en variant la vitesse de récupération (les poissons ont tendance à attaquer ce qui semble leur échapper) ou en le ramenant de façon irrégulière, par saccades.

Les cuillers plombées en tête (voir p. 82), qui nagent en dents de scie sont des leurres qui imitent de façon plus ou moins réussie la nage d'un poissonnet au comportement chaloupé.

À LA CUILLER ONDULANTE

La cuiller ondulante se comporte différemment. Ce leurre se compose d'une palette en maillechort, en laiton ou en plastique, large et épaisse pour les pêches profondes, étroite pour évoluer correctement dans les courants. À l'une des extrémités se trouve un anneau brisé où la ligne est fixée. L'autre bout comprend l'hameçon (un triple ou un simple).

L'action de pêche proprement dite se déroule ainsi : le pêcheur lance dans l'eau le leurre qui coule en planant comme le fait une feuille morte. Lors de la récupération, la cuiller progresse en imitant la nage d'un poisson. Son attrait repose également sur ses stimuli, notamment les miroitements et les reflets colorés de sa palette. La cuiller ne doit pas être ramenée de manière régulière, mais par à-coups, afin de la faire virevolter, ce qui est efficace pour attirer l'attention des carnassiers. Il faut aussi respecter des poses, de temps à autre.

AUX LEURRES SOUPLES

Dans cette catégorie, les possibilités d'utilisation sont encore plus vastes. Eschés sur une tête plombée (de forme ronde ou sabot, en forme de banane ou d'olive), les leurres souples évoluent sur le fond. Pour qu'ils soient efficaces, il faut alors les récupérer par saccades, en les faisant progresser par tirées successives.

Placés sur une monture de type Drachkovitch, les LS (pisciformes, falciformes ou vermiformes) sont travaillés de la même façon qu'un poisson mort (voir p. 138 à 141).

L'animation de certains montages, comme le Carolina ou le Texan, s'apparente à la pêche à la tirette. Ils sont ramenés par à-coups en les faisant traîner sur le fond pour qu'ils produisent un nuage de vase attractif.

D'autres encore, comme les leurres souples figuratifs imitant des grenouilles ou des lamprillons, progressent en surface et se faufilent dans la végétation. C'est le cas du Slug, dont l'hameçon est inséré dans une cannelure qui le protège des accrocs.

Les différents types de lancers

1 Le lancer balancé sous la main s'effectue par un mouvement pendulaire, sous la canne et de l'arrière vers l'avant. Le leurre pend sous le scion à une distance d'environ 60 cm de celui-ci. Le pick-up est levé, l'index crochète le fil. Au moment où la ligne part vers l'avant, le fil peut être libéré.

2 Le lancer vertical se pratique par-dessus l'épaule. Après avoir ouvert le pick-up du moulinet et bloqué le fil en le crochetant de son index, le pêcheur positionne la canne en arrière, laissant pendre le leurre à une distance de 60 cm sous le scion. Par un mouvement vers l'avant, il bande le nerf du scion et libère le fil.

3 Le lancer coup droit se pratique en positionnant la canne vers la droite, à un angle d'environ 45° par rapport au sol. Le pick-up est levé, puis l'index crochète le fil. Par un mouvement sur le côté, le pêcheur fait se balancer le leurre sous le scion, puis, lorsqu'il sent que le nerf de la canne est sollicité, donne un coup de poignet vers l'avant et libère le fil.

4 Le lancer en revers est réalisé de la même manière que le lancer coup droit, sauf que le bras se trouve dans une position inversée : la main droite passe devant la poitrine afin que la canne se trouve sur le côté gauche. Par un mouvement rapide, la ligne est projetée vers l'avant, puis le fil est libéré afin que le leurre atteigne sa cible.

AU POISSON NAGEUR

Les poissons nageurs sont fabriqués en bois ou en plastique. Comme leur nom l'indique, ils imitent des poissons. Certains modèles sont flottants, d'autres « coulants » ou de densité neutre. Les premiers plongent lorsqu'ils sont ramenés, grâce à une bavette qui sert de déflecteur. Au repos, ils remontent à la surface.

Lorsque un coulant est lancé, il coule et ce n'est qu'à partir de la récupération qu'il se stabilise à un certain niveau : dans la mi-eau ou près du fond. Tout dépend de l'inclinaison de sa bavette et de la vitesse à laquelle vous le ramenez.

Ceux de densité neutre coulent également, mais restent en suspension à l'arrêt de la récupération. Ils se travaillent en effectuant des tirées, sur les côtés pour qu'ils godillent, en variant la vitesse de récupération et en faisant des poses.

Le flottant permet une animation un peu plus particulière. Il est possible de lui faire exécuter de petits bonds à la surface qui séduiront brochets et black-bass, en le ramenant par à-coups. Il jouit par ailleurs d'un avantage indéniable : le courant peut l'emporter jusque sous les frondaisons, les pontons et autres postes intéressants, qui sont souvent inaccessibles autrement.

Autres cas particuliers : les poissons nageurs à dandiner, des leurres excellents pour explorer les fosses profondes ou les obstacles verticaux (parois…), et les poppers. Ces derniers progressent en surface. Ils imitent des grenouilles et se récupèrent selon la méthode chère aux pêcheurs américains : le stop and go. Il s'agit d'alterner tractions et poses afin que le leurre se comporte comme un batracien.

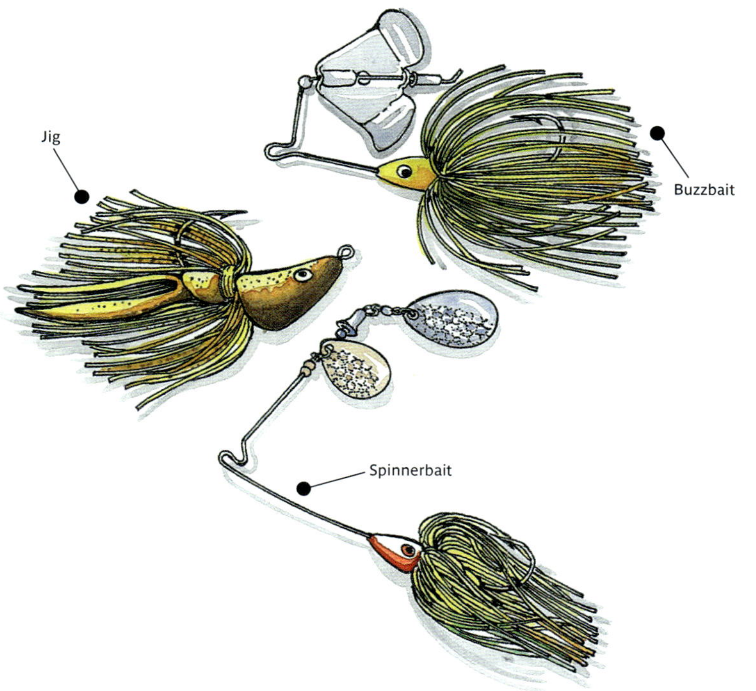

■ LE FONCTIONNEMENT D'UN LEURRE

Un leurre imite une proie ou provoque l'attaque du poisson en jouant sur son agressivité instinctive. Il est possible d'inciter un carnassier à mordre, même s'il n'a pas faim, avec des stimuli mécaniques (vibrations, bruits), visuels (couleurs, reflets, phosphorescences) ou olfacto-gustatifs (odeurs, goûts). Le poisson identifie alors le leurre à un intrus ayant pénétré son territoire ; un danger potentiel qu'il faut éliminer.

Spinnerbaits, buzzbaits et jigs

• **Les spinnerbaits** sont des leurres très spéciaux d'origine américaine. Leur axe est coudé. À l'une des extrémités se trouve une palette brillante, voire articulée, l'autre possède une tête plombée généralement habillée d'une jupe de caoutchouc. La palette émet des vibrations et protège l'hameçon des accrocs.

• **Le buzzbait** est de la même famille, mais l'axe a une forme rectangulaire. Lui aussi est équipé d'une tête plombée, cependant, à la place de la palette, se trouvent une ou plusieurs hélices. Ce leurre est réputé pour son efficacité pour pêcher le black-bass et le brochet au-dessus des fonds encombrés de végétation.

• **Les jigs** conviennent pour explorer les grands fonds à la verticale. Ce sont des têtes plombées habillées de poils, de plumes ou de caoutchouc. Certains ont des palettes métalliques.

Les montages de base

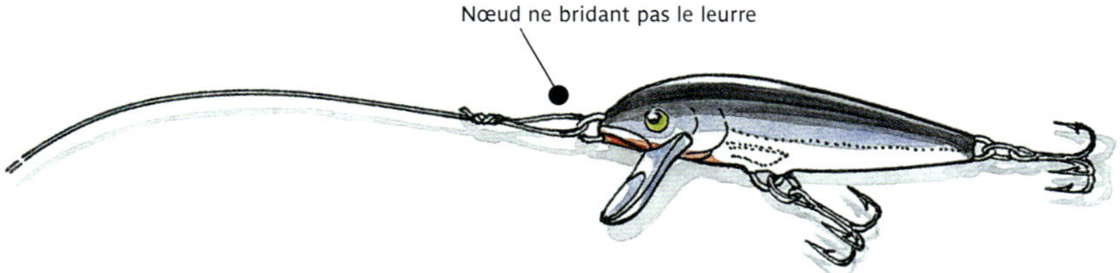

LIGNE POUR LA PÊCHE AU POISSON NAGEUR

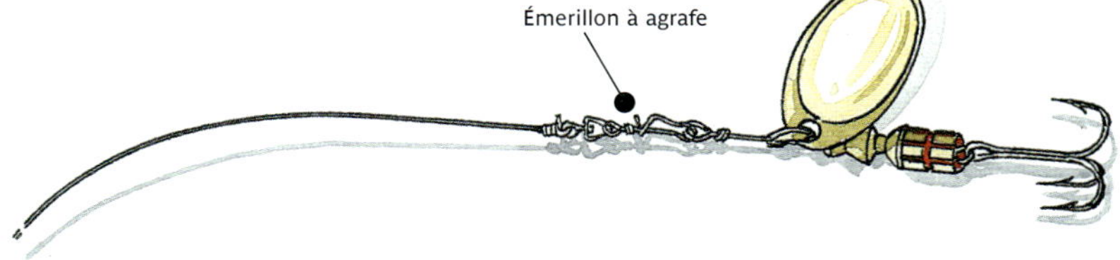

LIGNE POUR LA PÊCHE À LA CUILLER TOURNANTE

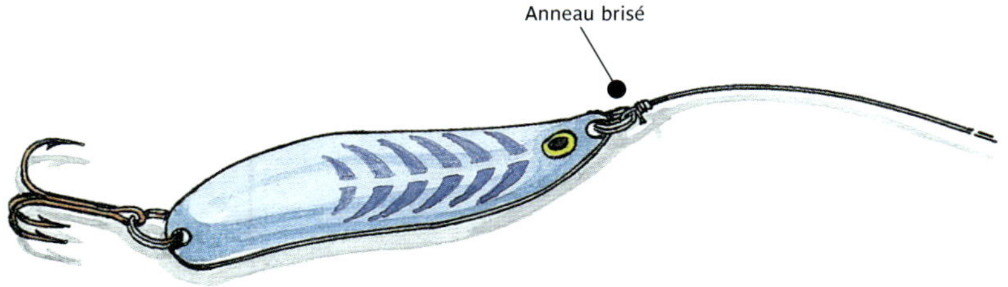

LIGNE POUR LA PÊCHE À LA CUILLER ONDULANTE

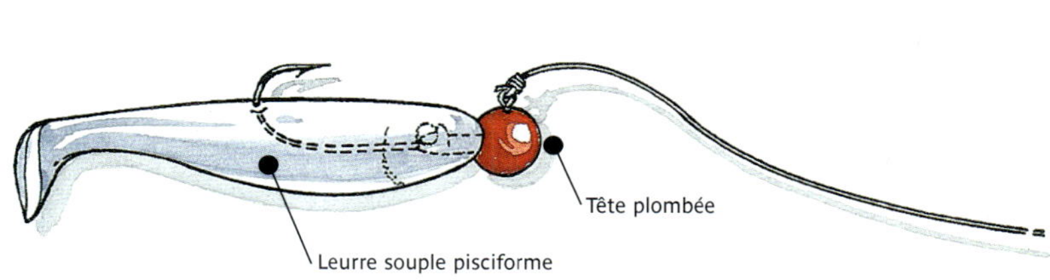

LIGNE POUR LA PÊCHE AU LEURRE SOUPLE

La pêche à la bombette

LE POINT SUR LA TECHNIQUE :
La bombette permet de lancer des esches ou des leurres légers à longues distances et de les travailler d'une manière originale, à différents niveaux de profondeur (près du fond, entre deux eaux ou en surface). Elle remplace aussi avantageusement les plombées dans les secteurs où le fond est encombré de végétation ou de rochers.

LES POISSONS À PÊCHER :
Une grande majorité de poissons peut être pêchée à la bombette, pourvu que le montage soit adapté. Si les premiers visés sont les carnassiers, la bombette peut aussi se révéler très précieuse pour pêcher les poissons blancs, notamment en pratiquant une pêche à la calée.

VOIR AUSSI

- **Cannes et moulinets pour la pêche au lancer** pages 80-81
- **Le petit matériel et les accessoires pour la pêche au lancer** pages 82 à 87

L'action de pêche

La pêche à la bombette est une technique récente. Lors de son apparition, elle n'a guère enthousiasmé les pêcheurs, par ignorance sans doute, car ils ont fini par l'adopter. Elle permet de pêcher de nombreux poissons, à commencer par les carnassiers, comme la perche, le brochet ou encore la truite. Il existe de nombreuses possibilités d'utilisation.

• **Avec une cuiller tournante.** La bombette permet de lancer les modèles minuscules (cuillers ultra-légères ne pesant pas plus de 3 g) à des distances importantes, sans effort. De quoi tenter les poissons qui s'y intéressent particulièrement ou ceux qui, dans les secteurs trop fréquentés par les pêcheurs, se méfient des leurres de grande taille qui leur sont proposés à longueur de journée : les

Un exemple de maniement de la bombette

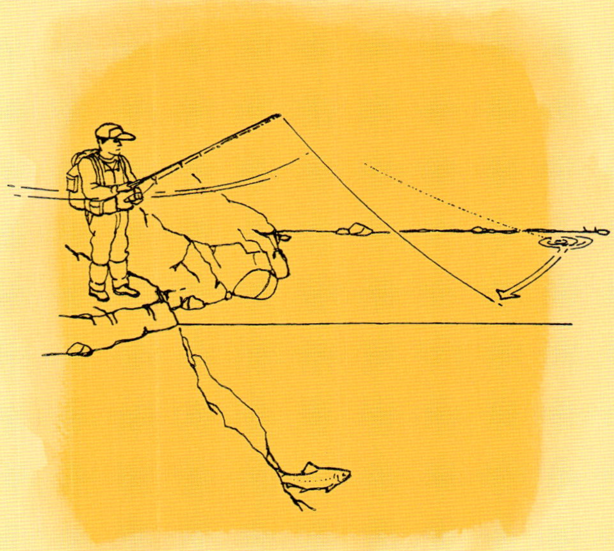

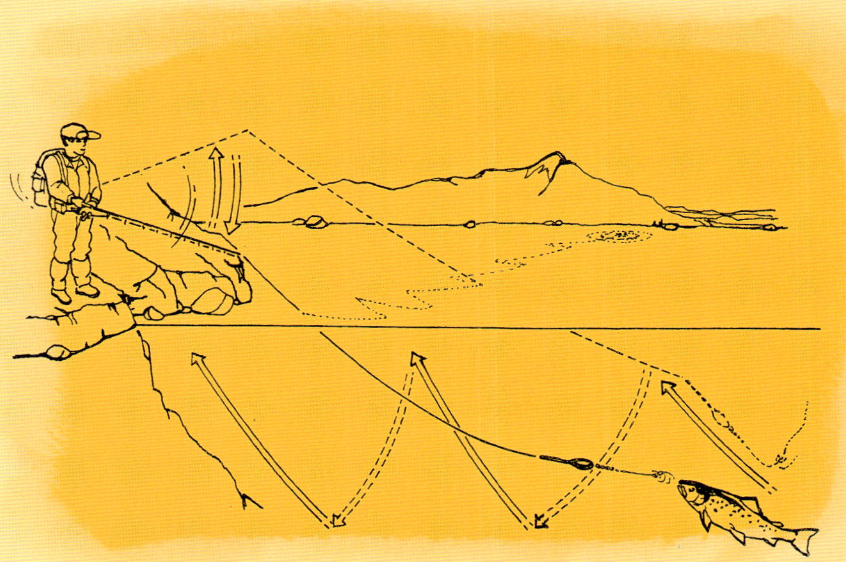

1 Cette technique est excellente pour pêcher dans les plans d'eau ou les bras morts des fleuves où, si l'on n'a pas de barque, la prospection des obstacles à la verticale reste difficile. La ligne est lancée loin du bord, là où vous pensez que le poisson se tient. Elle comporte une bombette flottante qui supporte un leurre (une cuiller ondulante, un leurre souple…) ou un appât (ver, poisson mort, lanière d'encornet ou de lard…).

2 Après avoir fermé le pick-up du moulinet, vous pouvez entamer la récupération de la ligne, en alternant les tirées et relâchés. À chaque relâché, la bombette s'enfonce légèrement dans l'eau. La touche se manifeste généralement pendant l'ascension du leurre ou de l'appât. Le ferrage est alors quasiment automatique. Mais il est aussi possible que l'attaque se produise à la descente. Si c'est le cas, vous aurez l'impression que votre leurre ou appât fait du surplace. Il faut alors réagir rapidement. Ferrez en donnant un coup de scion vers le haut ou sur le côté, sans excès mais fermement, et ramenez votre prise sans tarder pour ne pas alerter les autres poissons qui pourraient se trouver sur le poste.

petits carnassiers, comme la perche, mais aussi les plus grands, comme le brochet et la truite qui s'attaquent volontiers aux alevins.

• **Avec une cuiller ondulante.** Les modèles de type Léman, que l'on destine surtout à la pêche à la traîne dans les lacs, sont souvent intéressants pour pêcher les carnassiers. La nage de ces cuillers et leur palette brillante sont très attractives, mais elles sont trop légères pour être lancées à bonne distance. La bombette offre une alternative. Grâce à son poids, il est possible de les faire travailler loin du bord ou de l'embarcation d'où vous pêchez sans pour autant entraver leur nage.

• **Avec un poisson nageur.** Avec de petits modèles, on rencontre le même type de problèmes qu'avec une cuiller ondulante légère. Il est difficile de les lancer loin. Ils sont pourtant efficaces pour pêcher des carnassiers, comme la perche, le black-bass, ou encore la truite. Là aussi la bombette n'handicape pas leur nage.

• **Avec un leurre souple.** Grâce à la bombette, l'animation peut se faire au ralenti, d'une manière naturelle et à tous les niveaux. Vous n'êtes plus obligés de plomber lourdement votre leurre pour prospecter les profondeurs. Une bombette plongeante suffit amplement.

• **Avec des appâts naturels.** Une bombette semi-plongeante ou flottante est parfaite pour pêcher au poisson mort posé ou à la lanière d'encornet sur les fonds touffus ou couverts de rochers. L'appât est présenté au-dessus du fond, entre deux

VOIR AUSSI
- **Les appâts** pages 164-165
- **Les leurres** pages 166-167

eaux ou près de la surface, et il peut être animé de façon naturelle. À ne pas oublier également, les possibilités d'utilisation avec un vif ou de petits appâts comme la teigne, le ver de farine ou le lombric.
Le vif est esché par le nez, alors que le lombric est enroulé autour d'un hameçon triple et piqué aux trois branches. Il se mettra ainsi à tournoyer lors de la récupération. La teigne et autres appâts du même type sont plutôt fixés par la tête ou empalés.

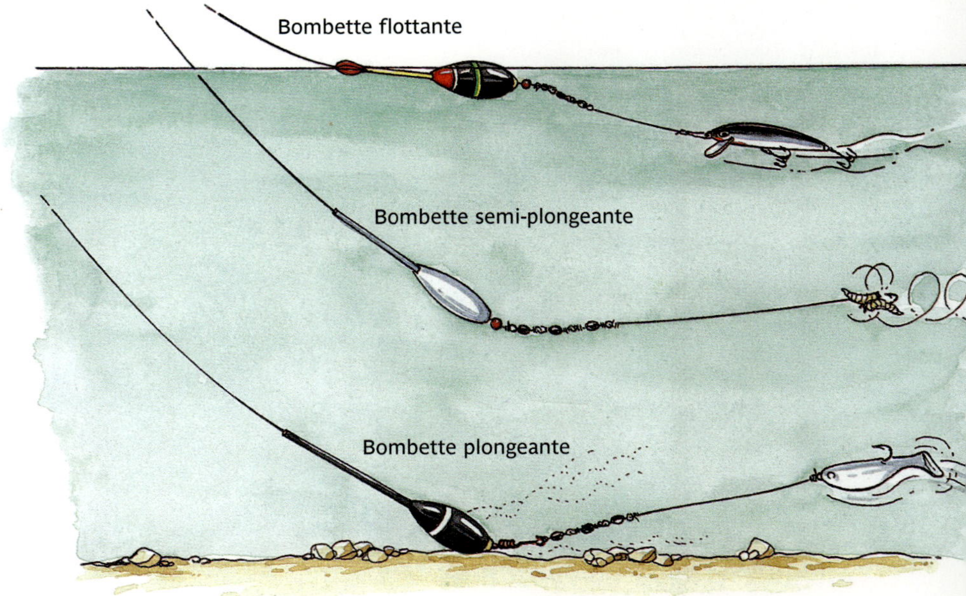

Les différentes densités de bombette

• **La bombette flottante.** Sa densité est inférieure à celle de l'eau. Elle évolue donc près de la surface, ce qui est intéressant pour prospecter les faibles profondeurs, au ralenti, ou pratiquer des techniques spécifiques comme la dandine à distance. Elle offre alors à la ligne un appui.

• **La bombette semi-plongeante.** Sa densité étant proche de celle de l'eau, elle descend lentement vers le fond. Cela permet de la faire évoluer entre deux eaux, sans être obligé de mouliner rapidement. En modulant la vitesse de récupération, il vous est possible de la faire progresser à différents niveaux de profondeur avec le maximum de confort.

• **La bombette plongeante.** Sa densité est supérieure à celle de l'eau. Elle coule donc rapidement, un peu à la manière d'un lest. C'est l'outil idéal pour pêcher les fosses, à proximité du fond, en présentant un leurre ou un appât naturel sur les rochers où les accrochages sont inévitables avec une plombée classique.

Émerillon et ressort amortisseur

Afin de limiter au maximum les risques de vrillage du fil, un émerillon est indispensable, mais pas n'importe lequel.
À la bombette, un émerillon double ou triple, voire quadruple, beaucoup plus performant qu'un modèle simple, est préférable.
Il se positionne entre le corps de ligne et le bas de ligne, juste après la bombette. Afin de protéger le nœud de fixation, enfilez une perle de butée en plastique, à l'exemple de l'illustration ci-contre.
Un autre élément offre aussi de précieux avantages : le ressort amortisseur. Cet accessoire de métal limite les risques de casse et permet de fixer la bombette sans devoir faire de nœud. Il est ainsi très facile de changer de bombette durant votre partie de pêche pour, par exemple, troquer un modèle flottant contre un modèle semi-plongeant, afin de varier le niveau d'immersion de votre ligne. Pour monter la bombette, il suffit de placer une boucle du Nylon faite à l'extrémité du corps de ligne, de la fixer au crochet du ressort, puis d'enrouler le fil d'abord autour de la tige du ressort, puis de sa partie spiralée. La défaire est tout aussi simple.

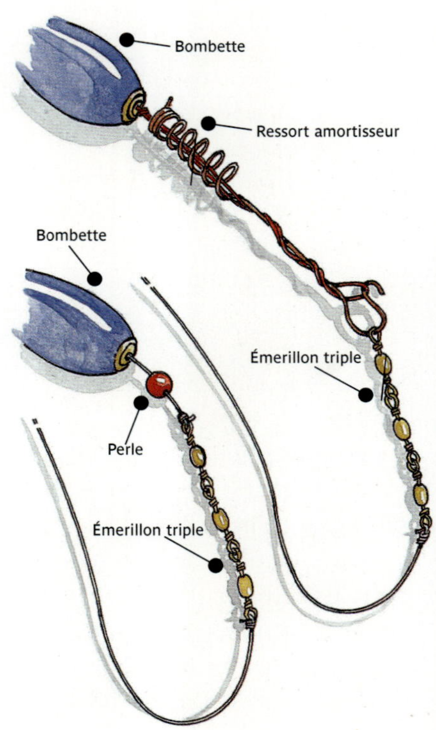

La bombette utilisée comme lest

La bombette n'est pas seulement employée pour pêcher activement. C'est un précieux outil pour présenter un appât (ver, vif, poisson mort et autres) à la calée, sur des fonds encombrés de végétaux ou de rochers. Cette technique n'est pas vraiment une pêche à la calée, car la ligne est en suspension, mais elle s'y apparente dans son principe, car l'action de pêche n'est guère différente. La ligne est lancée sur un poste précis, puis tendue, jusqu'à ce qu'une touche se manifeste. Quel est l'avantage de cette utilisation par rapport à une plombée classique ? Moins dense qu'un plomb, la bombette ne repose pas sur le fond mais se maintient juste au-dessus. Un appât peut ainsi être présenté sur des fonds encombrés sans s'accrocher. Les pêcheurs en mer connaissent bien cette utilisation particulière de la bombette, car il l'emploie fréquemment, notamment pour pêcher les poissons de roches. La bombette peut aussi servir de lest au bout d'une ligne destinée à pêcher à la « mitraillette », et il existe même des bombettes amorçoirs que l'on utilise pour pêcher au quiver-tip. Les ressources de cet accessoire ne manquent pas. Si la méfiance des pêcheurs faisait qu'il n'était guère employé il y a quelques années, il a aujourd'hui pleinement trouvé sa place.

COMMENT FIXER UNE BOMBETTE ?

Toutes les bombettes sont faites de la même façon : un corps plus ou moins ventru, en forme de flotteur, et une tige en plastique. Pour la fixer, il suffit de l'enfiler sur la ligne, comme on le fait avec un flotteur coulissant, ni plus ni moins, et de la bloquer avec une perle de butée, ou un ressort amortisseur, placée juste avant l'émerillon.

Les montages de base

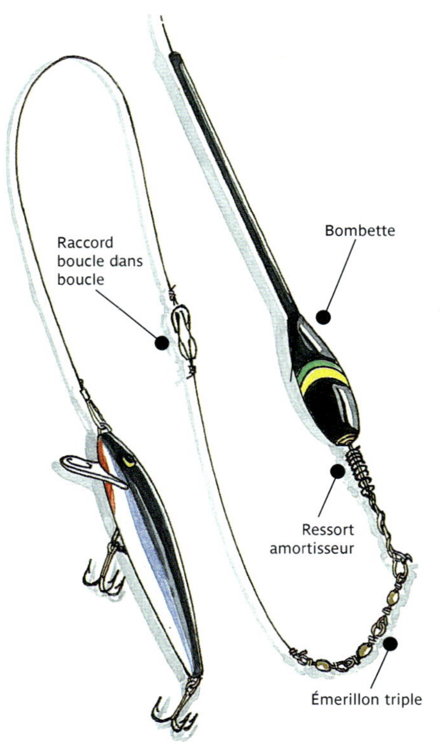

LIGNE POUR PÊCHER AU POISSON NAGEUR

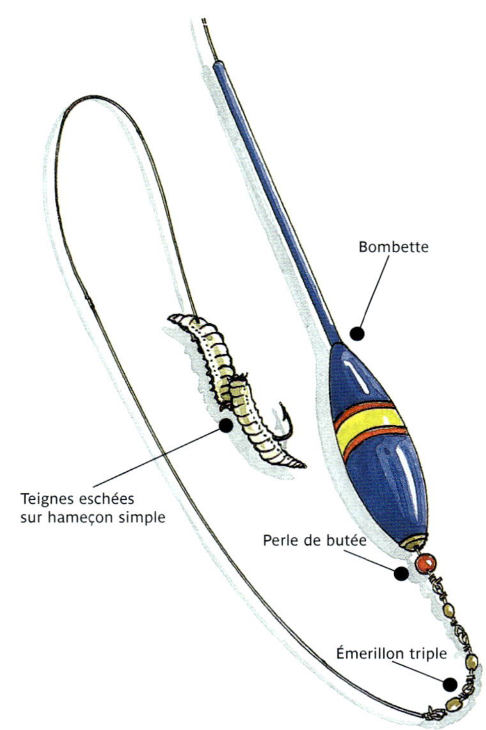

LIGNE POUR PÊCHER À LA TEIGNE

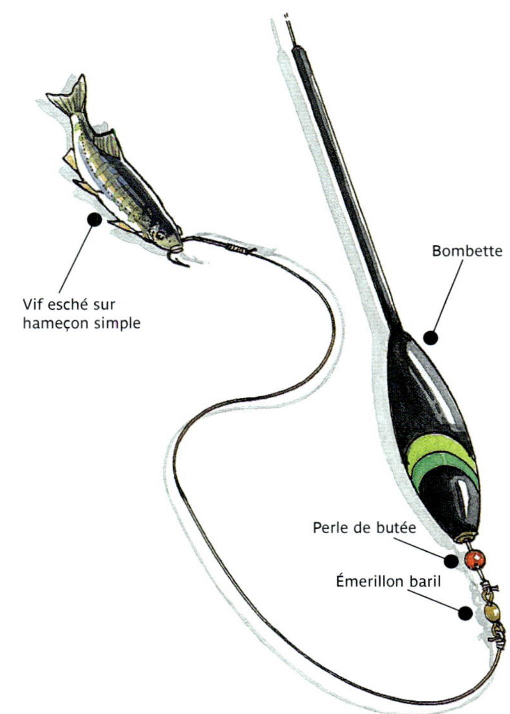

LIGNE POUR PÊCHER AU VIF

La pêche au poisson mort manié

LE POINT SUR LA TECHNIQUE :
Cette technique de pêche au lancer est à la portée de tous, mais il faut un certain sens de l'animation pour imiter la nage d'un poisson agonisant et une grande sensibilité pour réagir à la touche.

LES POISSONS À PÊCHER :
Les principaux clients sont surtout le sandre et le brochet, deux superbes poissons carnassiers, mais aussi la truite et le silure.

VOIR AUSSI

- **Cannes et moulinets pour la pêche au lancer** pages 80-81
- **Le petit matériel et les accessoires pour la pêche au lancer** pages 82 à 87
- **Les appâts** pages 164-165

L'action de pêche

La pêche au mort manié est une pêche itinérante. Elle se pratique avec une canne à lancer et un moulinet à tambour fixe. L'action de pêche consiste à explorer les postes en travaillant un poisson mort esché sur une monture (voir Les différentes montures p. 140). Il ne suffit pas de la ramener de manière statique, en tournant la manivelle du moulinet régulièrement. Non, pour que le poisson mort esché intéresse les carnassiers, il est nécessaire de pratiquer un savant dosage de manœuvres d'aguichage, faites, entre autres, de tirettes et de relâchés, afin que le mort évolue comme un poisson

Comment escher une monture Drachkovitch

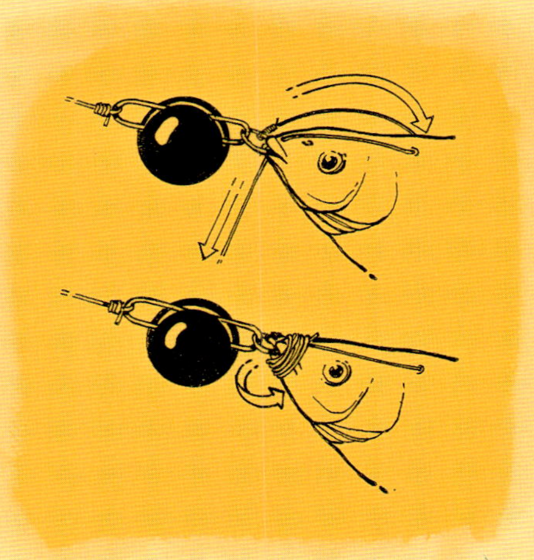

1 Les appâts (ablettes, vairons, goujons, gardons et autres poissons) sont conservés vivants dans un seau à vif ou dans un vivier quelconque, car il est préférable d'utiliser des poissons frais.
Avant d'escher votre monture, le poisson est tué proprement en l'assommant d'une pichenette sur la tête.

2 Introduisez ensuite l'épingle de la monture (la partie centrale composée d'une corde à piano) dans le corps du poisson, par la bouche.
Faites passer le fil de cuivre en traversant le corps du poisson derrière les ouïes et enroulez-le autour du museau afin de bloquer la tête du mort.

3 Il ne reste plus qu'à piquer l'un des hameçons derrière l'opercule, l'autre à hauteur du pédoncule caudal. Votre appât est ainsi solidement maintenu et ne risque pas de se décrocher durant la récupération. Le bas de ligne se fixe directement à l'attache de la monture. Il n'est pas utile d'ajouter un émerillon.

agonisant. Cette proie sera du goût des carnassiers opportunistes qui recherchent, en priorité, une nourriture facile à attraper.

LE LANCER DE LA LIGNE

Lorsque le pêcheur repère un secteur susceptible d'abriter des poissons, il effectue un lancer par-dessus l'épaule ou sous la canne. Tout dépend de la situation du poste et de la distance à atteindre. Il est bien évident que pour prospecter un éboulis situé à une quinzaine de mètres de la berge, il faudra réaliser un lancer par dessous l'épaule. Si vous êtes équipé d'une embarcation, votre champ de manœuvre est élargi. Il vous est possible de vous approcher du poste, ce qui permet de positionner la ligne avec plus d'efficacité, et d'effectuer une prospection tous azimuts, votre barque pouvant être déplacée comme bon vous semble.
Une fois le poisson mort mis à l'eau, il faut d'abord le laisser descendre jusqu'au fond en contrôlant la sortie du fil à l'aide de l'index, puis le récupérer en l'animant de mouvements variés.

L'ANIMATION DU POISSON MORT

Le premier geste consiste à le faire décoller du fond par un coup de scion vers le haut. Il se poursuit par deux ou trois coups moins appuyés qui le font virevolter.
Il faut ensuite le faire redescendre sur le fond en abaissant la canne et récupérer l'excédent de bannière par quelques tours de manivelle. Vous voici revenu à la case départ, prêt à accomplir un nouveau cycle d'animation.
Cette animation de base, à laquelle vous pouvez apporter une touche personnelle, vous permet de pêcher la plupart des carnassiers, mais il est néanmoins nécessaire de vous adapter aux poissons recherchés :

• **Pour le brochet**, les mouvements ne doivent pas être trop rapides et il ne faut pas hésiter à immobiliser le poisson sur le fond, de temps à autre, afin de lui laisser le temps de mordre, car il ne poursuit pas ses proies sur de longues distances.

• **Le sandre** est sensible à une animation plus soutenue, virevoltante,

VOIR AUSSI

- **Les appâts** pages 164-165
- **Les leurres** pages 166-167

nerveuse, alternée de tirées molles et d'arrêts, et il se décide souvent à mordre lorsqu'il a l'impression que sa proie va lui échapper, comme la perche d'ailleurs.

• **La truite** se pêche aussi au poisson mort manié, mais la technique diffère et les montures sont plus petites, d'une taille proportionnelle à l'appât, généralement un vairon, un goujon ou une ablette, qu'il faut animer en tenant compte de la force du courant.
Si en plan d'eau la récupération se fait selon les mêmes principes que pour le sandre, c'est-à-dire vive et virevoltante, elle change beaucoup en rivière. Dans les parties plus ou moins calmes, l'animation se résume à des mouvements de dandine que vous pratiquerez en relevant et en abaissant le sillon de la canne.
Dans le courant, elle consiste à laisser dériver l'appât, en le faisant vivre par des tirées et des relâchés, des culbutes ou encore des glissades.
Sa progression décrit un arc de cercle, de l'amont vers l'aval.

LA TOUCHE

Elle peut se manifester de différentes façons. Lorsqu'il s'agit d'une tirée franche, il n'y a aucun doute. Il faut alors ferrer au plus vite, sous peine de manquer le poisson.
Il arrive également que vous ressentiez des « gratouillis ». Pour le néophyte, ils restent inexplicables jusqu'au moment où son instinct lui intime l'ordre de ferrer et que le poisson commence à se débattre.
Un autre cas de figure se présente parfois : le poisson mort est saisi pendant sa descente vers le fond, alors que vous venez juste de le lancer. Cela se remarque par un mou suspect dans la bannière ou un déplacement sur les côtés.

Les différentes montures

1 La monture Drachkovitch. Cette monture porte le nom de son inventeur. Elle comporte une plombée articulée, fixée en tête, ce qui permet de l'animer par des mouvements de bascule. Un axe central, deux hameçons triples, piqués sur le corps du poisson, et un fil de cuivre, entouré autour du museau, assurent une solide fixation de l'appât.

2 La monture casquée. Elle possède une plombée en forme de casque qui recouvre la tête de l'appât. L'armement du poisson se fait avec deux hameçons triples. L'un se positionne derrière l'opercule, l'autre est relié à une tige enfilée dans le corps du poisson et vissée dans le casque. On la destine surtout à la pêche à la dandine.

3 La monture Ariel. Elle se compose d'un lest allongé, en plomb, qui est enfilé dans le corps du poisson par la bouche. Deux hameçons triples sont piqués sur ses flancs. Ils maintiennent le mort en place et arment la monture. À utiliser pour la pêche en dérive aval.

4 La monture godille. Elle comporte un plomb cranté, allongé et creux, sur lequel est fixé un disque de plastique. La fixation s'effectue simplement : le bas de ligne traverse le corps du poisson et ressort par la bouche. L'armement se fait avec un hameçon triple dont la hampe est introduite dans l'anus. La nage de cette monture est oscillante.

5 La monture Donzette. Cette monture est constituée d'une agrafe dont l'une des tiges traverse le corps du poisson, de l'anus à la bouche. L'autre passe sous le ventre et comporte deux hameçons triples, l'un pendant sous les nageoires pelviennes, l'autre vers l'anale. Sa nage est très naturelle.

6 La monture JPK. Elle ressemble à la monture Drachkovitch, mais son corps flottant, de plastique, fait travailler le leurre au-dessus du fond, ce qui est intéressant dans les endroits encombrés.

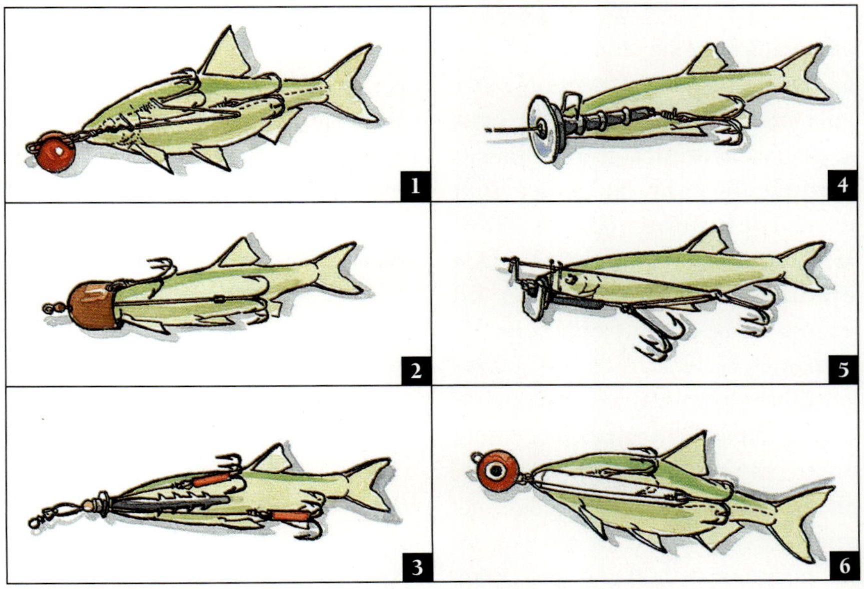

Les postes à sandre

Le sandre est l'un des poissons les plus intéressants à pêcher au mort manié. Voici une liste non exaustive des bons postes où le trouver.

EN RIVIÈRE

- L'aval des ouvrages d'art.
- Les bois noyés.
- Les éboulis.
- Les cul-de-grève.
- Les plages.
- Les dénivellations.
- Les berges creuses.
- Les bras morts et autres bras de dérivation.
- La confluence de deux cours d'eau.
- L'aval et l'amont des centrales hydroélectriques.
- L'aval des seuils.
- Les piles de pont.
- La proximité d'une île.

EN CANAL

- La proximité des écluses.
- Les bassins d'élargissement et les darses.
- Les éboulis.
- La proximité des déversoirs.
- La confluence de deux canaux ou d'un canal et d'une rivière.
- Les cassures sur le fond.
- Les secteurs ombragés (dessous d'arbres, d'un pont…).
- Les herbiers.
- La proximité des palplanches.

EN PLAN D'EAU

- Les cassures sur le fond.
- Les obstacles (bois noyés, rochers…).
- Les hauts-fonds.
- Les arbres immergés.
- Les ruines.
- Le chenal d'une rivière dans un lac de barrage.
- Les tributaires.

FAUT-IL PÊCHER DU BORD OU EN BATEAU ?

Pêcher au mort manié depuis une embarcation offre de nombreux avantages, surtout dans les secteurs où les rives sont encombrées ou très fréquentées par les pêcheurs et les promeneurs. Des postes inaccessibles peuvent alors être prospectés. Ils réservent bien des surprises, car c'est souvent là que les gros poissons, devenus méfiants avec l'âge, se tiennent. Quels que soient vos goûts, attention de bien choisir une embarcation adaptée à vos besoins. Inutile de vous munir d'un hors-bord doté d'un moteur surpuissant pour pêcher dans un simple plan d'eau.

Les montages de base

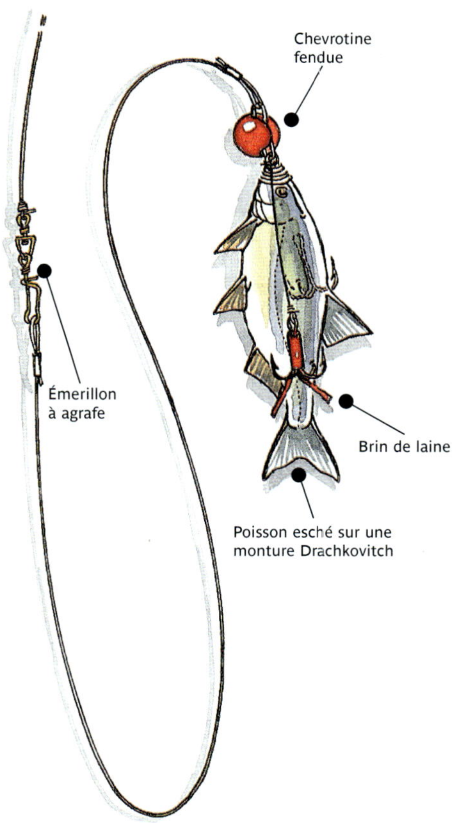

LIGNE POUR BROCHET

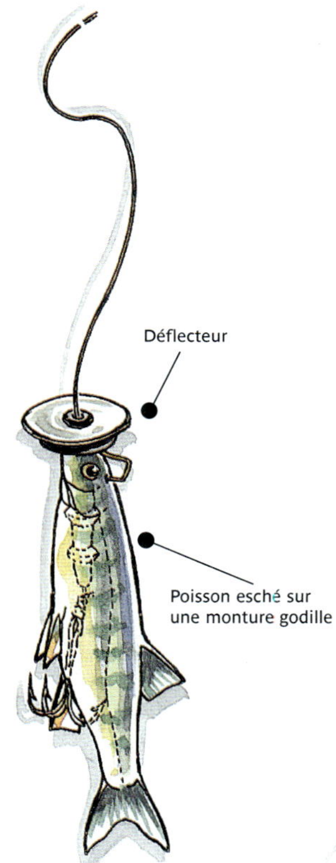

LIGNE POUR TRUITE

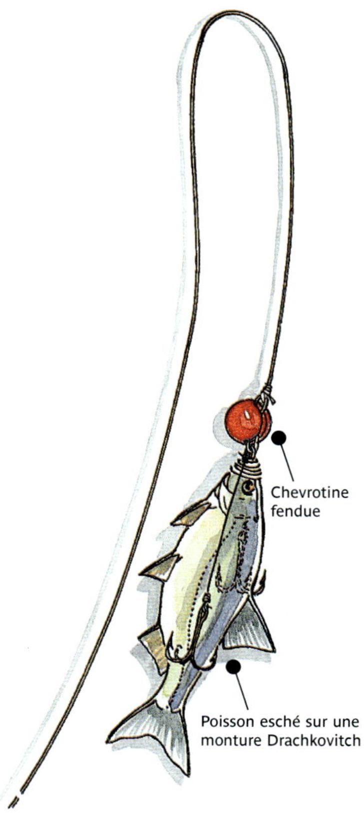

LIGNE POUR SANDRE

La pêche au mort posé

◗ **LE POINT SUR LA TECHNIQUE :**
L'avantage de pêcher avec des poissons morts est de ne pas être obligé de conserver des vifs, mais aussi de viser les gros poissons qui s'intéressent aux proies faciles. Cette technique convient également pour pêcher le sandre, qui a un mode de prédation pour le moins particulier. Ce carnassier laisse parfois agoniser ses proies avant de se décider à les avaler.

◗ **LES POISSONS À PÊCHER :**
La pêche au poisson mort posé est l'une des techniques les plus efficaces pour capturer le brochet, le sandre, l'anguille et le silure.

VOIR AUSSI

- **Cannes et moulinets pour la pêche au coup** pages 70-71
- **Le petit matériel et les accessoires pour la pêche au coup** pages 72 à 79

L'action de pêche

Les carnassiers ne se nourrissent pas uniquement de proies vivantes. Ils n'hésitent pas à croquer les poissons morts qui sont beaucoup plus faciles à capturer et n'exigent donc pas une grande dépense d'énergie de leur part. Cela démontre le grand l'intérêt de la pêche au mort posé.

Comme la pêche au vif, cette technique peut se pratiquer à la ligne flottante ou à la plombée.

À LA LIGNE FLOTTANTE

La pêche à la ligne flottante utilise les montages employés aussi bien dans la classique pêche au vif (voir La pêche au vif, p. 146 à 149) que dans la pêche au waggler

La mise en batterie des lignes

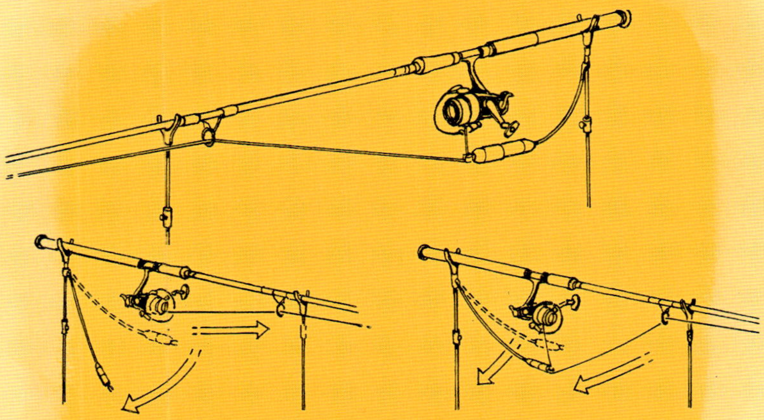

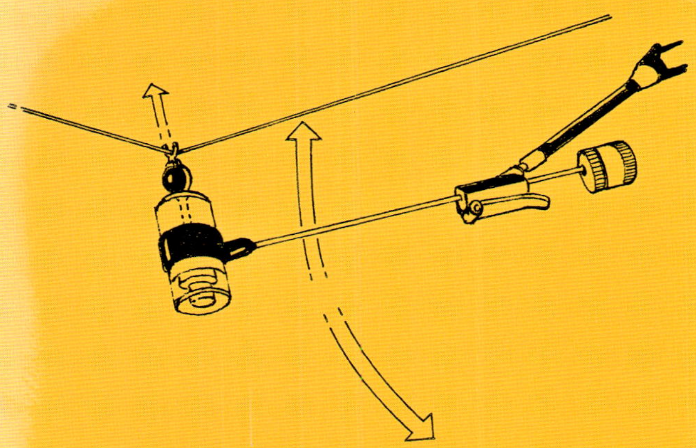

1 Les cannes sont soigneusement placées sur des supports. En les positionnant ainsi, vous pouvez réagir rapidement à la touche et vous en saisir dans les meilleures conditions. De quoi éviter les déconvenues, notamment celles de manquer un beau poisson.

2 Une fois les lignes lancées, ouvrez le pick-up de chaque moulinet et coincez le fil dans le clip du détecteur de touche à balancier ou sous un élastique. Le frein est bien sûr préalablement réglé, à la limite de rupture de votre Nylon, pour que la bagarre avec la capture tourne à votre avantage.

(voir La pêche à l'anglaise au flotteur, p. 102 à 105). Tout dépend des poissons visés. Les premiers types de montage s'adressent à de gros carnassiers, comme le brochet, le sandre ou encore le silure. Les seconds à des poissons plus modestes tels que la lote ou l'anguille.

À LA PLOMBÉE

À la plombée, le principe est plus ou moins similaire à la pêche de la carpe (voir La pêche moderne de la carpe, p. 118 à 121), pour les gros poissons, notamment le brochet. Pour des carnassiers de plus petites tailles, comme la lote ou l'anguille, elle est plutôt semblable à une pêche au quiver-tip (voir La pêche au quiver-tip, p. 106 à 109).

LA MISE EN BATTERIE DES CANNES

Quels que soient vos choix, il est important de positionner les lignes avec stratégie. Sauf exception, la réglementation vous autorise à employer quatre cannes. Alors autant en profiter, car elles vous permettront de bien quadriller votre secteur de pêche et de multiplier les chances de capture. Une ligne se trouve par exemple au large, l'autre près d'un obstacle (rochers, herbiers…). Vous pouvez également mettre une canne en batterie près du bord, surtout si la rive est riche en végétation (un secteur que le brochet aime) ou abrupte (un secteur fréquenté par le sandre et la perche). Les amateurs de silure peuvent opter pour une tactique similaire et placer leurs lignes sur des postes favorables : les fosses, les secteurs encombrés d'arbres noyés, les sorties d'eau chaude des centrales thermiques, la proximité des piles de pont…

LES APPÂTS

Comme pour la pêche au vif (voir p. 151), de nombreux poissons peuvent être employés, mais il ne faut pas oublier la botte secrète des pêcheurs de brochet, qui eschent leurs lignes avec des poissons marins huileux et odorants (sardine, maquereau, hareng, sprat…). Cette astuce est efficace, mais il faut d'abord habituer le carnassier à ce type d'aliments, en amorçant votre coup avec une mixture composée de chair broyée qui n'est pas

sans rappeler la strouille ou stronk des pêcheurs en mer.
La taille des esches est proportionnelle à celle des poissons convoités. Si le brochet et le silure sont capables d'avaler de belles bouchées, l'anguille et la lote se contentent de proies plus petites dont des alevins et des morceaux de poissons taillés en tronçons ou en filets.
Lorsque les carnassiers sont difficiles et ne semblent pas mordeurs, il ne faut pas hésiter à changer d'appâts (un vif fraîchement tué est toujours plus efficace) et, s'il s'agit d'un poisson entier, à lui lacérer les chairs (voir dessin ci-contre).
Aujourd'hui, on trouve dans le commerce des poissons morts vendus en sachet. Ils sont intéressants pour le pêcheur qui a des difficultés à se procurer des vifs, mais ne les remplaceront jamais.

Des goûts et des couleurs

Pour augmenter l'attractivité de votre poisson mort, il est possible d'injecter, à l'aide d'une seringue (prenez garde de ne pas vous blesser), des huiles ou des arômes que vous trouverez chez les détaillants. Il est même possible de teindre vos appâts avec des colorants, en rouge, en bleu ou en vert, ce qui les rend aussi très attirants. À vous de décider ! Enfin... pas tout à fait, car c'est surtout le goût des poissons qui dicte votre choix. Au bord de l'eau, après avoir testé la méthode, vous vous apercevrez assez rapidement que le rouge est la couleur la plus efficace, sans doute parce qu'elle correspond à celle du sang, une couleur à laquelle les prédateurs ne résistent pas, instinct oblige.

La pêche au mort dérivant

Pêcher au poisson mort posé n'implique pas forcément que l'appât reste immobile sur le fond. En utilisant un flotteur dérivant (à voile ou à ailettes), qui offre une bonne prise au vent, la ligne se promène et entraîne l'appât sur un vaste territoire, ce qui a toutes les chances d'inciter les carnassiers à mordre. Une autre méthode consiste à remplacer le flotteur par un ballon gonflable (voir dessin ci-dessus). Lorsque le vent souffle en bourrasque, le mort se déplace à vive allure. L'intérêt du ballon par rapport au flotteur dérivant est qu'il peut prospecter une étendue d'eau encore plus importante, à condition qu'Éole souffle dans la bonne direction, c'est-à-dire vers le large.

Les astuces du chef

- **Les carnassiers** se jalousent les proies qu'ils convoitent. Pour créer une concurrence, voici une astuce à essayer. Utilisez un montage à fond avec un amorçoir feeder-cage rempli d'amorce (voir La pêche au quiver-tip, p. 106 à 109).
Les poissons blancs (ablettes, gardons et autres cyprinidés) seront attirés et ne manqueront pas d'éveiller l'attention des prédateurs, toujours à l'affût de leur pitance.
Si l'un d'eux se décide à attaquer, il foncera derechef sur la proie qui lui semble la plus facile à attraper, en l'occurrence votre poisson mort.

- **Pour pêcher l'anguille** au mort posé, un appât est particulièrement performant : une ablette séchée au soleil. Cela paraît bizarre, au premier abord, mais les résultats sont là, peut-être parce que le poisson mort ainsi préparé se maintient au-dessus du fond et se comporte, agité pas les courants, comme une oriflamme.

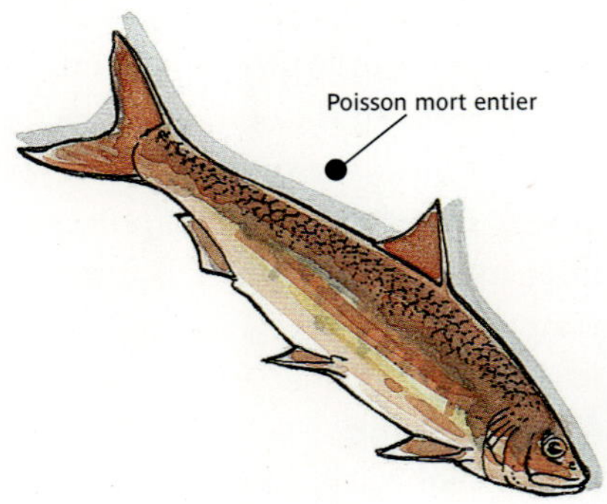

• **Le silure mord** au poisson mort posé lorsqu'il n'est pas très actif et se tient calé sur le fond. C'est alors un excellent moyen. Afin de rendre l'appât bien visible, n'hésitez pas à injecter de l'air dans la cavité abdominale à l'aide d'une seringue. Il se présentera ainsi au-dessus du fond.

• **La truite de lac** apprécie particulièrement l'ablette morte en début de saison. Dans la matinée, prospectez la proximité du bord et pêchez à environ 1 m du fond. À mesure que la journée avance, disposez l'appât dans la pleine eau et plus en profondeur.

ATTENTION À LA RÉGLEMENTATION !

Cette règle est aussi valable pour la pêche au vif. Tous les poissons ne peuvent servir d'appâts. Les espèces considérées comme nuisibles, comme la perche-soleil ou le poisson-chat, sont rigoureusement interdites, ainsi que les poissons protégés tels que la vandoise. Les poissons soumis à une taille légale, à l'exemple de la truite ou du brochet, ne peuvent être employés. Le non respect de la réglementation vous expose à de sérieuses contraventions. L'anguille n'est pas interdite. Il vous est donc possible d'escher vos hameçons d'un tronçon de ce poisson que les silures apprécient particulièrement.

VOIR AUSSI
• **Les appâts** pages 164-165

Les montages de base

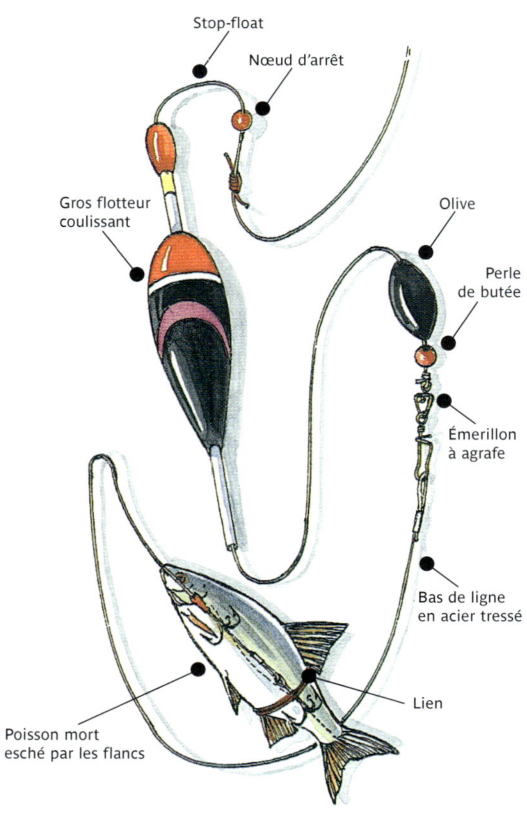

LIGNE FLOTTANTE POUR LE BROCHET

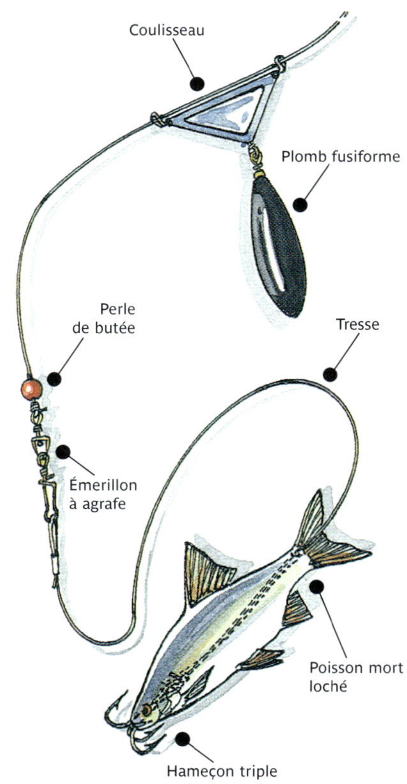

LIGNE PLOMBÉE POUR LE SANDRE

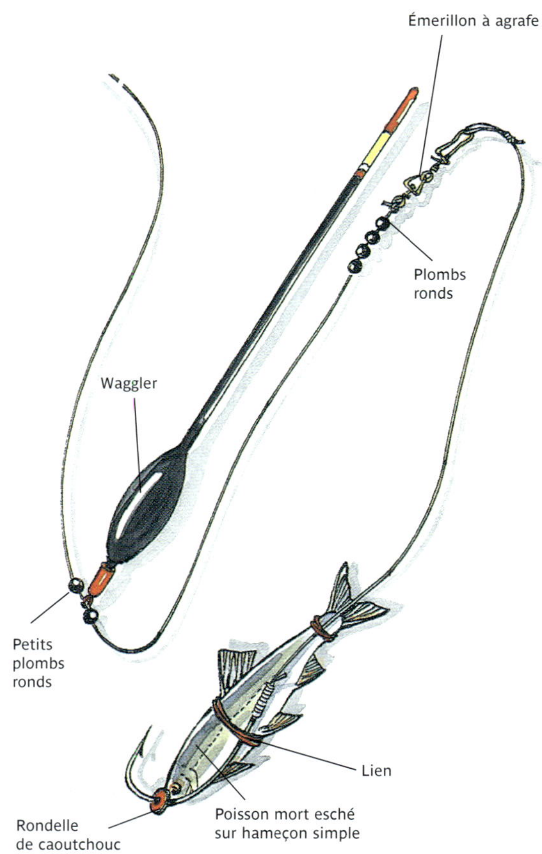

LIGNE FLOTTANTE POUR LA TRUITE, L'ANGUILLE OU LA LOTE

La pêche au vif

◗ **LE POINT SUR LA TECHNIQUE :**
Il s'agit certainement de la technique la plus efficace et la plus simple pour pêcher les carnassiers. Elle se pratique à la ligne flottante, mais également à la plombée. Cette pêche traditionnelle a connu de nombreuses évolutions, mais elle reste une valeur sûre.

◗ **LES POISSONS À PÊCHER :**
Tous les carnassiers mordent au vif, à commencer par le brochet, le sandre, le silure et le black-bass. Viennent ensuite la perche, la truite et l'anguille.

VOIR AUSSI

- **Cannes et moulinets pour la pêche au coup** pages 70-71
- **Les appâts** pages 164-165

L'action de pêche

La pêche au vif est certainement l'une des techniques les plus efficaces pour pêcher les poissons carnassiers. Cette pêche traditionnelle existe depuis des lustres, mais elle a connu de nombreuses évolutions qui en font aujourd'hui une méthode tout ce qu'il y a de plus attrayante.

LA PÊCHE À POSTE FIXE

Lorsqu'elle est pratiquée à poste fixe, la pêche au vif consiste à placer une ou plusieurs lignes, flottantes ou à fond, sur des postes susceptibles d'abriter des carnassiers.

• **À la ligne flottante**, le pêcheur règle d'abord son flotteur de manière à ce qu'il travaille à la bonne profondeur. En règle générale, le vif évolue le plus fréquemment entre deux eaux pour le brochet ou la perche, près du fond pour le sandre et le silure ; mais il arrive bien souvent que les carnassiers aient des comportements imprévisibles. L'idéal est donc de

Trois conseils à ne pas oublier

1 La première chose à faire en arrivant au bord de l'eau est le repérage des postes : remous, herbiers, cassures... S'installer sans chercher à « lire l'eau » ou à repérer les indices de présence des poissons (chasses, déplacements...) limite les chances de succès. La proximité des herbiers est un excellent poste à carnassiers. Le brochet n'y est pas loin, à l'affût d'une proie.

2 Il est également impératif de régler le frein de votre moulinet à la limite de rupture de la ligne. S'il est trop serré, le fil casse à la première embardée du carnassier. S'il ne l'est pas assez, l' « épuisage » de la prise se fait dans de mauvaises conditions, avec des risques importants de décrochage. Quel pêcheur n'a pas ainsi manqué le poisson de sa vie ou une prise record ?

3 Le transport des vifs se fait dans un vivier ou un sceau, suivant les situations. Si vous pêchez à poste fixe, privilégier le vivier avec oxygénateur. Si vous pratiquez une pêche itinérante, employez un contenant moins imposant : un sceau, que vous transporterez en bandoulière. Pour un meilleur brassage de l'eau et une meilleure oxygénation, ne le remplissez pas trop.

s'adapter, en n'hésitant pas à modifier la profondeur de pêche si aucune touche ne se manifeste.

• **À la plombée**, la mise en place de la ligne est encore plus facile. Il suffit de la lancer à bon poste, de tendre la bannière et d'attendre la touche qui se manifeste par un départ : la ligne est entraînée par le poisson qui s'est emparé de l'appât. Pour pratiquer cette pêche, il est tout à fait possible d'utiliser un matériel similaire à celui de la carpe (supports de canne, écureuils, détecteurs de touche...), avec des montages et des appâts appropriés (voir Les montages de base, p. 149), en n'oubliant pas que le brochet a les dents tranchantes. Si la ligne lui est destinée, l'utilisation d'un avançon en acier est obligatoire.

LA MÉTHODE ITINÉRANTE

La pêche au vif peut aussi être active. Le pêcheur se déplace beaucoup pour prospecter les postes. Le matériel se limite donc au strict nécessaire : une canne légère, un sac à dos pour emporter de quoi monter les lignes, une épuisette et un seau où conserver les vifs.

• **À la ligne flottante et à la sondée.** Contrairement à ce que l'on pourrait croire, les montages ne sont pas uniquement des lignes flottantes. Une technique efficace consiste à promener une ligne plombée, comme s'il s'agissait de sonder le fond. Cette méthode, que l'on appelle la « pêche à la sondée », est performante pour tenter les carnassiers (en particulier le brochet) qui se calfeutrent dans la végétation, près des obstacles, ou se tiennent dans les profondeurs.
Les chances de captures se trouvent multipliées, car de nombreux postes peuvent être prospectés rapidement et le pêcheur provoque les carnassiers jusque dans leur antre ; il n'attend pas qu'ils se décident à chasser. L'intérêt de cette pêche tient aussi aux émotions qu'elle procure. Un poisson pris ainsi se défend ardemment et il y a plus de risque

VOIR AUSSI

• **Le petit matériel et les accessoires pour la pêche au coup (pêche au vif à poste fixe)** pages 72 à 79

• **Le petit matériel et les accessoires pour la pêche au lancer (pêche au vif itinérante)** pages 82 à 87

GARDEZ LES YEUX OUVERTS !

La nature fournit de précieuses informations au pêcheur qui sait les interpréter. Voici quelques indices à ne pas négliger qui concernent la perche et le brochet, des carnassiers convoités.

• **Perche et brochet** ne chassent pas de la même façon. Lorsqu'un banc de poissons ou d'alevins fuit à la surface de l'eau en formant un éventail, le brochet est passé à l'action. Lorsqu'un seul poisson bondit hors de l'eau, c'est la perche qui opère. Dans les deux cas, il ne faut pas hésiter à provoquer le prédateur en plaçant une ligne sur son aire de chasse. S'il n'a pas réussi à capturer sa proie, il ne manquera pas de se consoler avec votre appât.

• **En été,** le brochet aime à se faire dorer au soleil. On le voit alors près de la surface. La position de son corps donne des indications sur ses dispositions du moment. S'il est orienté vers le bas, tête la première, et que de petits poissons n'hésitent pas à s'aprocher de lui, il est en position de repos. Il digère probablement une proie. Difficile dans ces conditions de l'inciter à mordre. Si sa tête est dirigée vers le haut, le brochet n'attend qu'une seule occasion pour se lancer à la poursuite d'une proie. Un vif présenté dans les parages a toutes les chances de l'intéresser.

de voir sa ligne entortillée sur les bois immergés ou les rochers. La grande difficulté de la sondée n'est pas de toucher un carnassier, mais de l'empêcher de se caler dans sa tanière après s'être emparé du vif. Pour y parvenir, employez des montages à ferrage rapide.

• **La tirette.** Une autre technique permet de présenter un vif sur le fond de manière active : c'est la pêche à la tirette. Elle se pratique avec une canne à lancer et consiste à travailler une ligne, lestée d'un plomb sabot ou bâton, d'une balle nickelée ou de chevrotines montées en dérivation, sur un poste présumé, en la ramenant par tirées successives. Le vif est esché sur un hameçon simple, sur un triple, ou sur une tête flottante qui permet de le faire évoluer au-dessus du fond.

Les principaux vifs

Tous les poissons sont susceptibles de servir de vifs, sauf les espèces protégées par la législation, comme la vandoise (voir Les règles à suivre, p. 252-253), ou ceux de taille non réglementaire. Il n'empêche que chaque carnassier a ses préférences. Voici un aperçu de leurs goûts :

• **Le silure** apprécie les gros vifs, en particulier la tanche, l'anguille, la carpe, la brème (bordelière ou franche) et le carassin.

• **La truite** se délecte de l'ablette, du vairon et du goujon, de même que des chabots, mais ces derniers sont protégés.

• **Le sandre** et **le black-bass** consomment le gardon, l'ablette, le goujon, le vairon, la brémette, la perchette et le petit chevesne. Une autre friandise qu'apprécie le black-bass : le poisson-chat. Mais ce vif est interdit, car, une fois capturé, il ne doit pas être remis à l'eau, même s'il est tenu en laisse au bout d'une ligne de pêche.

• **La perche** apprécie les alevins de tous les poissons et n'hésite pas à s'attaquer à des poissonnets, sa bouche étant large.

• **L'anguille** se nourrit du vairon, du goujon, du petit chevesne, du gardonneau ou encore de l'ablette.

• **La plupart des carnassiers** s'intéressent au vairon. Vous pouvez en piquer un par le museau ou en escher plusieurs en grappe. Cette dernière méthode fait des merveilles pour pêcher le brochet et le sandre.

Les bons postes

• **Le brochet** se tient près des herbiers ou des obstacles, dans les reculées et à l'entrée des tributaires. Ainsi, il peut monter la garde et bondir sur tous les poissons qui s'y aventurent.

• **Le sandre** est plus difficile à localiser, étant plus actif. Il se tient dans les profondeurs, près des arbres immergés et des rochers, le long des parois, mais aussi dans la pleine eau.

• **Les postes à silure** sont la proximité des remous, des berges ou des obstacles, les fosses, les cassures sur le fond… En hiver, il se réfugie dans les profondeurs, mais sa capture devient alors aléatoire.

• **La perche** se cache souvent le long des parois des piles de pont et des quais, ou dans les herbiers. Elle circule beaucoup le long des berges, mais il lui arrive aussi de gagner la pleine eau pour chasser.

• **Le black-bass** occupe des postes variés, mais il est fréquent de le voir « en planque » sous les feuilles de nénuphars ou d'autres végétaux, à l'affût d'une grenouille imprudente. Il aime également se tenir dans les entrelacs de bois noyés et les couloirs d'herbiers.

• **La truite** se poste en bordure du courant, là où elle peut s'attaquer à des proies de passage, derrière les rochers, près des chutes d'eau, dans les fosses profondes et les trous.

• **L'anguille** occupe les profondeurs, de préférence les postes encombrés où elle se réfugie toute la journée. Ce n'est que le soir qu'elle s'active vraiment.

Les montages de base

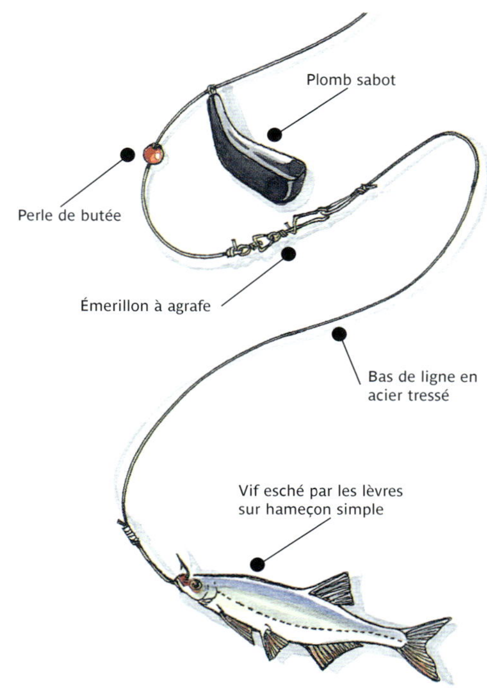

LIGNE POUR PÊCHER À LA TIRETTE

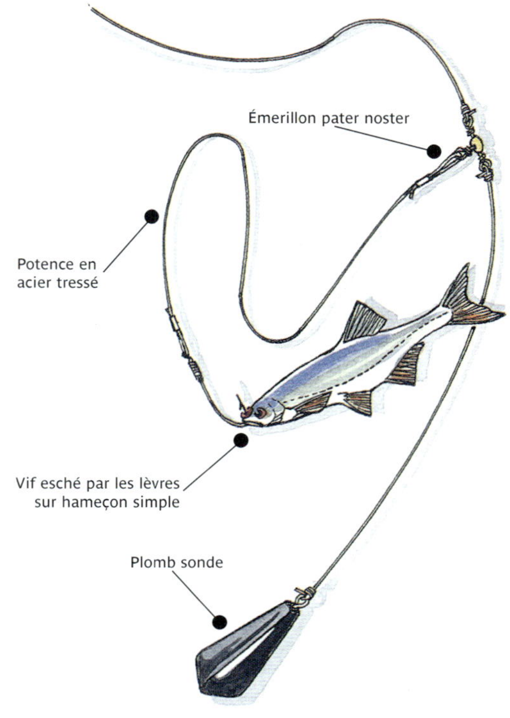

LIGNE POUR PÊCHER À LA SONDÉE

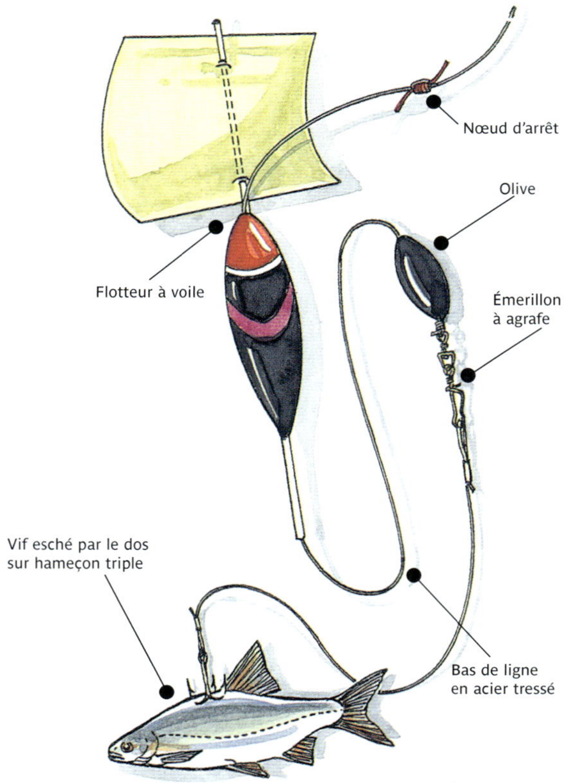

LIGNE FLOTTANTE POUR PÊCHER LOIN DU BORD

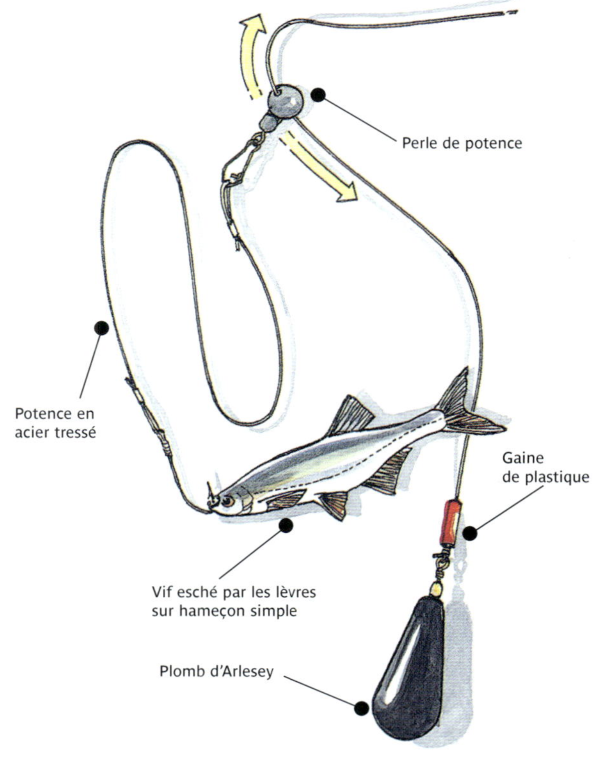

LIGNE POUR PÊCHER À FOND (MONTAGE TÉLÉPHÉRIQUE)

La pêche à la mouche sèche

▸ LE POINT SUR LA TECHNIQUE :
La pêche à la mouche requiert un sens aigu de l'observation et quelques notions d'entomologie, l'appât utilisé étant une imitation d'insecte tombé à l'eau ou provenant d'une éclosion soudaine, mais elle reste accessible à tous.

▸ LES POISSONS À PÊCHER :
De nombreux poissons sont susceptibles d'être capturés en sèche : la truite fario, l'arc-en-ciel, l'ombre commun, l'omble de fontaine, le saumon atlantique, le chevesne et la vandoise, l'ablette et le rotengle.

VOIR AUSSI

- **Cannes et moulinets pour la pêche à la mouche** pages 88-89
- **Le petit matériel pour la pêche à la mouche** pages 90 à 93
- **Les accessoires pour la pêche à la mouche** pages 94-95
- **Initiation au montage des mouches** pages 158-159

L'action de pêche

En sèche, la mouche (une imitation d'invertébré aquatique ou d'insecte terrestre) est présentée à la surface de l'eau. La ligne est une soie artificielle ou naturelle. Elle permet de déposer la mouche de la manière la plus naturelle qui soit en effectuant des lancers adaptés (voir Le lancer et l'immersion de la ligne, p. 151) dont le principe général repose sur un mouvement semblable à un coup de fouet. Elle se termine par un bas de ligne en Nylon et présente un profil qui varie suivant les besoins. Il peut s'agir d'une soie parallèle, à double fuseau, à fuseau décentré… (voir p. 90 à 93).

LA PÊCHE SUR LES GOBAGES ET À L'AVEUGLETTE

L'action de pêche se pratique de deux manières : soit le pêcheur localise les gobages qui trahissent l'activité des poissons ou la présence d'insectes dont ils se nourissent (zébrures discrètes, ronds concentriques, éclaboussures…), soit le pêcheur effectue des lancers à l'aveuglette sur des secteurs où les poissons sont susceptibles de se tenir.

LE CHOIX DE LA MOUCHE

Le choix de la mouche se fait en fonction des insectes présents sur la rivière. Si des éphémères sont abondants, il est bien évident que les poissons s'en nourrissent et qu'une mouche artificielle les imitant aura toutes les chances de se faire prendre. Cependant, contrairement à ce que l'on pourrait croire, la parfaite imitation de l'insecte naturel n'est pas obligatoire, il suffit bien souvent que sa silhouette et le niveau de flottaison soient proches de la réalité pour séduire les poissons. Il y a plusieurs manières de présenter la

Les lancers de base

1 Le lancer vertical. Le mouvement peut être comparé à la position d'une aiguille d'horloge. Un mouvement jusqu'à 11 h, fait décoller la ligne. Elle est ensuite stoppée dans son élan, afin que la force d'inertie l'entraîne vers l'arrière pour qu'elle puisse se déployer. Lorsque le poids de la soie bande le scion, un mouvement vers l'avant propulse la ligne. Ce mouvement de la canne marque un arrêt à 2 h, puis, en même temps que la pointe du bas de ligne s'étend, il faut baisser légèrement la canne afin que la mouche se pose tout en douceur.

2 Le lancer roulé. Contrairement au lancer vertical, la soie n'est jamais projetée vers l'arrière, mais déployée en faisant rouler la ligne. Ce lancer convient pour pêcher des secteurs où il est impossible d'allonger sa soie vers l'arrière, par manque d'espace. La première chose à faire est de sortir quelques mètres de soie face à soi, comme pour le lancer vertical, puis de lever la canne à 11 h pour finalement effectuer un mouvement vers l'avant. La soie forme une courbe et finit par se déployer en roulant sur l'eau.

3 Le lancer à double traction. Ce lancer spectaculaire permet d'atteindre de grandes distances. Il se pratique de la même façon que le lancer vertical, sauf que, comme le montre le dessin, des tractions sont effectuées sur la ligne pour augmenter l'impulsion de force. Comme dans la majorité des autres cas, de faux lancers doivent être effectués avant de poser la ligne, de manière à atteindre la bonne distance et à alléger la mouche en la débarrassant de l'eau qui s'est imprégnée dans les fibres.

mouche. On peut pêcher en remontant le courant et en lançant la ligne vers l'amont, ce qui assure une grande discrétion. La truite ayant toujours la tête face au courant, elle ne vous voit pas arriver.

Parfois, pour des raisons d'encombrement, il n'y a pas d'autres solutions que de pêcher en descendant le courant. Dans ce cas, il faut se dissimuler et prendre garde, si vous pêchez en pénétrant dans l'eau, de ne pas remuer le fond. Un nuage de sédiment trahirait votre présence.

Dans les grands cours d'eau, une pêche par le travers est aussi intéressante, mais il est nécessaire de poser la soie en zigzag pour que le courant ne fasse pas draguer la ligne, c'est-à-dire que la mouche glisse à la surface de l'eau d'une façon franchement pas naturelle.

Attention au dragage !

La présentation de la ligne doit se faire naturellement. L'ennemi n° 1 du pêcheur à la mouche sèche est le phénomène de dragage : la mouche se déplace à la surface de l'eau en « patinant », ce qui met en alerte les poissons et les rend très méfiants.

Le montage de base

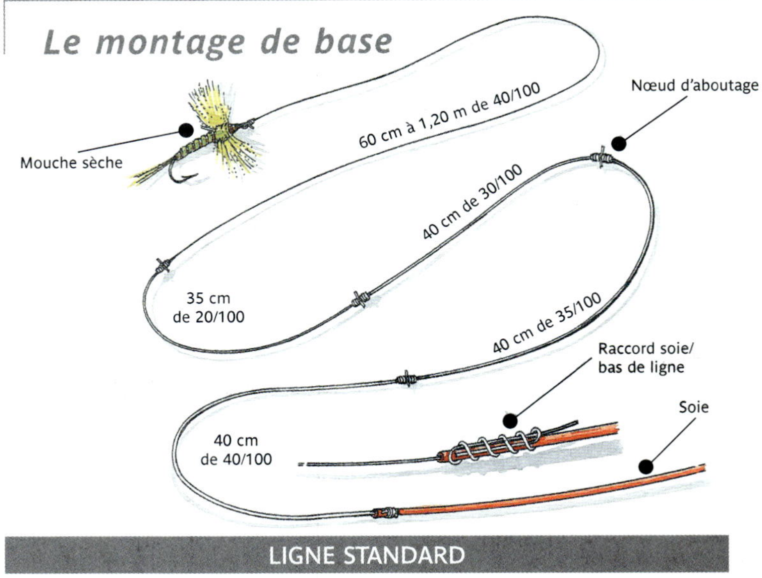

LIGNE STANDARD

La pêche à la mouche noyée

◗ LE POINT SUR LA TECHNIQUE :
La mouche noyée est tout indiquée pour pêcher les poissons qui se nourrissent de larves aquatiques situées à mi-eau ou en profondeur. Aucun gobage n'est alors visible à la surface.

◗ LES POISSONS À PÊCHER :
La truite fario, l'arc-en-ciel, l'ombre, les ombles, le saumon et les poissons blancs d'eau vive, comme le chevesne et la vandoise.

VOIR AUSSI

- **Cannes et moulinets pour la pêche à la mouche** pages 88-89
- **Le petit matériel pour la pêche à la mouche** pages 90 à 93
- **Les accessoires pour la pêche à la mouche** pages 94-95
- **Initiation au montage des mouches** pages 158-159

L'action de pêche

La pêche à la mouche noyée se pratique avec une ou plusieurs mouches artificielles. La méthode classique en rivière, qui convient parfaitement lorsque vous pêchez à une mouche, consiste à effectuer un lancer légèrement en amont. Une fois posée, la ligne est tendue tout au long de sa progression dans le courant (le scion de la canne est maintenu au ras de l'eau), afin d'éviter les emmêlements et permettre une progression correcte de la mouche.
Des manœuvres d'aguichage sont pratiquées (tirées légères sur la soie, tremblement du scion…) – sans exagération – pour imiter la nage d'un insecte aquatique et inciter les poissons à mordre.
Contrairement à la pêche en sèche, l'artificielle n'évolue pas en surface, mais dans la couche liquide, puisqu'une mouche noyée imite principalement une larve évoluant sous l'eau.
En lac, il n'y a pas de dérive. La soie est uniquement ramenée par des tirées successives et agrémentées de tremblements.

PÊCHE À TOUS LES ÉTAGES

La pêche au train de mouches se pratique d'une autre manière. Trois mouches artificielles sont fixées à la ligne et évoluent à des niveaux différents. Placée au bout du bas de ligne, la mouche de pointe travaille dans la partie profonde ou moyenne de la rivière ou du plan d'eau. Elle est volumineuse et lourde, car le plus souvent lestée. Celle du milieu se trouve au bout d'une potence à une cinquantaine de centimètres de la mouche de pointe. Elle évolue près de la surface. La troisième mouche, que l'on appelle une « sauteuse », se trouve 50 cm plus haut. Elle travaille dans la pellicule d'eau ou carrément à la surface. En rivière rapide, l'utilisation d'un train de

La progression d'une ligne à la loupe

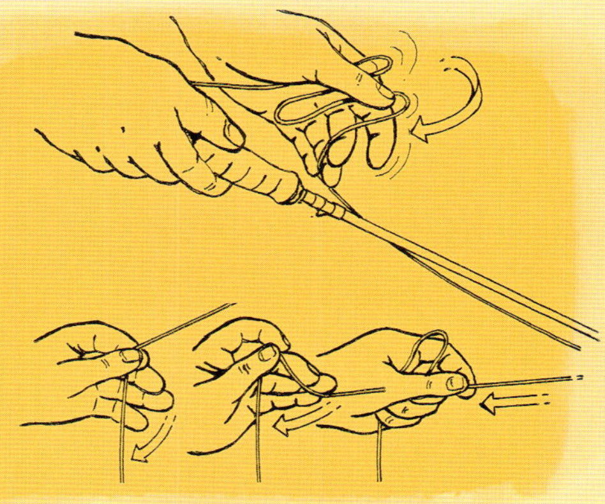

1 La ligne est propulsée par un lancer vertical ou roulé. Lorsqu'elle entre en contact avec l'eau, il faut allonger le bras pour amortir son impact. Il faut également accompagner sa dérive. Le scion de la canne se trouve plus ou moins dans le prolongement de la soie, sauf si vous pêchez au train de mouche. Ils forment alors un angle d'environ 45°.

2 Si vous pêchez à une mouche, la main gauche (ou droite si vous êtes gaucher) pratique des tirées régulières, mais de faible amplitude, sur la soie pendant la récupération. Au train de mouche, la ligne pêche pratiquement toute seule. Seule la sauteuse est animée de temps à autre.

mouche est quasiment impossible ou peu efficace. Cette technique donne surtout de bons résultats dans les eaux lentes. Comment positionner la canne ? Elle est maintenue selon un angle de 45° afin que la ligne évolue en oblique, mouche de pointe en tête, et que la sauteuse soit à la surface. Vous devez pouvoir la faire sautiller sur l'eau, de temps à autre, pour provoquer l'attaque des poissons.
Quelle que soit la méthode, la difficulté que rencontre le pêcheur débutant est de détecter les touches et de ferrer au bon moment. Au train de mouche, la sauteuse sert d'indicateur. Soit elle est gobée par un poisson, ce qui se voit aisément, soit elle s'enfonce, ce qui signifie que l'une des autres mouches a été saisie. Rien de compliqué jusque là. En pêchant à une mouche, la touche peut être discrète. Il faut donc rester concentré lors de sa progression et ne pas laisser de mou dans la soie.

Quelle soie choisir ?

En noyée, vous pouvez employer une soie autoflottante, mais il faut alors utiliser un bas de ligne coulant. Une plongeante est plus appropriée si vous pratiquez dans des secteurs profonds. Votre noyée travaillera au bon niveau et pourra tenter les poissons inaccessibles autrement.

Les mouches

Les mouches noyées imitent des invertébrés aquatiques, pas seulement des insectes. Les modèles varient, mais un train de mouches se compose généralement d'une émergente (mouche progressant dans la pellicule d'eau), d'un palmer (mouche d'ensemble) en sauteuse et d'une nymphe (larve) en bout de ligne. Lorsqu'une artificielle ne donne aucun résultat, il ne faut pas hésiter à en changer. Vous aurez ainsi plus de chances de proposer la bonne imitation, celle dont se nourrit le poisson au moment où vous pêchez, d'où l'intérêt d'avoir une boîte bien garnie.

Les montages de base

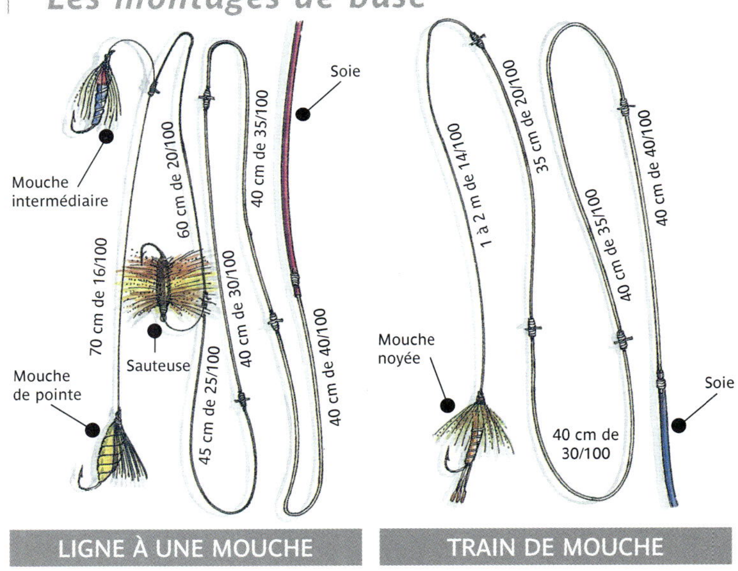

La pêche à la nymphe

▸ **LE POINT SUR LA TECHNIQUE :**
La pêche à la nymphe est une pêche fine et passionnante. C'est une variante de la pêche à la mouche noyée qui se pratique toute l'année (durant la période d'ouverture, bien sûr), mais c'est lorsque les eaux sont claires qu'elle donne le maximum de résultats.

▸ **LES POISSONS À PÊCHER :**
La truite fario, la truite arc-en-ciel et l'ombre sont les principaux poissons concernés.

VOIR AUSSI

- **Cannes et moulinets pour la pêche à la mouche** pages 88-89
- **Le petit matériel et les accessoires pour la pêche à la mouche** pages 90 à 95
- **Initiation au montage des mouches** pages 158-159

L'action de pêche

La nymphe à vue se pratique le plus souvent sur les parcours aux eaux limpides où la dérive de la nymphe peut être suivie avec précision et où l'attaque d'un poisson ne passe guère inaperçue, surtout si vous utilisez une paire de lunettes polarisantes qui éliminent les reflets sur l'eau. La dérive doit se faire le plus naturellement possible, jusque dans le champ de vision du poisson.
Si le passage se fait trop en profondeur, la course de la nymphe s'arrête sur le fond sans avoir été repérée. S'il se fait trop haut, elle passe tout autant inaperçue. Avec un peu d'habileté dans le positionnement de la ligne, qui doit tenir compte de la vitesse du courant et du poids de la mouche, vous parviendrez à la faire dériver dans le bon axe. À proximité du poisson, il faut animer la nymphe en donnant de petits coups de scion afin d'imiter la nage d'une larve aquatique.

LA RÉACTION DU POISSON

Deux cas de figure se présentent lorsque le poisson se décide à mordre : soit il se dirige vers la nymphe pour la saisir et prendre la fuite, il faut alors ferrer rapidement ; soit, le poisson reste en poste et attend que la nymphe dérive jusque dans sa gueule. Il se contente alors de l'aspirer, sans bouger. Cette dernière situation exige de bien observer son comportement afin de réagir au bon moment, sinon le ferrage risque de se faire trop tard, après que la nymphe aura été recrachée.
Si le poisson cherche à attaquer votre mouche et manque son coup, ne désespérez pas. Laissez-la couler sur le fond. S'il ne vous a pas vu, il s'en approchera à nouveau et vous pourrez l'inciter à mordre en l'animant. L'attaque se produit neuf fois sur dix si vous avez agi avec tact et discrétion.

LA PÊCHE AU JUGÉ

Dans les eaux teintées, il faut pratiquer ce que l'on appelle une pêche « à l'aveuglette » ou « au jugé ». Le comportement du poisson n'étant pas visible, il faut trouver des astuces pour déceler les touches. Vous pouvez placer un indicateur sur le haut du bas de ligne (brin de laine, guide-fil de type Rigoletto ou Ripelotte, morceau de Nylon fluo…) ou le graisser de manière qu'il reste en surface tout au long de sa progression. Le moindre déplacement ou enfoncement exige un ferrage rapide.

La pêche à la roulette

Cette variante de la pêche à la nymphe se pratique avec une nymphe lourde. Elle est particulièrement efficace dans les eaux rapides et teintées. Le pêcheur pêche très court. Il prospecte les postes situés à l'aplomb du scion de sa canne à mouche. Pendant l'action de pêche, seul le bas de ligne est immergé. Le lancer se fait par un coup de fouet, en amont du poste, puis il est accompagné dans sa dérive, à la même vitesse que le courant et en tenant le bras tendu. La touche est toujours violente et le poisson se ferre quasiment tout seul.

La bonne dérive de la ligne

1 Placez-vous dans l'eau ou sur la rive et lancez la nymphe, en souplesse, en amont du poisson, de façon à ce qu'elle dérive dans la veine d'eau, comme s'il s'agissait de la dévalaison d'un insecte naturel. Déplacez ensuite la canne latéralement pour accompagner sa progression jusque devant la tête du poisson.

2 Lorsque la mouche arrive à proximité du poisson en poste, n'hésitez pas à faire monter la mouche par un retrait discret du scion. Grâce à cette manœuvre provocante, vous avez de bonnes chances de l'inciter à mordre. Le geste doit se faire le plus naturellement possible de manière à ne pas éveiller la méfiance.

À RETENIR

Saviez-vous qu'une nymphe artificielle imite principalement un insecte à l'état larvaire, comme le porte-bois, l'éphémère ou la perle ? Certains insectes que l'on voit voler au bord des rivières séjournent de 2 à 3 ans dans l'eau, **sous la forme de larve,** avant de gagner la surface pour prendre leur envol.

Les montages de base

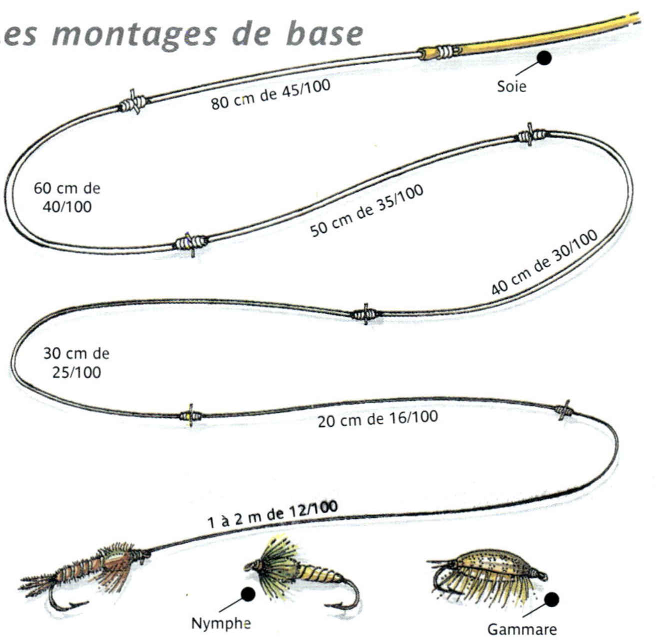

LIGNE STANDARD

La pêche au streamer

▸ LE POINT SUR LA TECHNIQUE :

Les streamers sont très employés en réservoirs, mais ces imitations de poissonnets ou d'alevins sont d'une grande efficacité dans tous les types d'eau, surtout dans les rivières puissantes.

▸ LES POISSONS À PÊCHER :

Tous les carnassiers s'intéressent à ces mouches-leurres : la truite fario, la truite de mer, le saumon, le brochet, la perche, le black-bass ou encore le sandre et le silure.

VOIR AUSSI

- **Cannes et moulinets pour la pêche à la mouche** pages 88-89
- **Le petit matériel et les accessoires pour la pêche à la mouche** pages 90 à 95
- **Initiation au montage des mouches** pages 158-159

L'action de pêche

La technique ne se pratique pas de la même façon dans les plans d'eau et les rivières.

• **En eau calme**, dans les réservoirs, les lacs ou sur les lisses d'un cours d'eau, le streamer est ramené en effectuant des tractions sur la ligne, non pas en relevant la canne ou en moulinant, mais en tirant la soie par à-coups à hauteur du moulinet.
Pour rendre le streamer encore plus attractif, il ne faut pas hésiter à pratiquer une récupération irrégulière afin de lui donner une nage erratique rappelant celle d'un poissonnet malade. La perche et la truite sont très sensibles à ce type de manœuvres, tout comme les brochets, les sandres et les silures, surtout si vous prospectez leurs zones de chasse, là où ils sont particulièrement agressifs.

• **En rivière** également, il ne faut pas se contenter de ramener la ligne simplement. Il est important de tirer parti du courant pour que votre streamer s'anime avec naturel (même principe que la noyée). Par exemple, en posant votre mouche dans un secteur calme et le corps de ligne sur un rapide, le streamer finit par être entraîné vers l'aval, le courant emportant la soie avec lui, ce qui lui donne un semblant de vie. Un prédateur chargera cette proie qui risque de lui échapper. Une autre tactique : il est également possible de se servir du courant pour explorer un pool (partie profonde d'un cours d'eau entre deux rapides). La ligne est lancée vers l'amont. Elle dérive vers l'aval en formant un arc de cercle. Si vous effectuez des tirées régulières et imprimez de petits tremblements à la ligne, le streamer imitera la nage d'un alevin en perdition.
Quelle que soit la méthode de prospection, l'arraché de la soie se fait sans brusquerie, au terme de la dérive, un poisson pouvant avoir suivi le streamer et ne se décider à mordre qu'au dernier moment.
Un conseil quant au choix de la soie

pour pêcher en rivière : la plupart des pêcheurs qui débutent à la pêche au streamer ont tendance à privilégier la soie plongeante utilisée en plan d'eau. Ce n'est guère recommandé, à moins de pratiquer dans un cours d'eau large, profond et aux eaux lentes. Il vaut mieux utiliser une soie autoflottante et lester le streamer avec de petits casques en laiton ou des yeux en plomb.
La touche dans le courant est souvent violente et, grâce à l'inertie de la soie et à la force du courant, le poisson se ferre souvent automatiquement, à moins bien sûr qu'il n'y ait un mou excessif dans la bannière.

Le choix des streamers

Ces mouches-leurres imitent principalement des poissonnets et des alevins. Pour pêcher des poissons sauvages, il vaut mieux privilégier les modèles assez réalistes. Les mouches fantaisistes, dont l'attrait repose sur la couleur, la brillance, et sur le fait qu'elles attisent la curiosité des prédateurs, sont surtout efficaces pour pêcher en réservoirs des poissons moins méfiants. Beaucoup de pêcheurs l'oublient et s'étonnent que leurs belles mouches, pourtant provocantes à leurs yeux, n'attirent pas les truites. Pour le brochet et le silure, ne lésinez pas sur les tailles. Un streamer de 13 cm, voire de 15 cm ne leur a jamais fait peur ; bien au contraire.

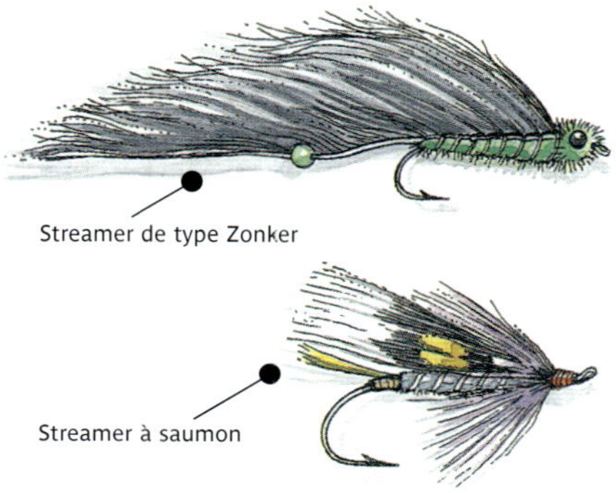

Le lancer et la progression de la ligne

1 En eau calme, la ligne peut être propulsée par un lancer vertical simple ou un lancer à double traction, 2 classiques utilisés aussi bien avec un streamer qu'avec une mouche sèche ou noyée, mais il est important de ne pas forcer les gestes et de bien laisser se déployer la soie et le bas de ligne.

2 En rivière, si vous pêchez le saumon ou la truite de mer avec une canne à deux mains, le lancer « spey cast » est intéressant, car il permet de replacer en amont la soie qui, sous l'action du courant, a dérivé en aval, même si des obstacles se trouvent dans votre dos et vous empêchent de déployer la ligne.

PÊCHE À L'ORIFLAMME

Le terme anglais streamer se traduit par « oriflamme ». C'est une technique encore assez peu répandue en France, bien qu'il ne soit pas plus difficile de la pratiquer que de pêcher à la mouche noyée. Ce sont les Britanniques qui ont poussé son utilisation à la perfection, comme bien d'autres techniques d'ailleurs.

Les montages de base

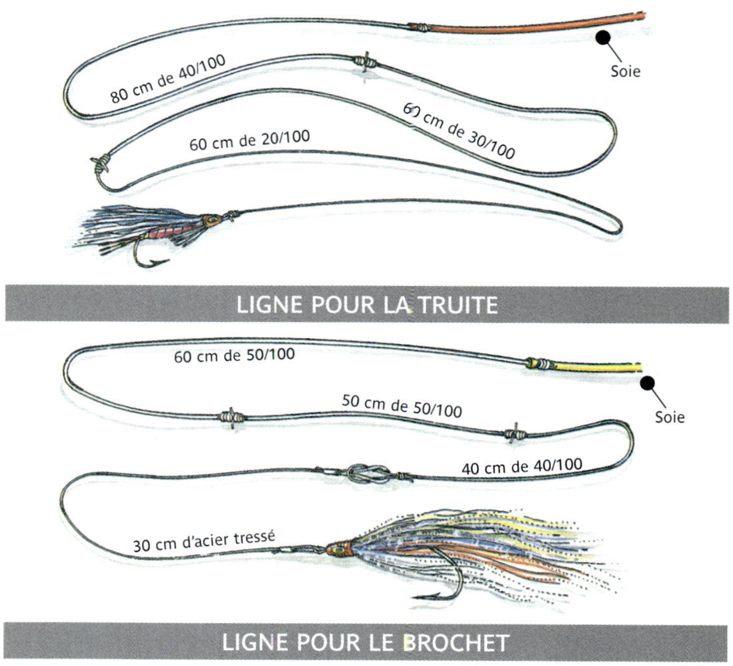

LA PÊCHE ET SES TECHNIQUES

Initiation au montage des mouches

▶ **LE POINT SUR LA TECHNIQUE :**

Au premier abord, le montage des mouches semble un exercice compliqué. En réalité, c'est une activité accessible à tous. Il n'est pas obligatoire d'être un spécialiste de l'entomologie pour réussir et les modèles efficaces ne sont pas forcément les plus difficiles à réaliser.

Les outils et les matériaux

(a) Étau de montage. **(b)** Porte-bobine. **(c)** Pince à hackle. **(d)** Paire de ciseaux. **(e)** Hameçons à œillet. **(f)** Plume de faisan. **(g)** Quill de paon. **(h)** Fils de montage de différentes couleurs. **(i)** Poils de cerf. **(j)** Cou de coq. **(k)** Poils de chevreuil.

Les outils

Pour réaliser des mouches, un minimum de matériel est nécessaire, à commencer par un étau de montage. Cet outil sert à maintenir fermement l'hameçon, entre les pinces d'une tête orientable, pendant les différentes phases de montage.
Il vous faut ensuite des pinces à hackles servant à enrouler les matériaux autour de la hampe.
Autre outil essentiel : le porte-bobine qui supporte le fil de montage. L'idéal est d'en avoir plusieurs pour disposer de différents types de fils, à portée de main.
Une paire de ciseaux est également précieuse pour égaliser le corps des mouches ou couper des fils, ainsi que des brucelles pour saisir les hameçons ou encore de petites plumes.
Enfin, munissez-vous d'une aiguille à dubbing (utile pour finaliser les nœuds, déboucher un œillet colmaté par une goutte de vernis ou répartir les matériaux), un protège-hackle, une lame de rasoir et un whip-finisher (instrument servant à réaliser le nœud final de montage de la mouche).

Les matériaux

En ce qui concerne les matériaux de montage, le choix est vaste et dépend des modèles de mouche que vous souhaitez réaliser. Cela va des plumes de coq, de perdrix, de faisan, aux poils de mammifère, en passant par des matières textiles.
Les fils sont en soie ou en matière synthétique, mais aussi en métal, comme le tinsel.
Les plumes peuvent provenir d'un grand nombre d'oiseaux : herls de paon ou d'autruche, lances de faisan, petites plumes prélevées au croupion des canards…
Les poils peuvent provenir également de la fourrure d'une multitude d'animaux : le lièvre, le lapin, le cerf, le blaireau, le sanglier… Certains sont synthétiques. On les utilise en les fixant directement sur la hampe de l'hameçon, à l'aide du fil de montage, ou en dubbing. Il s'agit alors de les couper court et de les assembler sur un fil, un peu à la manière d'une guirlande de Noël, avec de la poix, pour former le corps d'une mouche.
Le vernis incolore fait partie des matériaux utiles pour enduire le corps de certaines mouches ou stopper les ligatures.
Dernier point important : les hameçons. Les modèles utilisés sont à une ou deux branches, voire trois, suivant les mouches. Les monteurs confirmés vont même jusqu'à employer des hampes courbées ou convexes pour certaines artificielles. Pour débuter, mieux vaut se contenter d'un hameçon à œillet simple.

La réalisation d'une mouche araignée

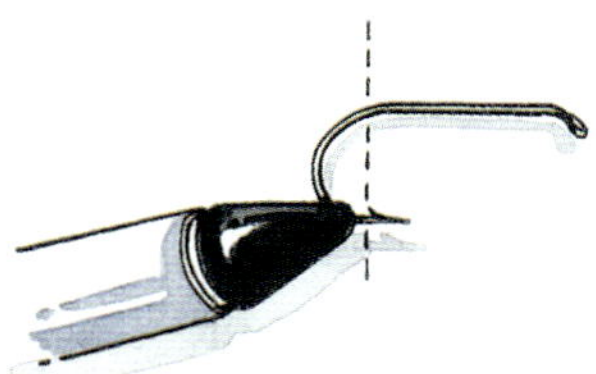

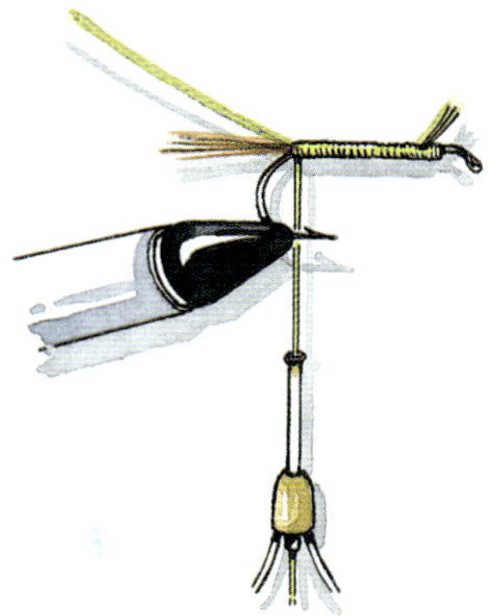

1 Commencez d'abord par fixer l'hameçon entre les mâchoires de l'étau et par enrouler le fil de montage autour de la hampe de l'hameçon, de l'avant vers l'arrière. L'enroulement du fil débute à environ 4 mm de l'œillet et s'arrête à la courbe.

2 Confectionnez ensuite la queue, en prélevant des barbes sur une lance de faisan, et enroulez un brin de raphia autour de la hampe de l'hameçon pour former le corps de la mouche. Ce brin de raphia est bloqué vers l'œillet par des tours de fil de montage.

3 Ébarbez la base d'une plume de coq grise et d'une plume rousse et placez-les de manière à ce qu'elles soient l'une sur l'autre. Les voici prêtes à être enroulées sur l'hameçon pour former une collerette. Pour cela, aidez-vous de la pince à hackle.

4 Comme pour la fixation de la queue, elles sont d'abord présentées par le travers de la hampe, devant le corps cette fois-ci, puis le fil de montage est enroulé afin de les maintenir. Au terme de l'opération, elles doivent se positionner à l'oblique sur la tige de l'hameçon.

5 À l'aide de la pince à hackle, en faisant deux ou trois tours avec l'une des plumes, formez une collerette (en tête de la mouche), puis bloquez l'extrémité de la plume par quelques tours de fil, et coupez l'excédent. Il ne vous reste plus qu'à enrouler l'autre plume de la même façon.

6 La collerette est ensuite rabattue vers l'arrière, contre le corps, à l'aide du protège-hackle ou des doigts, afin de réaliser le nœud de finition. La dernière opération consiste à couper le fil de montage et à appliquer une goutte de vernis sur la tête de la mouche.

Un nœud de finition simple

La plupart des monteurs de mouches utilisent le « whip finish » comme nœud de finition. Les débutants ont tout intérêt à privilégier les fausses clés, plus faciles à faire. Elles se réalisent en faisant une boucle à l'aide de ses doigts (1). On effectue ensuite une ou plusieurs spires (2), puis la boucle est absorbée en tirant sur le fil, à l'aide de l'aiguille à dubbing lorsqu'elle ne peut plus être tenue avec les doigts (3).

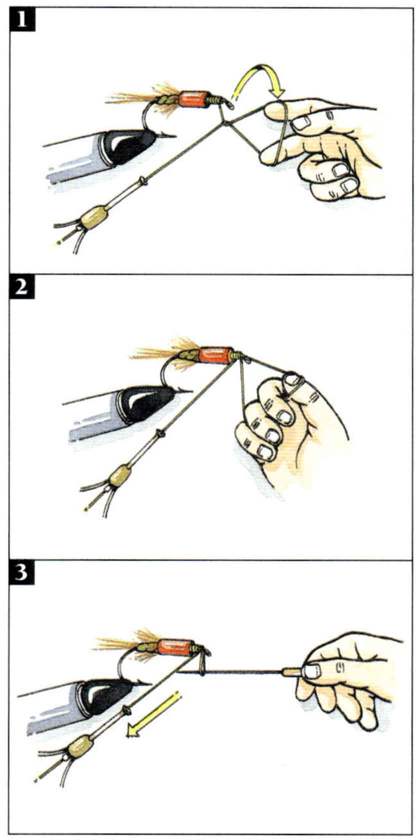

VOIR AUSSI

• **Le petit matériel pour la pêche à la mouche (les mouches artificielles)** pages 90 à 93

Les nœuds de pêche

Maîtriser la réalisation des nœuds de pêche est indispensable pour concevoir ses montages. Il en existe des centaines, mais cette sélection permet de faire aisément ses premiers pas dans la confection des montages. Un conseil : entraînez-vous à les réaliser sur une cordelette.

Du plus simple au plus sophistiqué

Les nœuds ont pour principal inconvénient d'affaiblir la solidité de la ligne, surtout si celle-ci est en Nylon. Il suffit, pour s'en rendre compte, de comparer la résistance à la traction de 2 lignes de même diamètre, l'une avec nœud, l'autre sans.
L'inconvénient est majeur, mais il est impossible de s'en passer, ne serait-ce que pour pouvoir fixer un hameçon à un bas de ligne.
Afin de limiter les risques de casse, il faut les réaliser avec soin et ne pas oublier d'humidifier le fil avec votre salive pour faciliter la glisse et ne pas endommager le Nylon. Autre règle importante : préférez toujours les nœuds simples, car ce sont les plus solides.

1 Raccord boucle dans boucle
Ce raccord, composé de deux boucles enfilées l'une dans l'autre, permet de rattacher une empile à un corps de ligne tout en conservant une grande souplesse. Il est très utilisé dans la pêche au coup pour assembler bas de ligne et corps de ligne.

2 Nœud pour hameçon à palette
Le plus commun des nœuds est certainement le plus connu des pêcheurs. Il est simple à réaliser, mais il ne faut pas se tromper quant à la position finale du bas de ligne. Celui-ci doit toujours passer devant la palette et non derrière sous peine d'occasionner de nombreux ratés au ferrage.

3 Nœud de potence
Grâce à ce nœud, il vous est permis de monter une potence à n'importe quel endroit de votre ligne, sans être obligé de couper le fil. Une plus grande solidité se trouve ainsi assurée.

4 Nœud du pendu
Ce nœud classique coulisse et assure une parfaite tenue à l'émerillon d'une cuiller tournante. À éviter pour les poissons nageurs et les leurres qui sont reliés directement au bas de ligne.

5 Nœud baril
Pour relier une empile à un corps de ligne ou réaliser un bas de ligne à nœuds pour la pêche à la mouche, il est possible d'adopter ce principe simple. Cette ligature est très solide si l'on prend le soin d'effectuer un double tour à l'extrémité des brins.

6 Nœud en 8
Facile à faire, ce nœud convient pour fixer l'hameçon à œillet d'une mouche artificielle. Attention ! Afin qu'il ne glisse pas, la partie terminale du fil ne doit pas être trop courte.

7 Nœud pour poisson nageur
Ce nœud d'attache est ce qu'il y a de mieux pour le poisson nageur. Son avantage : il ne bride pas le leurre et lui laisse une grande liberté de mouvement.

Voir pour comprendre

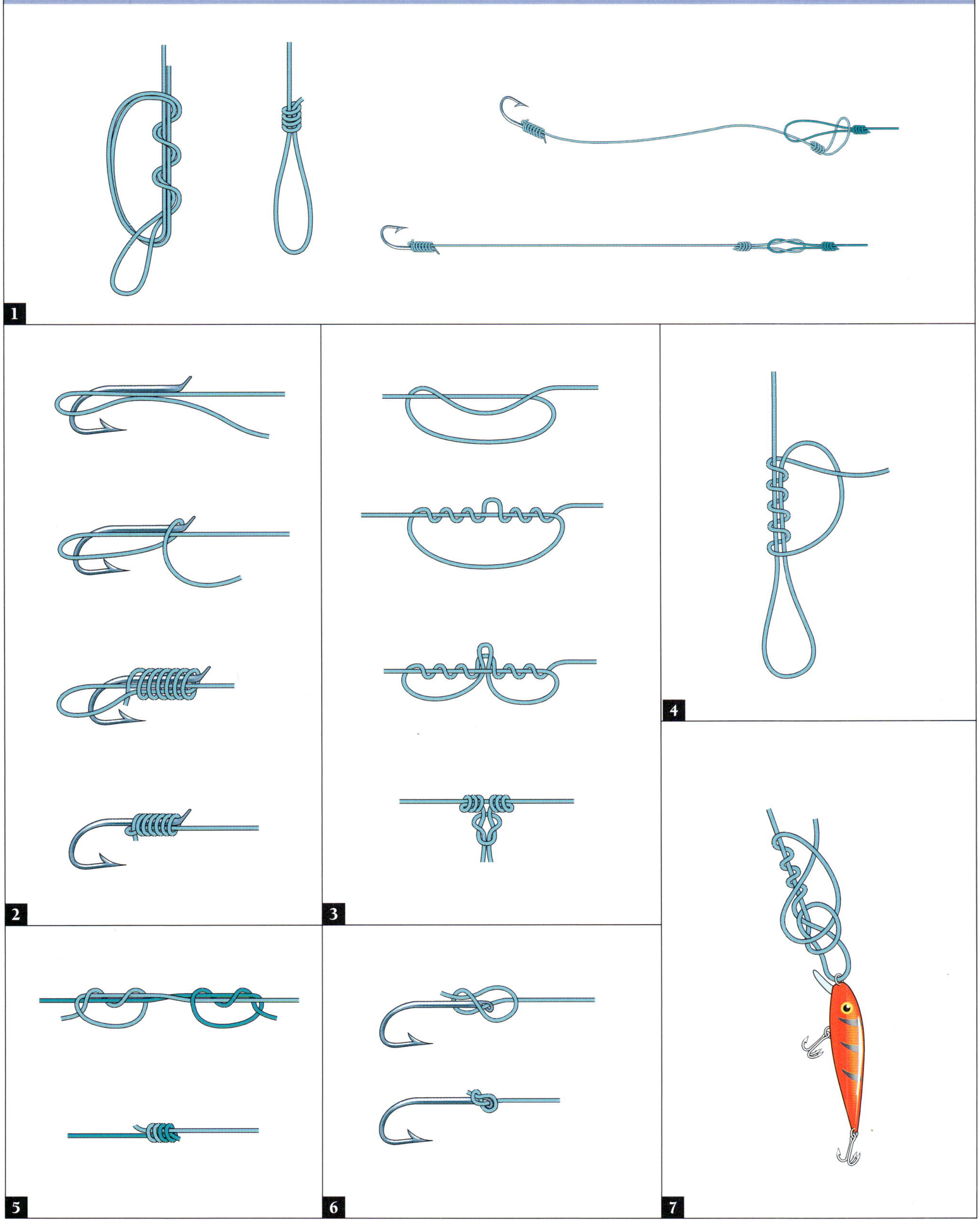

LA PÊCHE ET SES TECHNIQUES

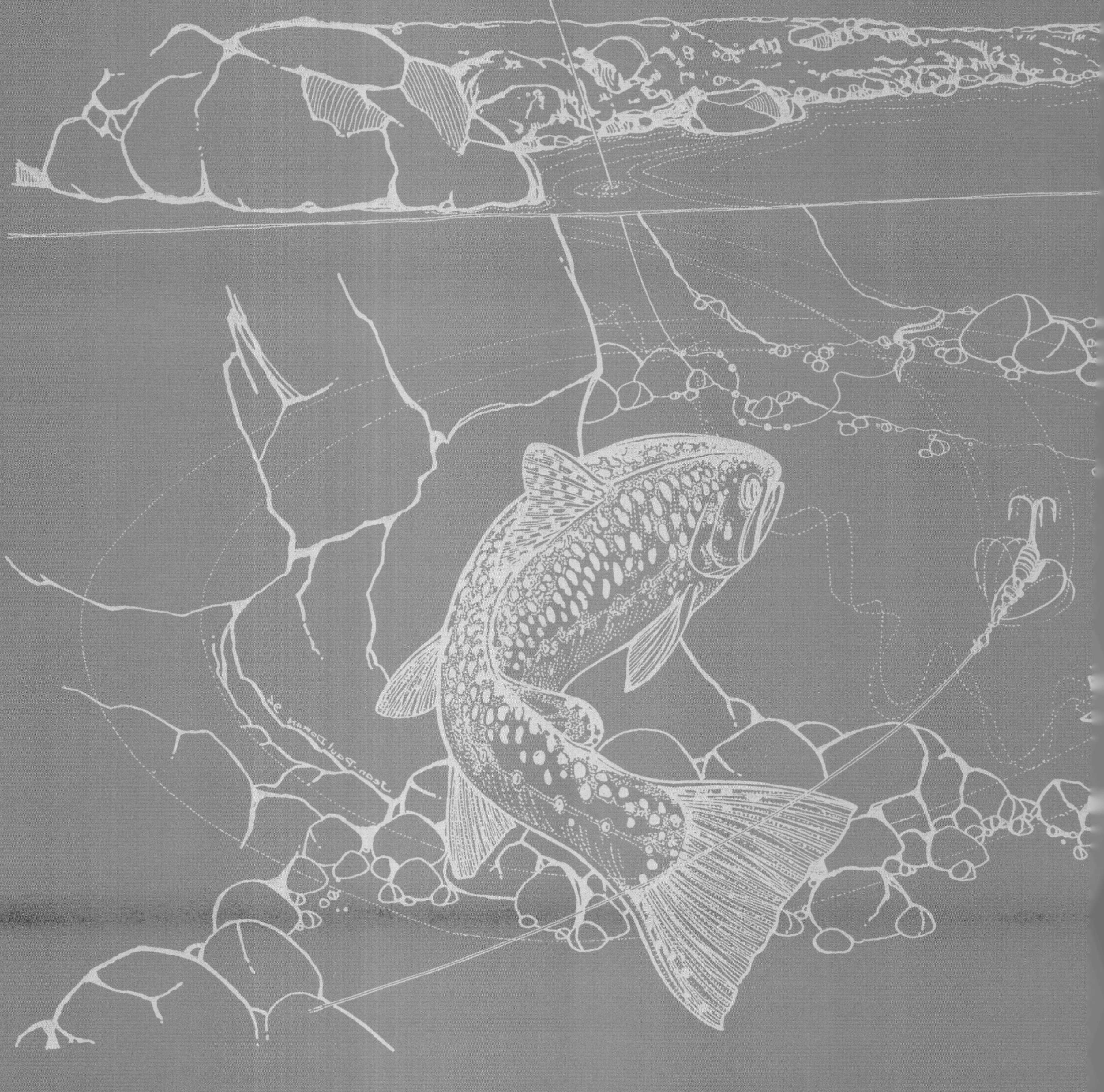

5

Appâts, leurres, amorces et amorçage

Que présenter au bout d'une ligne pour tenter les poissons ? Comment les attirer sur un coup ? Tous les pêcheurs se posent ces questions et chacun a des convictions qu'il tire de sa propre expérience et de ses connaissances. Mais personne ne peut ignorer les règles de base en la matière. Voici un aperçu des appâts efficaces d'origine végétale, animale ou synthétique , et des grandes familles de leurres qui ont fait leurs preuves sur le terrain. L'essentiel est dit, également sur les produits utilisés pour fabriquer sa propre amorce (farines, chapelures, semoules, graines, produits neutres, arômes et colorants), sur l'art et la manière de préparer des recettes et de s'en servir avec succès. Des réponses à toutes vos interrogations !

Les appâts

Carnassiers et poissons blancs se pêchent avec une grande quantité d'esches que l'on peut classer en deux grandes catégories : les appâts d'origine animale et les appâts d'origine végétale.

LES APPÂTS D'ORIGINE VÉGÉTALE

Avoine
Cette graminée fait des merveilles pour capturer la petite blanchaille, mais aussi la carpe.

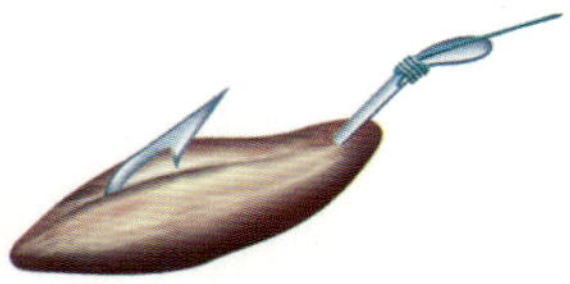

Blé
De nombreux poissons blancs (brème, gardon, hotu, vandoise…) aiment le blé cuit, qui donne d'excellents résultats durant les mois chauds. Il s'utilise facilement et ne revient pas cher.

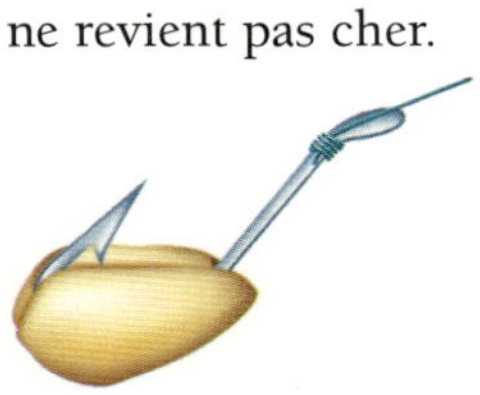

Chènevis
La graine du chanvre cuite est particulièrement efficace pour les poissons blancs, le gardon en particulier. Mais il faut bien l'escher, de manière qu'elle tienne bien à l'hameçon et que le germe soit bien visible.

Fève
Tanche et carpe sont les principaux poissons intéressés par cette graine qu'il est indispensable de cuire.

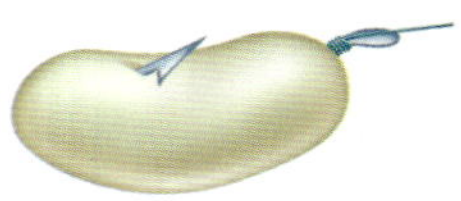

Fruits
Une grande quantité de fruits sont efficaces pour pêcher les cyprinidés, comme le chevesne, le gardon ou le barbeau : cerise, mûre, raisin, fraise, cubes de poire, de pomme, de banane… On les utilise durant les chaleurs de l'été et les belles journées du début de l'automne.

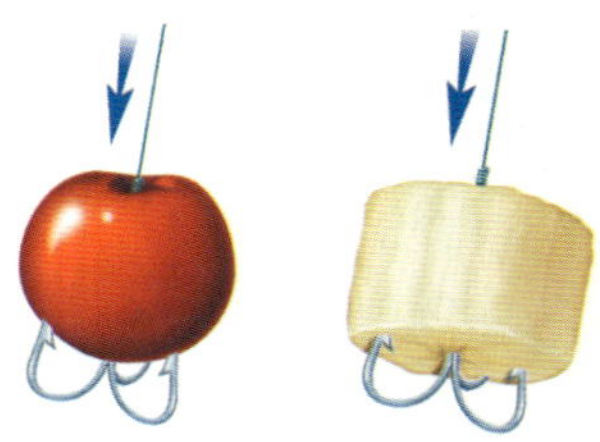

Maïs
Les grains de maïs intéressent tous les cyprinidés. On les emploie cuits ou crus. Le maïs doux, plus sucré que le maïs de culture, permet de pêcher des truites arc-en-ciel.

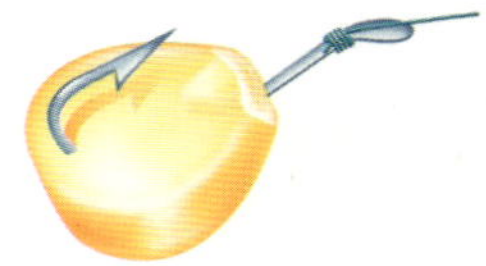

Mousse
En été, pour capturer les poissons blancs, rien ne vaut les algues vertes filamenteuses qui recouvrent les pierres des berges et les parois des quais.

Nouilles
Les fabricants proposent des nouilles spécialement conçues pour la pêche teintées et aromatisées que les poissons blancs apprécient particulièrement.

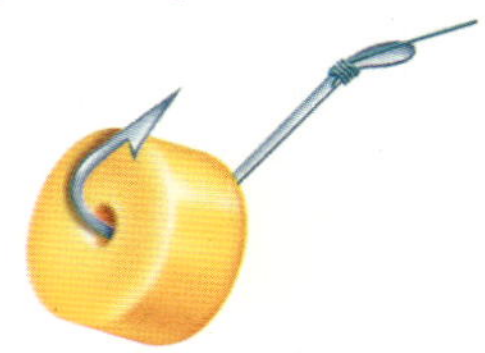

Orge
Après cuisson, cette graine destinée aux poissons blancs tient parfaitement à l'hameçon.

Pain blanc
Tous les cyprinidés aiment le pain. Il peut être présenté en bouquet, en pastille ou en noquette.

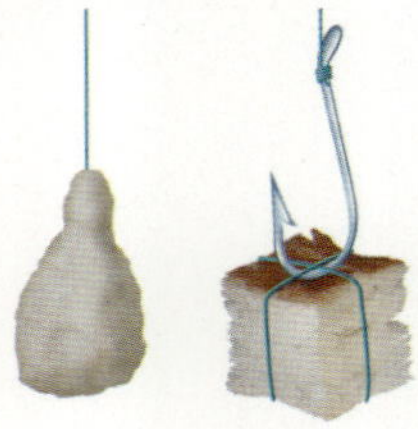

Pain d'épices
Les tanches raffolent de cet appât présenté en noquette. Sucré et nourrissant, le pain d'épices les attire irrésistiblement.

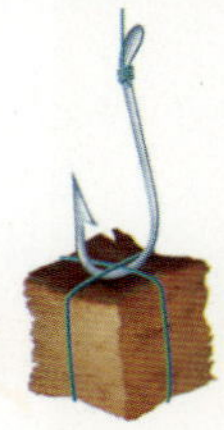

Pâtes
Confectionnées à base de farine, d'eau, de sucre et d'œuf, les pâtes sont des appâts remarquables pour capturer les cyprinidés, en hiver notamment.

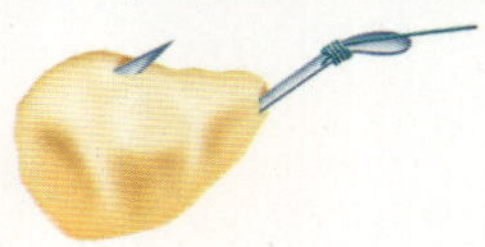

Pomme de terre
Qu'il s'agisse de petits cubes ou de petites pommes de terre entières, ce féculent plaît aux carpes. Il est simple à utiliser.

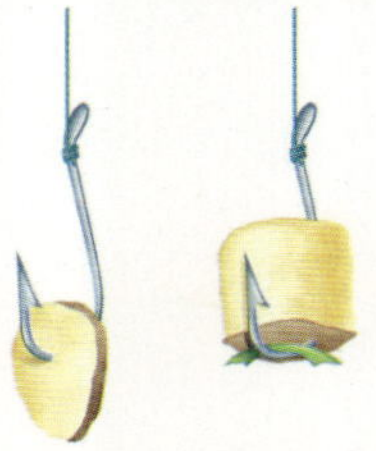

LES APPÂTS D'ORIGINE ANIMALE

Abats
Des morceaux de foie, de cœur, d'amourette ou de rognon permettent de pêcher le chevesne en hiver.

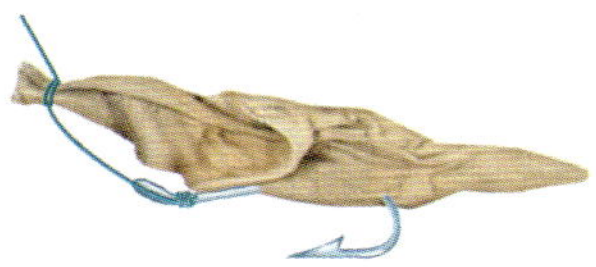

Asticots
Différents types d'asticots sont disponibles dans le commerce : pinkie, gozzer, damier et fise. Les couleurs varient du rouge au jaune en passant par le blanc. Le caster (chrysalide de l'asticot) est également utilisé.

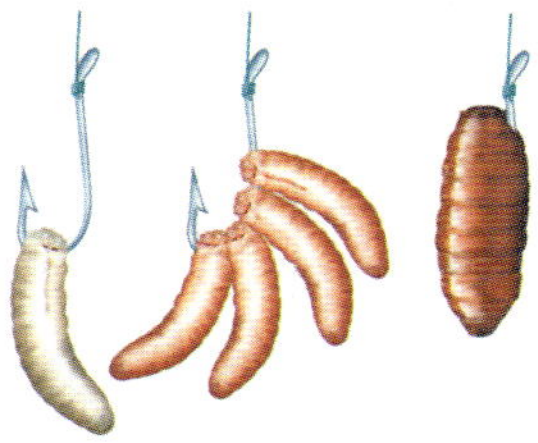

Fromage à pâte molle
Qui se douterait que le fromage est aussi efficace pour pêcher les poissons blancs, comme le barbeau, que la truite ? C'est pourtant tout ce qu'il y a de plus vrai. Dans certaines régions, c'est même la botte secrète des pêcheurs de truites.

Gammare
Ce petit crustacé est l'une des meilleures esches pour capturer les truites et les ombres.

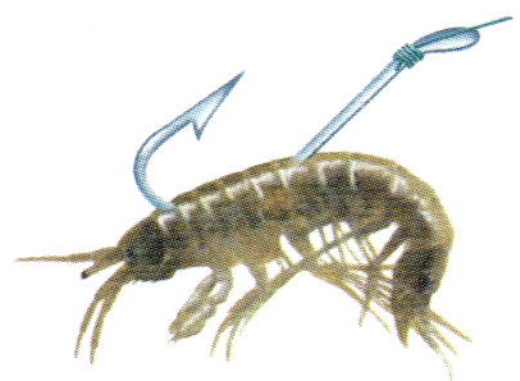

Insectes
Sauterelle, mouche, grillon, hanneton, porte-bois et fourmi font partie des appâts que l'on peut récolter soi-même. Les cyprinidés et les salmonidés en sont friands à la belle saison.

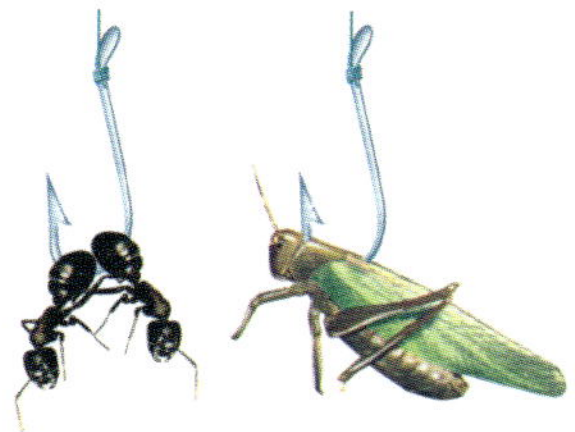

Lard
En automne et en hiver, le lard peut être découpé en dés pour séduire les ablettes et les gardons. Une lanière présentée sur une tête plombée intéresse plus les carnassiers.

Teigne
La teigne est la chenille d'un papillon. Elles sont vendues dans des rouleaux qui en contiennent assez pour faire une bonne partie de pêche à la truite. Les cyprinidés s'en régalent tout autant.

Tébo
Peu ragoûtant au premier regard, le tébo est pourtant un excellent appât pour la truite en début de saison. Il se trouve également chez les commerçants spécialisés.

Turc
La larve de la grande tipule peut être dénichée dans les racines des herbiers situés à proximité de l'eau. Elle ressemble à un gros asticot gris de 2 cm de longueur.

Ver de farine
La larve du ténébrion (un coléoptère) est très attirée par la farine, d'où son nom. Salmonidés et cyprinidés l'apprécient.

Ver de terre
Le lombric, le ver de fumier, le petit ver rouge, le ver de berge intéressent tous les poissons d'eau douce, du plus petit au plus gros. Il est possible de les acheter, mais aussi de les trouver soi-même, tout simplement en creusant la terre.

Ver de vase
La larve du moustique est l'une des meilleures esches pour la pêche au coup. Tous les poissons blancs en raffolent. Sa récolte se fait dans l'eau, à l'aide d'un tamis. Les détaillants en proposent également.

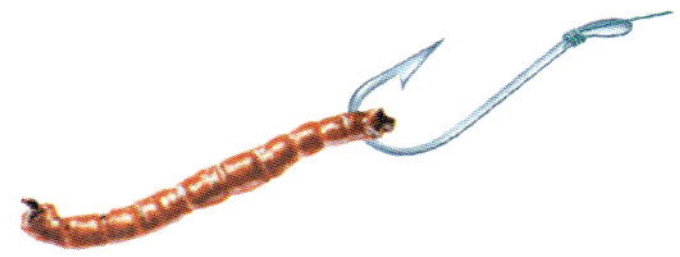

Vifs et poissons morts
Qu'ils soient vivants ou morts, tous les poissons d'eau douce peuvent servir de vifs pour pêcher les carnassiers, pourvu qu'il ne s'agisse pas d'espèces, considérées comme nuisibles, ou de taille non réglementaire.

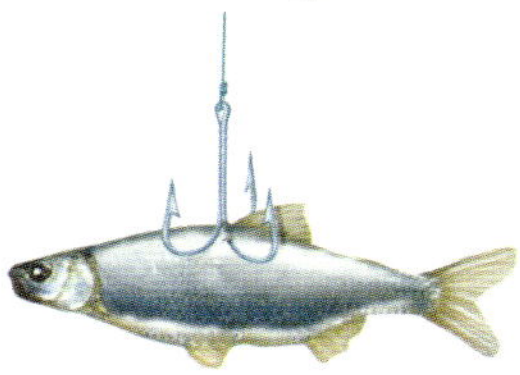

Les pâtes synthétiques
Elles font souvent des miracles lorsque les autres esches n'obtiennent aucun résultat. Il est même possible de les panacher avec d'autres appâts (asticot, ver, esches végétales…) pour renforcer leur attractivité. Elles sont conditionnées dans des tubes et disponibles en plusieurs couleurs : rouge, blanc, jaune…

Les bouillettes
Ces appâts destinés aux carpes ont été inventés par les Anglais dans les années 1970. Ce sont des boulettes riches en protéines animales ou végétales, en acides aminés, et qui peuvent être aromatisées à la fraise, au chocolat, à la farine de poisson… Elles ont des tailles et des densités différentes et s'utilisent le plus souvent eschées sur un « cheveu ».

Les leurres

Les leurres s'utilisent à la pêche au lancer. Il existe trois catégories principales : les cuillers, les poissons nageurs et les leurres souples, auxquelles il faut ajouter des leurres spéciaux comme les spinnerbaits.

Les devons

Ces leurres anciens ont la silhouette d'un poisson. Ils sont en métal, en bois ou en plastique, et possèdent des ailerons entraînant leur rotation dès la récupération ou sous l'action du courant. Ils conviennent aussi bien pour pêcher le saumon et la truite. Autrefois très employés, les pêcheurs les délaissent quelque peu aujourd'hui, ce qui est dommage, car ils sont toujours aussi efficaces.

LES CUILLERS

Les cuillers tournantes

Il existe des cuillers à palette large, qui tournent en s'écartant de l'axe et produisent des pulsations papillonnantes, d'autres à palette effilée, tournant également autour de l'axe mais en déviant moins. Ces palettes, fixées sur un étrier ou enfilées directement sur la tige centrale, entrent en rotation et produisent des signaux vibratoires et visuels. Les tailles vont du n° 00 au n° 6. Certains modèles comportent une plombée axiale d'autres sont plombées en tête.

Les cuillers ondulantes

Elles ondulent dans l'eau en opposant une certaine résistance au courant. La forme des palettes est ovoïde, allongée, rectangulaire, en S, selon les secteurs de pêche et elle mesure en moyenne de 3 à 10 cm, parfois plus pour de gros poissons, comme le silure.

Les cuillers spéciales

Spinnerbaits et buzzbaits sont des leurres encore peu utilisés chez nous. Aux États-Unis, les pêcheurs s'en servent couramment pour pêcher les black-bass. Le premier a un axe coudé. À l'une des extrémités se trouve une palette en métal ou en plastique (ou deux), à l'autre une tête plombée habillée d'une jupe de caoutchouc. À la base, ce leurre a été conçu pour pêcher le black-bass dans la végétation aquatique. Grâce à sa forme coudée, il peut s'y faufiler sans accrocs. Les buzzbaits fonctionnent de façon identique, mais une hélice remplace la palette.

LES POISSONS NAGEURS ET LES POPPERS

Les poissons nageurs flottants

Les poissons nageurs imitent à la perfection les poissonnets. Il suffit de les activer pour qu'ils se mettent à vivre. Les modèles flottants possèdent un déflecteur (bavette) orienté vers le bas qui fait plonger le leurre lors de la récupération. Cette particularité permet de le travailler d'une manière originale, en le faisant remonter à la surface à l'arrêt. Certains modèles sont pourvus de billes sonores et d'hélices. Leur taille varie entre 2 et 20 cm.

Les poissons nageurs coulants

Une fois lancés, les coulants (que les fabricants appellent « plongeants », bien que le terme induise les pêcheurs en erreur) pénètrent dans l'eau. Ils ne restent pas à la surface comme les flottants. Ces leurres produisent des signaux visuels et vibratoires performants et permettent de pêcher profond.

Les poissons nageurs à densité neutre

Ces leurres restent en suspension dans l'eau dès que l'on cesse de les récupérer. Ils imitent des poissons à l'arrêt, hésitants ou agonisants, ce qui déclenche, en principe, l'attaque des poissons les plus opportunistes. Des billes sonores excitent également leur agressivité.

Les poppers

Ces leurres ont été spécialement conçus pour pêcher le black-bass, mais le brochet et la perche s'y intéressent aussi. Ils ressemblent à des petits poissons ou à des têtards et évoluent en surface, par saccades successives, selon la méthode du *stop and go*, qui consiste à lui faire effectuer une nage irrégulière, en alternant pause et démarrage. Leur configuration fait qu'à chaque tirée une gerbe d'eau apparaît. De quoi mettre les poissons en appétit ou intriguer les plus

récalcitrants et les inciter à mordre en les provoquant jusque dans leur territoire pour déclencher leur agressivité naturelle. Parmi les modèles efficaces, on trouve les modèles que l'on emploie avec une canne à lancer.
Ils ont généralement une tête flottante dont l'avant est incliné de manière à former un déflecteur, et sont montés sur un hameçon simple, à œillet. Une jupe faite de fibres de caoutchouc les habille. Dans la même catégorie, il existe également des poppers à bavette que l'on peut comparer à des poissons nageurs.
Une autre catégorie de poppers est destinée à pêcher à la mouche. Ils sont réalisés uniquement avec des poils (généralement des poils creux de type chevreuil qui assurent une bonne flottaison) et des plumes. On peut leur ajouter des fibres caoutchouteuses pour former des pattes.

Le point sur les leurres à dandiner

Certains leurres, comme le poisson d'étain et le guignol, se travaillent à la verticale. Ils permettent d'explorer la proximité des bois noyés, des berges abruptes ou des piles de ponts sans trop s'accrocher. D'autres, des hybrides entre le poisson nageur plongeant et la cuiller ondulante, se récupèrent par à-coups et évoluent plus ou moins en dents de scie. Les poissons nageurs vibrants, que l'on fixe à la ligne en les attachant par le dos, adoptent une nage erratique. Leur corps est large, mais étroit, et il progresse la tête penchée vers l'avant, en vibrant, lorsque la ligne est récupérée. Le jig est également un leurre à dandiner. Il se compose d'une tête plombée, de forme ronde, ovale, plate, ou banane, et comporte une jupe de caoutchouc, de fibres (voir dessin ci-dessous), ou des deux. Avec ce leurre, pratiquement tous les carnassiers peuvent être pêchés, de la perche au black-bass, au sandre en passant par le brochet. Pour bien le travailler et déceler les touches, parfois délicates, une grande concentration est nécessaire. Dans les lacs, un autre leurre fait des merveilles à la dandine pour pêcher les perches : la tétine. C'est un morceau de plastique mou et coloré, de la forme d'une tétine, comme son nom l'indique, que l'on pique sur un hameçon. Pour donner les meilleurs résultats, il faut placer plusieurs potences, qui se terminent bien sûr par ce leurre, sur une ligne lestée par un plomb Arlesey. L'action de pêche consiste à lancer la ligne loin du bord et à la ramener par saccades.

LES LEURRES SOUPLES

Les virgules et les worms

Ces leurres ont fait leurs preuves, aussi bien pour pêcher le brochet que le sandre, la perche ou la truite. Leur forme se compose d'un corps trapu, (souvent annelé), et d'une queue simple ou double (en forme de faucille, de virgule ou de tentacule) qui faseye dans le courant. Les worms ressemblent à des vers de terre, des petites lamproies ou des sangsues.
Les virgules s'emploient plutôt avec des têtes plombées ou des montures de type poisson mort, les worms le plus souvent sur des hameçons à tige décalée, avec des montages sous ballette par exemple.

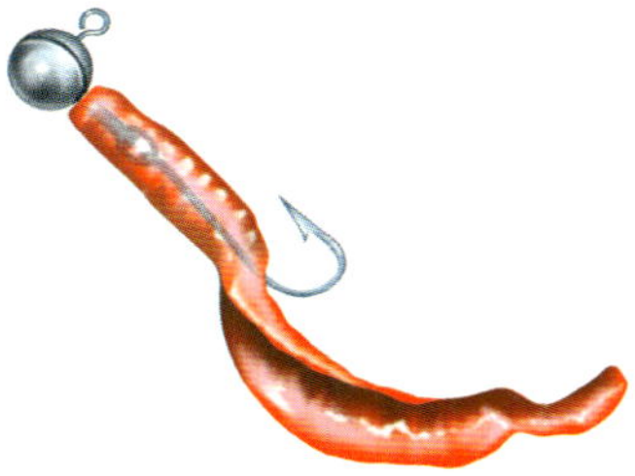

Les leurres souples pisciformes

La majorité de ces leurres en forme de poisson est réalisée en polychlorure de vinyle ou en éthylène, des matières synthétiques d'une grande souplesse. Si tous n'imitent pas les poissons à la perfection, leur attrait est indéniable. Il suffit de bien les animer pour les rendre prenants, comme un poisson agonisant ou prenant la fuite. Les LS pisciformes sont eschés sur des têtes plombées, des montures à poisson mort manié, mais aussi sur de simples hameçons. Les couleurs varient du blanc au noir en passant par des teintes fluorescentes ou pailletées.

Les jigs

Ces leurres à dandiner ont une tête plombée garnie d'une jupe en caoutchouc, d'une queue souple, ou encore de fibres naturelles et synthétiques. Pour augmenter leur attractivité et minimiser les accrocs dans les herbiers, des palettes métalliques sont parfois fixées en tête.

Les leurres souples spéciaux

Parmi les leurres souples, on trouve une grande quantité de modèles figuratifs ou fantaisistes qui imitent des salamandres, des grenouilles, des écrevisses… Ils sont bizarres, au premier regard, mais leur efficacité ne fait aucun doute, notamment pour séduire des poissons qui y sont peu habitués.
Pour renforcer leur attractivité, une astuce consiste à les tremper dans des arômes, ce qui est d'ailleurs valable pour tous les leurres souples. Dans le commerce existent des produits spécialement conçus, disponibles sous forme de gel, de liquide, de spray ou encore de pâte.

Les produits pour confectionner son amorce

L'amorce est un mélange de produits divers (terres, farines, semoules, graines, mais aussi colorants et parfums), dont le but est de rassembler les poissons sur un coup. Les poissons décèlent les plus infimes saveurs diffusées dans l'eau, grâce à leurs papilles gustatives et leurs fossettes olfactives. Mais tous les produits n'agissent pas de la même façon. Tout dépend de leur goût et de la nature du milieu.

LES PRODUITS NEUTRES

La terre
Elle permet de préparer une amorce peu nourrissante, de pouvoir réaliser des boules compactes qui n'éclateront pas au premier contact avec l'eau, d'alourdir un mélange ou de former un tapis sur le fond. Dans les commerces spécialisés, on trouve plusieurs types de ce produit : la terre de Somme, la terre de rivière, la terre d'étang… Grasse et collante, la terre de taupinière, que vous trouverez dans les champs, est également appréciable pour pêcher dans le courant.

Le sable
Il sert à alourdir l'amorce sans la compacter et à la rendre nuageante. L'idéal pour pêcher en étang.

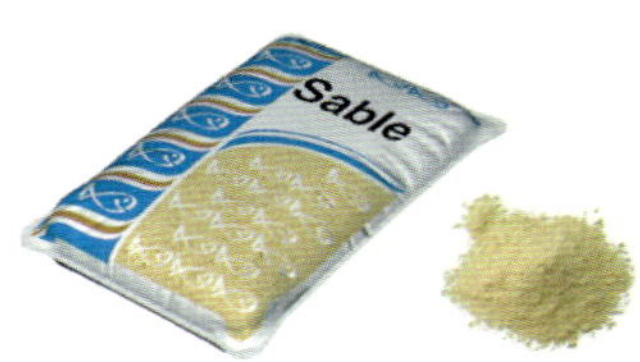

La craie
Elle confère aux amorces de surface un pouvoir très nuageant, encore plus important que le sable.

Le liège
Réduite en poudre, cette écorce d'arbre est un divisant extraordinaire servant à faire travailler l'amorce sur le fond et à la repérer, des particules remontant régulièrement à la surface.

La bentonite
Cette sorte d'argile présente un intérêt pour amorcer dans le courant. Grâce à son pouvoir collant, il est possible de lier vos mélanges et de préparer des boules compactes.

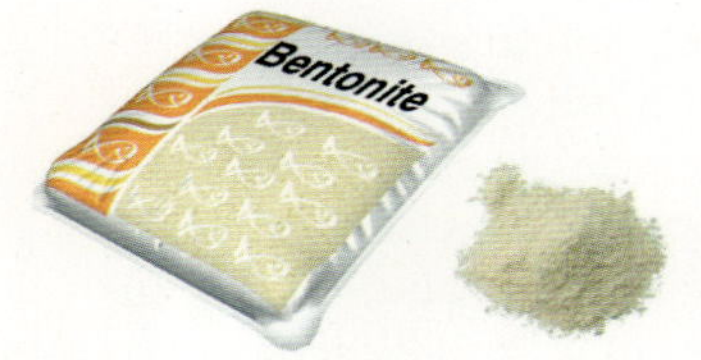

L'argile
Cette terre alourdit les amorces de fond et rend les amorces de surface nuageantes. Contenant des oxydes métalliques de couleurs variées, elle peut également servir à teinter un mélange.

Le kaolin
Le kaolin provient de la décomposition minérale. C'est un produit collant utilisé dans les amorces de fond.

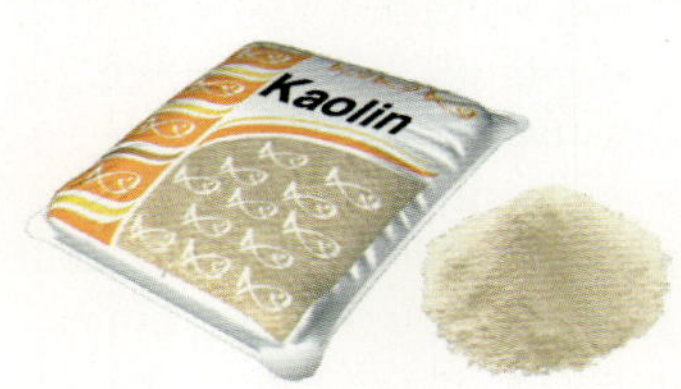

Le sablon
Ce sable fin de couleur blanche est dense. Il permet d'augmenter la densité de l'amorce pour pêcher avec efficacité dans les courants soutenus.

LES CHAPELURES

La chapelure rousse

Obtenue à partir de croûtes de pain grillées, cette chapelure s'emploie pour confectionner tous les types d'amorce. Son odeur est agréable. Peu collante, elle peut servir en étang ou en rivière lente.

La chapelure blonde

Obtenue à partir du broyage du pain de mie, cette chapelure est plus claire que la rousse. Dotée d'un pouvoir collant, elle est employée pour réaliser des amorces de fond. Tous les poissons blancs s'y intéressent, le gardon comme la brème ou la carpe.

La chapelure blanche

Collante et nourrissante, ce produit obtenu en broyant de la mie de pain blanche donne du volume et de la densité à l'amorce. Elle confère par ailleurs à la préparation une grande sapidité.

La chapelure de biscotte

En réduisant de simples biscottes en poudre, on obtient une chapelure goûteuse que l'on peut incorporer dans les amorces de surface, mais avec parcimonie.

La chapelure de biscuit

Rien n'est plus facile qu'obtenir cette chapelure. Il suffit de broyer des biscuits séchés. Son utilisation principale reste les amorces de surface, mais son pouvoir collant en fait un bon liant pour les amorces de fond, surtout si elle n'est pas trop finement broyée. Elle contient du sucre et plaît à tous les poissons blancs.

Les esches pures

Parmi les amorces efficaces figurent en très bonne place les boules d'asticots ou de vers de vase. Pour les obtenir, il suffit d'utiliser une colle spéciale que l'on répand à l'aide d'un spray. Les vaseux doivent préalablement être mélangés à de la terre de Somme. Les asticots purs, que l'on distribue sous la forme de boulettes pas plus grosses qu'une mandarine sont excellentes.

LES FARINES

Les farines d'arachide

La farine d'arachide dite « fine-fleur » est de couleur claire. C'est un composant nuageant parfait pour réaliser des amorces de surface.
La farine d'arachide grillée entre aussi dans la composition de ce type d'amorce, mais elle sert surtout à réaliser des mélanges pour le fond. Elle est beaucoup plus polyvalente. De texture grasse, elle doit être employée sans excès sous peine de gaver les poissons.

La farine de cacao

De couleur sombre, cette farine issue du fruit du cacaoyer (la cabosse) est employée pour ses propriétés stimulantes et sa couleur qui se démarque facilement. Elle convient pour pêcher en surface et à fond, mais il faut l'utiliser dans des proportions raisonnables, ne dépassant pas 5 % du mélange.

La farine de maïs

Obtenue à partir des grains de maïs, cette mouture constitue la base de beaucoup d'amorces, en raison de sa grande valeur nutritive et du fait qu'elle est peu collante. Elle s'emploie dans les amorces de fond et de surface.

La gaude de maïs

Collante et à l'odeur caractéristique, particulièrement agréable, la gaude de maïs entre dans la composition d'amorces pour la friture.
Il ne faut pas trop en employer, sous peine de nuire à la qualité du mélange.

La farine de pain d'épices

Sucrée, collante et sapide, elle est appréciée par de nombreux poissons dont la tanche et le gardon, mais les doses doivent rester raisonnables afin de ne pas les gaver.

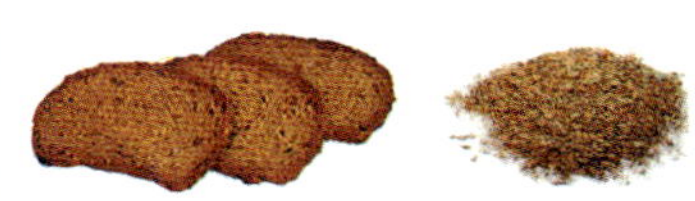

La farine de soja

Elle provient d'une plante de la famille des papilionacées. D'une grande valeur nutritive, elle est peu collante et d'une couleur jaunâtre. On l'incorpore dans des mélanges destinés aux gros cyprins.

La farine de riz

Blanche, peu collante, la farine de riz est riche en sels minéraux et en fécules. Elle intéresse de nombreux poissons blancs et s'utilise dans les amorces de surface.

La farine de cameline

De couleur jaune, cette farine extraite d'une plante crucifère est collante. Elle peut être utilisée dans la composition d'une amorce destinée aux eaux courantes. Le gardon l'apprécie particulièrement.

Le tourteau collant ou PV 1

Les éleveurs connaissent bien ce produit qui sert à nourrir leur bétail. De couleur brune et dégageant une odeur agréable, il est riche en protéines. Cette farine présente un grand intérêt pour réaliser des amorces destinées aux gros poissons.

La farine de colza

Elle s'incorpore aux amorces de fonds. Collante, cette farine brune permet aux boules de se déliter lentement.

La farine de palmiste

Peu connue, elle provient du broyage des amandes d'un palmier. On l'emploie dans les amorces de fond pour attirer les gros cyprins dans les eaux lentes ou dormantes.

La farine de tournesol

Cet oléagineux donne une farine de couleur sombre, peu collante et pauvre en éléments nutritifs. Elle convient pour les amorces de fond dans des proportions ne dépassant pas 10 %.

Le jaune de Hollande

Cette farine de couleur jaune, issue du maïs, est riche en protéines et en matières azotées. C'est un produit à la fois lourd et dispersant. On l'utilise dans de nombreuses préparations, en particulier les amorces destinées aux gros poissons.

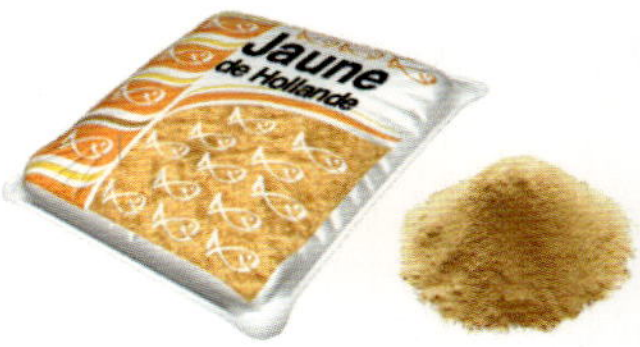

La fleurette

Peu nutritive et au goût amer, cette farine grisâtre n'est rien d'autre que des noyaux d'olives concassés. Elle fait travailler l'amorce.

Le gluten de maïs

Également de couleur jaune, ce produit est un concentré de matières azotées extraites de la farine de maïs. Son pouvoir dispersant convient parfaitement pour réaliser des amorces de fond. Il est par ailleurs riche en protéines.

La farine de coprah

Le coprah est l'écorce de la noix de coco. Broyée, elle donne une farine brune à la fois excitante et laxative, ce qui permet de ne pas gaver les poissons avec trop d'amorce.

Des goûts et des couleurs

La qualité d'une amorce tient à son goût ou à son odeur, mais aussi à sa couleur. Le choix se fait en fonction de nombreux facteurs (état de l'eau, nature du fond, saison, goût des poissons…). Sur les fonds de gravier ou de sable dont la couleur dominante est claire, il faut employer une amorce sombre afin que les poissons la repèrent facilement et de loin. Sur les fonds vaseux ou sombres, les poissons remarqueront plus aisément une amorce claire. Les teintes fluo ou fortement colorées se détachent également bien sur les fonds sombres. Certains fabricants ont établi le calendrier des couleurs de l'amorce en fonction des périodes d'utilisation, qui rend bien des services au pêcheur. Le voici condensé, mais il ne faut pas le prendre pour argent comptant, juste comme une indication :

Janvier-février : l'idéal est une amorce de couleur noir ou marron foncé à rouge.

Mars-avril : optez pour le marron foncé, avec, pour le mois d'avril, une teinte plutôt marron clair.

Mai-juin : du marron clair, dès le mois de mai, du marron jaunâtre, en juin.

Juillet-août : le marron clair, le jaune, voire le blanc, en août, sont à privilégier.

Septembre-octobre : blanc, marron clair ou foncé sont bons.

Novembre-décembre : misez sur le marron foncé et les teintes rougeâtres.

LES SEMOULES

La semoule de maïs

On l'utilise crue et en fine mouture dans des amorces destinées aux petits poissons, ou plus grossière pour les plus gros. Pour ces options, elle joue le rôle d'un dispersant (les boules se délitent plus rapidement sur le fond). Cuite, elle donne du volume et de la densité à la préparation. L'idéal pour réaliser des amorces lourdes et efficaces pour pêcher en grande rivière.

La semoule de blé

Elle doit être cuite et il faut la laisser gonfler avant de l'incorporer. Cette semoule nourrissante et lourde s'adresse aux gros poissons. Elle confère de la granulométrie à la préparation. Pour la rendre plus performante, elle peut être colorée ou parfumée avec des additifs.

La semoule de riz

Obtenue à partir de riz moulu, elle permet d'obtenir un produit collant et nourrissant qui convient aux amorces destinées à attirer les gros cyprinidés.

LES ARÔMES ET LES PARFUMS

L'ail

La poudre d'ail parfume les amorces de fond. La brème en raffole.

La cannelle

Elle est employée dans les amorces de fond, pour attirer les gros poissons blancs, et parfume également les mélanges destinés aux petits poissons de surface.

La badiane

L'anis étoilé a une odeur persistante appréciée par tous les poissons blancs, aussi bien dans les amorces de fond que de surface. Certains pêcheurs lui préfèrent l'anis vert, voire la poudre de graines de fenouil.

Le caramel

Sucré et collant, cet élément est le parfait additif d'une amorce de fond destinée au gardon. L'idéal est d'employer le caramel que l'on trouve dans le commerce qui ne durcit pas.

Le cumin

Le cumin est parfumé et possède, pour l'homme, des propriétés stimulantes et digestives. On l'utilise en petite quantité dans les amorces de fond.

La coriandre

En concassant les graines séchées de cette plante ombellifère, on obtient une poudre dispersante qui trouble l'eau. À utiliser dans une amorce pour les eaux calmes.

La vanille

Son goût sucré et son parfum tenace plaisent particulièrement aux gros poissons. Un grand classique à utiliser dans tous les types d'amorces.

Le fenugrec

La poudre de fenugrec est liante et a également une forte odeur. Elle s'incorpore sans excès dans les amorces de fond pour homogénéiser un mélange ou lui donner un parfum caractéristique.

Le carvi

Les graines de cette plante ombellifère à fleurs blanches minuscules fournissent une poudre huileuse à l'odeur de carotte et d'anis. Elle a, pour l'homme, des vertus stimulantes et stomachiques.

Les graines

Une grande variété de graines (utilisées entières ou broyées) peut être mélangée aux amorces. Crues, elles agissent plutôt comme des dispersants. Cuites, elles sont consommables, mais l'objectif n'est pas de nourrir les poissons. Le but poursuivi est de les mettre en appétit pour les inciter à avaler l'hameçon dans la même foulée. Les quantités à utiliser ne sont jamais excessives.

Parmi les plus employées : le maïs, le blé, le chènevis (graine de chanvre), le lupin, l'orge, l'avoine, la fève, la cacahouète, le pignon de pain et le sarrasin. L'idéal, bien sûr, est d'employer, comme appâts, les mêmes graines que l'on incorpore dans l'amorce.

La préparation des amorces

La confection des amorces se fait dans des bacs en plastique. L'idéal est d'en posséder un de grande taille (35 à 40 litres de contenance), réservé à l'opération de mouillage, un autre de 20 à 30 litres pour recevoir l'amorce tamisée, et un petit pour contenir l'eau de mouillage. Il existe également des contenants en toile imperméable, très pratiques et moins encombrants, car ils peuvent être pliés.

COMMENT RÉALISER UNE AMORCE STANDARD

1 La première des opérations consiste à verser les différentes farines, semoules ou chapelures (voir p. 169 à 171), dans un bac spécialement prévu à cet usage (voir p. 76), et à mélanger le tout, en n'oubliant pas de bien brasser le fond. Cette précaution vise à éliminer les grumeaux qui pourraient se former.

2 Il faut mouilller l'amorce, par étapes successives, en déversant d'abord de l'eau contenue dans un autre récipient, sans trop forcer sur la dose, puis en terminant à l'aide d'une éponge que l'on presse au-dessus du mélange. Une fois l'opération réalisée, il est possible de confectionner des boules compactes.

3 Le mélange doit reposer une dizaine de minutes afin que les ingrédients gonflent. Rajoutez ensuite de la terre tamisée ou de l'eau, suivant l'amorce que vous souhaitez obtenir : lourde et gagnant le fond rapidement ou moins compacte et éclatant près de la surface. La dernière opération consiste à tamiser l'ensemble du mélange, à l'aide d'une grille spécifique, pour l'aérer et le rendre homogène, et éventuellement à incorporer des esches (asticots, fouillis de vers de vase…) pour donner un avant-goût de ce que les poissons trouveront au bout de l'hameçon. Les boules d'amorce jetées à l'eau ont la grosseur d'une orange.

COMMENT RÉALISER UNE AMORCE DE SURFACE

Ce type d'amorce s'adresse à de petits poissons, comme l'ablette. Elle permet de former un nuage attractif à la surface de l'eau. Elle est beaucoup plus facile à réaliser que les amorces de surface dites « sèches ». Comme pour les autres types d'amorce, la première opération consiste à verser les différents ingrédients, puis à bien les mélanger. Versez ensuite une grande quantité d'eau, en brassant bien, jusqu'à ce que l'amorce forme une pâte molle, pas trop liquide cependant, de manière qu'elle puisse être saisie entre les doigts et lancée sur le coup par petites pincées.

À chaque milieu son amorce

■ **Étang.** Aucun courant ne vient troubler la tranquillité de votre coup, mais attention au fond vaseux. Pour que les boules d'amorce ne s'enfoncent pas, elles doivent éclater pendant leur descente dans la couche liquide.

■ **Rivière.** Le courant vous oblige à utiliser une amorce compacte et à en prévoir une grosse quantité. La terre peut même représenter la moitié du mélange. Des produits colorants peuvent aussi être ajoutés pour la rendre encore plus visible.

■ **Canal.** À chaque passage de péniche, le fond est remué. Une amorce assez compacte est donc nécessaire, mais attention à la vase. Il faut prendre la précaution de jeter quelques boules de terre sur le coup pour former un tapis stabilisateur.

QUELQUES RECETTES DE BASE

Étang :
3 parts de chapelure rousse ;
3 parts de coprah ;
1 part de semoule de maïs ;
2 parts de farine de maïs ;
1 part de coriandre moulue.
De la terre peut être ajoutée pour pêcher dans les étangs importants.

Rivière lente :
3 parts de chapelure rousse ;
2 parts de chapelure blonde ;
1 part de chapelure de biscuit ;
2 parts de tourteau collant ;
1 part de coprah ;
1 part d'arachides grillées et moulues.
Vous pouvez agrémenter cette préparation avec du chènevis moulu cuit (apprécié des gardons) ou de l'ail (pour la brème).

Grande rivière ou fleuve :
3 parts de chapelure blonde moulue grossièrement ;
2 parts de chapelure blanche ;
2 parts de tourteau collant ;
1 part de cacahouètes concassées ;
1 part de semoule de maïs crue ;
1 part de graines de lin écrasées.
De la terre est bienvenue s'il y a un courant fort, ainsi qu'un produit colorant.

Canal :
4 parts de chapelure rousse ;
1 part de farine de coco belge ;
2 parts de tourteau collant ;
1 part de jaune de Hollande ;
1 part de biscuit finement moulue ;
1 part de gazelle grillée.
Ajoutez à cette amorce 10 % de fiente de pigeon ou d'écailles d'huîtres et n'oubliez pas que dans les canaux à fond vaseux un tapis de terre est indispensable.

Pour la carpe ou la tanche :
3 parts de pain moulu ;
3 parts de tourteau collant ;
1 part de semoule de maïs ;
1 part de tourteau de germes de maïs ébouillantés ;
1 part de farine de pain d'épices ;
1 part de graines de lin moulues.
Ce mélange est riche et convient à des poissons, comme la carpe, la tanche, voire la brème, qui apprécient ces ingrédients. Pour rendre cette amorce encore plus attractive, vous pouvez ajouter des graines de blé ou des esches pures.

Pour la pêche de surface :
3 parts de biscottes moulues ;
3 parts de fleurette ;
1 part de farine de maïs ;
1 parts de farine de riz ;
1 part de gaude de maïs ;
1 part d'arachides grillées et finement moulues.
Ce mélange crée un nuage près de la surface de l'eau si le coup est alimenter régulièrement d'une boulette d'amorce.

Pour le mulet :
2 parts de pain rassis ;
1 part de chapelure de biscuit ;
1 part de farine d'arachide ;
3 cuillerées d'huile de sardine ;
2 parts de sable.
Cette amorce goûteuse est très visible, car elle laisse une traînée entre deux eaux.

L'art d'amorcer

Lancer les boules d'amorce n'est qu'une question d'habitude. Le geste ressemble beaucoup à celui du joueur de pétanque qui vise un cochonnet.
Il faut tenir compte de la nature du milieu. Vitesse du courant, qualité du fond sont des facteurs à prendre en compte si l'on ne veut pas que l'amorçage soit inefficace.

Bien amorcer en surface

La technique ne présente pas de grandes difficultés, mais il faut respecter un certain rythme. Ce type d'amorçage consiste à distribuer de petites quantités d'amorce à la surface de façon régulière pour entretenir le coup en permanence et former un nuage persistant. Une pincée est jetée pratiquement après chaque coulée.

L'AMORÇAGE EN ÉTANG

1

2

1 La tactique diffère selon l'orientation du fond. S'il forme une légère pente vers le large, il est indispensable de les lancer face à soi et légèrement en retrait du scion de la canne. Ainsi les boules ne rouleront pas loin du bord et vous n'aurez aucune mauvaise surprise. Vous pêcherez au bon endroit, là où l'amorce a théoriquement rassemblé les poissons.

2 Le courant est présent. Il faut donc tenir compte de son influence pour être sûr d'amorcer au bon endroit, là où la ligne progresse. La coulée de rêve ne comporte pas d'obstacle, ni cassure, et remonte légèrement vers l'aval. Les poissons se rassemblent sans gêne sur cette pente. Avant de pêcher, le coup doit être sondé afin de recueillir des informations sur la nature du fond.

L'AMORÇAGE EN RIVIÈRE

1

2

L'AMORÇAGE EN CANAL

1

2

1 Le courant est présent. Il faut donc tenir compte de son influence pour être sûr d'amorcer au bon endroit, là où la ligne progresse. La coulée de rêve ne comporte pas d'obstacle, ni de cassure, et remonte légèrement vers l'aval. Les poissons se rassemblent sans gêne sur cette pente. Avant de pêcher, le coup doit être sondé afin de recueillir des informations sur la nature du fond.

2 Plus le courant est important et plus l'amorce doit être collante, ce qui évite que les boules ne se désagrègent avant d'arriver sur le fond. Il faut également les jeter plus ou moins vers l'amont pour qu'elles travaillent bien à hauteur de votre coup et non pas au-delà. Un mauvais calcul serait un coup d'épée dans l'eau prompt à disperser les poissons.

1 Les canaux réservent bien des surprises aux pêcheurs, et pas forcément les meilleures. Leur lit étant parfois en escalier, il n'est pas toujours évident d'amorcer au bon endroit pour que les boules d'amorce ne roulent pas vers le chenal, qui est le secteur le plus profond et le plus exposé à la navigation, la meilleure solution reste de les lancer sur l'un des paliers.

2 Si vous avez constaté la présence de vase sur le fond, il devient indispensable de réaliser un tapis de terre. Comment ? L'opération consiste à lancer quelques boules de terre avant d'amorcer avec votre mélange de farines. Cette astuce évite que les boules s'enfoncent et soient totalement inopérantes. Elles sont par ailleurs plus stables lors du passage des bateaux.

Jean-Paul DORON 96

6

Les poissons d'eau douce et leur pêche

Les poissons sont des vertébrés (animaux dotés d'une colonne vertébrale) qui vivent dans l'eau. Une grande variété d'espèces croisent dans nos milieux aquatiques d'eau douce : des cyprinidés, des salmonidés, des ésocidés, des centrarchidés, des gadidés (de la même famille que la morue) et d'autres familles encore moins connues du grand public tels que les thymallidés dont on dit qu'ils sentent le thym. Une richesse pour l'amoureux de la nature qu'est le pêcheur, qui prend plaisir à capturer des poissons pour les consommer, pour le sport, ou tout simplement à les observer dans leur milieu. N'avez-vous jamais vu de doux rêveurs appuyés au parapet d'un pont ? À coup sûr il s'agit de ces passionnés qui plongent leurs regards dans l'eau pour pénétrer le monde merveilleux des rivières. Alors peut-être ont-ils en tête cette phrase du poète Henri Michaux : « L'âme adore nager. » Comme quoi les pêcheurs ne s'intéressent pas uniquement à remplir leur bourriche.

Ablette

L'ablette est un joli petit poisson aux écailles brillantes. Son corps effilé possède un dos vert-bleu, des nageoires grises et des flancs argentés aux reflets verts. Sa taille est modeste : entre 6 et 12 cm pour un poids ne dépassant pas la cinquantaine de grammes. Sa pêche permet de réaliser de belles fritures.

FAMILLE
Cyprinidés

NOM LATIN
Alburnus alburnus

NOMS USUELS OU VERNACULAIRES
Ablé, auble, blanchet, douzain, laube, mirandelle, pesquit, rondin, vif argent

Répartition

Elle vit dans les rivières et les fleuves, en bancs serrés, et se tient dans des eaux plutôt bien oxygénées mais pas trop froides, souvent face au courant. Ainsi postée, elle se saisit de la nourriture qui passe à proximité. On la trouve également dans les grands étangs où la végétation n'est pas trop abondante, les canaux et les lacs. Elle est partout présente en France, sauf en Corse et dans le Finistère.

Reproduction

Sa reproduction a lieu entre avril et juin. Les femelles se rapprochent des berges et déposent leurs œufs dans la végétation aquatique. Les mâles, qui les fécondent en répandant leur laitance sur les ovules, sont revêtus d'une parure nuptiale. Leurs nageoires deviennent orangées et ils portent des boutons de noce sur la tête.

Régime alimentaire

Omnivore, elle s'alimente de débris végétaux, de petites larves, mais aussi d'insectes. L'orientation de sa bouche vers le haut lui permet de mieux saisir sa nourriture à la surface de l'eau.

Comment la reconnaître

Reconnaître l'ablette ne pose guère de problèmes. Les nageoires brillent de mille feux et se détachent facilement. Elle peut cependant être confondue avec sa cousine, l'ablette spirlin *(Alburnus bipunctatus)*, présente dans le bassin de la Loire. Cette dernière, plus trapue et moins brillante, possède deux rangées de points noirs le long des flancs.

Elle vit dans le même milieu, se pêche de la même manière et s'utilise fréquemment comme vif.

Quand la pêcher

L'ablette se pêche tout au long de l'année, mais c'est surtout en hiver qu'il est aisé de la localiser, car les populations se concentrent dans les embouchures des tributaires, à l'arrivée des canaux, dans les ports et les darses.

Les techniques de pêche efficaces

Elle se pêche surtout au coup, mais il est aussi possible de la capturer à la mouche, l'ablette gobant en surface une grande quantité d'insectes aquatiques lors des périodes d'éclosion. L'une des techniques les plus efficaces est sans doute la pêche dite « à la mitraillette ». Elle permet de faire de nombreuses prises en un minimum de temps. La pêche à la perle (une perle rouge enfilée sur la hampe de l'hameçon) et la pêche à la pâte sont également très productives.

MONTAGE

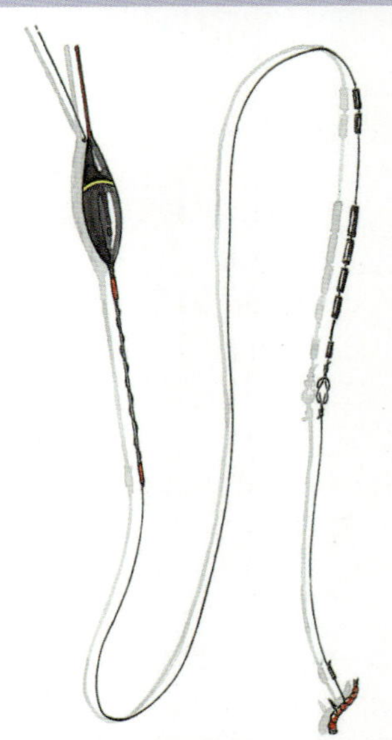

■ **Ligne pour la pêche à la mitraillette**

Aloses

La grande alose (de 30 à 70 cm pour 1 à 3 kg) et l'alose feinte (pas plus de 50 cm pour 1 kg) se ressemblent et se côtoient. Ce sont des poissons migrateurs avec des écailles brillantes. Leurs yeux ont des paupières et les joues sont fines. Leur dos a des reflets bleu-vert, leurs flancs sont argentés et des taches sombres apparaissent en arrière des opercules.

FAMILLE
Clupéidés

NOMS LATINS
Alosa alosa (grande alose)
Alosa fallax (alose feinte)

NOMS USUELS OU VERNACULAIRES
Coulac, poisson de mai, sabre (grande alose). Fausse alose, finte, gatte, pucelle (alose feinte)

Grande alose

Alose feinte

Répartition

Les aloses sont présentes dans le Rhône, la Loire et l'Aude, mais les secteurs où elles sont très abondantes se trouvent dans la Garonne, la Dordogne et la Charente. Sur la Garonne, les points chauds sont situés à l'aval des barrages de Lamagistère et de Beauregard. Sur la Dordogne, de beaux tableaux de pêche se font, entre autres, dans le secteur de Bergerac, en amont du pont de Mouleydier, de Tuillières, de Lalinde et de Villeneuve. Sur la Charente, les aloses abondent dans le secteur de Cognac, vers les barrages de Crouin, de Bagnolet et de Garde-Moulin.

Reproduction

C'est un poisson migrateur anadrome. Il naît en eau douce, dans la partie inférieure des fleuves, mais aussi plus en amont, et grossit en mer, près des côtes. En mai-juin, un grand nombre d'aloses remontent les fleuves côtiers et, si elles parviennent à franchir les obstacles (en particulier les barrages et les seuils), elles gagnent les frayères pour s'y reproduire. Durant la parade nuptiale, qui débute dès la tombée de la nuit, mâles et femelles se rassemblent pour former des couples, se frottent les flancs et tournent en rond, puis frappent la surface de l'eau avec leur nageoire caudale. Les scientifiques appellent ce comportement le « phénomène de bull ». Une fois libérés, les œufs sont immédiatement fécondés par le mâle, qui les arrose de sa semence.

Régime alimentaire

En mer, les aloses se nourrissent de crustacés, d'invertébrés et de poissonnets. En eau douce, à l'instar du saumon, l'estomac des adultes s'atrophie progressivement à mesure qu'ils approchent de leurs frayères. Ils cessent donc de s'alimenter et

Aloses

MONTAGE DE BASE

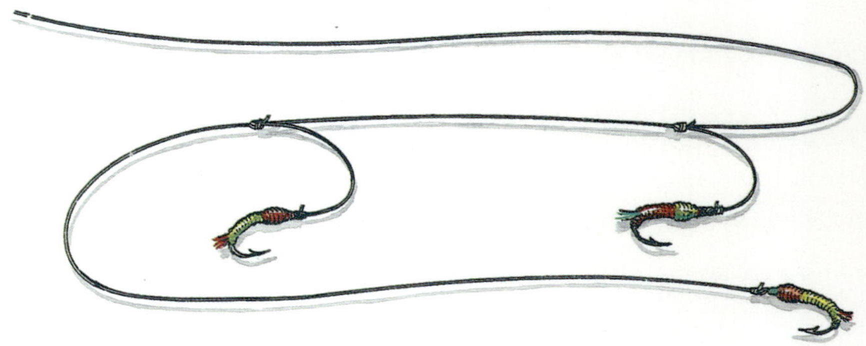

■ **Bas de ligne pour pêcher à la mouche**

AU BOUT DE LA LIGNE

■ **L'alose apprécie les nymphes colorées et brillantes**

puisent dans les réserves acquises lors de leur séjour en mer. Seule l'agressivité et leur instinct de chasse les incitent à mordre aux lignes des pêcheurs.
Les juvéniles consomment du zooplancton, de tous petits invertébrés vivants en suspension dans les eaux.

Comment les reconnaître

Pour les distinguer des autres poissons, des signes ne trompent pas : leur queue est fourchue, les écailles sont disposées de façon irrégulière le long du corps et des taches sombres se trouvent à l'arrière de chaque opercule. La tête est haute et une encoche médiane se trouve sur la mâchoire inférieure où se loge l'échancrure de la mâchoire inférieure. La ligne latérale, que la plupart des autres espèces possèdent, est absente ou peu visible sur les flancs.
La distinction reste moins évidente entre les deux aloses : la grande alose a moins de taches sombres à l'arrière des opercules et elles sont parfois diffuses. Sa taille est plus importante ainsi que le nombre de branchiospines (90 à 120) qu'elle porte sur la face concave des arcs branchiaux.

Quand les pêcher

Les aloses ne sont pas des migrateurs aussi prestigieux que les saumons ou la truite de mer, mais elles déclenchent la passion des pêcheurs qui n'hésitent pas à faire des kilomètres pour se frotter à elles lors des périodes de migration (mai-juin). C'est à ce moment qu'il devient possible d'en capturer un grand nombre. La plus appréciée est la grande alose qui se défend avec beaucoup de vigueur au bout de la ligne et constitue un mets gastronomique pour celui qui sait la préparer et se débarrasser de ses nombreuses arêtes en les faisant fondre au contact de feuilles d'oseille. Les meilleurs secteurs de pêche sont généralement situés à l'aval des barrages où de très importantes populations se concentrent avant de tenter de les franchir.

Les techniques de pêche efficaces

Elles se pêchent aux leurres, à la calée ou au lancer-ramener, et à la mouche. Cette dernière technique est certainement la plus sportive. On utilise des modèles plus ou moins lestés et très colorés (mouche téléphone orange, nymphe violette, nymphe jaune...). Pour le coup du soir ou les jours à faible luminosité, privilégiez le violet. Par temps ensoleillé, préférez le jaune et l'orange.
Afin de déclencher l'attaque des poissons en exploitant l'effet *teaser*, le mieux est de disposer plusieurs artificielles montées sur potence (voir le montage ci-dessus). En pointe, placez une nymphe lourde. En sauteuse et en intermédiaire, utilisez des mouches plus légères afin qu'elles travaillent à la bonne hauteur.
La bagarre avec l'alose est un grand moment. Elle se démène pour recouvrer sa liberté, poussé par son instinct de survie. Il faut la brider fermement et prendre garde qu'elle ne présente pas son corps comprimé dans le courant.

Amours

Ces carpes tiennent leur nom du fleuve d'où elles sont originaires, qui fait frontière entre la Chine et la Sibérie. Leur corps est puissant et ressemble à celui de la carpe, mais leur tête, dont les yeux sont implantés très bas, diffère nettement. Elles mesurent en moyenne de 30 à 90 cm pour 3 à 20 kg.

FAMILLE
Cyprinidés

NOMS LATINS
Leuciscus idella (amour blanc)
Leuciscus molitrix (amour argenté)

NOMS USUELS OU VERNACULAIRES
Carpe chinoise, carpe blanche, carpe herbivore *(Leuciscus idella)* ; carpe argentée *(Leuciscus molitrix)*

Amour argenté

MONTAGE

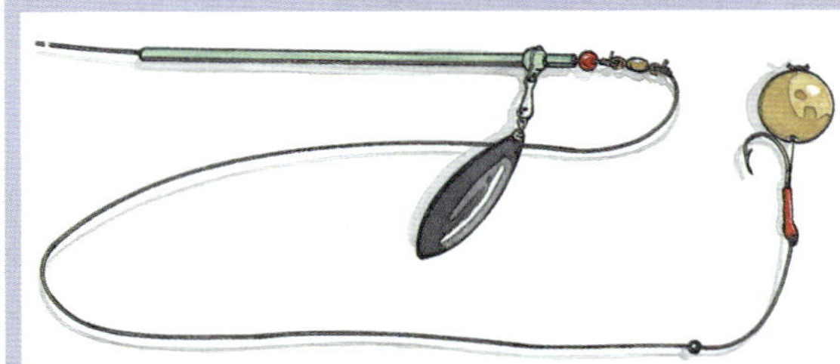

■ **Pêche à fond à la bouillette flottante**

Amour blanc

Répartition

Elles ont été importées dans les pays européens (dont la France) pour lutter contre la prolifération des algues vertes dans les étangs. Elles ne les ont pas éradiquées, mais ont été très appréciées par les pêcheurs de carpes qui en capturaient parfois. Aujourd'hui, ils se passionnent pour ce poisson herbivore particulièrement combatif que l'on rencontre partout où il a été introduit.

Reproduction

À l'état naturel, les amours se reproduisent de juin à juillet, à l'approche de la mousson. La femelle dépose ses œufs dans le courant (120 000 en moyenne par kilo de son poids). La température de l'eau est alors élevée (26 °C). Puis les œufs dérivent vers l'aval, portés par les courants, et les alevins éclosent. Chez nous, sa reproduction n'a pas été observée ailleurs que dans les écloseries des piscicultures.

Régime alimentaire

L'amour blanc consomme des quantités importantes de végétaux, des pousses tendres de plantes aquatiques, également des algues et du phytoplancton. L'amour argenté est essentiellement planctonophage.

Comment les reconnaître

L'amour blanc a de grandes écailles et sa bouche orientée vers le haut possède des lèvres cornées. L'amour argenté a lui aussi des écailles, mais plus petites, et sa nageoire caudale est échancrée. La confusion avec la carpe n'est pas possible, car ces deux cyprinidés ne disposent pas de barbillons.

Quand les pêcher

Lorsque l'eau est suffisamment chaude pour qu'elles s'activent. L'été est donc une excellente saison. En hiver, elles hibernent et se calfeutrent dans la vase.

Les techniques de pêche efficaces

Elles se pêchent comme la carpe (voir p. 194 et 195), mais leurs goûts ne sont pas tout à fait les mêmes. L'amour argenté peut être appâté avec du phytoplancton compacté et l'amour blanc avec des feuilles de salade, des morceaux d'endive ou encore des graines et des bouillettes.

Anguille

Son corps serpentiforme est recouvert d'une peau épaisse et visqueuse qui lui permet de se déplacer hors de l'eau, sur de courtes distances, pour contourner un obstacle à sa migration. Le dos a une couleur brun verdâtre et les flancs sont jaunes, argentés lorsqu'elle s'apprête à entamer son périple en mer. Sa taille varie entre 50 et 1 m pour 500 g à 6 kg.

FAMILLE
Anguillidés

NOM LATIN
Anguilla anguilla

NOMS USUELS OU VERNACULAIRES
Civelle ou pibale (alevin d'anguille). Andouille, andrille, angèle, anguille argentée, anguille jaune, chardiat, long-bec, lorgagne, mouregain, pimperneau

Répartition

Elle colonise tous les milieux aquatiques qui lui sont accessibles, du petit cours d'eau à la grande rivière, sans oublier les étangs et les lacs. Les lacs de montagne et les torrents, où l'eau est froide, ne lui conviennent pas. Elle est présente partout en France, mais les populations sont en régression, victimes des barrages qui la bloquent aussi bien à la montaison qu'à la dévalaison, et d'un parasite *(Anguillicola crassus)* qui compromet sa reproduction. Découvert pour la première fois dans les années 1980, en Italie et en Allemagne, ce nématode est aujourd'hui localisé sur toute l'aire de répartition de l'anguille. Le braconnage et la surpêche commerciale sont également responsables. Le prix du kilo de civelles (les juvéniles que l'on appelle « pibales » dans la région du Sud-Ouest) atteint des prix importants (entre 100 et 300 euros, selon les années et les saisons) qui attisent bien des convoitises. Il arrive parfois que les gardes-pêche se retrouvent face à des braconniers n'hésitant pas à faire usage des armes. C'est ce qui s'est passé en 1991, dans la Gironde.

Reproduction

L'anguille est le seul migrateur catadrome présent dans nos eaux. Elle vit en eau douce et se reproduit dans l'océan. Les autres poissons, comme le saumon et l'alose, font le contraire. Ils se développent en mer et pondent dans les rivières. Parvenue à maturité (son corps s'argente), elle dévale les cours d'eau et se dirige vers la mer des Sargasses (située à plus de 5 000 km de nos côtes) pour rejoindre les zones de frayères des grands fonds où disparaissent tous les géniteurs. Une femelle mature a été localisée et photographiée à 2 000 m de profondeur.

Appelées « leptocéphales » (feuilles de saule), les larves de l'anguille ne mesurent pas plus de 6 mm. Elles parviennent vers les côtes européennes en étant transportées par les courants marins. À l'approche des estuaires, elles se transforment en civelles, des alevins transparents de un tiers de gramme, et remontent les fleuves, n'hésitant pas, quand elles le peuvent, à franchir les obstacles (barrages, seuils...). Lorsque l'herbe est humide, elles sortent de l'eau et progressent en rampant, comme le ferait un serpent. Les civelles font de même en se glissant sur les paroies moussues et sur le sable. Est-ce pour cette raison que Pline le Jeune pen-

Anguille

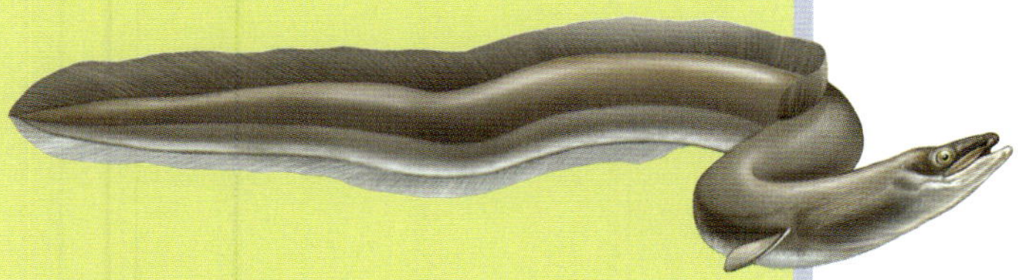

sait que lorsqu'une anguille voulait avoir des petits, il lui suffisait de se frotter aux rochers ?

Régime alimentaire

Incommodée par la lumière, l'anguille se nourrit surtout la nuit : de vers, de larves d'insectes, de mollusques, d'écrevisses et de petits poissons. Au moment de leur métamorphose en civelles, les leptocéphales cessent de s'alimenter durant quelques semaines.

Comment la reconnaître

Il n'est pas difficile de reconnaître l'anguille. Sa silhouette serpentiforme est caractéristique et elle ne ressemble à aucun autre poisson, exception faite de la lamproie, cette représentante de l'ordre des pétromyzontiformes, facilement reconnaissable cependant. Contrairement à l'anguille qui possède une denture et un squelette ossifié, la lamproie ne possède pas de mâchoires et d'os. Sa bouche a la forme d'une ventouse bordée de papilles, et armée de dents cornées et de mandibules, et son squelette se résume à un tube de cartilage (notocorde).

Quand la pêcher

La pleine saison débute à la fin du printemps et dure tout l'été, voire se prolonge jusqu'en automne si la température de l'eau est clémente. Par les fortes chaleurs, l'anguille est surtout active le soir et la nuit, lorsqu'elle recherche sa nourriture, ou pendant la journée lorsque l'eau est trouble et devient couleur chocolat après un orage ou en période de crue. Au début du printemps et à la fin de l' automne, les prises d'anguilles sédentaires (qui ne migrent pas) sont possibles, mais de façon beaucoup plus aléatoire. Les capturer relève alors plus de la chance que du savoir-faire halieutique.

Les techniques de pêche efficaces

La plus simple et la plus pratiquée est la pêche à la calée, qui consiste à présenter une ligne à fond (eschée d'un lombric, de vers de terreau, d'une limace, d'un poissonnet mort ou encore d'un morceau de tripe) que l'anguille engame généralement assez profondément.

Une autre méthode excellente est la pêche à la vermée. Cette technique traditionnelle (dans son *Dictionnaire des pêches*, édité en 1868, Henri de la Blanchère précise que ce procédé était surtout employé en Anjou et en Vendée) utilise une ligne eschée d'un paquet de vers enfilés sur un brin de laine. Il n'y a aucun hameçon. Lorsque l'anguille mord, ses petites dents se prennent à la laine. En maintenant la ligne tendue et en la sortant de l'eau sans brusquerie, elle reste accrochée.

Afin qu'elle ne retourne pas à l'eau en rampant sur le sol, les pêcheurs la déposent dans un parapluie ouvert d'où elle ne s'échappera pas, ayant tendance à s'enrouler autour des baleines, plutôt que de prendre la poudre d'escampette. Il ne reste plus, ensuite, qu'à la conserver dans un vivier. Attention, il ne sert à rien de la placer dans une bourriche, car elle s'en échappe facilement.

MONTAGE DE BASE

■ **Pelote de vers pour la pêche à la vermée**

Aspe

L'aspe est le seul cyprinidé carnassier que l'on rencontre dans nos eaux. Il a le corps élancé, couvert de petites écailles. Les nageoires sont grises ou brunes, parfois teintées de rouge. La nageoire anale a la forme d'une carène incurvée. Sa taille peut dépasser le mètre, mais les poissons de 50 à 80 cm dont le poids varie de 2 à 8 kg sont plus courants.

FAMILLE
Cyprinidés

NOM LATIN
Aspius aspius

NOMS USUELS OU VERNACULAIRES
Asp, flèche, rognard

Répartition
Il est abondant dans son aire d'origine. Chez nous, on le rencontre dans le Rhin où il est signalé depuis 1976, mais aussi dans la Moselle. Venu de l'Europe du Nord et de l'Est, ce poisson vit principalement dans la zone à brème et à barbeau. Si les jeunes forment des bancs et se postent près des rives, les sujets âgés sont plutôt solitaires.

Reproduction
D'avril à juin, il gagne les fonds graveleux où le courant est fort. Les mâles portent alors des tubercules nuptiaux. La femelle peut pondre de 80 000 à 100 000 ovules qui adhèrent aux pierres immergées.

Régime alimentaire
Il consomme des petits poissons, les ablettes et les gardons en particulier, mais aussi des insectes. Lorsqu'il se met en chasse, le spectacle est garanti. L'aspe poursuit ses proies avec opiniâtreté et n'hésite pas à bondir hors de l'eau pour s'en saisir.

Comment le reconnaître
Il a beau avoir une large gueule, qui ressemble à celle du black-bass, l'aspe s'en distingue nettement par sa robe argentée. Le hotu a également des airs de famille avec lui, mais leur bouche ne sont pas du tout les mêmes. Contrairement à celle du hotu, la bouche de l'aspe s'oriente vers le haut et non vers le bas.

Quand le pêcher
Il se capture du printemps à la fin de l'hiver, même lorsque les eaux sont froides.

Les techniques de pêche efficaces
Les techniques les plus efficaces sont la pêche au poisson mort, que l'on peut présenter sur des montures classiques, de type Drachkovitch, ou sur des têtes plombées, ou bien la pêche au vif. Des leurres comme les poissons nageurs donnent également d'excellents résultats. Dans son aire d'origine, l'aspe est considéré, à juste titre, comme un poisson de grand sport. Il se défend comme un diable au bout de la ligne.

MONTAGES DE BASE

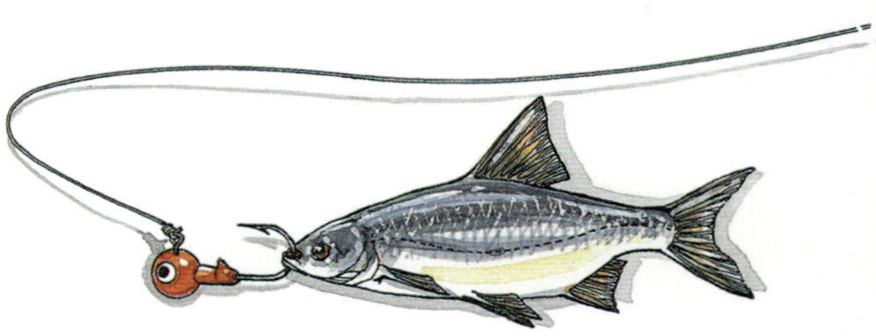

■ Poisson mort sur tête plombée

■ Monture Drachko

Barbeau

Poisson d'eau vive par excellence, le barbeau a une tête conique et un corps élancé couvert d'écailles cuivrées. Le dos, gris-vert, présente une nageoire dorsale pourvue d'un aiguillon cranté. Ses lèvres sont charnues et s'ornent de quatre barbillons. Les nageoires anale et pelviennes sont gris-orangé. Sa taille moyenne est de 30 à 60 cm pour un poids de 1 à 3 kg.

FAMILLE
Cyprinidés

NOM LATIN
Barbus barbus

NOMS USUELS OU VERNACULAIRES
Barbarin, barbet, barbillon, barbot, barbu, boquillon, drenek, sourd

Répartition

Le barbeau a donné son nom à la zone des rivières de plaine, où l'eau est plutôt calme, situées entre la zone à ombre (amont) et la zone à brème (aval), mais il se rencontre également à la limite de la zone à truite. Le barbeau est présent partout, sur les fonds caillouteux et sableux des cours d'eau, à l'exception de quelques départements de la Bretagne, de la Normandie et de la Corse. Il est rare dans le département des Alpes-Maritimes.

Il affectionne l'aval des piles de ponts, des seuils, des barrages et les fonds couverts de ce que les pêcheurs appellent « têtes de chat » (gros galets) où de grands rassemblements se forment. Des groupes de plusieurs dizaines, voire centaines de poissons peuvent s'y tenir. En hiver, comme c'est le cas pour de nombreux cyprinidés, il se réfugie dans les profondeurs où la température de l'eau est plus chaude. C'est dans les grandes rivières et les fleuves que les plus gros spécimens (70 cm de longueur et plus) sont capturés. Dans le sud de la France, une autre espèce beaucoup plus petite et moins répandue est présente : le barbeau méridional *(Barbus meridionalis)* que l'on dénomme également barbeau truité (dans l'Aude), turquand (dans le Gard) ou Durgan (en Ardèche). Menacé par les aménagements hydrauliques, ce poisson est inscrit à l'annexe III de la convention de Bernes et les annexes II et V de la directive Habitat-faune-flore.

Chez nous, le barbeau n'est pas en danger, bien qu'inscrit à l'annexe V de la directive Habitat-faune-flore, mais en Belgique la régression des populations reste inquiétante. Des opérations de rempoissonnement sont d'ailleurs menées pour soutenir les populations en place et tenter d'inverser la tendance.

Reproduction

Entre avril et juillet, les géniteurs se rassemblent et s'adonnent à une parade nuptiale durant laquelle des couples se forment. Sur un même secteur, près de 500 géniteurs peuvent se regrouper.

Pour libérer ses œufs, la femelle se frotte sur le fond. Un mâle, voire plusieurs, les arrose ensuite de sa laitance. La qualité du substrat, la vitesse du courant et la température de l'eau conditionnent le cycle de reproduction.

Les cas d'hybridation avec d'autres cyprinidés sont fréquents dans le Midi, avec le barbeau méridional en produisant ce

Barbeau

MONTAGE DE BASE

■ **Pêche à la pelote**

que les scientifiques appellent des « hybrides fertiles ». Cela signifie que les géniteurs issus de ces croisements peuvent se reproduire sans problème. Les conséquences sont que dans certaines rivières, les populations hybrides deviennent majoritaires. C'est précisément le cas dans le cours principal de la rivière Hérault. Durant la saison des amours les mâles portent sur la tête et le dos des tubercules blanchâtres.

Régime alimentaire

Le barbeau est omnivore. Il s'alimente de tout ce qu'il peut trouver dans son milieu. Pour rechercher sa nourriture (mollusques, crustacés – écrevisses et gammares –, larves, œufs de poisson, débris végétaux et mousses), il retourne les galets, fouille le fond à l'aide de sa bouche protractile.

En prenant de l'âge, le barbeau oriente son alimentation également vers les alevins et les poissonnets qu'il chasse comme les carnassiers. Quel pêcheur n'a jamais eu l'occasion de pêcher un beau barbeau alors qu'il convoitait les perches à l'alevin ?

Comment le reconnaître

Bien qu'il possède des moustaches, comme la carpe ou le poisson-chat, il ne peut être confondu avec ces deux poissons, pas plus, également, avec le goujon. Il a des airs de parenté avec ce cyprinidé, mais sa taille reste largement supérieure et sa robe ne présente pas vraiment le même aspect.

La seule confusion possible peut se faire avec le barbeau méridional, surtout que, comme il a été précédemment indiqué, les deux espèces peuvent s'hybrider. Un signe qui ne trompe pas, cependant : la livrée du méridional est ponctuée de taches brunes et son dos présente des marbrures de couleur marron. Il est lui aussi beaucoup plus petit que le barbeau commun, ne dépassant pas les 25 cm.

Quand le pêcher

À partir du milieu du printemps et jusqu'en automne, le barbeau peut être pêché avec de nombreuses techniques, de la plus simple à la plus sophistiquée. Mais il lui faut des eaux à la température relativement chaude, contrairement au chevesne ou à l'ablette qui appartiennent pourtant à la même famille. Lorsque l'eau est froide, il devient inactif et entre pratiquement en état d'hibernation. Calfeutré dans les grands fonds, il attend des jours meilleurs où son appétit retrouvera toute sa vigueur.

Les techniques de pêche efficaces

On peut opter pour une pêche au coup à la grande canne, à l'anglaise (au flotteur et à la plombée), à la bolognaise, ou à la pelote, une technique ancienne que les pêcheurs utilisent moins aujourd'hui, mais qui est toujours aussi efficace. Elle consiste à noyer le bas de ligne dans une boule d'amorce qui sert de lest et attire les poissons.

Les pêcheurs anglais, qui apprécient à juste raison ce guerrier des eaux vives, emploient des esches pour le moins étonnantes : pâté de tête, morceau de lard frit dans du saindoux, morceau de steack, cube de mortadelle, chair à saucisse... Ils ont bien compris que *Barbus barbus* avait... « la dalle en pente » !

Les gros barbeaux mordent aussi à la cuiller ou au poisson d'étain. Cette dernière méthode consiste à dandiner un leurre à la verticale pour imiter un poissonnet virevoltant dans l'eau. Efficace, elle a pour inconvénient d'occasionner de nombreuses blessures, le poisson se faisant fréquemment piquer par les flancs.

Black-bass

Le black-bass a le corps trapu, une tête massive avec des opercules pointus et une large bouche à la mâchoire inférieure proéminente. Sa robe vert bronze, couverte d'écailles, présente des taches noires qui se disséminent sur les flancs et sur le dos. La nageoire dorsale est double. Il mesure de 30 à 60 cm pour un poids de 500 g à 3 kg.

FAMILLE
Centrarchidés

NOM LATIN
Micropterus salmoides

NOMS USUELS OU VERNACULAIRES
Achigan, bass, perche d'Amérique, perche noire, perche truitée

Répartition

Originaire des États-Unis, le black-bass à grande bouche a été introduit en Europe en 1878, puis chez nous dans les années 1890. Mais, contrairement à beaucoup d'autres poissons allogènes (d'une origine différente de celle des poissons autochtones), comme le silure ou le sandre, il ne s'est guère acclimaté, hormis dans certaines rivières ou plans d'eau du sud-ouest, du sud-est et du centre-est de la France. Ce carnassier apprécie les eaux calmes, chaudes et riches en végétation, en particulier les bras morts, les étangs, les lacs peu profonds, les réservoirs et les canaux (de préférence non navigables). Il trouve dans ces milieux des conditions favorables à son développement.

Parmi les poissons de la famille des centrarchidés qui ont été introduits dans nos eaux, le black-bass est le seul poisson à susciter la passion des pêcheurs. La perche-soleil *(Lepomis gibbosus)* est considérée comme indésirable, le crapet de roche *(Amblophites rupestris)* et le black-bass à petite bouche *(Micropterus dolomieu)* sont méconnus.

Le black-bass est un poisson plutôt solitaire. Seuls les alevins et les juvéniles forment des groupes plus ou moins importants.

Reproduction

D'avril à juillet, lorsque l'eau atteint une température de 18 °C, le mâle creuse un trou sur le fond et y rassemble des débris végétaux. Il incite ensuite une femelle à venir y pondre ses œufs. Son instinct paternel le pousse également à monter la garde pour protéger des prédateurs le frai, ce qu'il fait également pour les alevins en bon père de famille, jusqu'à ce qu'ils soient aptes à se disperser et à subvenir à leurs besoins.

Régime alimentaire

Le black-bass se nourrit de crustacés, d'invertébrés divers, de vers, de sangsues, de grenouilles, de tritons et de poissonnets.

Il n'hésite pas à déséquilibrer les amphibiens qui se font dorer au soleil sur les feuilles de nénuphar pour s'en emparer et c'est un des rares poissons à consommer des poissons-chats. Dès les premières chaleurs, il maraude le long des berges

Black-bass

pour croquer les insectes terrestres (sauterelles, grillons et autres diptères) qui chuteraient à l'eau.

Comment le reconnaître

Le confondre avec un autre poisson n'est guère possible. Seuls les pêcheurs néophytes le prennent parfois pour une perche. Il ressemble en revanche au black-bass à petite bouche, qui ne peuple plus nos eaux, et au crapet de roche que l'on rencontre très rarement en France (des captures récentes auraient été faites dans la Loire, du côté de Decize).

Quand le pêcher

C'est à la belle saison que sa pêche devient vraiment productive. Il recherche alors avec avidité ses proies qui s'abritent dans les herbiers ou se tient à l'affût, près à bondir sur tout ce qui attire son attention. C'est le poignard dissimulé au flanc du vieux bandit. Bizarrement, il lui arrive aussi d'être pris d'apathie et de ne réagir à rien. Sa capture devient alors très difficile... La bredouille n'est pas loin !

Quelle que soit la situation, il est indispensable de bien connaître les secteurs où il est bien représenté si l'on veut avoir des chances de le capturer.

En règle générale, les bonnes rivières et les plans d'eau propices à la pêche du black-bass sont connus des pêcheurs. Il ne coûte rien de se renseigner auprès des détaillants en articles de pêche, généralement bien informés de ce qui se passe dans leur région, et soucieux de rendre service, mais aussi des associations locales de pêcheurs (AAPPMA) ou de la fédération départementale dont les responsables ont à cœur de promouvoir la pêche de loisir.

Les techniques de pêche efficaces

Il mord aux appâts naturels (vers, alevins), mais c'est surtout aux leurres et à la mouche que sa pêche est sportive. On utilise alors des poppers, qui imitent des grenouilles, – qu'il s'agisse d'un modèle destiné à pratiquer au lancer ou à la canne à mouche –, des leurres souples, des cuillers spéciales telles que les spinnerbaits, qui peuvent se faufiler dans les herbiers sans trop s'accrocher (voir p. 166 et 167), mais aussi des streamers.

Les pêcheurs américains sont certainement les plus grands spécialistes de sa pêche, mais ce ne sont pas les seuls à s'y intéresser. Ce carnassier fait aujourd'hui de nombreux adeptes en France, malgré sa rareté. Et la plupart regrettent que des efforts plus importants ne soient pas consentis pour son acclimation. Ils estiment que c'est un poisson sportif et qu'il favoriserait le tourisme-pêche.

MONTAGE DE BASE

■ **Montage avec leurre souple figuratif**

AU BOUT DE LA LIGNE

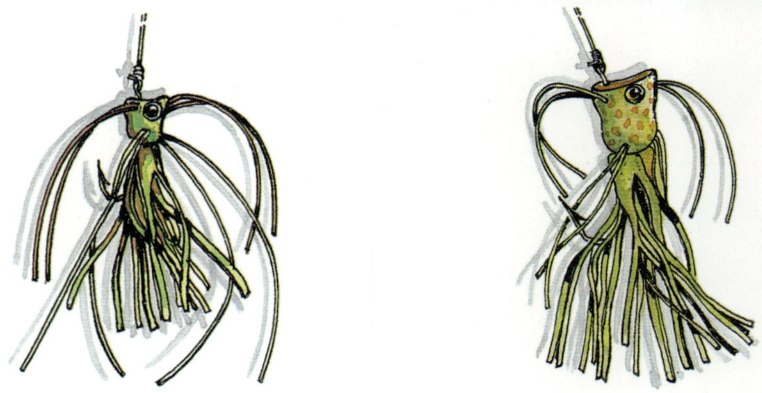

■ **Deux poppers**

Brèmes

Leur corps est large, comprimé latéralement, et il est recouvert d'écailles argentées et d'un épais mucus protecteur à l'odeur forte. Les nageoires sont développées, en particulier l'anale et la caudale, qui est très échancrée. La franche atteint des tailles allant jusqu'à 60 cm, voire plus, pour un poids de 3 kg, tandis que la bordelière ne dépasse guère 40 cm pour 400 g.

FAMILLE
Cyprinidés

NOMS LATINS
Abramis blicca (brème bordelière)
Abramis brama (brème franche)

NOMS USUELS OU VERNACULAIRES
Brémaille, brème bordelière *(Abramis blicca)*. Brème carpée, brème franche, plaquette, plateau *(Abramis brama)*.

Brème franche

Brème bordelière

Répartition

Très répandues dans nos milieux aquatiques (rivières et plans d'eau), les brèmes ont donné leur nom à la zone la plus en aval des cours d'eau qui se trouve après la zone à barbeau. Ces poissons vivent en bancs. Ils aiment les eaux calmes et chaudes des étangs et des rivières de plaine, à fond limoneux ou vaseux, où ils passent leur temps à rechercher leur nourriture. La bordelière est plus rare, voire absente dans certains départements du Sud-Est et du Sud-Ouest. En Corse, les deux espèces sont totalement absentes.

Reproduction

En mai-juin, lorsque l'eau se réchauffe, les géniteurs s'adonnent à des ébats bruyants le long des rives. Les femelles pondent de 49 000 à 150 000 œufs par kilo de leur poids, en plusieurs fois, que les mâles, reconnaissables à leur parure de noce, fécondent en les arrosant de laitance. Brème bordelière et brème franche s'hybrident entre elles, mais aussi avec d'autres cyprinidés, comme le gardon et le rotengle.

Régime alimentaire

Elles se nourrissent de vers, de larves, de petits crustacés, de mollusques, et n'hésitent pas à avaler les œufs des autres poissons. Il leur arrive même de s'attaquer aux alevins, ce qui explique pourquoi des captures se font fréquemment en pêchant au poisson d'étain.

Comment les reconnaître

Les deux espèces se ressemblent beaucoup, mais des indices permettent de les

Brèmes

différencier. La robe de la bordelière est plus blanche alors que la commune présente des reflets olivâtres sur le dos et roses ou bleus sur les flancs. Ses nageoires ne sont pas grises mais teintées d'orange. Déterminer l'origine des hybrides n'est pas toujours aisé, les croisements pouvant être multiples.

Quand les pêcher

Toute l'année, sauf en hiver car elles hibernent et, lorsque l'eau est froide, se réfugient dans les profondeurs pour se mettre au chaud. Les secteurs propices sont parfaitement identifiables à la belle saison : lorsque les brèmes fouillent la vase pour dénicher leur nourriture, de petites bulles remontent à la surface et trahissent leur présence.

Les techniques de pêche efficaces

La pêche à la ligne flottante classique mais aussi celle à l'anglaise (waggler, swing-tip, quiver-tip) sont très prolifiques, pour peu que le coup soit amorcé pour rassembler les poissons qui se déplacent en bancs importants.

Les pêcheurs avertis emploient également, avec succès, le poisson d'étain ou le guignol. À signaler que la touche des brèmes est particulière lorsque vous pêchez au coup, à la ligne flottante : le bas de ligne étant posé sur le fond, le flotteur ne coule pas mais se couche à la surface de l'eau.

MONTAGE DE BASE

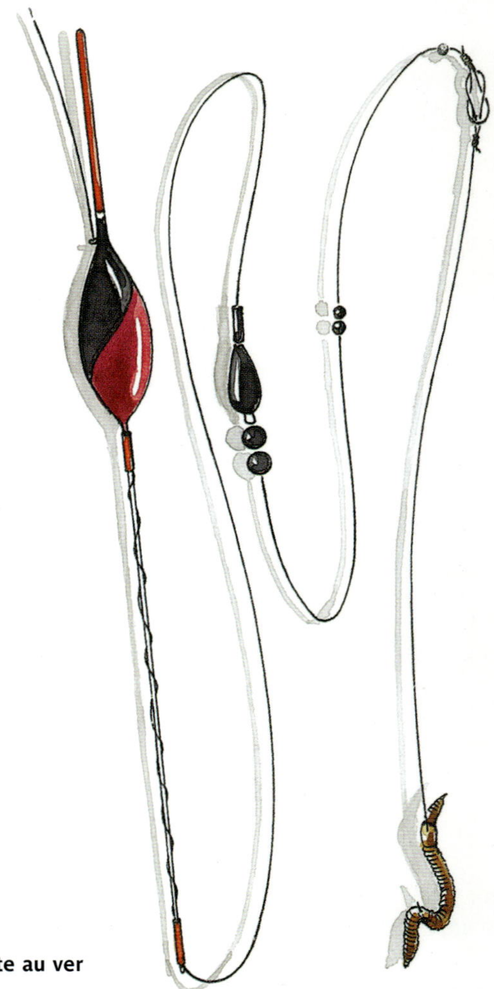

■ Ligne flottante au ver

AUTRE TECHNIQUE

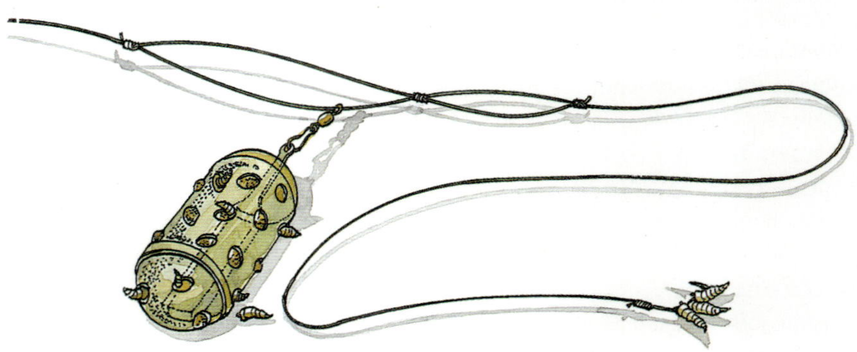

■ Ligne pour la pêche au feeder

Brochet

Ce carnassier au corps fuselé, vert-brun avec des vermicules jaunâtres, a une bouche en forme de bec de canard. Son ventre est blanc nacré. Sur la tête et sous les mâchoires, des pores sensitifs l'aident à localiser ses proies et à se repérer dans l'espace. Un brochet adulte mesure de 50 cm à 1 m pour 2 à 10 kg, mais certains spécimens dépassent le mètre.

FAMILLE
Ésocidés

NOM LATIN
Esox lucius

NOMS USUELS OU VERNACULAIRES
Bec, bec de canard, goulu, grand bec, grandgousier, pogneau, sifflet

Répartition

Le brochet est présent dans toute la France, mais les populations décroissent vers le Sud. Il est plus abondant dans le Nord, qui est son aire d'origine. La raréfaction des zones de reproduction (prairies inondables, zones humides...) est responsable de la diminution des populations, si bien qu'il est considéré comme une espèce vulnérable. En de nombreux endroits, sa présence est maintenue grâce à des opérations d'empoissonnement. Il aime les secteurs riches en végétation des rivières, des canaux, des étangs et des lacs, où se rencontrent les plus gros spécimens.

Reproduction

À la fin de l'hiver ou au début du printemps, mâles et femelles se regroupent sur les prairies inondées et les zones humides, où l'eau est peu profonde. La femelle dépose de 10 000 à 20 000 œufs par kilo de son poids qui se fixent aux herbes. Après éclosion, les larves y restent collées par la tête grâce à une papille adhésive, le temps de grandir.

Régime alimentaire

Les alevins se nourrissent de zooplancton, puis de petits invertébrés et enfin d'alevins de poissons. Si la nourriture vient à manquer, lorsqu'ils mesurent entre 5 et 8 cm, le phénomène de cannibalisme apparaît. En clair, ils se mangent entre eux.
Les adultes consomment des poissons de belle taille. Ils sont principalement piscivores, mais s'attaquent également à des batraciens, comme les grenouilles, à des crustacés, à des vers et, plus rarement, à des petits rongeurs et des canetons. La gueule du brochet est tapissée d'environ 700 dents dirigées vers l'arrière. Contrairement à une idée reçue, ce n'est pas un féroce prédateur. En vérité, il mange peu par rapport à son poids, sa digestion étant lente, et c'est un opportuniste. Ce chasseur à l'affût se dissimule dans la végétation par mimétisme et attaque les proies qui passent à proximité, grâce à de puissantes nageoires propulsives (caudale, dorsale et anale).

Comment le reconnaître

Esox lucius ne ressemble à aucun autre poisson de nos eaux, car sa morphologie est caractéristique. Aux États-Unis ou au

Brochet

Canada, il peut être confondu avec le brochet vermiculé, le maillé et éventuellement avec le maskinongé.

Quand le pêcher

Il peut être capturé tout au long de l'année, mais sa pêche est fermée de février à mai. Les saisons les plus propices restent l'automne et l'hiver où son alimentation est plus importante, car il se prépare à la période hivernale.

Les techniques de pêche efficaces

Très pratiquée, la pêche au vif donne d'excellents résultats. Cette technique traditionnelle est on ne peut plus simple. Il s'agit de présenter au brochet un poisson vivant. Une autre technique est aussi très efficace : la pêche au mort manié. Mais elle est plus active. Le pêcheur pratique une pêche itinérante qui consiste à prospecter les postes, en imitant un poisson agonisant. Il ne faut pas négliger, également, la pêche au mort posé et la pêche aux leurres.

Depuis quelques années, le brochet passionne les pêcheurs à la mouche qui le traque en utilisant des streamers. Ces mouches sont des imitations d'alevins et, pour les plus gros modèles, de poissonnets (voir les dessins ci-contre). Prendre un brochet ainsi laisse des souvenirs impérissables, car il y a du sport au bout de la ligne. Puissant, le carnassier ne se laisse pas mener à l'épuisette sans lutter.

MONTAGE DE BASE

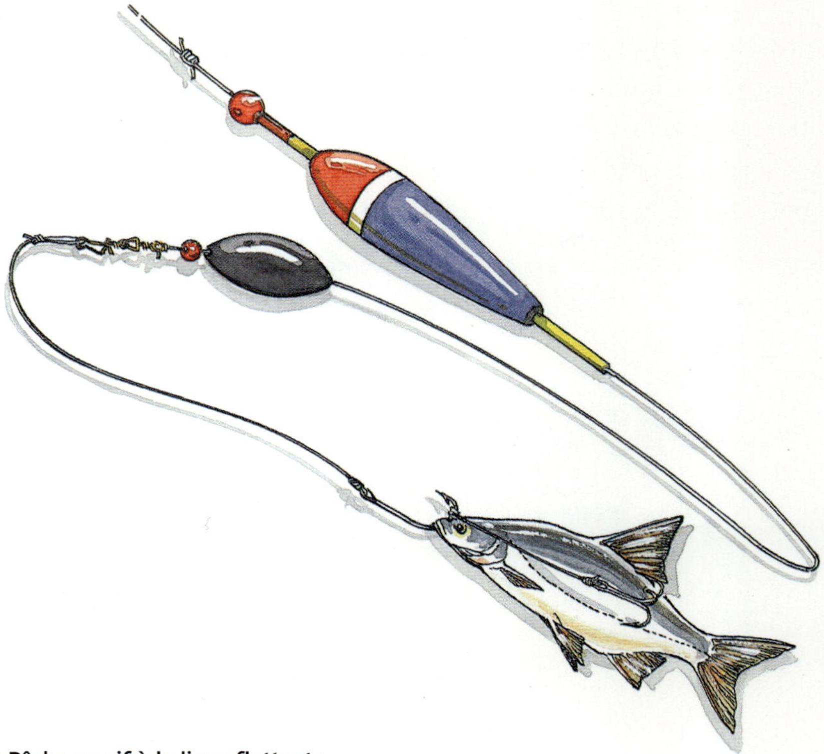

■ **Pêche au vif à la ligne flottante**

AUTRES TECHNIQUES

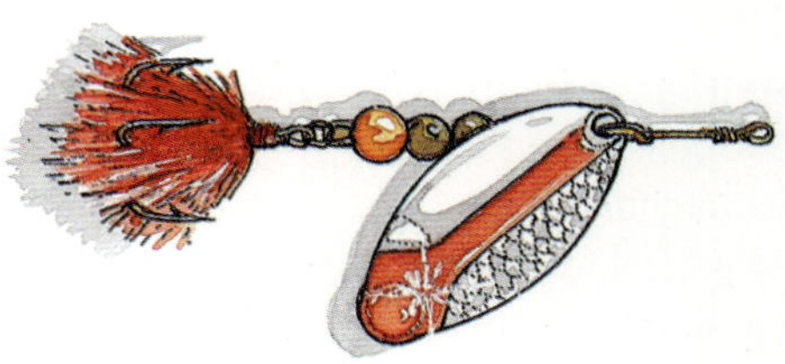

■ **Pêche à la cuiller**

■ **Pêche au streamer**

Carassin

Le carassin est une force de la nature. Ce cyprinidé résiste aux écarts de température en se réfugiant dans la vase et il est peu exigeant en oxygène. Il ressemble à la carpe, mais ne possède pas de barbillons. Sa taille est aussi largement inférieure : entre 20 et 40 cm pour un poids de 3 kg au maximum. Son dos est brun-vert et ses flancs argentés sont verdâtres.

FAMILLE
Cyprinidés

NOM LATIN
Carassius carassius

NOMS USUELS OU VERNACULAIRES
Carache, carouche, gibèle, meule

Les techniques de pêche efficaces

Ce n'est pas un poisson très recherché, mais il permet de faire débuter de jeunes pêcheurs. La pêche au coup à la ligne flottante est alors tout indiquée. Les meilleurs appâts : le bouquet de mie de pain, les asticots et les vers de terre. Sa défense est vive.

Répartition

On le trouve presque partout, aussi bien dans le sud de la France que dans le nord. Il vit dans les eaux lentes des rivières et des canaux, mais aussi dans les étangs et les mares où il entre en compétition avec la carpe, le rotengle et la tanche.

Reproduction

De mars à juin, lorsque les eaux se réchauffent, la femelle dépose environ 300 000 œufs qui adhèrent à la végétation et donneront naissance à des alevins 8 jours après.

Régime alimentaire

Il s'alimente de végétaux, d'insectes, de larves et de vers.

Comment le reconnaître

Il est possible de le confondre soit avec la carpe commune, mais il ne possède aucune moustache, soit aussi avec le rotengle et le gardon, mais, contrairement à ces poissons, ses nageoires ne sont pas rougeâtres. La confusion est encore plus commune avec le daurat, un proche cousin que l'on appelle aussi carassin argenté *(Carassius gibelio)*. La robe de ce poisson est cependant plus brillante. Le poisson rouge *(Carassius auratus)* fait également partie de la famille.

Quand le pêcher

Aux mêmes périodes que la carpe, donc surtout de la fin du printemps à l'automne, lorsque les eaux sont chaudes.

MONTAGE

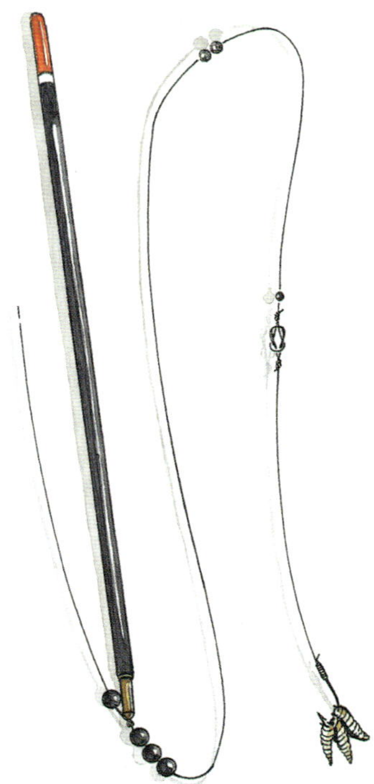

■ **Ligne flottante pour l'anglaise**

Carpe

Il existe plusieurs types de carpe, qui peuvent atteindre des tailles respectables (de 20 à 80 cm de longueur pour un poids de 2 à plus de 20 kg) : la carpe commune, au corps couvert d'écailles, la carpe cuir, à la peau lisse, et la carpe miroir, qui ressemble à la carpe cuir et possède quelques écailles le long de la ligne dorsale et à la base des nageoires.

FAMILLE
Cyprinidés

NOM LATIN
Cyprinus carpio

NOMS USUELS OU VERNACULAIRES
Carnaucier, carpeau, carpillon, carpo, escarpe, escarpo, mémère, nourrain, pénard

Carpe commune

Carpe cuir

Carpe miroir

Carpe

Répartition
La carpe est une habitante typique des eaux chaudes et calmes ou au courant lent (zone à brème). Elle peuple aussi bien les fleuves que les grandes rivières, les lacs et les étangs. Originaire d'Asie, elle a été acclimatée par les Romains et s'est finalement répandue un peu partout, sauf dans les régions montagneuses où elle ne peut pas se reproduire, le climat étant trop rigoureux, et dans le nord de la Bretagne. C'est un poisson grégaire qui devient solitaire avec l'âge. La plus grosse carpe jamais pêchée en France était une carpe cuir de 37 kg.

Reproduction
Elle se déroule entre mai et juillet, quand l'eau se réchauffe et atteint les 19 °C. La parade nuptiale peut alors commencer : les femelles gagnent les faibles profondeurs et les prairies inondées pour y déposer leurs œufs (180 000 par kilo de leur poids en moyenne), qui adhèrent à la végétation immergée et que les mâles fécondent en émettant leur laitance. Après 4 ou 5 jours d'incubation, les alevins naissent et grossissent rapidement si le milieu est riche en nourriture et la température clémente.

Régime alimentaire
Poisson omnivore, la carpe consomme des algues, des jeunes pousses, des débris végétaux, des invertébrés (larves d'insectes, vers, petits crustacés) et, plus rarement, des alevins. Elle recherche sa nourriture en fouillant le fond de l'eau à l'aide de sa bouche protractile (pouvant s'allonger vers l'avant).

Comment la reconnaître
La carpe commune peut se confondre avec le carassin, mais ce dernier ne possède aucun barbillon. L'amour blanc lui ressemble également, mais sa tête est petite. Par ailleurs, il n'a pas de moustache et son corps est plus fuselé. Les confusions les plus courantes se font entre la carpe cuir, à la peau pratiquement nue et au corps légèrement bossu, et la carpe miroir, qui est pourvue de quelques écailles sur le dos et à la base des nageoires.

Toutes trois ont un premier rayon dentelé à la nageoire dorsale et quatre barbillons : deux sur la lèvre supérieure et une à chaque angle de la bouche.

Quand la pêcher
La carpe est un poisson très recherché des pêcheurs. Puissant et combatif, il procure des sensations incomparables au bout de la ligne. La saison de pêche débute au printemps et atteint son summum durant l'été.

En automne, de belles prises peuvent encore se faire, jusqu'à ce que le froid incite les carpes à gagner les profondeurs pour se mettre au chaud et à ralentir leur activité. Les captures deviennent alors aléatoires, mais possibles.

MONTAGE

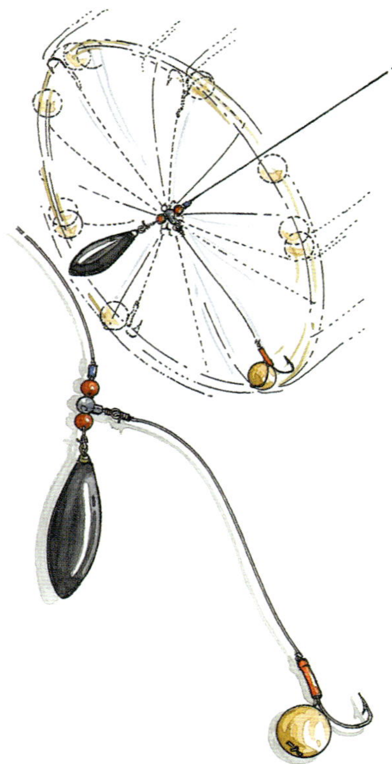

■ Montage hélicoptère

Les techniques de pêche efficaces
Les méthodes traditionnelles (pêche à la pelote, pêche à la calée et pêche au flotteur) sont toujours employées avec succès, mais la technique qui a aujourd'hui le vent en poupe est la pêche à l'anglaise, à la plombée. Elle fait de nombreux émules qui rivalisent d'ingéniosité pour tromper la carpe. Les cannes sont posées sur des supports, avec des détecteurs de touches électroniques, tandis que le pêcheur s'installe confortablement sur un bed-chair, voire sous une tente. Les appâts sont des bouillettes (boulettes riches en protéines) ou des graines que l'on fixe, le plus souvent, sur un cheveu (fil détaché de l'hameçon).

Chevesne

Le chevesne a un corps fusiforme, une tête massive avec une large bouche. Les grandes écailles de sa robe argentée sont bordées d'un liseré sombre. Le dos est brun et les nageoires inférieures sont rougeâtres. Il mesure de 20 à 70 cm, voire plus, pour un poids maximal de 6 kg. Le mâle est plus petit que la femelle.

FAMILLE
Cyprinidés

NOM LATIN
Leuciscus cephalus

NOMS USUELS OU VERNACULAIRES
Cabit, chavasse, chavasson, chevaine, étouffe-belle-mère, grabeau, grabotiau, lèche-à-tout, meunier, vilain

Les techniques de pêche efficaces

Il mord à de nombreuses techniques : à l'anglaise, à la bolognaise, aux petits vifs, aux leurres, mais aussi à la mouche. La pêche au coup est excellente en début de saison et à l'automne. En été, la mouche artificielle et la pêche à la surprise se pratiquent avec succès.

Répartition

Très répandu en Europe, le chevesne se rencontre partout en France : dans les fleuves, les rivières et les lacs. Ses préférences vont vers les eaux fraîches et bien oxygénées, mais on le trouve aussi dans les eaux de moindre qualité, à la sortie des égouts, par exemple, où il n'est pas rare de voir de fortes concentrations attendre leur pitance.

Reproduction

Entre avril et juin, les chevesnes se rassemblent dans les zones calmes et riches en végétation. La femelle dépose ses œufs (plus de 100 000 au total) sur les herbiers, les graviers ou les rochers. Les ébats sont bruyants et le mâle porte des boutons de noce. D'autres cyprinidés, notamment la vandoise et le hotu, s'hybrident avec le chevesne.

Régime alimentaire

C'est un omnivore. Il consomme des invertébrés, des végétaux aquatiques, des fruits tombés à l'eau ou des déchets alimentaires. Les plus gros sujets n'hésitent pas à s'attaquer à des poissonnets, comme le vairon, le goujon ou l'ablette.

Comment le reconnaître

Deux particularités permettent de distinguer le chevesne des autres poissons blancs : sa grande bouche (beaucoup plus importante que celle de la vandoise, qui lui ressemble beaucoup), mais aussi la section ronde de son corps fuselé. Il se distingue de l'aubour *(Leuciscus cabeda)*, la variété méridionale du chevesne, par sa robe qui n'est pas ponctuée de taches sombres et sa plus grande dimension.

Quand le pêcher

Toutes les saisons sont bonnes, même l'hiver, période durant laquelle il reste très actif, mais occupe plutôt les profondeurs de l'eau. En été, il est facile de le localiser (on le voit en maraude près de la surface), mais sa méfiance est plus grande.

MONTAGES

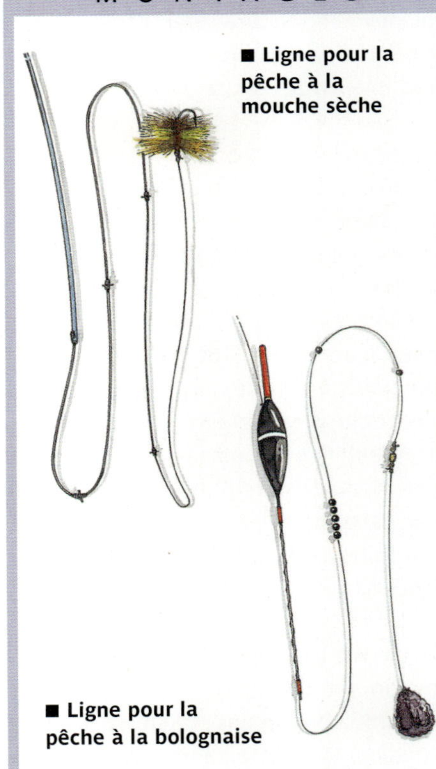

Corégone

Le corégone a un corps fusiforme couvert d'écailles de couleur argentée, une tête conique et une petite bouche. Il possède des nageoires grises dont une adipeuse et mesure en moyenne de 30 à 50 cm pour un poids maximal de 1 kg. Deux autres variétés sont aussi présentes en Europe du Nord-Est : *Coregonus albula* et *Coregonus automnalis*.

FAMILLE
Corégonidés

NOM LATIN
Coregonus lavaretus

NOMS USUELS OU VERNACULAIRES
Bézole, bondelle, féra, gravenche, lavaret, outil, palée

Répartition

Ce poisson lacustre vit en bancs. La souche originelle était autrefois limitée au lac Léman et au lac du Bourget. Après de multiples introductions de l'espèce, les populations de corégones se sont aujourd'hui bien développées dans d'autres lacs des Alpes, du Massif central et des Vosges.

Reproduction

Elle a lieu dans de faibles profondeurs et sur des substrats sableux, de décembre à janvier. Le mâle porte alors des tubercules nuptiaux blanchâtres sur la tête. La femelle dépose en moyenne 30 000 œufs par kilo de son poids. Ils donneront naissance à des alevins à la croissance rapide.

Régime alimentaire

Zooplancton, petits crustacés, larves d'insectes, débris végétaux constituent le principal de sa nourriture, mais il ne dédaigne pas les alevins. Les bancs de corégones se déplacent selon les disponibilités alimentaires.

Comment le reconnaître

Il ressemble aux poissons blancs, en particulier le hotu, mais s'en distingue par sa nageoire adipeuse. Une autre confusion est possible avec l'ombre. Ce dernier, qui ne se rencontre qu'en rivière, porte une grande nageoire dorsale et sa robe est ponctuée de noir.

Quand le pêcher

Le corégone se pêche tout au long de l'année, mais il faut bien sûr tenir compte de la réglementation, notamment durant les périodes de fermeture de la pêche. Au printemps, les bons secteurs se trouvent plutôt près du bord. Plus la saison s'avance et plus il gagne les profondeurs.

Les techniques de pêche efficaces

La meilleure méthode reste de pêcher depuis une barque et de pratiquer la pêche au plombier, une technique traditionnelle. Elle permet d'explorer les grands fonds des lacs.

MONTAGE

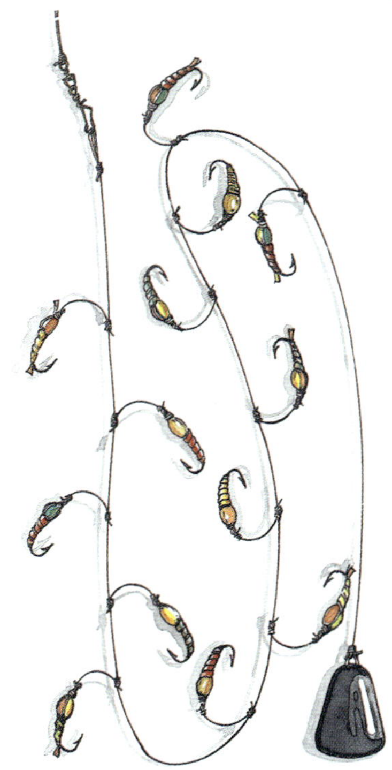

■ **Ligne pour la pêche au plombier**

La ligne, lestée par une plombée terminale (un plomb de type Arlesey), supporte plusieurs potences pourvues de nymphes artificielles.

La canne est un petit lancer à scion souple que l'on appelle un « canin ». L'action de pêche consiste à animer la ligne, sous la canne, par des mouvements de dandine verticale.

Cristivomer

Poisson de sport, l'omble du Canada ou cristivomer est recherché par les pêcheurs. C'est un salmonidé fusiforme, au corps élancé (40-50 cm pour 2 à 3 kg) et à la robe magnifique, verdâtre et mouchetée de jaune. Le bord des nageoires a un liseré blanc. La caudale est échancrée et sa bouche, largement fendue.

FAMILLE
Salmonidés

NOM LATIN
Salvelinus namaycush

NOMS USUELS OU VERNACULAIRES
Omble du Canada, touladi, truite grise

Répartition

Originaire d'Amérique du Nord, ce poisson que l'on appelle communément « omble du Canada », a été introduit en France dans les années 1970. On le rencontre dans les lacs d'altitude des Pyrénées et des Alpes où l'eau est fraîche et bien oxygénée.

Reproduction

En hiver (en mars-avril dans certains lacs), lorsque la température de l'eau est inférieure à 10 °C, la femelle libère ses œufs (2 000 à 16 000 par kilo de son poids) au-dessus du fond. Contrairement à ceux de la truite, ils ne sont pas enfouis dans le gravier mais simplement déposés sur le substrat. L'incubation est longue. Elle dure près de 20 semaines.

En France, le cristivomer se reproduit avec beaucoup de difficultés. Sa présence est essentiellement due à des opérations d'empoissonnement.

Régime alimentaire

Crustacés, insectes et poissons (y compris ses propres alevins) constituent son alimentation. Dans les lacs d'altitude, la nourriture est pauvre. Il est donc éclectique.

Comment le reconnaître

Il est très différent de la truite, mais il est possible de le confondre avec d'autres ombles que l'on ne trouve pas chez nous, exception faite de l'omble chevalier et de l'omble de fontaine (voir p. 206 et 207). Le premier a une parure gris bleuté, le second un ventre orangé.

Quand le pêcher

Il se capture toute l'année. Dans son aire de répartition naturelle, il se pêche même en hiver, alors que la surface de l'eau est gelée. Chez nous, cette méthode est interdite, il faut attendre la fonte des glaces et l'ouverture de la pêche.

Les techniques de pêche efficaces

Dans les grands lacs canadiens, les pêcheurs pratiquent la traîne, ce qui n'est pas autorisé en France (sauf quelques rares exceptions), tout comme la pêche sous la glace. Le plus efficace reste la pêche au vairon mort ou au vif. Les leurres peuvent également être employés, mais il faut des modèles lourds pouvant travailler à grande profondeur.

MONTAGE

■ **Monture Drachko**

Gardon

Le gardon est certainement le plus répandu des poissons blancs. Son corps fusiforme et comprimé latéralement est recouvert de grandes écailles argentées, son dos est vert-bleu, le ventre est blanc avec des reflets irisés. Les nageoires inférieures sont teintées d'orangé, les autres sont grises, et les yeux ont les iris rouges. Il mesure de 15 à 30 cm et pèse en moyenne de 80 à 500 g.

FAMILLE
Cyprinidés

NOM LATIN
Rutilus rutilus

NOMS USUELS OU VERNACULAIRES
Blanchet, échatout ou léchatout, fagot, rosse, rousse, vengeron

Répartition

Le gardon est le cyprinidé le plus répandu dans les zones lentiques (eaux stagnantes ou à écoulement très lent), mais aussi à l'aval des rivières et des fleuves. Il est pratiquement présent dans toute la France, sauf dans les régions montagneuses, où la température ne lui convient pas, et la Corse, où il n'a jamais été introduit. Heureusement d'ailleurs, car il provoquerait des déséquilibres certains dans l'ichtyofaune locale. *Rutilus rutilus* est le vecteur de maladies parasitaires, comme la bucéphalose larvaire ou la ligulose (voir p. 34 et 35).

Ce poisson, qui forme des bancs importants, aime les eaux tempérées des étangs, des lacs, des canaux, des rivières et des fleuves où il peut se tenir à l'abri du courant. On le rencontre principalement dans la zone à brème où il constitue la principale nourriture de nombreux carnassiers, parfois dans la zone à barbeau. Capable de supporter des taux de salinité, il s'aventure même dans les eaux saumâtres des estuaires, voire dans certaines mers intérieures.

Lorsque les populations sont trop nombreuses dans un milieu, les gardons n'atteignent pas de grande taille, la concurrence alimentaire étant très forte.

Reproduction

Tout se passe entre avril et juin, après le regroupement des géniteurs. La femelle dépose de 50 000 à plus de 200 000 œufs dans les herbiers situés près des berges ou sur les graviers du fond. Après l'éclosion, les œufs donnent naissance à des larves qui se réfugient dans la végétation et s'y fixent, grâce à des glandes adhésives, jusqu'à ce qu'elles soient aptes à rechercher leur nourriture. Les hybridations sont plus fréquentes avec le rotengle et la brème (brème franche ou bordelière), mais il arrive également que des croisements se produisent avec d'autres espèces, comme le chevesne, le hotu, ou encore l'ablette. Durant la période de reproduction, le mâle porte des boutons de noce.

Régime alimentaire

Opportuniste, il se nourrit aussi bien de végétaux que d'invertébrés. Larves (dont les fameux vers de vase qui ne sont rien d'autres que des larves de moustique),

Gardon

MONTAGE DE BASE

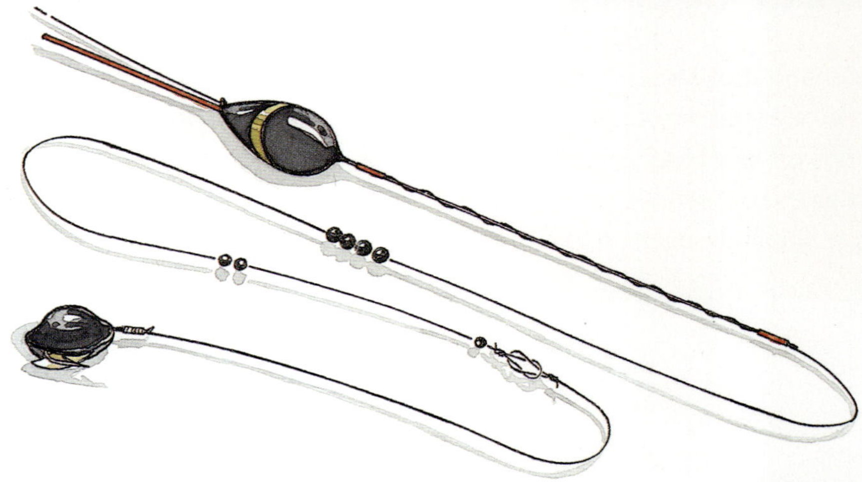

■ **Pêche à la ligne flottante, au chènevis**

insectes, gammares (crustacés pas plus gros qu'une graine), petits mollusques font partie de son menu.

À la belle saison, lorsque les eaux se réchauffent, il consomme également beaucoup de plancton et des algues filamenteuses, qui sont abondantes.

En plein cœur de Paris, la pêche dite « à la mousse », utilisant comme appât ces fameuses algues, était très à la mode autrefois, avant que les pêcheurs ne désertent les bords de la Seine, chassés d'abord par la pollution et les importuns, puis par les préjugés, la Seine, pourtant poissonneuse aujourd'hui, n'ayant pas la meilleure des réputations auprès de la majorité des pêcheurs.

Comment le reconnaître

Le gardon est souvent confondu avec le rotengle, voire l'ide mélanote, mais, contrairement à ces poissons, ses iris sont rouges et non jaunes. La morphologie se distingue également : le rotengle a la partie antérieure du dos plus bombé. L'ide est plus allongé et atteint de plus grandes tailles. La nageoire dorsale du gardon commence à l'arrière des pelviennes, celle du rotengle est située plus en arrière.

Ce que les pêcheurs prennent pour des « gardons de fond », appelés aussi « gardons blancs » ne sont généralement pas des gardons, mais des rotengles, des poisson de la même famille. Il s'agit d'une confusion.

Quand le pêcher

Le gardon est le poisson de la pêche au coup par excellence. La plupart des pêcheurs ont fait leurs premiers pas au bord de l'eau en le pêchant.

Il se capture toute l'année et mord à de nombreux appâts. À la belle saison, lorsque les eaux sont chaudes, il ne faut pas hésiter à privilégier les esches végétales. Pendant la saison froide, il vaut mieux opter pour les esches d'origine animale.

La réussite de votre partie de pêche dépend aussi beaucoup de l'amorçage qui permettra de rassembler les populations sur un secteur, avec la plus grande efficacité (voir p. 168 à 175). Non seulement il faut confectionner des mélanges attractifs, mais bien les distribuer au même endroit, tout au long de la partie de pêche, afin de ne pas casser le coup.

Les techniques de pêche efficaces

Vous avez le choix entre la pêche à la grande canne (télescopique ou à emmanchements), à l'anglaise (au waggler ou à fond) ou encore à la bolognaise.

L'un des appâts les plus prisés du gardon est le chènevis (voir p. 164 et 165), qui est la graine de chanvre, et le blé. Ces deux graines doivent être cuites ou ramollies par trempage. Elles permettent de réaliser des paniers impressionnants, mais il faut bien l'escher et habituer les poissons par un amorçage d'accoutumance, pratiqué avant la partie de pêche en jetant quelques poignées de graines.

Concernant le chènevis, l'hameçon est bloqué entre les cotylédons, en prenant soin que le germe de la graine reste visible.

Le grain de blé est enfilé sur la hampe de l'hameçon. Sa pointe doit dépasser légèrement, sous peine d'enregistrer de nombreux râtés au ferrage.

Le ver de vase (larve du moustique) et les asticots (asticot commun, pinkie, gozzer, caster...) donnent aussi de très bons résultats.

Lors des concours de pêche, le fouillis de vers de vase permet souvent de se démarquer de la concurrence et de remporter la partie. Les champions n'hésitent pas à amorcer avec des boulettes compactes composées d'un mélange humidifié de vers de vase et de terre de Somme.

Goujon

Le goujon est un barbeau miniature. Lui aussi porte les moustaches et a la tête de forme conique, mais sa taille ne dépasse pas la quinzaine de centimètres pour des poids de 30 à 50 g. Son corps cylindrique, de couleur brune, est par ailleurs ponctué d'une ligne de taches sombres sur les flancs, et ses nageoires sont mouchetées.

FAMILLE
Cyprinidés

NOM LATIN
Gobio gobio

NOMS USUELS OU VERNACULAIRES
Gofi, goiffon, gouvion, goyon, grougnon, kress, touret, troga

Répartition

Il apprécie les eaux claires et rapides – mais pas trop fraîches – des rivières et ne dédaigne pas celles des étangs et des lacs. Les fonds de graviers ont ses préférences. Il est présent dans toutes nos régions, même en montagne, mais à des altitudes ne dépassant guère 600 m. On ne le rencontre pas en Corse.

Reproduction

En mai-juin, les femelles déposent leurs œufs, en plusieurs fois, dans de petits courants à fond de graviers. Des paquets de 1 000 à 3 000 ovules de couleur bleue sont libérés. Les mâles arborent une parure de noce.

Régime alimentaire

Il est friand des petits invertébrés (vers, larves, insectes…) qu'il détecte avec ses deux barbillons, en fourrageant les fonds sableux, mais ne refuse pas les débris organiques. C'est une espèce fouisseuse qui vit en bancs.

Comment le reconnaître

Le goujon ressemble au barbeau et à la loche, mais s'en distingue tout de même. Le barbeau est plus gros, la loche plus petite et possède un corps plus effilé. Cette dernière mord rarement à la ligne et sa robe est de couleur différente.

Quand le pêcher

Lorsque l'eau est froide, le goujon continue de se nourrir, mais gagne les profondeurs. La meilleure période reste donc la belle saison, où il est possible de réaliser de belles fritures.

Les techniques de pêche efficaces

Une simple ligne flottante fait l'affaire, mais il faut que le bas de ligne et l'appât (vers de terreau, vers de vase ou asticots…) traînent sur le fond. Une autre bonne méthode pour attirer les goujons consiste à pénétrer dans l'eau et à gratter le fond avec les pieds. C'est la pêche à trousse-culottes ou à la grattée.

MONTAGE

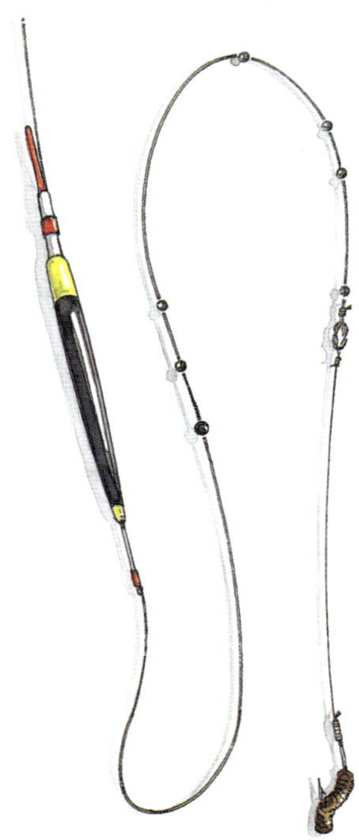

■ **Ligne pour la pêche à la grattée**

Hotu

Originaire d'Europe centrale et du bassin du Rhin, le hotu s'est introduit en France au milieu du XIXe siècle, en passant par les canaux du Nord-Est. Son corps est couvert d'écailles argentées et il porte des nageoires teintées de rouge. La bouche infère possède des lèvres cornées à bord incisif. Sa taille est de 25 à 50 cm pour un poids de 200 g à 2 kg.

FAMILLE
Cyprinidés

NOM LATIN
Chondrostoma nasus

NOMS USUELS OU VERNACULAIRES
Aloge, âme noire, écrivain, faux-mulet, hotiche, longe, mulet, nase, tunar

Les techniques de pêche efficaces

Le hotu se pêche avec de nombreuses techniques : à la pêche au coup traditionnelle, avec une ligne traînant sur le fond, à l'anglaise (au waggler ou au feeder), ou à la bolognaise. Les bons appâts : vers de terreau, vers de vase, asticots, mousses et grains de blé. Ce poisson est agréable à pêcher, mais il n'est guère recherché.

Répartition

Son aire de répartition s'étend aujourd'hui jusque dans les bassins de la Seine, de la Loire et du Rhône. Ses domaines de prédilection sont les cours d'eau larges, à courant rapide et au fond caillouteux, où il se déplace en bancs de plusieurs centaines d'individus. Contrairement aux apparences, les populations sont en régression, en raison de la dégradation de leur habitat, des variations du niveau de l'eau causées par les barrages et des pollutions.

Reproduction

Entre mars et avril, les géniteurs se rassemblent en grand nombre sur les hauts-fonds de graviers. La femelle pond environ 40 000 œufs par kilo de son poids que les mâles, porteurs de boutons de noce, fécondent en libérant leur laitance.

Régime alimentaire

Le hotu se nourrit principalement d'algues et de mousses qu'il trouve en raclant le fond avec sa bouche. Il lui arrive aussi d'avaler des larves, des insectes, des petits crustacés et des œufs de poissons, mais de façon modérée. Il ne mérite pas sa réputation de poisson nuisible. Lorsqu'il broute le fond, des reflets argentés lancés par ses écailles trahissent sa présence.

Comment le reconnaître

Avec sa bouche en rabot, il ne peut être confondu avec aucun autre poisson, sauf le toxostome *(Chondrostoma toxostoma)*, un proche cousin du sud de la France que l'on appelle « petit hotu » dont les nageoires sont moins colorées.

Quand le pêcher

Hormis l'hiver, il se pêche tout au long de l'année pour peu que la température de l'eau soit clémente et qu'il soit décidé à mordre. Certains jours, il refuse obstinément tout appât.

MONTAGE

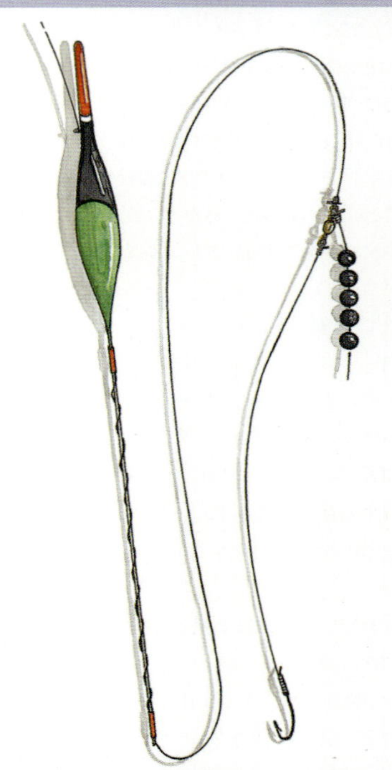

■ **Ligne pour la pêche à la bolognaise**

Huchon

Originaire du Danube, il a été introduit en France dans le bassin du Rhône, avec peu de succès, entre 1957 et 1960, pour limiter l'expansion du hotu (le huchon en est friand). Ce poisson, dont la taille peut dépasser le mètre pour des poids de plus de 20 kg, fait pourtant toujours rêver les pêcheurs qui aimeraient bien se mesurer à lui.

FAMILLE
Salmonidés

NOM LATIN
Hucho hucho

NOMS USUELS OU VERNACULAIRES
Huchen, saumon du Danube

Répartition

Il peuple principalement le bassin du Danube, mais il est menacé par la destruction de son habitat et les pollutions. En France, c'est dans les Usses (affluent du Rhône en Haute-Savoie) qu'il fait ses premières apparitions. On perd sa trace dans le Rhône, en 1985. Certains pêcheurs affirment en avoir pris dans certaines rivières de Franche-Comté (Doubs et Loue), où il a également été introduit.

Reproduction

En mars-avril, les huchons effectuent des migrations nocturnes pour rejoindre les frayères situées en amont, dans le courant vif. Les femelles déposent leurs œufs en creusant le gravier, à la manière du saumon, que les mâles recouvrent après les avoir fécondés en les aspergeant de spermatozoïdes.

Régime alimentaire

C'est un carnassier piscivore qui apprécie les poissons avec lesquels il cohabite, en particulier le hotu. Il recherche les grosses proies qui lui permettent d'emmagasiner des quantités de calories proportionnelles à sa taille.

Comment le reconnaître

Il ressemble beaucoup au saumon. Comme tous les salmonidés, il possède une nageoire adipeuse caractéristique, mais la sienne est très développée. Sa robe grise, à reflets verdâtres ou cuivrés, a des mouchetures sombres sur le dos.

Quand le pêcher

En hiver, par des températures extrêmes. Il aime le froid et chasse la nuit ou au crépuscule. Une trop forte luminosité réduit nettement les chances de le capturer.

Les techniques de pêche efficaces

La pêche au vif peut être pratiquée, mais c'est surtout la pêche au poisson mort manié et celle aux leurres qui procurent le plus de sensations. Pour tenter un gros huchon, il ne faut pas hésiter à lui présenter des appâts et des leurres de grande taille (10 à 20 cm).

C'est un poisson de sport puissant, qui se défend bien au bout de la ligne, très recherché dans son aire d'origine où les pêcheurs le traquent avec passion.

MONTAGE

■ **Monture casquée**

Ide mélanote

L'ide est un beau poisson au corps fusiforme et au dos arrondi. La bouche est orientée vers le haut, la couleur de sa robe varie du rose au rouge en passant par le doré avec, parfois, des taches noires. C'est notamment le cas d'une variété d'élevage introduite un peu partout dans les années 1900. Sa taille est de 10 à 20 cm pour un kilo.

FAMILLE
Cyprinidés

NOM LATIN
Leuciscus idus

NOMS USUELS OU VERNACULAIRES
Ide, ide dorée, ide rouge, orfe (variétés d'élevage)

Répartition

Peu répandu en France (ce poisson est originaire de l'Europe de l'Est), l'ide est pourtant présent dans la Moselle, le Rhin, l'Aisne, la Seine et le cours inférieur de la Loire. Il se trouve généralement dans la zone à brème, où il forme des bancs importants, mais s'aventure également dans les eaux saumâtres.

Reproduction

Au printemps, en avril-mai, les géniteurs gagnent les eaux peu profondes de la rivière où la femelle, qui ne pond qu'une seule fois par an, dépose ses œufs (de 40 000 à plus de 100 000) sur les fonds herbeux ou caillouteux.

Régime alimentaire

C'est un poisson omnivore appréciant tout particulièrement les insectes qu'il gobe à la surface de l'eau. Les gros sujets mangent également des alevins.

Comment le reconnaître

Sa ressemblance avec le gardon est confondante. Même les pêcheurs avertis s'y laissent prendre. Il leur arrive de présenter des ides comme des gardons aux tailles spectaculaires. Le chevesne a lui aussi quelques airs de famille. L'ide a l'iris jaune alors que le gardon l'a rouge. Quant au chevesne, il a les écailles bordées d'un liseré sombre.

Quand le pêcher

Tout au long de l'année, pour peu que sa présence soit avérée là où le pêcheur trempe sa ligne.

Les techniques de pêche efficaces

Il se pêche comme le gardon, au coup classique ou à l'anglaise, avec des esches végétales et animales.

MONTAGE DE BASE

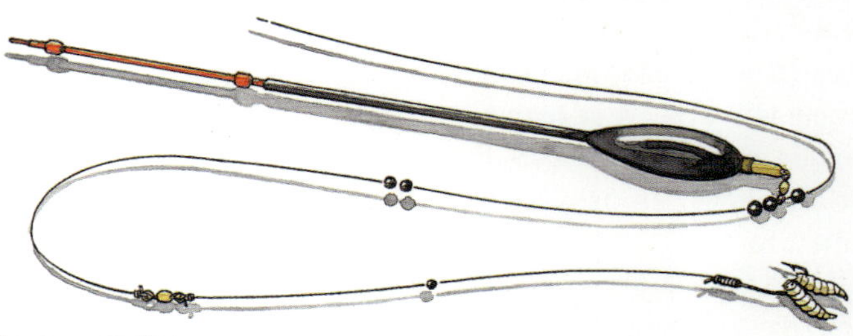

■ **Ligne pour la pêche au waggler**

Lote

La lote porte un barbillon sous le menton et son corps, brunâtre et marbré, est allongé (de 30 à 70 cm pour 300 g à 2 kg). Certains sujets peuvent atteindre des tailles surprenantes (80 cm). Elle possède deux nageoires dorsales dont l'une est longue, une anale démesurée, des pectorales effilées et une caudale arrondie. Les écailles sont minuscules.

FAMILLE
Gadidés

NOM LATIN
Lota lota

NOMS USUELS OU VERNACULAIRES
Alote, barbotte, bourbotte, chatoille, gendarmo, motelle

Répartition

La lote d'eau douce – à ne pas confondre avec la lotte de mer, ou baudroie – est présente dans l'est de la France, mais sa grande discrétion fait qu'elle est souvent ignorée des pêcheurs. Elle colonise aussi bien les petits cours d'eau que les grandes rivières et les lacs alpins.

Reproduction

En hiver, en eau très froide et sur des fonds sableux, plusieurs centaines de géniteurs se rassemblent la nuit pour frayer. Chaque femelle pond environ 1 million d'œufs par kilo de son poids, qui éclosent deux mois après. Ces ovules flottent dans un premier temps, puis se déposent sur le fond.

Régime alimentaire

C'est un carnassier piscivore, mais opportuniste. Il s'alimente également de mollusques, de crustacés et d'invertébrés divers, comme les vers.

Comment la reconnaître

On distingue la lote grâce à la forme caractéristique de son corps et à son unique barbillon qui indique son appartenance à la même famille que le cabillaud (morue).

Quand la pêcher

Elle mord en hiver, quand les eaux sont froides. Active surtout la nuit, elle se décide à sortir de ses cachettes le jour lorsque les eaux sont troubles, pendant les crues.

Les techniques de pêche efficaces

C'est au ver, au vif et au poisson mort que la lote se capture aisément. Il faut présenter ces appâts sur le fond, à la calée ou sur une ligne flottante.

La touche n'est pas toujours évidente à déceler, même si l'esche est généralement engammée profondément, ce qui oblige bien souvent à changer de bas de ligne après chaque prise.

MONTAGE

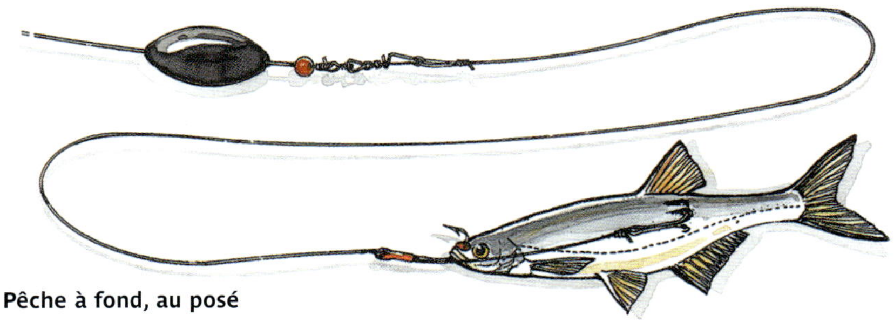

■ **Pêche à fond, au posé**

Omble chevalier

Ce salmonidé fait partie des ombles arctiques qui vivent dans des milieux lacustres. Il mesure en moyenne de 30 à 50 cm pour 300 g à 1 kg et peut évoluer jusqu'à 100 m de profondeur, voire plus. Son corps a des teintes variées : vertes ou gris bleuté sur le dos, avec des flancs constellés de taches blanches.

FAMILLE
Salmonidés

NOM LATIN
Salvelinus alpinus

NOMS USUELS OU VERNACULAIRES
Saumon salvelin, truite rouge

Répartition

En France, il est autochtone dans le lac Léman et le Bourget, mais il se rencontre également dans d'autres lacs des régions montagneuses : lacs d'Annecy, d'Aiguebelette (Savoie), lac Pavin (Massif central)… et dans de nombreux plans d'eau privés où il a été introduit.

Reproduction

Il se reproduit de novembre à janvier. Le frai a lieu à des profondeurs importantes (50-100 m) sur des secteurs graveleux ou caillouteux traversés par le courant afin que les œufs soient bien oxygénés. La femelle produit de 2 000 à 4 000 ovules par kilo de son poids. Pendant cette période, le ventre du mâle se teinte de rouge et ses flancs deviennent plus clairs.

Régime alimentaire

Il mange de tout, sauf des végétaux : invertébrés divers, mollusques, insectes, mais aussi des poissonnets.

Comment le reconnaître

À sa bouche largement fendue et à sa caudale échancrée. Son corps est allongé mais massif, et plus coloré que celui de la truite. Il possède des nageoires vermillon. Les nageoires inférieures présentent des liserés blancs.

Quand le pêcher

Dès le dégel et quasiment de la même manière que le cristivomer, avec lequel il cohabite en de nombreux endroits.

Les techniques de pêche efficaces

Vairons morts, vifs, leurres, mouches sont d'excellentes techniques. Dans les grands lacs, certains spécialistes pratiquent une pêche traditionnelle : la pêche au treuil. Elle se pratique depuis un bateau et consiste à traîner une ligne plombée comportant plusieurs potences (se terminant par des cuillers ondulantes). Cette technique n'est pas autorisée partout. Il faut donc se renseigner avant de la pratiquer.

MONTAGE

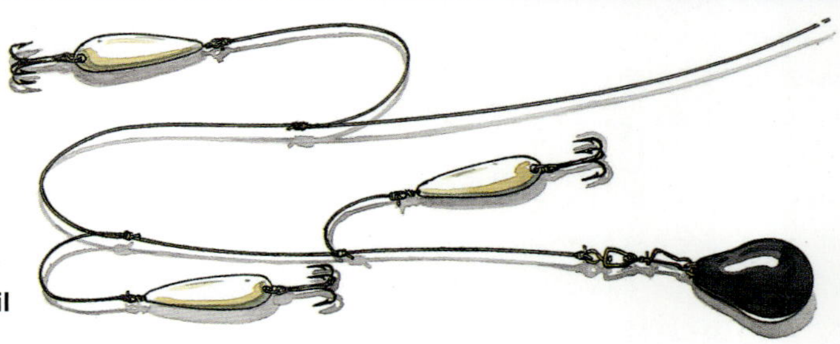

■ **Ligne pour la pêche au treuil**

Omble de fontaine

Ce poisson de l'ordre des salmoniformes est fuselé, comme la truite, et sa robe a des couleurs variées. Le corps est vert foncé, avec des taches jaunes et rouges sur les flancs, vermiculées sur le dos et la nageoire dorsale. Les nageoires inférieures sont cramoisies et bordées d'un liseré blanc et noir. Sa taille va de 20 à 60 cm pour 300 g à 4 kg.

FAMILLE
Salmonidés

NOM LATIN
Salvelinus fontinalis

NOMS USUELS OU VERNACULAIRES
Omble de ruisseau, saumon de fontaine

Répartition

Originaire de l'Amérique du Nord. Il a été importé en Europe à partir du XIXe siècle, mais c'est en 1904 que les premières tentatives d'introduction ont été faites. On le rencontre aujourd'hui dans les lacs et les rivières des régions montagneuses des Alpes, du Massif central, du Jura, des Vosges, des Pyrénées et de la Corse.

Reproduction

Dans son aire d'origine, la reproduction débute en automne. Elle se déroule de la même façon que celle de la truite fario. La femelle dépose entre 1 000 et 2 000 œufs par kilo de son poids. En France, l'omble de fontaine ne se reproduit guère. Sa présence est surtout due à des opérations d'empoissonnement.

Régime alimentaire

L'omble de fontaine est un carnassier qui se nourrit d'invertébrés (vers, insectes, petits crustacés) et de poissonnets.

Comment le reconnaître

Il a la même silhouette que la truite fario, mais il se démarque nettement de ce poisson par la couleur de sa robe. La confusion reste possible avec l'omble chevalier, dont le dos et les flancs sont couverts de petites taches non vermiculées, et avec le cristivomer, qui se distingue par ses grandes nageoires pelviennes, sa tête massive, sa bouche fendue et son corps parsemé d'un plus grand nombre de taches claires.

Quand le pêcher

Il est possible d'en capturer toute l'année. En eau close (réservoirs et autres plans d'eau ne communiquant pas avec les eaux libres), sa pêche se pratique même durant la période de fermeture de la truite, car la réglementation l'autorise. Il mord facilement, ce qui ne présente pas un grand intérêt pour le pêcheur sportif et confirmé, mais sa défense puissante a de quoi réjouir le débutant.

Les techniques de pêche efficaces

La pêche à la ligne flottante est très accessible et permet de faire des prises rapidement, mais les techniques les plus amusantes sont la pêche à la cuiller (tournante ou ondulante), la pêche au poisson nageur et la pêche à la mouche (en sèche et en noyée).

MONTAGE

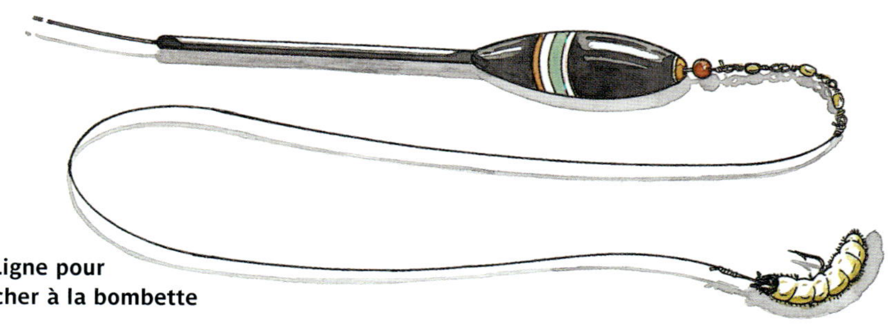

■ **Ligne pour pêcher à la bombette**

Ombre

Ce poisson d'eau vive a longtemps été rattaché à la famille des salmonidés. Aujourd'hui, il est l'unique représentant des thymallidés dans nos eaux. Son corps fusiforme orné de points noirs est recouvert d'écailles soulignées de gris. Il possède une nageoire adipeuse, une dorsale teintée de pourpre et de mauve et mesure entre 30 et 50 cm pour 300 g à 2 kg.

FAMILLE
Thymallidés

NOM LATIN
Thymallus thymallus

NOMS USUELS OU VERNACULAIRES
Aesche, ombré, ombret, ombrette, porte-étendard, vexifiller

Répartition

Il a donné son nom à la zone des rivières larges et à fort courant où alternent les fosses profondes et les radiers, entre la zone à truite et la zone à barbeau. Peu répandu, ce poisson se rencontre surtout dans les bassins du Rhône, du Rhin et de la Loire. Sa présence ne passe jamais inaperçue, car les pêcheurs se passionnent pour ce poisson.

Reproduction

Au mois de mars, les géniteurs gagnent les petits affluents et se cantonnent sur les hauts fonds. Les mâles se frottent aux femelles, s'appuient sur leur corps pour les inciter à libérer leurs œufs, qu'ils féconderont de leur laitance.

La femelle produit environ 7 000 œufs par kilo de son poids. Ils donneront naissance à des larves, puis à des juvéniles que l'on appelle des « ombrets ».

Régime alimentaire

L'ombre a une bouche petite. Cela ne l'empêche pas de se nourrir d'invertébrés divers dont des insectes aquatiques et, parfois, des alevins. Comme la truite, il monte en surface pour saisir les insectes, mais ne le fait pas de la même manière. Le gobage est plus ample et l'ombre regagne immédiatement le fond après avoir capturé sa proie.

Comment le reconnaître

Avec ses grandes écailles, il est parfois pris pour un poisson blanc, ce qu'il n'est pas. Il a plus de points communs avec la truite qu'avec une brème ou une carpe, à commencer par une nageoire adipeuse et un corps fusiforme. À noter également qu'il se distingue nettement des autres espèces par de jolis yeux noirs, cerclées d'or dont l'iris a curieusement la forme d'une goutte d'eau.

Quand le pêcher

À partir de mai, date d'ouverture de la pêche pour ce poisson jusqu'en novembre, période de fermeture.

Les techniques de pêche efficaces

En début de saison, la pêche aux appâts naturels donne de bons résultats. Dès les premières éclosions d'insectes, il vaut mieux pêcher à la mouche ; en sèche de juin à août et à la nymphe de septembre à novembre. Pour réussir en sèche, la présentation doit être soignée, car l'ombre prend tout son temps avant de saisir la mouche.

MONTAGE

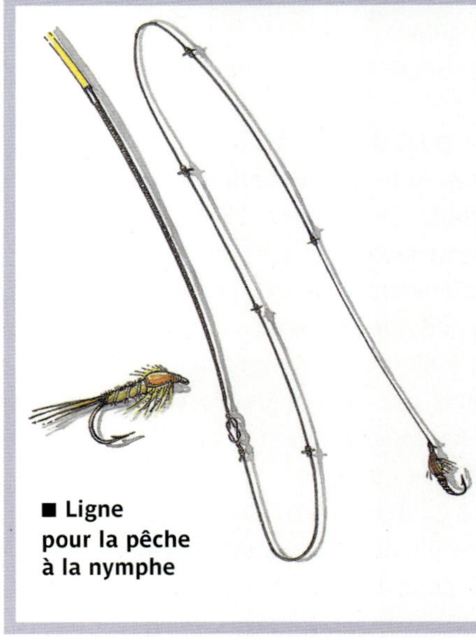

■ **Ligne pour la pêche à la nymphe**

Perche

Son corps a une robe gris-vert à brun avec des zébrures sombres. Les écailles sont rugueuses. Elle possède deux nageoires dorsales, l'une à rayons épineux (l'antérieure), l'autre à rayons mous. Les nageoires inférieures et la caudale présentent une teinte orangée. Les opercules sont pointus et la bouche a de petites dents. Sa taille moyenne : de 25 à 35 cm pour 200 à 500 g.

FAMILLE
Percidés

NOM LATIN
Perca fluviatilis

NOMS USUELS OU VERNACULAIRES
Boyat, perchaude, percot, perdrix d'eau douce, zébrée

Répartition

La perche est un carnassier répandu qui vit en communauté dense. Elle est abondante dans les rivières lentes, les fleuves, les canaux, mais aussi les étangs et les lacs, à condition que la qualité de l'eau soit bonne et pas trop trouble. Ce poisson est peu exigeant, mais il n'apprécie guère la turbidité, comme, d'ailleurs, un grand nombre de carnassiers.

Son habitat de prédilection : les milieux au fond rocheux et plutôt riches en végétation. Elle occupe des postes caractéristiques que les pêcheurs connaissent bien : la proximité des obstacles, des souches, des racines, des éboulis ou des parois verticales des berges abruptes, mais n'hésite pas à s'aventurer dans la pleine eau, notamment lorsqu'elle chasse ses proies. Dans certaines rivières à truites de la Bretagne, de la Normandie, mais aussi d'autres régions, les zébrées sont majoritaires, au détriment des poissons nobles que sont les salmonidés.

Reproduction

Entre le mois d'avril et de juin, les femelles déposent près des berges, à une profondeur n'excédant pas la dizaine de mètres, sur les herbiers, les racines et les bois immergés, un long ruban d'œufs agglutinés que plusieurs mâles fécondent aussitôt. La ponte est prolifique, et les naissances généralement nombreuses.

Après leur naissance, les alevins se regroupent selon leur âge et leur taille pour former des bancs.

Régime alimentaire

La perche est un poisson grégaire et opportuniste. Elle se nourrit de crustacés, d'invertébrés (elle raffole de la larve de la grande éphémère, ou « petite bête »), et chasse en meutes organisées les poissonnets comme les gardons, les goujons, les vairons ou les ablettes. Elle s'attaque également aux écrevisses, car sa bouche large peut les ingurgiter sans difficulté.

Elle se met à table tout au long de la journée, mais le soir et le crépuscule sont des moments plus favorables.

Perche

MONTAGE CLASSIQUE

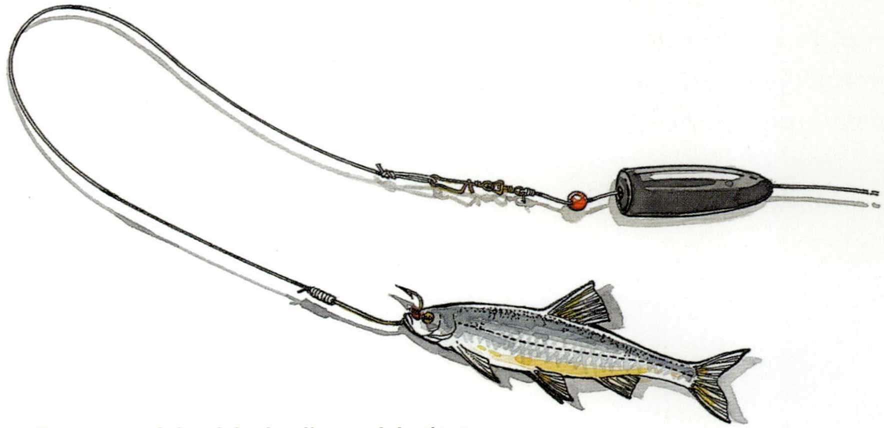

■ **Ligne pour pêcher à la dandine ou à la tirette**

Comme chez le brochet, un phénomène de cannibalisme est observé qui apparaît très tôt, puisque des juvéniles ne dépassant pas la taille de 3 cm s'y adonnent. Lorsque les populations sont trop abondantes et se partagent une nourriture insuffisante, la perche est atteinte de nanisme. Les alevins commencent à se nourrir avant la totale résorption de leur sac vitellin.

Comment la reconnaître

La perche possède des rayures sombres sur le corps, comme le sandre, mais sa robe n'a pas la même couleur et elle n'atteint pas des tailles très importantes. Par ailleurs, ses mâchoires, membraneuses et fragiles, se déchirent facilement et comportent de nombreuses petites dents pointues.

Ses autres caractéristiques importantes sont la couleur orangée des nageoires inférieures, la finesse de son pédoncule caudale, ainsi qu'une gibbosité (proéminance en forme de bosse) entre la tête et la nageoire dorsale.

Quand la pêcher

La perche peut se capturer tout au long de l'année, mais ses tenues évoluent au fil des mois. Elle est active près du bord au printemps, faisant des allées et venues pour dénicher les invertébrés qui se calfeutrent dans les rochers et les bois noyés, ou encore les jeunes poissons de l'année. En été, il ne faut pas hésiter à prospecter la pleine eau. Les courants et les remous en abritent de belles qui suivent le poisson-fourrage dont elles se nourissent abondamment et avec avidité. À la fin de l'automne, elle gagne les zones profondes, où elle se cantonne tout l'hiver. Son activité est alors très réduite, mais il reste possible de l'inciter à mordre, en présentant un appât ou un leurre à proximité de sa tanière.

Les techniques de pêche efficaces

La perche n'est pas seulement un poisson à la silhouette esthétique. Elle permet à de nombreux débutants de faire leurs premières armes dans la pêche aux carnassiers. Ils n'oublient pas, en générale, le plaisir éprouvé à la sortir de l'eau. *Perca fluviatilis* n'atteint pas des tailles spectaculaires (une quarantaine de centimètres, très rarement 50 cm), mais elle oppose une belle défense.

De nombreuses techniques sont employées, de la pêche aux appâts naturels (à la ligne flottante ou au toc) à la pêche aux leurres (cuiller tournante ou ondulante, leurre souple, poisson d'étain...) en passant par le mini-vif ou le streamer. L'une des plus efficaces est certainement la pêche au vif, qui permet de capturer les plus grosses perches. Mais, contrairement à la méthode pratiquée pour pêcher les brochets, la ligne est fine et légère, et elle ne comporte pas d'avançon en acier. Les dents de la perche ne sont pas tranchantes. Elles ne risquent donc pas de couper le Nylon.

La plus amusante reste la pêche à la dandinette. Le principe en est simple. Il s'agit d'animer devant le nez des perches un appât ou un leurre, en effectuant des tirées sur la ligne et en la laissant filer vers le fond. L'attaque est foudroyante et se produit durant la phase ascendante. Le lestage de la ligne se fait à l'aide d'un plomb ayant la forme d'une olive ou avec une balle (voir dessin ci-dessus).

La pêche à la mouche, au streamer, fait également des adeptes. Parmi les artificielles efficaces, figurent des modèles de conception plutôt fantaisistes, de couleur rouge ou orange, ou encore des mouches réalistes imitant des alevins.

Certains spécialistes de la technique vont même jusqu'à employer des streamers associant plumes de Marabout et virgules ; les mêmes que celles utilisées pour réaliser les jigs.

Perche-soleil

Ce joli poisson a une robe brune avec des taches bleues (le mâle a une tache noire bordée de rouge à l'extrémité de ses opercules). Son corps, plat et discoïde, mesure en moyenne de 10 à 15 cm et pèse 100 g. Sa nageoire dorsale est constituée d'une partie à rayons mous et d'une partie à rayons épineux, comme chez la perche commune.

FAMILLE
Centrarchidés

NOM LATIN
Lepomis gibbosus

NOMS USUELS OU VERNACULAIRES
Boër, calicot, calicot-bass, perche arc-en-ciel, perche d'Amérique, perche dorée

Répartition
Originaire d'Amérique du Nord, la perche-soleil a été introduite en France en 1877. Ce poisson apprécie l'eau calme des rivières, des canaux et des plans d'eau (étang, gravière, lac…), pour peu que leur profondeur ne soit pas excessive et qu'il y ait de la végétation. Elle vit en formant des colonies.

Reproduction
De mai jusqu'à août, dans un nid creusé dans le sable ou le gravier par le mâle, la femelle dépose un chapelet d'œufs. Une fois éclos, les alevins sont surveillés afin qu'ils ne se fassent pas dévorer par les prédateurs. Pendant la période de reproduction, le mâle est beaucoup plus coloré que la femelle.

Régime alimentaire
Insectes, vers, larves, petits crustacés constituent l'essentiel de son alimentation, mais la perche-soleil s'attaque également aux œufs et aux alevins.

Comment la reconnaître
Elle ne ressemble à aucun poisson présent dans nos eaux, exception faite du crapet de roche dont la présence est rarissime en France et qui est moins coloré. Elle a aussi un petit air de ressemblance également avec le black-bass, mais sa taille adulte n'est pas comparable et leurs robes restent très différentes.

Quand la pêcher
Elle amuse les enfants qui peuvent la pêcher à la belle saison, mais ils ne doivent surtout pas la remettre à l'eau. C'est interdit, car elle fait partie des espèces nuisibles pouvant causer des déséquilibres biologiques importants dans l'ichtyofaune.

MONTAGE

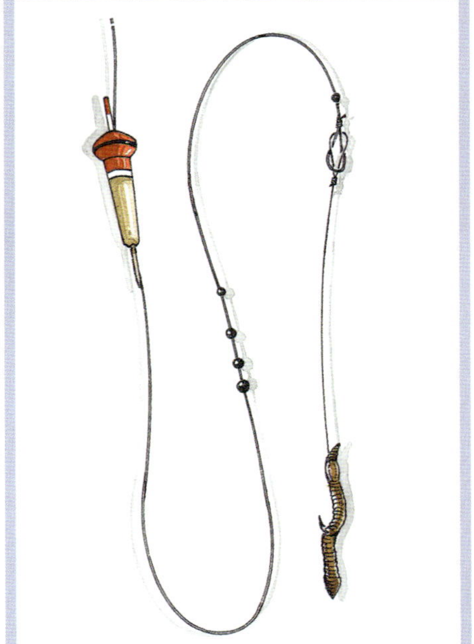

■ **Ligne flottante eschée d'un ver**

Les techniques de pêche efficaces
Pêcher une perche-soleil n'est guère intéressant pour un pêcheur confirmé, mais ce poisson plaît aux enfants. Elle mord bien à la ligne flottante, surtout si l'esche est un tronçon de ver.

Poisson-chat

Une tête plate, un corps brun à la peau lisse, avec des reflets dorés ou cuivrés, une nageoire adipeuse et 8 barbillons qui lui servent à palper, permettent de le reconnaître facilement. La nageoire pectorale et les pectorales ont des aiguillons dont la piqûre est douloureuse. En France, ce poisson mesure de 15 à 20 cm pour un poids de 100 à 300 g.

FAMILLE
Ictaluridés

NOM LATIN
Ameiurus melas

NOMS USUELS OU VERNACULAIRES
Cat fich, chat, greffier, matou, moustachu

Répartition

Originaire d'Amérique du Nord, le poisson-chat a été introduit en France au XXe siècle pour peupler les eaux les plus polluées. Depuis, il prospère et entraîne des déséquilibres biologiques importants. Les associations de pêche luttent contre son expansion, mais il n'existe pas de moyens vraiment efficaces.

Il colonise principalement les eaux lentes et tempérées. Particulièrement adapté aux milieux pauvres en oxygène, il survit même à un assec en se réfugiant dans la vase humide.

Reproduction

En mai-juin, les femelles aménagent un nid en creusant une cuvette dans le sable. Environ 5 000 œufs y seront déposés que les géniteurs surveilleront jusqu'à leur éclosion. Les alevins, de couleur noire, se déplacent en formant une boule compacte qui se repère facilement.

Régime alimentaire

Le poisson-chat avale tout ce qui se mange (vers, insectes, mollusques, larves, alevins) et, au grand dam des pêcheurs, dévore les appâts des lignes qui ne lui sont pas destinés.

Comment le reconnaître

Aucune confusion n'est possible, sauf peut-être avec les alevins de silure qui se distinguent pourtant par une robe grisâtre, un corps plus allongé et un nombre inférieur de moustaches : 6 au lieu de 8.

Quand le pêcher

À la belle saison, le poisson-chat déborde d'activité. C'est donc à cette période qu'il est facile de le capturer.

Les techniques de pêche efficaces

Sa capture n'est guère intéressante, mais elle permet de marquer des points lors de concours de pêche et sa chair est tout de même délicieuse. Les débutants qui n'ont jamais pris un poisson de leur vie pourront également faire leurs premiers pas, avec plaisir s'ils parviennent à ôter l'hameçon de sa gueule sans trop de difficultés. Le poisson-chat engame profondément et ses aiguillons découragent bien des novices. Les courageux pourront remplir leur bourriche en pêchant à la ligne flottante. Attention, la réglementation interdit de le remettre à l'eau.

MONTAGE

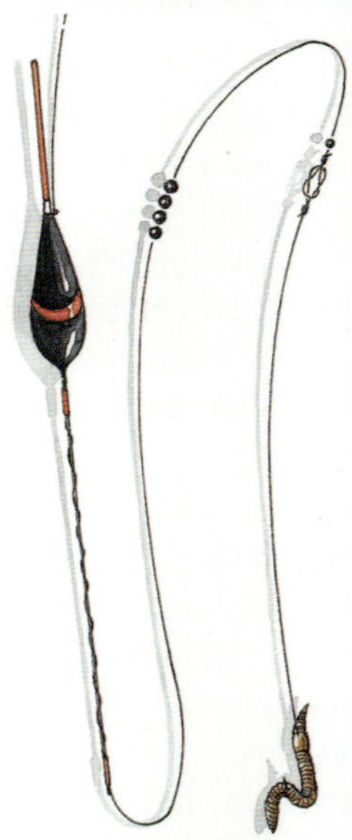

■ **Ligne flottante eschée d'un ver**

Rotengle

Parce qu'il ressemble au gardon et se tient en profondeur dès que la température de l'eau baisse, les pêcheurs l'appellent aussi « gardon de fond ». Il mesure de 20 à 50 cm et peut peser jusqu'à 2 kg. Comme la perche, il présente une gibbosité entre la tête et la nageoire dorsale, visible surtout chez la variété d'élevage.

FAMILLE
Cyprinidés

NOM LATIN
Scardinius erythrophthalmus

NOMS USUELS OU VERNACULAIRES
Chardin, évêque, gardon de fond, gardon rouge, louzou, plateron, rossard, salogne, sergent

Répartition

Il vit plutôt dans les eaux lentes ou stagnantes des plans d'eau, mais on le rencontre aussi dans les rivières et les fleuves. Il vit en bancs, près des herbiers où il trouve le gîte et le couvert. En été, on le voit se tenir à la surface de l'eau, bien au chaud.

Reproduction

Entre avril et juin, les rotengles se rassemblent près des rives. La femelle pond de 100 000 à 200 000 œufs sur les végétaux et les graviers, que les mâles féconderont. Les mâles portent des boutons de noce blanchâtres sur la tête et leur robe est plus colorée.

Régime alimentaire

Il avale toutes sortes d'invertébrés : mollusques, vers, larves diverses et insectes adultes. Les végétaux font également partie de son menu. À noter que sa bouche orientée vers le haut lui permet de saisir facilement sa nourriture à la surface de l'eau.

Comment le reconnaître

Pour ne pas le confondre avec le gardon, il suffit de vérifier que ses iris sont dorés et non rouges. Son dos est bombé. La confusion est possible également avec l'ide, qui a la robe souvent plus colorée (les variétés d'élevage en particulier).

Quand le pêcher

Les meilleures saisons sont l'été, où il se faufile dans les étroits couloirs de végétation, et le printemps, où il croise entre deux eaux. En hiver, il se tient près du fond. Sa pêche est moins productive, mais les captures sont possibles.

Les techniques de pêche efficaces

À la belle saison, les pêches à la mouche et à la surprise (avec ou sans Buldo), sont des techniques amusantes.

Dès l'automne, mieux vaut pêcher le rotengle au coup, de la même façon que le gardon.

Les moucheurs utilisent des artificielles de couleur rousse ou noire qui imitent principalement des diptères.

MONTAGE

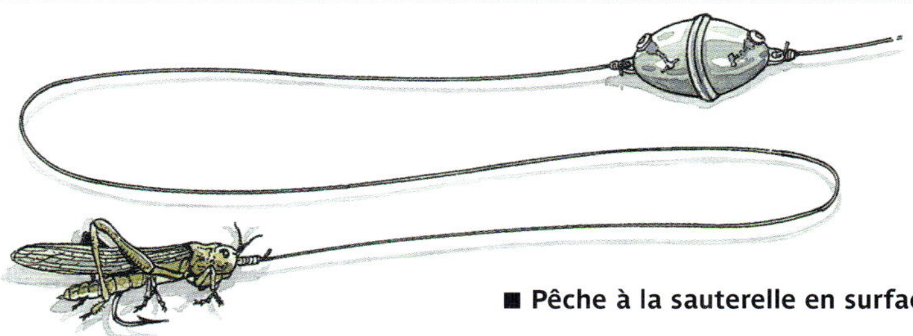

■ Pêche à la sauterelle en surface

Sandre

Le sandre est un carnassier au corps élancé, à la tête conique, avec une bouche fendue. Ses mâchoires sont pourvues de canines.
La partie supérieure de la robe va de gris verdâtre à brun et présente des stries sombres. Les flancs sont plus clairs ; le ventre, blanchâtre.
Sa taille moyenne est de 40 cm à 1 m pour un poids de 1 à 10 kg.

FAMILLE
Percidés

NOM LATIN
Stizostedion lucioperca

NOMS USUELS OU VERNACULAIRES
Brochet-perche ou perche-brochet, perche du Rhin, sanda

Répartition

Originaire d'Europe centrale, le sandre a été introduit dans le Rhin en 1888, puis dans le bassin de la Saône dans les années 1910 et 1915, mais il est probable qu'il a fait ses premières incursions dans nos eaux en empruntant les canaux qui n'ont été, pour lui, que des voies de passage, ce milieu n'étant guère favorable à sa reproduction. La végétation y est rare et les écluses incommodent le développement des œufs.

Son appartition dans la partie basse du Rhône a été plus tardive, puisque il n'y a été introduit qu'à partir de 1930.

L'explosion démographique de l'espèce a eu lieu dans les années 1970. On le trouve aujourd'hui partout en France, que ce soit dans les grandes rivières, les fleuves ou les lacs, pourvu que l'eau soit profonde, pas trop courante, un peu trouble et encombrée de bois morts. Sa distribution n'est cependant pas aussi vaste que celle de la perche qui appartient à la même famille des percidés.

Reproduction

Entre avril et juin, le frai se déroule en eau profonde dans un nid préparé par le mâle sur le gravier du fond ou sur les herbiers. La fécondité de la femelle est élevée. Elle libère entre 100 000 et 200 000 ovules par kilo de son poids. Durant la période d'incubation, le mâle monte la garde, oxygène les œufs en activant ses nageoires et empêche les prédateurs d'approcher. Son agressivité le rend alors vulnérable et certains pêcheurs indélicats, qui ont plus le souci de remplir leur congélateur que de s'adonner à la passion de la pêche, en profitent pour en capturer un grand nombre. Il faut reconnaître que le sandre a une valeur gastronomique indiscutable. Sa chair, blanche et feuilletée, est délicieuse. De nombreux amateurs la considèrent comme bien meilleure que celle du brochet.

Régime alimentaire

Essentiellement piscivore, le sandre s'attaque en priorité aux poissons. Il chasse en groupes et semble parfois pris d'une folie meurtrière. Le carnassier s'attaque à des poissons qu'il laisse agoniser sur le

Sandre

MONTAGE DE BASE

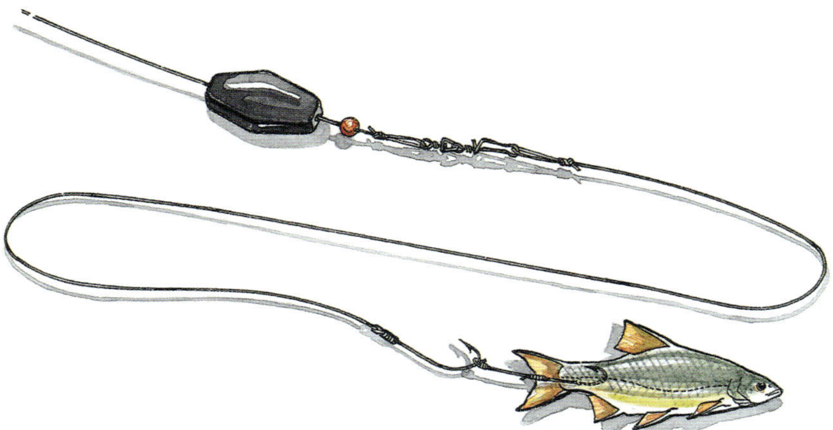

■ Pêche au vif à fond

AUTRES TECHNIQUES

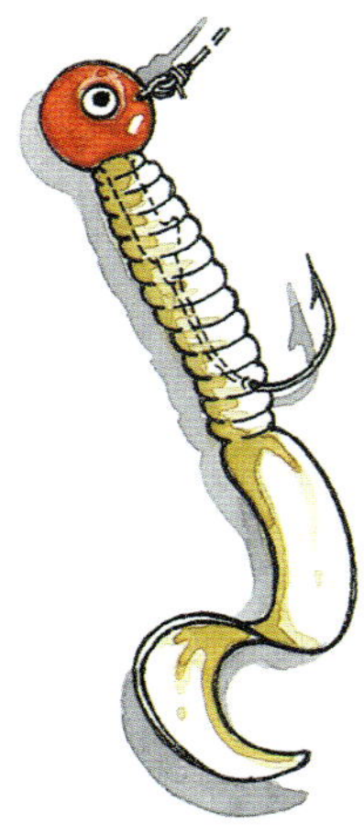

■ Pêche au leurre souple

■ Poisson mort manié

fond avant de se décider à les manger. Les vieux sujets, qui s'activent peu et restent le plus souvent dans leur abri, profitent alors de cette manne providentielle pour s'alimenter. Le sandre apprécie également les écrevisses, les vers et les larves.

Comment le reconnaître

Avec sa forme caractéristique, on ne peut le confondre ni avec la perche, ni avec le black-bass, un centrarchidé. En revanche, il ressemble à d'autres variétés de sandre que l'on ne rencontre pas dans nos eaux, notamment le doré jaune, ou *walleye*, le doré noir et le sandre oriental qui ont une robe quelque peu différente et n'atteignent pas des tailles aussi importantes. Le doré jaune et le doré noir se pêchent en Amérique du Nord, l'oriental dans les rivières et les fleuves qui se jettent dans la mer Noire et la mer Caspienne, comme la Volga et le Danube.

Quand le pêcher

Le sandre se pêche tout au long de l'année, mais on ne sait jamais quand il va mordre, tellement il est imprévisible. Son activité alimentaire obéit en fait à des cycles plutôt complexes où alternent période de frénésie et totale apathie. Quelques généralités peuvent cependant être établies : à la belle saison, les meilleurs moments sont le lever du jour et le crépuscule. En hiver ou pendant les périodes froides, son activité est plutôt intense par temps ensoleillé.

Les techniques de pêche efficaces

La technique reine est la pêche au poisson mort manié, mais il ne faut pas sous-estimer la pêche au ver manié, au mort posé, au vif ou au leurre souple. Les cuillers tournantes ne sont guère efficaces, mais de bons résultats sont obtenus avec des ondulantes que l'on peut travailler d'une façon similaire à un poisson manié. Le poisson nageur permet aussi de faire de belles pêches, pour peu que le modèle puisse évoluer à la bonne profondeur, c'est-à-dire près du fond.

Depuis quelques années, des pêcheurs à la mouche le recherchent également en utilisant notamment de gros streamers de couleur sombre, fabriqués à base de peau de lapin, qui imitent plus ou moins des sangsues.

Le sandre ne possède pas des dents tranchantes. Un bas de ligne en acier n'est donc pas utile, sauf dans les secteurs où il cohabite avec le brochet.

Saumon atlantique

Ce poisson migrateur à la silhouette élancée naît en rivière et grossit en mer. Son corps puissant, au dos bleu ardoisé et aux flancs gris argenté, est parsemé de taches noires cruciformes. Lorsque les mâles remontent vers les frayères, leur robe prend une couleur brune à rougeâtre. Le saumon a une taille moyenne de 50 cm à 1 m pour un poids de 3 à 15 kg.

FAMILLE
Salmonidés

NOM LATIN
Salmo salar

NOMS USUELS OU VERNACULAIRES
Saumon de montée : bécard, castillon, garbaillot, madeleineau. Saumon de descente : charognard, ravalé. Alevin : tacon, taconnet, tocan

Répartition

Autrefois, les bassins fluviaux de la façade atlantique et le Rhin accueillaient des populations importantes de saumons. Aujourd'hui, elles se sont réduites de façon dramatique. Les barrages non équipés de passe à poissons, la dégradation du milieu aquatique, mais aussi les excès de la pêche commerciale sont des obstacles à leur migration.
Grâce aux pêcheurs, qui ont fait pression pour que des dispositifs de franchissement soient construits sur les barrages et qui ont apporté leur soutien à des opérations d'alevinage, le saumon fait un retour remarqué en certains endroits. Il se pêche en Bretagne, en Normandie et sur l'Adour, mais il est soumis à une gestion rationnelle basée sur des quotas de prises autorisées par bassin. Sur le Rhin, des saumons se prennent également. Sur l'axe Loire-Allier, sa pêche est interdite depuis 1994.

Reproduction

De novembre à janvier, les saumons gagnent les parties amont des rivières où ils sont nés, guidés par un étonnant sens de l'orientation (on appelle ce phénomène de retour le « homing »).
La femelle creuse une dépression dans le gravier pour y déposer ses œufs, que le mâle féconde de sa laitance. Une fois leur devoir accompli, les géniteurs dévalent la rivière pour tenter de retourner en mer. La plupart meurent d'épuisement (on les appelle des « charognards »), mais certains saumons (surnommés « ravalés ») parviennent à regagner l'eau salée. Ils pourront, alors, se reproduire à nouveau.
Les jeunes saumons (tacons) séjournent 1 ou 2 ans en eau douce avant de subir des modifications physiologiques et physiques (smoltification) qui les préparent à vivre en mer. Ils grossiront durant 1 à 3 ans dans l'Atlantique, puis retourneront à nouveau dans leur rivière d'origine pour se reproduire.

Régime alimentaire

En eau douce, les saumons de montée ne se nourrissent pratiquement pas. Leur estomac s'atrophie et ils puisent leur énergie dans les réserves de graisses accumulées en mer. Seuls les jeunes consomment des invertébrés, de petits crustacés ou des insectes, durant la descente.

Saumon atlantique

En eau salée, le saumon s'alimente de calmars, de crevettes ou de petits poissons.

Comment le reconnaître

Les tacons sont confondus avec les truites fario. Pour les distinguer, il faut comparer leur tête (plus massive chez la truite et plus effilée chez le saumon), leur robe (chez le tacon, elle présente de 8 à 10 taches en forme d'empreintes de doigt), la commissure de leur bouche (celle de la truite est située à l'arrière de l'aplomb de l'œil, alors que celle du saumon se trouve un peu en avant) et le bord externe de la nageoire caudale (plus échancré chez le saumon).
La confusion est également possibe avec la truite de mer, car leur robe se ressemble beaucoup.

Quand le pêcher

En France, la période d'ouverture et de fermeture de la pêche du saumon varie selon les bassins. Il est donc important de se renseigner avant de pratiquer.
En règle générale, elle débute en mars et se termine en septembre, voire en octobre (prolongation automnale destinée à favoriser le tourisme-pêche). C'est en début de saison que des poissons combatifs se prennent, alors qu'ils commencent tout juste à remonter les fleuves côtiers pour gagner les frayères.
L'été et l'automne sont également des saisons intéressantes. Madeleinaux et castillons (saumons d'été) peuvent être capturés, ainsi que les saumons d'automne et les premiers saumons d'hiver.

MONTAGE DE BASE

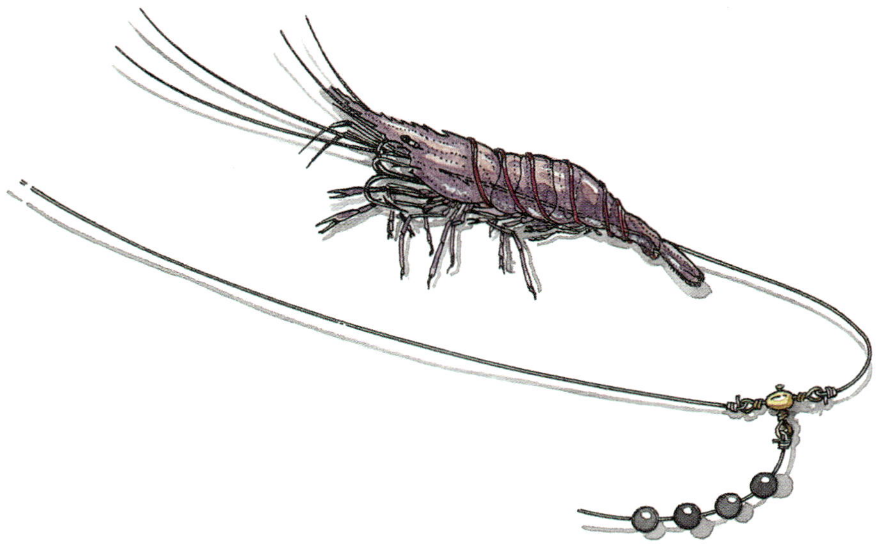

■ **Ligne pour la pêche à la crevette**

AUTRE TECHNIQUE

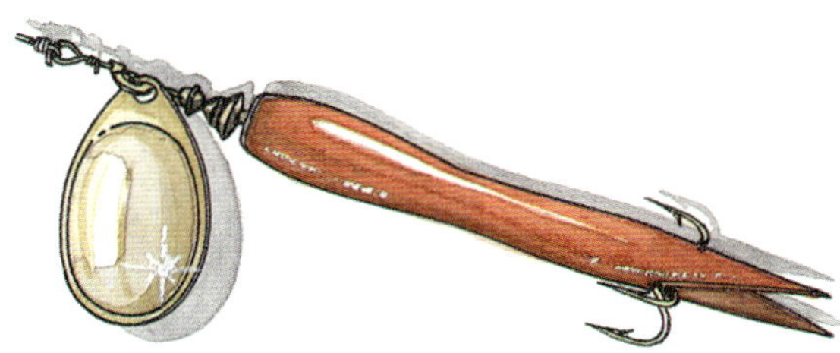

■ **La cuiller quimperloise**

Les techniques de pêche efficaces

Même s'il ne se nourrit guère en eau douce, le saumon mord aux appâts naturels (bouquet de vers, crevette teintée de bleu, poisson mort), ainsi qu'aux leurres : devon, leurre souple, cuiller ondulante ou tournante (dont la fameuse cuiller quimperloise), poisson nageur. La pêche à la mouche réserve également de belles surprises. Elle se pratique surtout en noyée ou au streamer, avec des artificielles dont l'hameçon à une ou deux branches, voire trois pour les *tube fly*.
Malheureusement, il y a peu de parcours qui permettent de pêcher le saumon à la mouche avec succès. Ils se trouvaient autrefois – le saumon était alors plutôt abondant – sur l'axe Loire-Allier et sur le gave d'Oloron. Aujourd'hui, les amateurs sont bien souvent obligés de s'expatrier à l'étranger pour avoir la certitude d'en capturer, d'autant plus que des guides spécialisés se tiennent à leur disposition.

Silure glane

Son corps allongé, recouvert d'une peau flasque et visqueuse, se termine par une longue nageoire anale et une caudale arrondie. Sa tête massive, au front plat, possède de petits yeux et 6 moustaches, ainsi qu'une gueule pourvue de dents minuscules implantées sous la forme de 2 râpes.
Le plus gros silure pris en France mesurait 2,60 m pour environ 100 kg.

FAMILLE
Siluridés

NOM LATIN
Silurus glanis

NOMS USUELS OU VERNACULAIRES
Glane, gros moustachu

Répartition

Ce poisson originaire d'Europe centrale et orientale se rencontre aujourd'hui dans les grands fleuves (le Rhône, le Rhin, la Seine, la Loire et la Garonne), ainsi que dans certains grands lacs, comme le lac de Saint-Cassien (Var), où le plus gros silure a été pêché en France.

Il a été introduit dans le Doubs en 1857, mais il est probablement arrivé naturellement en France par le Rhône, en empruntant les canaux et autres cours d'eau. Les scientifiques estiment que le silure était déjà présent dans ce fleuve à l'ère tertiaire. Avant son explosion démographique, dans les années 1980, des captures se faisaient parfois, qui défrayaient la chronique, mais en de rares occasions.

Le *Courrier de Saône-et-Loire* rapporte ainsi la prise d'un silure de 25 kg au carrelet (un filet), qui a eu lieu le 29 juin 1977 : « LOUHANS – Une pêche miraculeuse : c'est bien celle qui fut hier l'apanage d'un retraité de Rancy, M. Ernest Bessard, 67 ans, parti mardi matin à l'aube en quête d'une bonne friture.

Vers 9 heures, alors que son carrelet était tendu dans les eaux de la Sane-Vive au lieu-dit La Villeneuve, à la Genète, par un peu plus d'un mètre de fond, M. Bessard relevait son matériel et une résistance imprévue devait alors requérir toute son attention. Quelle ne fut pas sa surprise de découvrir un poisson d'une espèce rarissime dans nos rivières ; aux proportions étonnantes. »

Reproduction

Entre mai et juin, le silure se reproduit pendant la nuit. La température de l'eau atteint alors la vingtaine de degrés. La femelle dépose près de 30 000 œufs par kilo de son poids dans un nid de racines ou dans une cavité de la rive. Le mâle assure la protection de la progéniture en la maintenant hors de portée des prédateurs et en assurant son oxygénation. Il ne se décide à quitter les alevins que lorsque ces derniers gagnent leur autonomie et sont aptes à nager seuls.

Régime alimentaire

Le silure n'est pas un « monstre d'eau douce ». Il ne s'attaque ni au chien, ni aux enfants qui auraient le malheur de trop s'approcher de l'eau, contrairement à ce qui a été écrit dans certains articles de la presse à sensation, ce qui a beaucoup inquiété les lecteurs. Même la célèbre actrice Brigitte Bardot, qui s'attache aujourd'hui à défendre les animaux, s'est interrogée sur les conséquences de sa présence dans nos eaux. Qu'elle se rassure, le silure est un carnassier, certes, mais il se contente de la pitance aquatique : écrevisses, vers, mollusques, poissons, plus

Silure glane

rarement de petits mammifères, tels les rongeurs, et des oiseaux.
Parmi les proies dont il se régale figurent la brème, la tanche, l'anguille, mais aussi les grosses moules d'eau douce et l'écrevisse (attention ce crustacé ne peut être utilisé comme appât dans les eaux libres).

Comment le reconnaître

Le silure ressemble au poisson-chat, mais il est beaucoup plus gros et possède 6 barbillons (2 paires sur la mâchoire inférieure, 1 paire au-dessus de la gueule) au lieu de 8, dont 2 sont mobiles. Ce sont des détecteurs perfectionnés, très sensibles, qui suppléent amplement à la médiocrité de sa vision. Lorsque le pêcheur les touche, le silure les rabat afin de les mettre à l'abri.
Un autre signe de distinction est le premier rayon de ses nageoires pectorales qui est ossifié, alors que le poisson-chat présente un aguillon. Ce dernier en possède également un sur la dorsale, ce qui n'est pas le cas chez *Silurus glanis*.
Le silure se démarque aussi par sa robe gris-noir à l'aspect marbré. Celle du poisson-chat est lisse et brunâtre. Il arrive parfois que des sujets à la peau jaune ou orange soient capturés. Cela est dû à un phénomène proche de l'albinisme.
Un tel spécimen, d'une longueur de 1,85 m pour un poids d'environ 40 kg a été pêché en avril 1997 dans le delta du Rhône, au vif (barbeau). À l'étranger, notamment en Espagne, ces prises sont plus fréquentes, notamment dans le lac de barrage qui est situé sur l'Èbre, l'Embalse, à hauteur de Mequinenza (Espagne), qui est un haut-lieu de la pêche du silure. Nombreux sont les pêcheurs à s'y rendre, en particulier les pêcheurs germaniques (ils sont à l'origine de l'introduction du silure, dans les années 1972) et les Français.

MONTAGE DE BASE

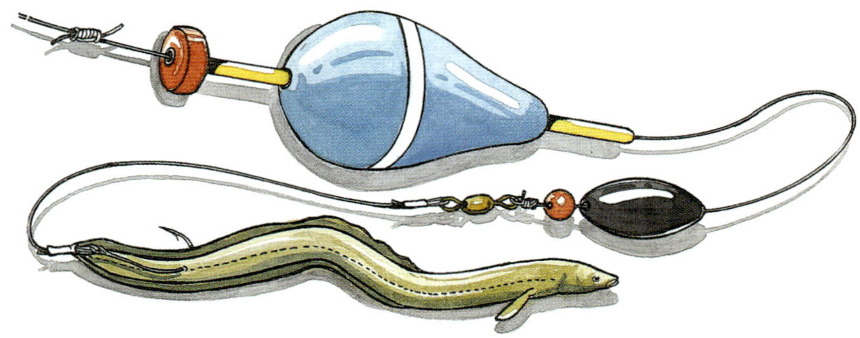

■ **Ligne pour la pêche au vif (anguille)**

Quand le pêcher

La saison de pêche débute au printemps, à partir du mois d'avril où la température de l'eau se rechauffe. L'activité du silure n'est alors pas très importante, mais des captures peuvent être faites tout au long de la journée.
À la belle saison, les périodes favorables sont nettement plus marquées, avec des maximums tôt le matin et tard le soir. C'est à partir de novembre que les prises se font rares.
Durant l'hiver, il se réfugie dans les profondeurs, sur des fonds vaseux, pour quasiment y hiberner, bien au chaud dans l'eau froide. La pêche devient alors difficile, mais pas impossible. Peu sollicité par les pêcheurs, il se méfie moins. Elle est néanmoins fastidieuse, car il faut beaucoup insister sur les postes avant d'enregistrer des touches.

Les techniques de pêche efficaces

Si l'une des méthodes les plus efficaces est la pêche aux appâts naturels (vifs, vers, moules d'eau douce, morceaux d'encornet), la pêche aux leurres (leurres souples, cuillers ondulantes, poissons nageurs) donne également de bons résultats, mais les prises sont généralement plus petites. Il n'empêche que ces méthodes sont plus actives.
La pêche au clonck, une technique qui consiste à frapper l'eau avec un instrument en bois (ce qui attire le silure et l'incite à mordre), est aussi très prenante.
Pour avoir toutes les chances de réussir, il ne faut pas hésiter à employer un échosondeur, d'autant plus que son utilisation n'est plus interdite.
Cet appareil permet de repérer les tenues du poisson, ce qui ne veut pas dire pour autant, contrairement à ce qu'affirment ses détracteurs, que la pêche soit plus facile. En revanche, il ajoute un côté ludique et amusant à la traque des silures. Lorsque l'un des deux apparaît sur l'écran de contrôle, le cœur bat la chamade et tous les espoirs sont autorisés, à commencer par la possibilité de battre le record de la plus grosse prise. Les émotions fortes sont garanties !

Tanche

Avec sa robe verte ou mordorée, ses lèvres épaisses, ses yeux cerclés d'or et sa combativité au bout d'une ligne, la tanche a séduit plus d'un pêcheur. Deux barbillons ornent sa bouche et elle peut atteindre de belles tailles : entre 20 et 60 cm pour un poids de 800 g à 6 kg.

FAMILLE
Cyprinidés

NOM LATIN
Tinca tinca

NOMS USUELS OU VERNACULAIRES
Beurotte, tanco, tanque, tiche, tinque, schleie

Répartition
C'est dans les étangs aux eaux chaudes, riches en végétation et à fond vaseux qu'elle est le plus à son aise, mais les grandes rivières et les fleuves aux rives bien pourvues d'herbiers lui conviennent également. C'est d'ailleurs là qu'on pêche les plus gros spécimens. Seule la Corse et les Alpes-Maritimes ne l'accueillent pas.

Reproduction
Elle se déroule dans les herbiers, entre mai et juillet, et donne lieu à des ébats bruyants où la femelle émet quelque 300 000 ovules par kilo de son poids. En dehors de cette période, la tanche reste très discrète.

Régime alimentaire
La tanche fouille la vase pour y trouver des animalcules divers dont des petits crustacés, des mollusques et des insectes. Les jeunes pousses végétales et le zooplancton font aussi partie de son menu.

Comment la reconnaître
Elle ne ressemble à aucun autre poisson. Le mâle se distingue de la femelle par l'épaisseur du second rayon des pelviennes.

Quand la pêcher
D'avril à septembre. En période hivernale, elle regagne les grands fonds où elle hiberne dans la vase.

Les techniques de pêche efficaces
Pêche au coup classique et à l'anglaise sont efficaces, avec un amorçage copieux pour l'attirer sur le coup, mais la technique la plus amusante reste la pêche à rôder. Elle se pratique là où la tanche trahit sa présence par des indices caractéristiques, notamment les bouillons qu'elle crée en recherchant sa nourriture dans la vase ou les bruits de succion qu'elle produit en aspirant ses proies sous la végétation.
Une fois capturée, la tanche se défend vigoureusement et finit par tourner au bout de la ligne avant de se rendre. À noter que le pain d'épices est l'un de ses appâts préférés.

MONTAGE

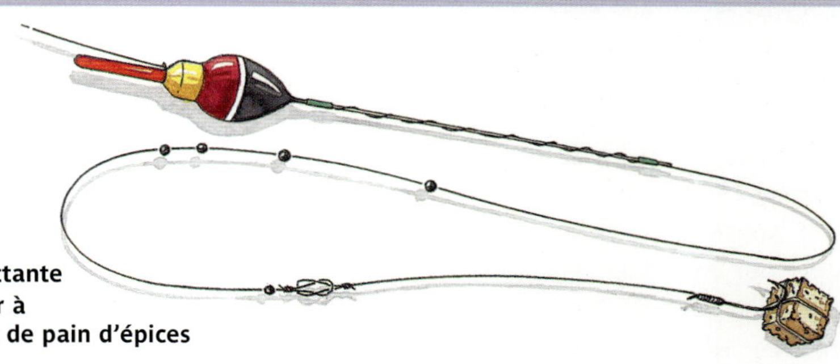

■ **Ligne flottante pour pêcher à la noquette de pain d'épices**

Truite arc-en-ciel

C'est un poisson magnifique et combatif, au corps fusiforme et à la robe colorée, ponctuée de noir et recouverte d'écailles minuscules, si petites que la peau semble lisse. Les flancs ont une bande mauve aux reflets irisés. Sa taille peut être importante : jusqu'à 80 cm pour 8 kg, mais, en moyenne, de 25 à 40 cm pour 200 g à 2 kg.

FAMILLE
Salmonidés

NOM LATIN
Salmo mykiss

NOMS USUELS OU VERNACULAIRES
Arc-en-ciel, truite de bassine, truite d'élevage, truite de pisciculture, truite irisée

Répartition

L'arc-en-ciel est originaire de la côte ouest des États-Unis. Elle a été introduite dans de nombreux pays et elle fait l'objet d'un élevage intensif à des fins halieutiques et commerciales.
En France, elle est présente depuis 1879. On la rencontre dans des rivières où elle fait l'objet d'empoissonnements réguliers, notamment en mars, au moment de l'ouverture de la pêche.
Elle aime les eaux oxygénées et fraîches, mais se développe aussi dans des milieux où l'eau est plus chaude et de moins bonne qualité. Elle peut ainsi se substituer à la truite fario partout où celle-ci n'est plus présente.

Reproduction

Elle se reproduit difficilement chez nous, hormis quelques rares endroits des Pyrénées et des Alpes. Dans son aire d'origine, elle pond en eau courante, au printemps, de mars à avril.

Régime alimentaire

Comme la fario, elle s'alimente d'invertébrés, de vers, de crustacés et de poissonnets. Les poissons d'élevage mordent également au maïs, aux granulés (nourriture des poissons en pisciculture) et à la pâte fluorescente.

Comment la reconnaître

Reconnaître l'arc-en-ciel n'est pas plus compliqué que de différencier une poule d'un faisan. Sa robe est caractéristique.

Quand la pêcher

Tout au long de l'année, en prenant garde de ne pas enfreindre la loi.
Pendant la fermeture de la pêche de la truite, sa capture est interdite en première et deuxième catégories (sauf dérogation préfectorale), mais il est possible de pratiquer dans les eaux closes, notamment dans ce que les pêcheurs appellent des réservoirs ou des étangs de pêche à la truite.

Les techniques de pêche efficaces

La truite arc-en-ciel se capture à la pêche aux leurres, aux appâts naturels, à la pâte colorée, mais aussi à la mouche artificielle, qui est certainement l'une des méthodes les plus attrayantes. On utilise surtout des modèles aux couleurs vives et des imitations d'alevins (streamers).

MONTAGE DE BASE

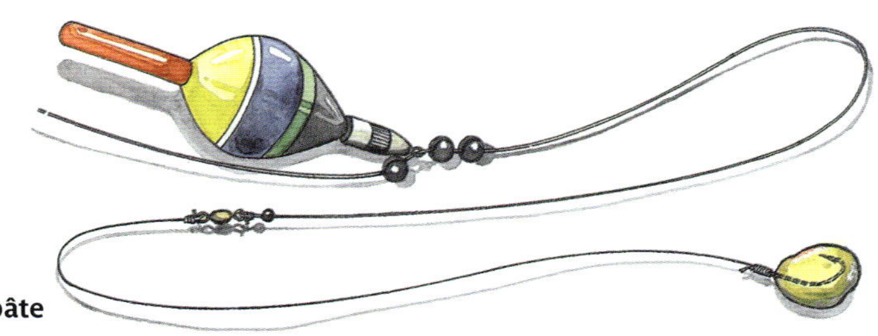

■ **Ligne flottante pour pêcher à la pâte**

Truite de lac

La truite de lac est une variété lacustre de la truite fario. Elle lui ressemble d'ailleurs avec son corps fusiforme, mais, comme chez la truite de mer, sa robe argentée est couverte de taches sombres en forme d'étoiles. Elle atteint de belles dimensions : de 30 cm à 1 m pour un poids de 500 g à 10 kg, voire plus. De gros sujets peuplent les grands lacs.

FAMILLE
Salmonidés

NOM LATIN
Salmo trutta lacustris

NOMS USUELS OU VERNACULAIRES
Truite argentée, truite lacustre, truite du Léman

Répartition

Comme son nom commun l'indique, ce salmonidé vit dans les lacs profonds, comme le lac Léman, le lac du Bourget ou celui d'Annecy, mais il fréquente aussi leurs affluents. On le rencontre également dans certains grands fleuves tels que le Rhône. La truite de lac est de plus en plus rare, à cause de la surpêche commerciale et des barrages qui compromettent sa migration vers les zones de frayère.

Reproduction

Le frai a lieu à partir de décembre dans les rivières qui se jettent dans les lacs (affluents, émissaires, ruisseaux...). Le processus est le même que celui de la truite commune (voir p. 224 et 225), mais les alevins ne restent pas dans le cours d'eau où ils sont nés ; ils retournent dans les milieux lacustres pour y grossir.

Régime alimentaire

Elle consomme des invertébrés (vers, petits crustacés, insectes...) et de nombreux petits poissons, comme l'ablette, le gardon, le vairon et le goujon.

Comment la reconnaître

La truite de lac se confond avec le saumon et la truite de mer. Si la différenciation avec le saumon se fait plutôt aisément (bord externe de la nageoire caudale droit), la distinction avec la truite de mer n'est pas évidente. Ce sont des poissons génétiquement identiques. Un indice : *Salmo trutta lacustris* ne possède pas de taches rouges sur le corps.

Quand la pêcher

En dehors de sa période de reproduction, la truite de lac se trouve dans les profondeurs, sauf au printemps où elle recherche la chaleur des rayons du soleil près de la surface. En été, elle se tient plutôt dans les profondeurs. Dès septembre, elle commence sa migration vers les frayères. Il est alors possible d'en capturer à l'embouchure des affluents. Attention de ne pas enfreindre la réglementation en pêchant durant la période de fermeture.

Les techniques de pêche efficaces

Dans les lacs où la technique est autorisée, vous pouvez tenter de pêcher à la traîne avec des cuillers ondulantes. Lors de sa remontée dans les affluents, la pêche au poisson mort est bonne. Une autre méthode favorable : la pêche au vif, près ou loin du bord, ou à l'embouchure des émissaires, selon la saison.

MONTAGE DE BASE

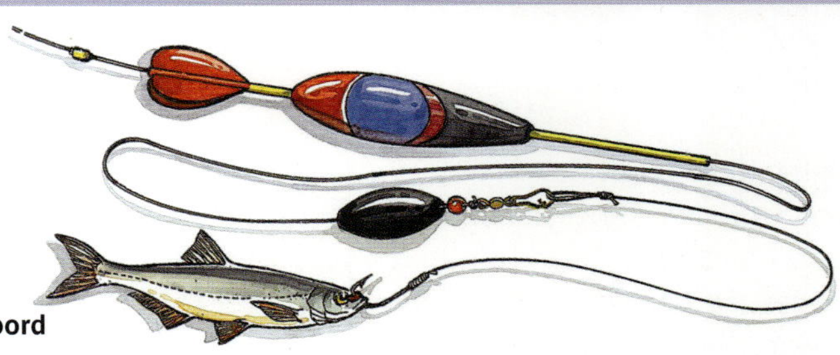

■ Ligne au vif avec flotteur à ailettes pour pêcher loin du bord

Truite de mer

La truite de mer appartient à la même famille que la truite fario ; elle n'en est qu'une forme migratrice. Ce poisson, surtout actif le soir et la nuit ou par temps couvert, a un corps fuselé et une robe argentée avec des taches noires et rouges étoilées. Elle atteint de belles tailles : de 30 à 80 cm en moyenne pour un poids de 500 g à 6 kg.

FAMILLE
Salmonidés

NOM LATIN
Salmo trutta trutta

NOMS USUELS OU VERNACULAIRES
Truite argentée, truite blanche, truite saumonée

MONTAGE

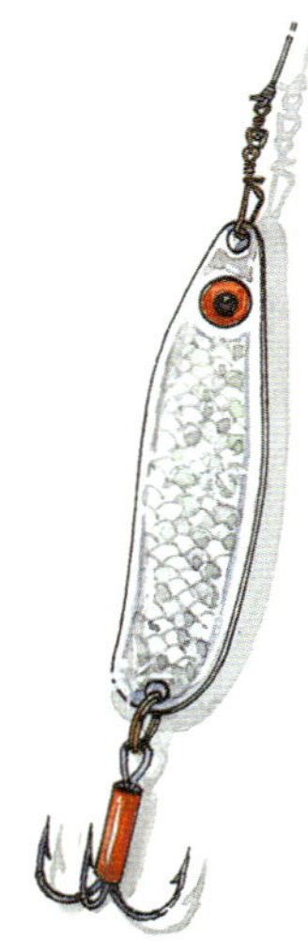

■ Cuiller ondulante

Répartition
On la rencontre principalement dans les fleuves côtiers des bassins de Loire-Bretagne, de Seine-Normandie, d'Artois-Picardie, mais aussi en Adour-Garonne où de belles populations sont pêchées. La Touques et la Bresle sont d'excellentes rivières à truites de mer.

Reproduction
La truite de mer se reproduit en eau douce, qu'elle gagne après un séjour en eau salée de 3 mois à un an, voire plus. En décembre, la femelle pond environ 2 000 œufs par kilo de son poids sur un nid de gravier qu'elle recouvre ensuite. Les alevins restent en eau douce entre 2 et 5 mois (certains de 1 à 2 ans) avant de subir, comme les saumoneaux, une smoltification (la robe devient argentée), puis d'aller grossir en mer.

Régime alimentaire
En eau douce, elle consomme toutes sortes d'invertébrés et des poissonnets. En mer, elle mange beaucoup de crevettes. Durant leur remontée, les géniteurs s'alimentent peu et le font surtout la nuit.

Comment la reconnaître
La truite de mer se confond avec le saumon, mais se reconnaît par des signes distinctifs : le bord de la nageoire caudale est rectiligne alors que celui du saumon est échancré et la commissure de la bouche dépasse l'œil. Sa tête est par ailleurs moins effilée.

Quand la pêcher
C'est à partir de juin que la pêche de la truite de mer peut débuter, lorsque les géniteurs entament leur migration. Juillet et août sont excellents par temps pluvieux si le niveau de l'eau n'est pas trop bas. L'automne permet aussi de se faire plaisir. Dans certaines rivières, il est autorisé de la pêcher jusqu'en octobre et jusqu'à deux heures après le coucher du soleil (la truite de mer est plutôt lucifuge).

Les techniques de pêche efficaces
La pêche à la mouche, efficace surtout en été, donne de bons résultats et procure des sensations inoubliables, mais la pêche aux leurres est également excellente (cuiller tournante, ondulante, devon ou poisson nageur). Le poisson mort manié ou le ver manié se pratiquent également avec succès.

Truite fario

Son corps est fuselé et recouvert de petites écailles. La couleur de sa robe varie selon les souches et la nature du milieu où elle vit. La truite type a une robe brune, dorée ou argentée, et parsemée de points noirs, bruns ou rouges. Sa bouche possède de petites dents pointues. Elle mesure de 20 à 70 cm pour un poids de 200 g à 10 kg.

FAMILLE
Salmonidés

NOM LATIN
Salmo trutta fario

NOMS USUELS OU VERNACULAIRES
Fario, moucheté, troucia, trouette, truche, truite de ruisseau, truiton, zébrée

Répartition

La truite fario peuple la partie amont des rivières de première catégorie qui porte son nom, la zone à truite, et se caractérise par une eau vive, fraîche et bien oxygénée, et un lit caillouteux.

On la rencontre aussi dans les rivières de plaine, les fleuves et les lacs, pour peu que la qualité de l'eau lui convienne. Bien présentes encore dans tout l'Hexagone, les populations de truites souffrent cependant de nombreuses atteintes à leur environnement (pollutions industrielles, agricoles ou domestiques ; recalibrage des cours d'eau ; microcentrales hydro-électriques bloquant les migrations ; frayères colmatées par l'érosion des sols et les matières en suspension...).

Poisson territorial, la truite fario occupe des secteurs précis de la rivière et défend son territoire de l'intrusion d'autres poissons. Elle se tient à l'abri dans ce qu'on appelle un « poste de repos », qui est situé non loin d'un autre poste où elle se tient à l'affût de ce que lui apporte le courant : son poste de chasse.

Reproduction

Dès l'automne, les géniteurs se dirigent vers des secteurs au courant vif et où le substrat leur convient. La femelle creuse une dépression dans le gravier et y dépose environ 2 000 œufs par kilo de son poids que le mâle arrose de sa semence. La femelle recouvre ensuite le tout à l'aide de sa nageoire caudale.

De la mi-novembre à janvier, la période où l'acte de reproduction est en principe accompli, il est possible de localiser très facilement les frayères dans les rivières. Le fond fraîchement remué se distingue très nettement.

Régime alimentaire

Le régime alimentaire de la truite est varié. Elle consomme des invertébrés divers (vers, escargots d'eau, petits crustacés, insectes aquatiques ou insectes terrestres tombés à l'eau) et des poissonnets (vairons, goujons, chabots...).

Comment la reconnaître

Il existe plusieurs variétés de truites et une multitude de souches locales, mais toutes appartiennent à la même espèce. Les poissons zébrés sont de souche méditerranéenne, les truites à robe blonde se rencontrent dans les rivières crayeuses de Normandie, les noires croisent plutôt dans les rivières d'Auvergne au fond granitique. En Corse, une truite à grosses taches peut se capturer ; il s'agit d'une autre espèce : *Salmo trutta macrostigma*. Pour différencier la truite du tacon (petit

Truite fario

saumon), il suffit de vérifier la couleur de la robe (le petit saumon a des taches bleutées sur les flancs, en forme d'empreintes de doigt) et le bord externe de la nageoire caudale (qui est droit chez la truite fario).

Quand la pêcher

Elle se pêche toute l'année, hormis pendant la fermeture (voir p. 253 et 254), mais certaines périodes sont plus fastes que d'autres.

L'ouverture de la pêche, un grand rendez-vous pour les pêcheurs, est un moment convivial à ne pas manquer, mais c'est de mai à début juillet que vous aurez toutes les chances d'en capturer.

Durant les fortes chaleurs de l'été, la pêche est beaucoup moins bonne, sauf le matin de bonne heure et au coup du soir.

En septembre, les eaux refroidissent, mais la truite manifeste un regain d'activité tout au long de la journée.

Les techniques de pêche efficaces

Une pléiade de méthodes permet de capturer la truite. Elle suscite tant la passion des pêcheurs qu'ils ont mis tout leur savoir-faire pour développer des techniques qui lui sont adaptées : pêche aux leurres (à la cuiller, au devon, au poisson nageur...), aux appâts naturels (vers, larves d'insectes, vairons, couenne de lard...), à la mouche (en sèche, en noyée et à la nymphe)...

MONTAGE DE BASE

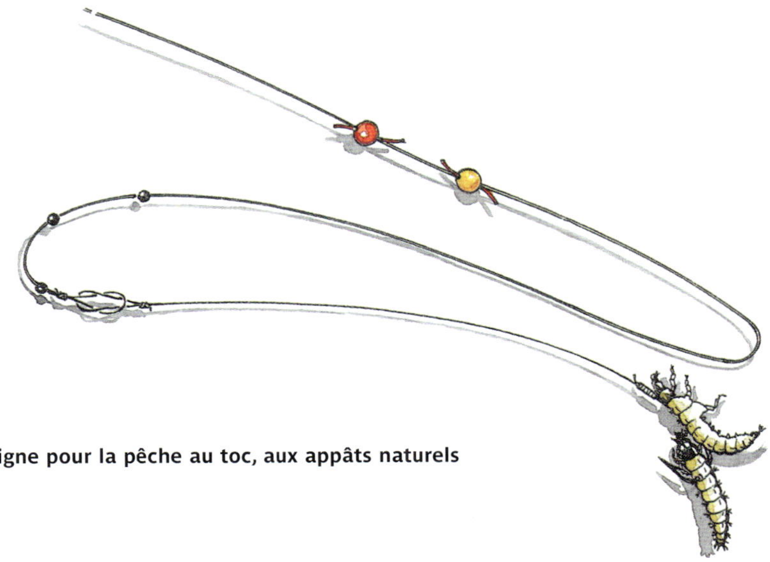

■ **Ligne pour la pêche au toc, aux appâts naturels**

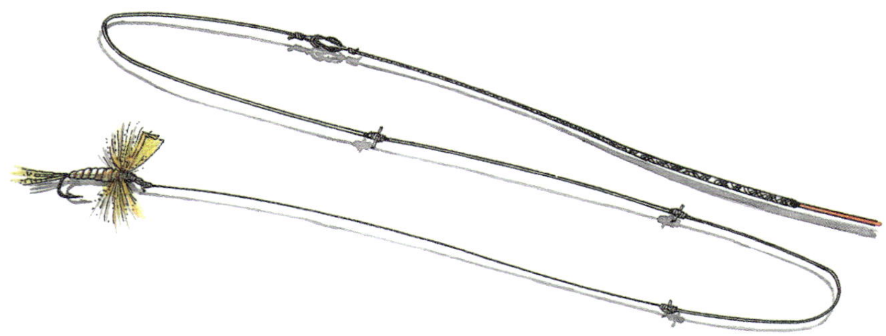

■ **Ligne pour la pêche à la mouche sèche**

AUTRE TECHNIQUE

■ **Monture à vairon mort (godille)**

LES POISSONS D'EAU DOUCE ET LEUR PÊCHE

Vairon

Ce petit poisson (de 4 à 7 cm de longueur pour 10 g) est le seul cyprinidé habitant la partie supérieure de la zone à truite. Très apprécié en friture, il constitue également un excellent appât pour pêcher les carnassiers. Son corps allongé et cylindrique a le dos gris verdâtre et les flancs jaunâtres avec des taches brunes.

FAMILLE
Cyprinidés

NOM LATIN
Phoxinus phoxinus

NOMS USUELS OU VERNACULAIRES
Arlequin, cassot, charbonnier, gendarme, grisette, petit blanc, vezon, viron, voiron

Répartition

Le vairon vit en bancs dans les eaux courantes, fraîches et bien oxygénées des rivières et des lacs, à fond de graviers. Il est présent sur tout notre territoire et a même été introduit dans certains lacs de montagne.

Reproduction

Elle se déroule en mai-juin alors que le mâle porte une robe nuptiale colorée de bleu, de rouge et de noir, et des tubercules sur la tête. La femelle pond quelques centaines d'œufs, en plusieurs fois, sur un fond de sable ou de graviers.

Régime alimentaire

Vers, larves, insectes, débris végétaux et algues constituent sa nourriture principale, mais cet opportuniste n'hésite pas, en période de pénurie, à manger des œufs de poissons dont les siens.

Comment le reconnaître

On ne peut le confondre avec une autre espèce. Sa morphologie est caractéristique.

Quand le pêcher

Il se pêche toute l'année, sauf en rivière de première catégorie où il faut respecter une période de fermeture.

Les techniques de pêche efficaces

Le vairon se prend généralement à la ligne flottante. Un montage simple suffit amplement, mais il faut utliser de petits hameçons n° 20 à 22.

Si vous souhaitez faire provision de vifs pour pêcher les carnassiers, mieux vaut pratiquer la pêche à la carafe, un récipient spécialement conçu pour les capturer, qui vous permettra d'en attraper de belles quantités. Elle n'est pas autorisée partout. Il est donc important de se renseigner avant de la pratiquer.

MONTAGE DE BASE

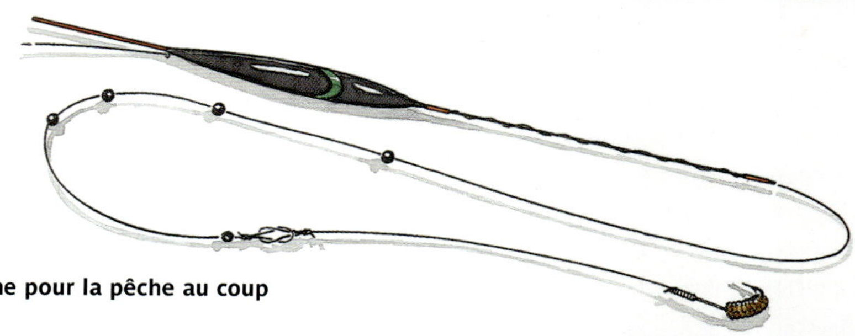

■ Ligne pour la pêche au coup

AUTRE TECHNIQUE

■ Pêche à la carafe

Vandoise

La vandoise a un corps allongé typique des poissons d'eau vive et recouvert d'écailles brillantes. Le dos est gris-bleu, les flancs argentés, le ventre blanc. Les nageoires ont des teintes vert jaunâtre, parfois orange. Elle mesure de 15 à 30 cm pour un poids de 100 à 250 g. Elle possède, par ailleurs, un museau court et une petite bouche pointue.

FAMILLE
Cyprinidés

NOM LATIN
Leuciscus leuciscus

NOMS USUELS OU VERNACULAIRES
Aton, corcille, dard, nez pointu, régnon, siège, vandèze, schwal

Répartition

Elle se plaît dans les eaux rapides des rivières, dans la zone à barbeau, la zone à ombre et le cours moyen de la zone à truite. On la rencontre aussi dans les secteurs à courant soutenu des cours d'eau plus lents. Elle est présente partout en France, mais c'est une espèce fragile, sensible à la pollution et aux atteintes portées à son habitat. Dans son milieu, la vandoise entre en concurrence avec le vairon, l'ombre, le toxostome, mais constitue une proie pour la truite, le chevesne et la perche. Dans le Sud-Ouest, il existe une sous-espèce : la vandoise rostrée *(Leuciscus burdigalensis)* dont le nom vernaculaire est aubour et que les pêcheurs utilisaient comme vif, lorsque c'était permis.

Reproduction

Au printemps, en avril-mai, la femelle dépose ses œufs sur les radiers, parmi les galets et la végétation. La ponte se déroule la nuit. Les alevins ont une taille importante (7,5 mm) et une croissance rapide.

Régime alimentaire

Larves, petits crustacés et autres invertébrés sont à son menu. Lors des éclosions d'insectes, elle se met à les gober à la surface de l'eau, comme le fait la truite.

Comment la reconnaître

La vandoise rostrée a un museau plus pointu et des lèvres épaisses. Pour la différencier du chevesne qui lui ressemble beaucoup, il suffit de vérifier l'extrémité de sa nageoire anale. Celle de la vandoise est plus échancrée.

Quand la pêcher

Dans les cours d'eau de première catégorie où l'eau est plus froide, elle se pêche à la belle saison. Dans les autres rivières, toute l'année, exception faite des grands froids de l'hiver.

Les techniques de pêche efficaces

En été, la pêche à la surprise donne de bons résultats, surtout si vous utilisez des appâts naturels (culs de sauterelles, fourmis ailées...), ainsi que la pêche à la mouche, en sèche et en noyée. Dès les premiers froids, la pêche au coup et à l'anglaise deviennent des techniques plus efficaces, la vandoise se trouvant dans des eaux plus profondes.

MONTAGE

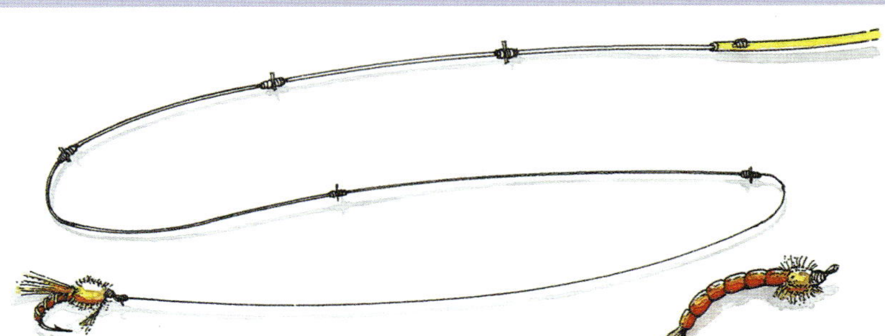

■ **Ligne pour la pêche à la mouche**

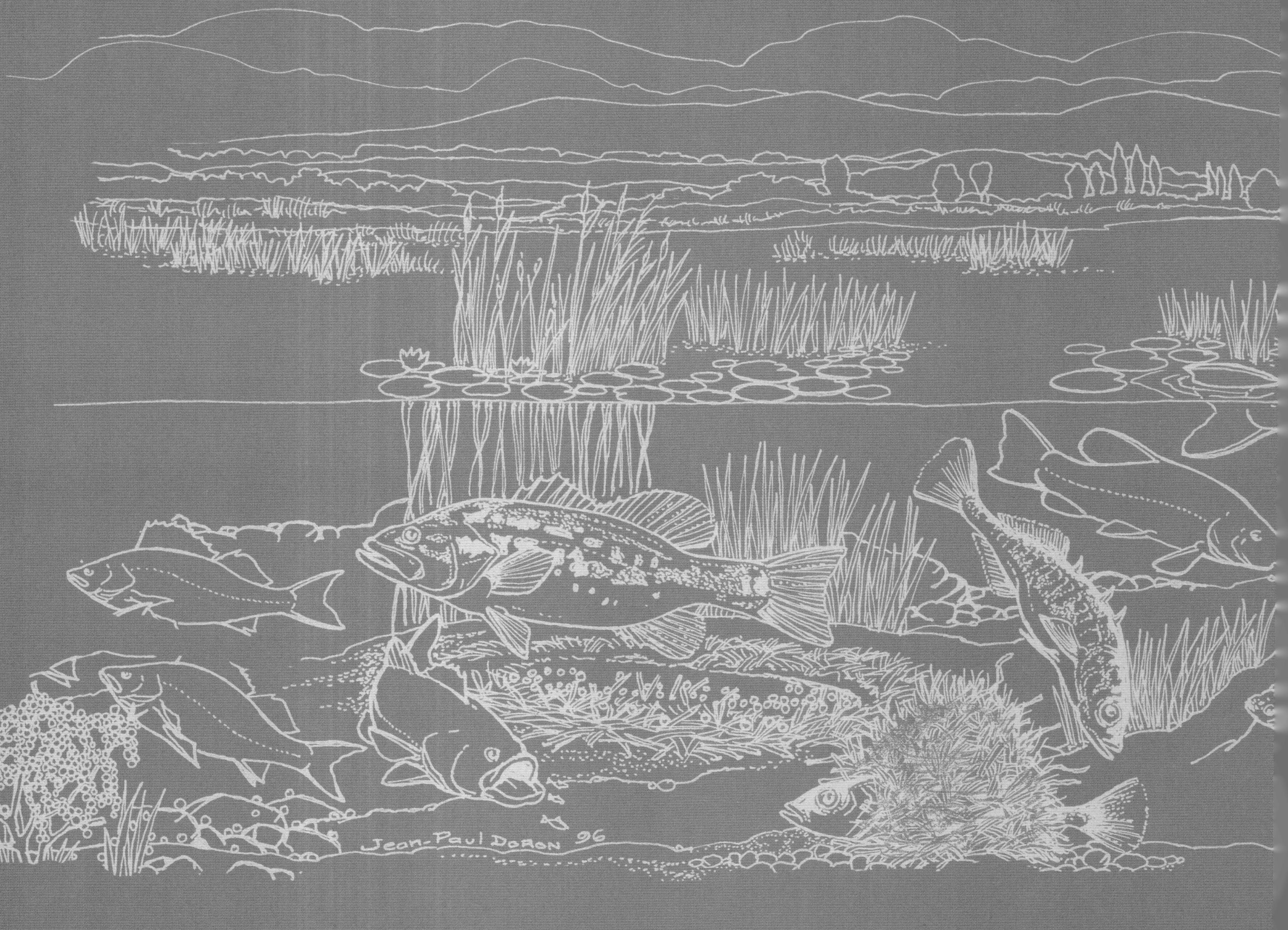
Jean-Paul DORON 96

7

Les poissons marins fréquentant les eaux douces

Les grands migrateurs, comme le saumon ou l'alose, ne sont pas les seuls à venir en eau douce. De nombreuses espèces marines supportent les variations de salinité. Il leur est ainsi permis de s'aventurer dans les estuaires et de remonter le cours inférieur des fleuves, parfois sur plusieurs centaines de kilomètres. C'est le cas, par exemple, du mulet, de l'athérine, de l'éperlan, du bar, mais aussi de certains poissons plats, comme le flet et la plie. Les raisons qui les poussent à migrer ainsi sont diverses. Si certaines espèces viennent s'y reproduire, à l'abri des forts courants, d'autres y séjournent pour faire provision de nourriture, le milieu étant doté d'une vie abondante. Dans ce chapitre, des exemples de poissons marins pénétrant dans les milieux dulcicoles vous sont donnés.

Athérine

L'athérine est un petit poisson grégaire à la forme effilée et au corps presque transparent. Ses flancs présentent une bande argentée longitudinale. Le dos, vert-gris, porte une nageoire à rayons mous et une autre adipeuse. La tête, dont la bouche est orientée vers le haut, possède deux grands yeux. Sa taille ne dépasse guère les 15 cm.

FAMILLE
Athérinidés

NOM LATIN
Atherina boyeri

NOMS USUELS OU VERNACULAIRES
Cabasson, cabassuc, cabot, cornari, cornaru, joël, tjol

Répartition

Ce poisson est omniprésent dans les ports, aussi bien en Méditerranée que dans l'Atlantique, la Manche et la mer du Nord. Il fréquente les estuaires, les lagunes et n'hésite pas à remonter en eau douce.

Reproduction

Entre avril et juillet, la femelle pond de 300 à 600 œufs qui adhèrent aux algues et aux substrats grâce à des filaments. L'athérine se reproduit plusieurs fois dans l'année, notamment en septembre. Le nombre de ses ovules est limité et la durée de vie des adultes plutôt courte : deux années au maximum.

Régime alimentaire

L'athérine s'alimente d'invertébrés divers, de larves, de mollusques et d'insectes. L'orientation de sa bouche infère lui permet de saisir sa nourriture à la surface de l'eau.

Comment la reconnaître

On ne peut la confondre avec l'anchois, l'argentine et l'éperlan, des petits poissons qui lui ressemblent quelque peu. Il n'est pas aisé du tout, en revanche, de distinguer les différentes variétés d'athérines, à moins de compter les écailles. D'après les spécialistes, l'athérine prêtre *(Atherina presbyther)* a de 52 à 57 écailles en ligne longitudinale, la sauclet *(Atherina hepsetus)* de 59 à 65, alors qu'*Atherina boyeri* n'en possède que 39 à 49.

Quand la pêcher

L'athérine se pêche une bonne partie de l'année, notamment en été où elle fait le bonheur des pêcheurs débutants. C'est un poisson facile à capturer.

Les techniques de pêche efficaces

À la ligne, c'est surtout à la pêche au flotteur, à la mitraillette (avec une ligne comportant quatre ou cinq hameçons), qu'il est possible d'en prendre de belles quantités, surtout si vous amorcez le coup. En eau douce, la technique reste valable, mais la réglementation limite le nombre d'hameçons à deux.

MONTAGE DE BASE

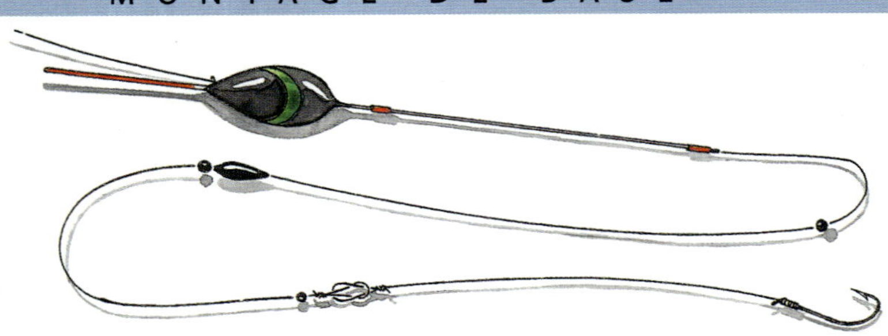

■ Pêche à la ligne flottante

Bar

Le bar est un chasseur rapide, au corps allongé plus ou moins comprimé latéralement et à la robe jaune argenté. Le ventre est blanc, alors que le dos prend une teinte sombre. La ligne latérale se distingue aisément sur les flancs. Il possède deux nageoires dorsales séparées, dont l'antérieure comporte des rayons épineux pouvant blesser. Il atteint la taille de 25 à 90 cm.

FAMILLE
Serranidés

NOM LATIN
Dicentrarchus labrax

NOMS USUELS OU VERNACULAIRES
Dreneck, lobarto, loubine, loup, luvassu, ragnola

Répartition

Ce poisson côtier de la mer du Nord, de la Manche, de l'Atlantique et de la Méditerranée occupe des postes caractéristiques : les tombants rocheux, les coursives, mais aussi les grèves et les plages sableuses où les vagues sont déferlantes. Durant la saison estivale, il lui arrive de remonter dans les estuaires et de s'aventurer jusqu'à la limite de l'eau douce. Ses capacités d'adaptation lui permettent en effet de supporter des variations importantes de salinité.

Dans le nord de la Bretagne, l'embouchure du Quillec est ainsi considérée comme un très bon coin pour pêcher le bar, mais ce n'est pas le seul.

Dans la Méditerranée, en Provence-Côte d'Azur, les embouchures du Var, de la Brague, du Loup, de la Siagne, du Rhône et du petit-Rhône réservent également de bien belles surprises, surtout l'hiver lorsque les plages sont débarrassées de tous les amateurs du soleil d'été. Les pêcheurs sont alors maîtres des lieux.

Il existe une variété particulière, le bar moucheté *(Dicentrarchus punctatus)*, de taille nettement inférieure et ayant le corps ponctué de taches sombres, que l'on rencontre en Gironde, en Vendée et au Pays basque. Elle aussi est recherchée par les pêcheurs.

Reproduction

La période de reproduction a lieu pendant la saison froide, de décembre à mars dans la mer Méditerranée, et plutôt de février à mai dans l'océan Atlantique et dans la Manche.

Les femelles libèrent leurs œufs (30 000 par kilo de leur poids) sur les fonds sableux ou dans les anfractuosités rocheuses, tandis que les mâles, plusieurs en général, les arrosent de leur laitance pour les féconder.

Les frayères sont situées au large, à plusieurs milles, mais il semble qu'il y en a aussi près des côtes en certains endroits, comme le Finistère par exemple.

La maturité sexuelle varie en fonction des régions. En Méditerranée, elle a lieu lorsque le bar atteint sa quatrième année (sa taille est alors de 37 cm). En Atlantique, il doit attendre sa sixième année (il mesure alors 40 cm). Le bar, contrairement à beaucoup d'autres poissons, ne se pare pas d'une robe nuptiale pendant la saison des amours.

Les juvéniles, que l'on appelle « barsets » croissent lentement. Une semaine après

Bar

MONTAGE DE BASE

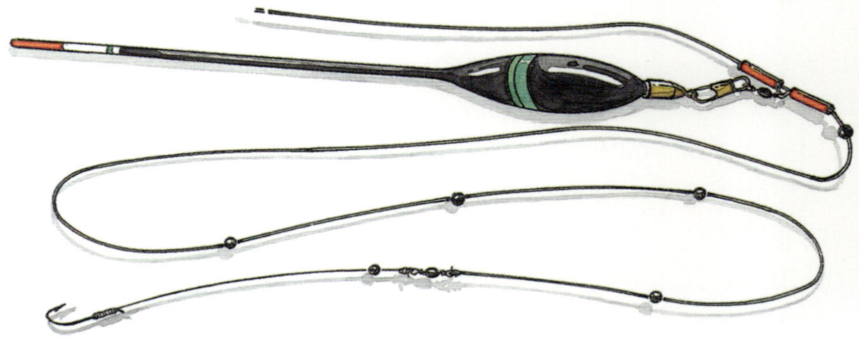

■ Ligne pour la pêche au waggler

leur naissance, ils ne dépassent pas les 5 mm. Dès qu'ils atteignent la taille de 3 ou 4 cm, ils se protègent des prédateurs en s'enfonçant dans le sable. Ce n'est que lorsqu'ils mesurent 5 à 6 cm qu'ils deviennent autonomes et se déplaçent beaucoup pour rechercher leur nourriture. Les petits bars fréquentent les mêmes secteurs de chasse que les adultes.

Régime alimentaire

Le bar se nourrit de poissons (anchois, hareng, lançon, sprat), de crustacés (crevette, crabe), mais aussi de céphalopodes (encornet, sèche, poulpe).

Il mange autant le jour que la nuit et chasse aussi bien seul, à l'affût, qu'en groupe, pour s'attaquer à des bancs de poissons, avec plus ou moins de succès. Si les sujets de taille moyenne sont vivaces et alertes, les gros individus rencontrent quelques difficultés à se saisir des petites proies, ce qui explique pourquoi il est toujours préférable de leur proposer, comme vifs, des bouchées importantes.

Comment le reconnaître

Le bar ressemble au maigre, mais il n'est pas difficile de le différencier, avec ses deux nageoires dorsales à la taille similaire. Chez le maigre, la deuxième dorsale est plus longue que l'antérieure.

Les jeunes bars communs peuvent être pris pour des bars mouchetés, car leur robe porte les mêmes taches sombres jusqu'à l'âge de un an. Il n'est pourtant guère difficile de les distinguer. Les bars mouchetés ou tachetés ne possèdent pas d'épine sur les opercules.

On rencontre des bars de couleur parfois différente. Cela ne veut pas dire, pour autant qu'il s'agit de plusieurs espèces. Cela ne provient pas du fait que la robe du bar s'adapte à son milieu, comme c'est le cas avec le phénomène de mimétisme, qui protége les poissons des prédateurs et leur évite aussi de se faire repérer par leurs proies, mais à la nature de la nourriture qu'il absorbe.

Les poissons dont la livrée est sombre s'alimentent de la faune qui prospère sur les zones rocheuses. Ceux de couleur claire sont des chasseurs qui se nourrissent d'une grosse quantité de poissons et de petits crustacés (crevettes grises ou roses).

Quand le pêcher

En mer, ce poisson peut être pêché tout au long de l'année, avec des périodes plus ou moins favorables selon le temps et la saison.

De début mai à juillet, les bars se rapprochent des zones ostréicoles et des estuaires (ils s'approchent des parcs à huîtres et se gavent des petits organismes qui sont attirés par les sécrétions reproductives des coquillages), puis remontent parfois dans le cours inférieur des fleuves côtiers. C'est à ce moment que les prises en eau saumâtre sont possibles.

Dès que la température de l'eau baisse, au point d'atteindre les 6 à 7 °C, le bar ne s'alimente pratiquement plus.

Les techniques de pêche efficaces

En mer, un grand nombre de techniques sont employées : surf-casting, pêche à soutenir, pêche au leurre (depuis le bord ou à la traîne)...

Dans les estuaires et les canaux maritimes, la pêche au waggler et la pêche à soutenir sont très efficaces. Vous pouvez utiliser de nombreux appâts naturels : des vers, des bouquets (crevettes), des lançons, des lanières d'encornet ou encore de petits crabes mous.

Il ne faut pas oublier certains secteurs de pêche, notamment en Méditerranée, durant la saison automnale et hivernale : les entrées des étangs littoraux, les petits cours d'eau ou les ruisseaux qui communiquent avec ces milieux où se déversent dans la mer. De gros poissons peuvent y être capturés.

Parmi les meilleures techniques, on notera la pêche au vif, à la calée ou à la ligne flottante, avec pour appâts des mulets, des lançons, des équilles ou des anguillons.

Éperlan

L'éperlan est un petit poisson dont on fait d'excellentes fritures. Ses flancs sont argentés et son dos, qui porte une nageoire adipeuse, présente une teinte gris-vert. Largement fendue, sa bouche est garnie de dents pointues. Le corps, comprimé latéralement, mesure entre 10 et 20 cm pour un poids ne dépassant pas la cinquantaine de grammes.

FAMILLE
Osmeridés

NOM LATIN
Osmerus eperlanus

NOMS USUELS OU VERNACULAIRES
Blizon, esperlene, puant

Répartition

Poisson de l'Atlantique et de la Manche, il vit en bancs dans les eaux littorales et les estuaires, et remonte le cours inférieur des fleuves pour se reproduire. En Seine, il est parfois capturé jusqu'à Rouen.

Reproduction

Elle se déroule de mars à avril, à la limite de la zone d'influence des marées, sur le sable et le gravier. Les œufs (de 10 000 à plus de 40 000 par femelle) adhèrent au substrat du fond, puis se décollent et dérivent vers la mer où les jeunes éperlans finiront leur croissance. Les géniteurs présentent une robe nuptiale rayée au moment du frai.

Régime alimentaire

Il se nourrit de jeunes poissons, comme le sprat, le hareng ou le gobie, mais aussi de petits crustacés : crevettes, gammares...

Comment le reconnaître

Les caractéristiques de l'éperlan sont la forme effilée de sa nageoire adipeuse, la position des commissures de la bouche (leur extrémité coïncide avec l'arrière des yeux) et le fait que la ligne latérale ne dépasse pas la nageoire pectorale.

Quand le pêcher

Juste avant la période de reproduction, lorsque les poissons forment des bancs importants dans les embouchures des fleuves, les captures sont nombreuses.

Les techniques de pêche efficaces

L'éperlan se pêche à la ligne flottante, en eschant l'hameçon d'une petite crevette, d'un gammare, d'un ver, d'un morceau de poisson, ou au carrelet – un filet carré tendu sur un support –, notamment dans les estuaires.

MONTAGE DE BASE

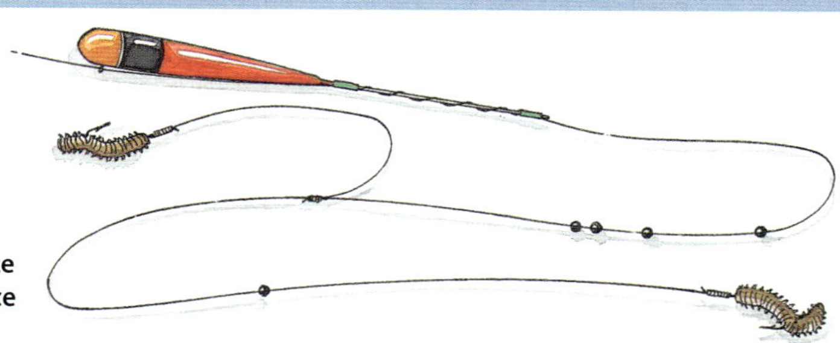

■ **Ligne flottante à double potence**

Flet

Comme tous les poissons plats, le flet a les yeux placés sur le flanc droit (parfois gauche). Il possède une rangée d'épines à la base de la nageoire dorsale et de l'anale, ainsi que des tubercules sur la partie antérieure de la ligne latérale. La robe, de couleur brun-vert à gris jaunâtre, est ponctuée de taches sombres et orangées. Le ventre est gris-blanc. Sa taille est de 25 à 50 cm.

FAMILLE
Pleuronectidés

NOM LATIN
Platichthys flesus

NOMS USUELS OU VERNACULAIRES
Carrelet, fleton, fleurin, picaud, fausse plie, plie

Répartition

Commun sur le littoral atlantique, en mer du Nord et dans la Manche, plus rare en Méditerranée, le flet vit dans les estuaires. Il remontait assez loin dans les fleuves avant que les barrages freinent ses escapades en eau douce. Son habitat de prédilection : les fonds sableux.

Reproduction

Elle a lieu de la fin de l'automne au début du printemps. La femelle libère de 400 000 à 2 millions d'œufs en pleine mer. Les larves, qui éclosent quelques jours après, dérivent au gré des courants et finissent par gagner les profondeurs. Les yeux des alevins se trouvent sur chaque côté de la tête. Lorsqu'ils atteignent une longueur de 2 à 3 cm, les juvéniles se métamorphosent et prennent la forme d'un poisson plat. Les yeux se retrouvent alors sur l'un des flancs, le droit en général.

Régime alimentaire

Le flet consomme des crustacés, des vers, des mollusques et des petits poissons qu'il déniche sur les fonds sableux ou vaseux.

Comment le reconnaître

On le confond avec d'autres poissons plats, comme la plie, la limande et le carrelet, d'autant plus que dans certaines régions il porte leur nom. Du côté d'Arcachon, par exemple, on l'appelle carrelet. Pour le reconnaître, il suffit de passer les doigts sur son corps pour sentir les tubercules rugueux que les autres espèces n'ont pas.

Quand le pêcher

En hiver, le flet se trouve loin des côtes. Ce n'est qu'au printemps qu'il s'en rapproche et que sa pêche devient intéressante. En été, il pénètre les estuaires et gagne les eaux douces.

Les techniques de pêche efficaces

Parmi les meilleures, on notera la pêche à fond au traînard. Elle utilise une ligne plombée comportant un clipot et un bas de ligne. Les appâts : un morceau de crabe mou, un ver ou un poisson mort. Il ne faut pas hésiter à ramener la ligne, de temps à autre, en la faisant traîner sur 1 ou 2 m, ce qui crée des nuages attractifs.

MONTAGE DE BASE

■ Ligne avec traînard pour la pêche à fond

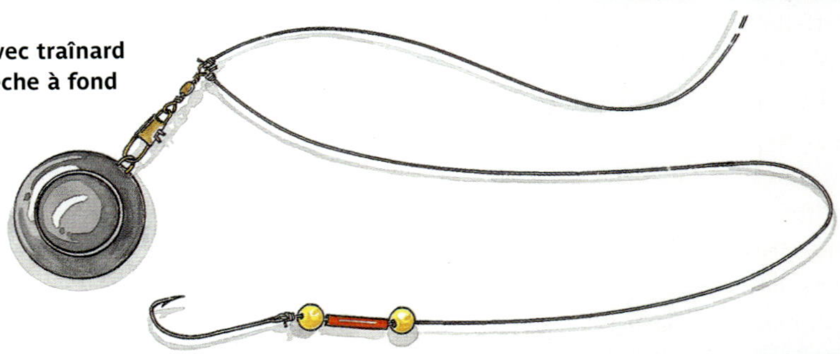

Mulets
(mulet cabot et mulet doré)

La robe du mulet cabot est grise, avec des reflets métalliques. Il atteint 40 à 60 cm pour un poids de 4 kg. Le doré dont la taille ne dépasse guère 40 cm pour 1 kg, a une robe argentée et une tache dorée sur les opercules.

FAMILLE
Mugilidés

NOMS LATINS
Mugil cephalus (mulet cabot)
Mugil auratus (mulet doré)

NOMS USUELS OU VERNACULAIRES
Meil, meuille, muge doré *(Mugil auratus)*. Cabot, mujou, muge céphale, mulet à grosse tête *(Mugil cephalus)*

Répartition
Le mulet cabot se rencontre surtout en Méditerranée, mais aussi en Atlantique, dans le golfe de Gascogne. Il fréquente les estuaires et remonte les fleuves jusqu'en eau douce. Le doré pénètre lui aussi dans les embouchures des fleuves, mais s'arrête à l'extrême limite de salinité des eaux. Il est abondant en Méditerranée, dans l'Atlantique et dans la Manche.

Reproduction
C'est en mer, de juin à octobre pour le mulet cabot et de juillet à novembre pour le doré, que les femelles déposent plusieurs millions d'œufs. Les alevins grossissent dans les lagunes, les baies ou encore les vasières du littoral.

Régime alimentaire
Ils se nourrissent principalement d'algues, d'invertébrés, mais aussi de déchets organiques qu'ils récoltent dans la vase à l'aide de leur bouche protractile.

Comment les reconnaître
Le cabot se reconnaît à ses paupières adipeuses développées, aux fentes marquées. Le doré, à la tache jaune et bien nette sur chacun de ses opercules.

Quand les pêcher
Ces mulets se pêchent durant la belle saison, lorsqu'ils se rassemblent dans les ports.

Les techniques de pêche efficaces
Toutes les techniques sont bonnes : la pêche au coup classique, la pêche à l'anglaise, la pêche au Buldo, la pêche à fond... Même la pêche aux leurres permet de les piquer, mais il faut plutôt employer une cuiller tournante. La pêche à la pâte est aussi très bonne.

MONTAGE

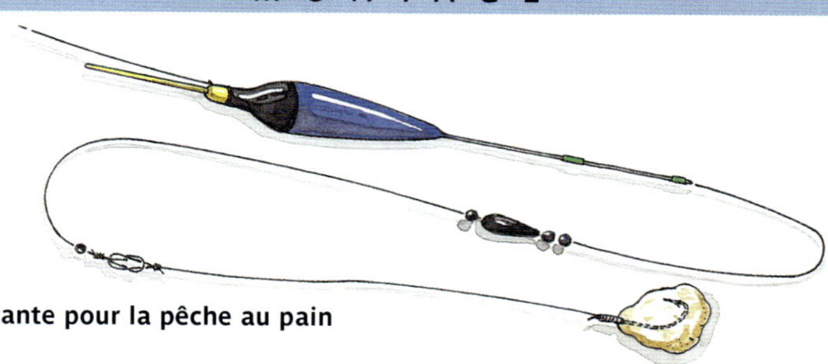

■ Ligne flottante pour la pêche au pain

Mulets
(mulet lippu et mulet porc)

Le mulet lippu (60 cm de long) et le mulet porc (70 cm) présentent un corps fusiforme recouvert d'écailles, une robe bleutée avec des bandes brunes sur les flancs, deux nageoires dorsales séparées et un front aplati.

FAMILLE
Mugilidés

NOMS LATINS
Mugil labrosus (mulet lippu)
Mugil ramada (mulet porc)

NOMS USUELS OU VERNACULAIRES
Mulet blanc, mulet à grosses lèvres, mulet lippu *(Mugil labrosus)*. Capiton, mulet porc, ramada *(Mugil ramada)*

Mulet porc

Mulet lippu

Répartition
Les deux mulets vivent dans les eaux littorales de l'Atlantique, de la Manche et de la Méditerranée. Ils s'aventurent dans le cours inférieur des fleuves côtiers, surtout le mulet porc, au printemps et regagne la mer à la fin de l'été.

Reproduction
Ils se reproduisent en mer, à partir d'octobre et jusqu'en décembre pour le mulet porc, et de février à juin pour le mulet lippu. Les alevins grandissent près des côtes où ils trouvent des abris et de la nourriture.

Régime alimentaire
Ces deux espèces consomment des algues, des poissons, des invertébrés qu'elles dénichent sur le fond en raclant la vase avec leur lèvre inférieure, et des déchets qu'elles glanent dans les ports.

Comment les reconnaître
Le mulet lippu se reconnaît à sa lèvre supérieure charnue ; le mulet porc, à la longueur des nageoires pectorales qui est inférieure à la distance les séparant du bord postérieur de l'œil.

Quand les pêcher
Lorqu'ils se rassemblement dans les ports, les mulets se pêchent facilement, encore faut-il déjouer leur méfiance. À l'occasion de leur séjour en eau douce, les prises peuvent être importantes, mais la localisation des poissons n'est pas aussi aisée.

Les techniques de pêche efficaces
Pris au lancer léger, les mulets oppposent une belle défense au bout de la ligne. La cuiller tournante dont l'hameçon est esché d'un ver est un leurre efficace
La pêche au coup à la ligne flottante est également performante, surtout si vous utilisez, comme appâts, de la mie de pain fraîche, des crevettes ou encore des morceaux de sardine.

MONTAGE DE BASE

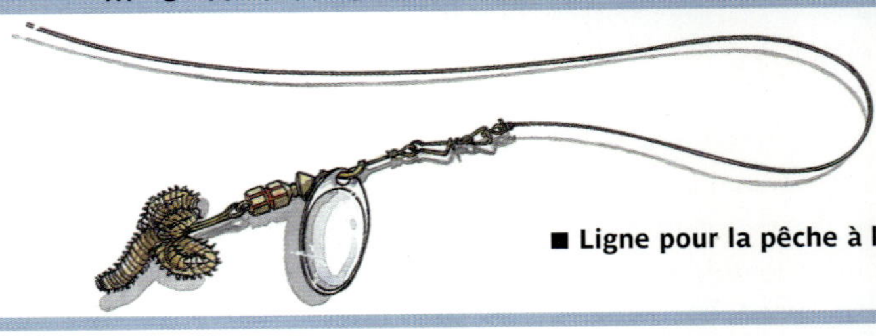

■ **Ligne pour la pêche à la cuiller**

Plie

La plie possède tous les signes distinctifs des poissons plats. Ses yeux se trouvent sur le flanc droit. La robe est de couleur brune et sa partie supérieure présente des taches orangées, voire rougeâtres. Quelques protubérances osseuses se trouvent entre l'œil et la ligne latérale, qui est presque rectiligne. Sa taille moyenne se situe entre 25 et 50 cm.

FAMILLE
Pleuronectidés

NOM LATIN
Pleuronectes platessa

NOMS USUELS OU VERNACULAIRES
Carlotin, carrelet, flatan, fléau, lizen, pladucha, platache, platin

Répartition

Les captures que l'on peut faire en France proviennent surtout de la Manche, du nord-est de l'Atlantique, de la mer du Nord, mais elle est aussi présente en Méditerranée. Elle affectionne les fonds sableux ou graveleux. Comme le flet, elle entre dans les estuaires et le cours inférieur des fleuves côtiers.

Reproduction

Elle débute en décembre. Les femelles libèrent entre 50 000 et 500 000 ovules qui ont la particularité de flotter. Ils finissent ensuite par se déposer sur le fond. Les alevins se métamorphosent et se transforment en poissons plats, de la même façon que le flet.

Régime alimentaire

La plie se nourrit surtout le jour. Elle consomme des mollusques, des crustacés et des petits poissons.

Comment la reconnaître

Contrairement au flet, elle ne possède pas de tubercules épineux près de la nageoire dorsale et de l'anale. On la différencie de la limande par la présence de 4 à 7 protubérances sur la partie postérieure de la tête et par sa ligne latérale peu courbée au niveau des nageoires pectorales. Elle ne peut être confondue avec les autres poissons plats. Céteau, sole, flétan et turbot n'ont pas le même aspect et ne s'aventurent pas en eau douce avec autant de facilité.

Quand la pêcher

Elle ne se pêche pas qu'en mer. Du printemps à l'automne, il est possible de la capturer dans les embouchures des fleuves. Habituellement, ses périodes d'activité alimentaire correspondent aux marées. Elle s'alimente abondamment après la marée haute.

Les techniques de pêche efficaces

Plusieurs méthodes conviennent, de la pêche à soutenir au surf-casting en passant par la pêche au flotteur ou au bahot, une ligne de fond posée à marée basse qu'on laisse toute la nuit.

MONTAGE DE BASE

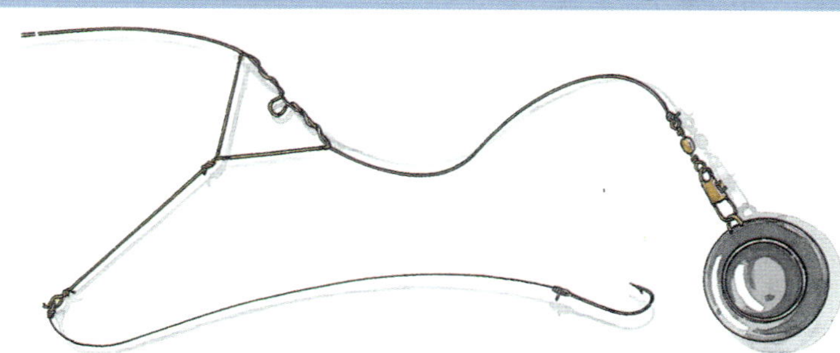

■ **Pêche à la calée avec plombée plate**

Jean-Paul DORON 96

8

Les écrevisses et leur pêche

Seulement deux espèces d'écrevisses sont indigènes en France : l'écrevisse à pattes rouges et l'écrevisse à pattes blanches. Elles abondaient autrefois dans les milieux aquatiques aux eaux pures, et leur pêche était pratiquée par un grand nombre de personnes. Aujourd'hui, elles ont beaucoup régressé et la réglementation les protège, de façon tout à fait justifiée.

D'autres écrevisses ont été introduites dans nos eaux. Elles sont intéressantes à pêcher, en particulier l'écrevisse américaine, mais elles peuvent créer des déséquilibres biologiques en transmettant des maladies aux espèces autochtones ou en colonisant leur habitat. L'écrevisse de Californie a la particularité d'être omnivore à tendance herbivore. On la rencontre surtout dans les étangs privés. Il existe aussi l'écrevisse à pattes grêles, que l'on appelle encore « écrevisse turque ». C'est l'espèce que l'on trouve chez les poissonniers.

Écrevisse américaine

Cette écrevisse de couleur vert-brun porte un ergot acéré sur le segment précédant les pinces. L'extrémité des pattes locomotrices est rouge ; la queue présente des taches rougeâtres. Sa taille est de 7 à 10 cm en moyenne.

FAMILLE
Cambaridés

NOM LATIN
Orconectes limosus

NOMS USUELS OU VERNACULAIRES
Américaine, écrevisse tachetée

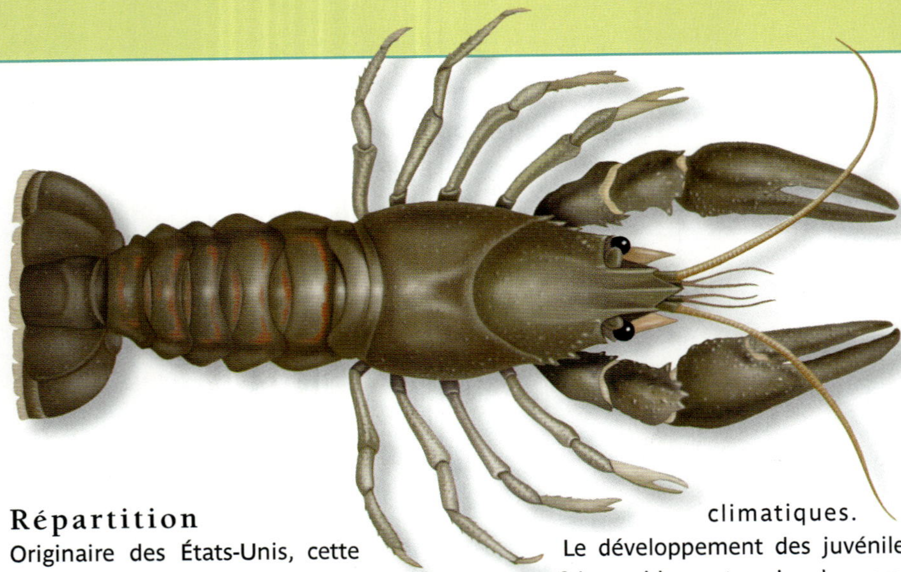

Répartition

Originaire des États-Unis, cette espèce a d'abord été introduite en Allemagne en 1880, puis a fini par gagner nos eaux. Aujourd'hui, elle est plus présente en Europe que dans son aire d'origine. En France, sa présence est signalée quasiment partout, dans plus de 80 départements, sauf en Corse. Elle colonise les lacs, les étangs, ainsi que les rivières lentes, et supporte des eaux relativement polluées.

Cette écrevisse pourrait être une espèce intéressante à pêcher si elle n'était pas responsable de la propagation de la peste des écrevisses, cette maladie responsable de la régression des populations d'écrevisses autochtones.

Reproduction

La période de frai débute en septembre, mais les œufs (de 200 à 400) éclosent entre mai et juin. Leur incubation dure de cinq à huit semaines, selon les conditions climatiques.

Le développement des juvéniles se fait rapidement puisqu'au premier automne, à l'âge de 5 mois, ils mesurent au moins 5 cm.

Régime alimentaire

Elle s'alimente de végétaux, dont des algues filamenteuses, de larves d'insectes, de têtards, de grenouilles mortes ou de cadavres de poissons.

Comment la reconnaître

L'américaine ressemble à l'écrevisse à pattes blanches, mais s'en distingue par les taches qu'elle porte sur la face dorsale de l'abdomen. Le rostre a des bords presque parallèles. À la cuisson, cette écrevisse ne rougit guère, mais prend plutôt une teinte orangée.

Quand la pêcher

Sa pêche est permise tout au long de l'année, car elle ne fait l'objet d'aucune protection, étant considérée comme susceptible de provoquer des déséquilibres biologiques. Il faut cependant respecter la réglementation en vigueur dans la catégorie piscicole concernée et ne pas utiliser des matériels non autorisés.

Les techniques de pêche efficaces

Ce sont la pêche à la ligne et la pêche aux balances (voir p. 239 et 240). Autrefois, une méthode était utilisée par les pêcheurs d'écrevisses : la pêche au fagot. Elle est aujourd'hui interdite, sauf dans les étangs privés (avec l'accord du propriétaire). Elle se pratiquait en immergeant un amas de sarments ou de brindilles de bois lesté de pierres et appâté de tripes de volailles ou de morceaux de viande. Placé en début d'après-midi, le fagot était relevé le soir.

MATÉRIEL

■ Pêche au fagot

Écrevisse à pattes grêles

Originaire des bassins de la mer Noire et de la mer Caspienne, cette écrevisse a été introduite en France dans les années 1960. Son corps est brun-vert, avec des pattes jaunâtres. En France, elle mesure de 11 à 14 cm. Dans son pays d'origine, elle peut atteindre jusqu'à 25 cm, voire beaucoup plus.

FAMILLE
Astacidés

NOM LATIN
Astacus leptodactylus

NOMS USUELS OU VERNACULAIRES
Écrevisse galicienne, écrevisse turque, écrevisse russe, écrevisse des marais

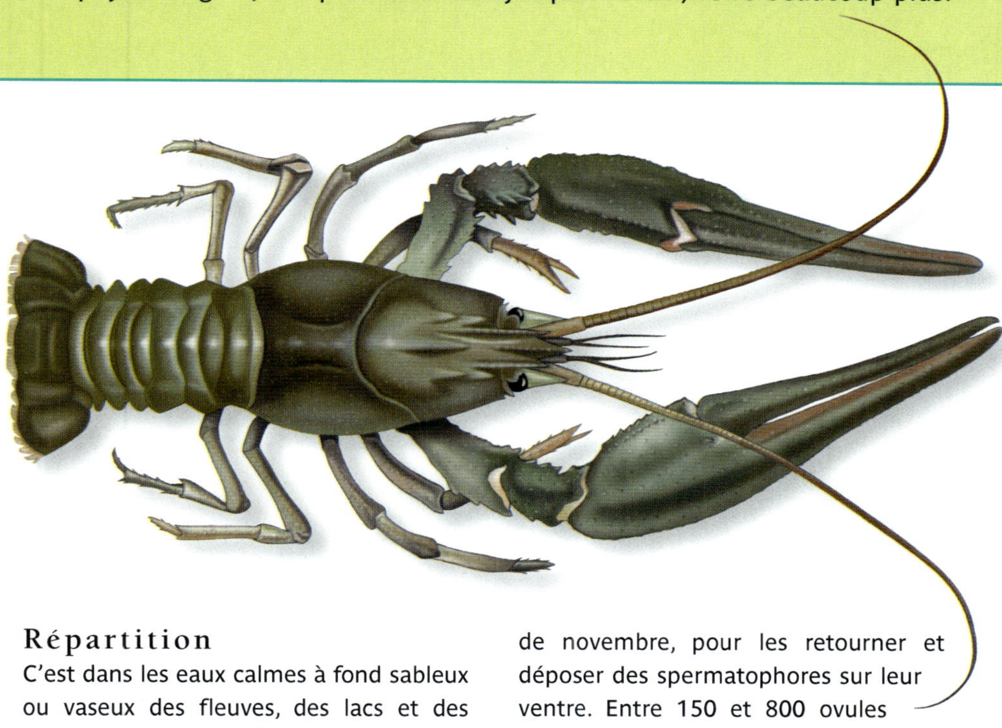

Répartition

C'est dans les eaux calmes à fond sableux ou vaseux des fleuves, des lacs et des étangs que l'on rencontre cette espèce. On la trouve parfois en eau saumâtre, car elle peut résister à des taux de salinité relativement importants. Son métabolisme lui permet également de supporter des températures élevées (30 °C) et des carences en oxygène. En France, on la rencontre dans le Sud-Ouest, le Nord-Ouest et le Nord-Est. Selon des enquêtes menées par le Conseil supérieur de la pêche, elle était présente dans 27 départements dans les années 1990.

Reproduction

Son mode de reproduction est similaire à celui des écrevisses. Les mâles se mettent à la recherche de femelles, entre la deuxième quinzaine d'octobre et le mois de novembre, pour les retourner et déposer des spermatophores sur leur ventre. Entre 150 et 800 ovules sont ensuite pondus par les femelles.

Régime alimentaire

Cette espèce à tendance omnivore se nourrit principalement de poissons morts, de larves d'insectes et d'œufs de poissons, mais consomme aussi des végétaux.

Comment la reconnaître

Les pinces ont des doigts grêles et sont couvertes d'épines. Le céphalothorax a lui aussi de nombreuses épines et les bords latéraux du rostre présentent des denticules. La couleur du corps est plus claire que chez les autres espèces. L'écrevisse turque se distingue aussi par une carapace ponctuée d'ocre au niveau des membres et de la tête.

Quand la pêcher

Durant la saison chaude, en principe tôt le matin ou le soir, les écrevisses étant des animaux crépusculaires et nocturnes. Il faut bien sûr tenir compte de la réglementation et se renseigner auprès des AAPPMA sur la période d'ouverture.

Les techniques de pêche efficaces

La pêche à la balance est excellente, mais il ne faut pas oublier une autre méthode amusante : la pêche à la ligne. Le montage ci-dessous comporte un cercle de laiton où des vers sont enfilés. Une plombée équilibre un flotteur. Il n'y a pas d'hameçon, car l'écrevisse a tôt fait de l'entraîner sous une pierre ou parmi les racines, où il serait difficile de l'en sortir. Lorsqu'une touche se manifeste, il faut remonter la ligne sans ferrer, afin que la capture ne se décroche pas.

MONTAGE

■ Pêche au cercle

LES ÉCREVISSES ET LEUR PÊCHE

Écrevisse à pattes blanches

La couleur de sa carapace est verdâtre, avec des nuances grises ou bronze. Le dessous des membres est blanchâtre. Sa taille est inférieure à celle des autres écrevisses, puisqu'elle mesure de 9 à 13 cm en moyenne.

FAMILLE
Astacidés

NOM LATIN
Austropotamobius pallipes

NOMS USUELS OU VERNACULAIRES
Écrevisse à pattes grises, écrevisse des ruisseaux, patte blanche

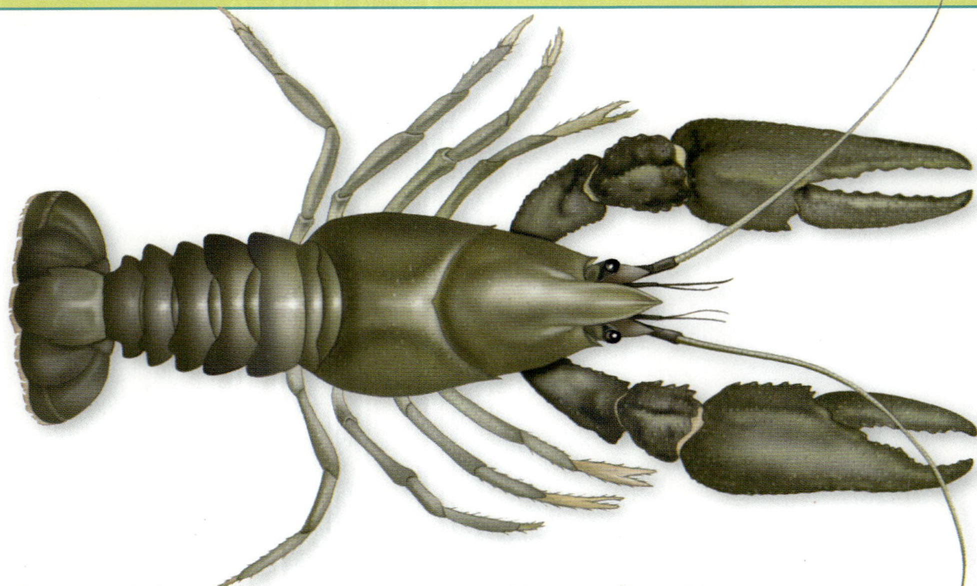

Répartition

Elle se plaît dans les eaux bien oxygénées des rivières rapides, à fond graveleux ou caillouteux, mais aussi dans certains lacs aux eaux fraîches et claires. Son aire de répartition couvre la totalité de la France (72 départements selon le Conseil supérieur de la pêche), mais elle est en forte régression, notamment en plaine et dans les vallées larges où son habitat a été affecté par les pollutions chimiques et organiques. Les modifications physiques des cours d'eau (curage, rectification du linéaire, recalibrage...) sont également la cause de sa raréfaction, ainsi qu'un champignon parasite *(Aphanomyces astaci)*. En montagne, les populations se portent mieux, en particulier en Corse. Au sud de la Loire, certains ruisseaux peu fréquentés abritent encore de belles populations.

Reproduction

Elle débute en octobre. Le nombre d'œufs pondus par la femelle ne dépasse pas la centaine d'ovules et il faut de quatre à sept années avant qu'elle soit apte à se reproduire, alors que trois années suffisent pour la majorité des autres espèces.

Régime alimentaire

Omnivore, l'écrevisse à pattes blanches est opportuniste, mais elle préfère les aliments carnés qu'elle trouve dans son milieu, qui est aussi celui de l'écrevisse à pattes rouges.

Comment la reconnaître

L'une des caractéristiques qui la distingue des autres espèces est son rostre dont les bords forment un triangle. Il comporte une arête médiane peu marquée.

Quand la pêcher

Elle se pêche durant la saison chaude, pendant la période d'ouverture qui débute en principe au mois de juillet.

Les techniques de pêche efficaces

Il n'y a pas de procédé particulier pour pêcher l'écrevisse à pattes blanches. Elle se capture à la balance ou à la ligne (voir p. 239 et 240). Même la pêche à la vermée, une technique habituellement destinée à l'anguille, donne de bons résultats. Elle consiste à présenter des vers enfilés sur un cordon de laine, de manière à former une grappe.

MONTAGE

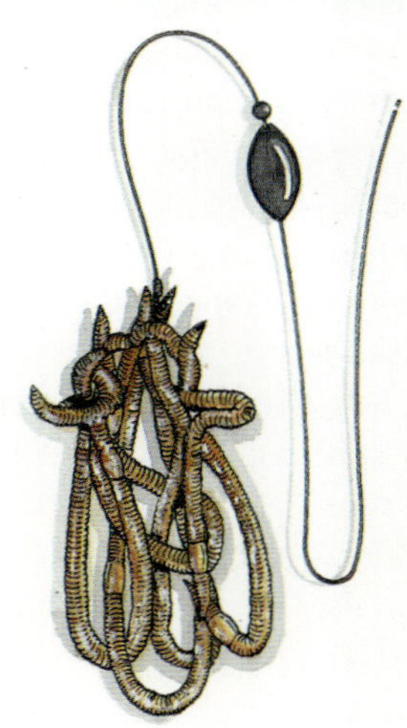

■ **Pêche à la pelote de vers (vermée)**

Écrevisse à pattes rouges

L'écrevisse à pattes rouges, que l'on appelle également « écrevisse à pieds rouges », peut atteindre 16 cm de longueur pour un poids d'environ 150 g. Elle se distingue des autres variétés par la couleur brune de sa carapace, qui tire généralement sur le verdâtre. La face ventrale, le dessous de ses pattes et des pinces sont teintés de rouge.

FAMILLE
Astacidés

NOM LATIN
Astacus astacus

NOMS USUELS OU VERNACULAIRES
Écrevisse des fleuves, écrevisse fluviatile, écrevisse noble, écrevisse rouge, édelkrebs, patte rouge

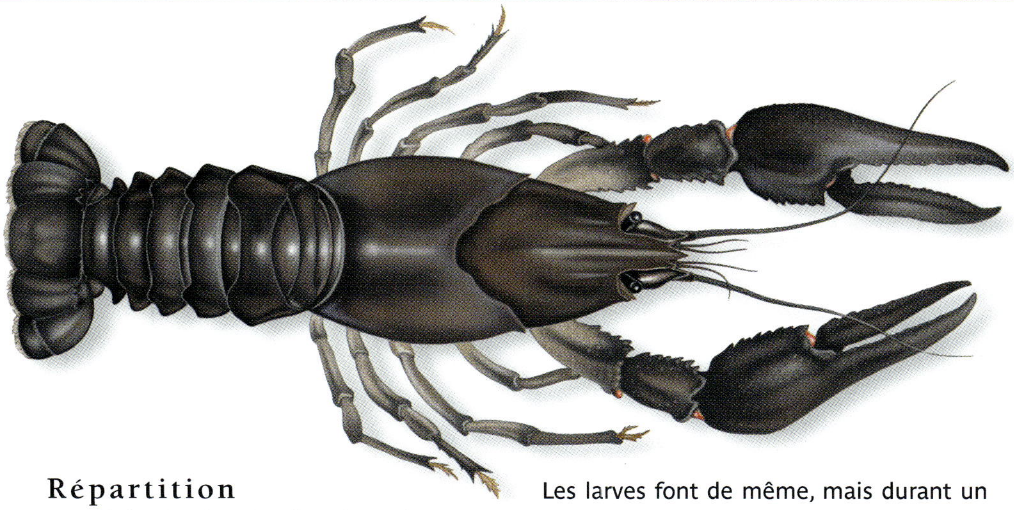

Répartition

Au siècle dernier, les écrevisses à pattes rouges étaient abondantes dans toute l'Europe centrale, aujourd'hui elles sont beaucoup moins nombreuses, ayant été décimées par la dégradation générale de leur habitat, mais aussi par la peste des écrevisses, une maladie due à un champignon parasite. En France, on trouve encore des populations dans le Nord-Est et le Sud-Ouest. On la rencontre dans les eaux peu courantes mais bien oxygénées de certains lacs, étangs ou rivières. Elle aime les rives escarpées où elle peut creuser des terriers.

Reproduction

De septembre à novembre, le mâle dépose un liquide spermatique sur le ventre de la femelle qui se gélifie au contact de l'eau. La femelle pond ensuite ses ovules (200 environ) qui restent collés à son ventre pendant 6 mois, jusqu'à l'éclosion. Les larves font de même, mais durant un laps de temps plus court : une dizaine de jours.

Régime alimentaire

Les juvéniles se nourrissent de racines végétales, en particulier celles des renoncules aquatiques et des myriophylles. Les adultes préfèrent les larves d'insectes, les mollusques, les œufs de poisson et les poissons morts. L'activité alimentaire est intense la nuit.

Comment la reconnaître

Reconnaître une écrevisse n'est pas évident. Il faut tenir compte d'une multitude de signes, pas toujours faciles à repérer. En ce qui concerne l'écrevisse à pattes rouges, elle a des pinces massives, un rostre à bords parallèles dans ses deux tiers postérieurs et pourvu d'épines latérales. Sur la partie pointue de ce même rostre se trouve une crête médiane dentelée.

Quand la pêcher

Réglementée, sa pêche est permise pendant une courte période (voir p. 250) : une dizaine de jours, voire seulement un week-end dans certains départements. Elle est même parfois totalement protégée dans les endroits où les populations sont en danger. Il est donc impératif de se renseigner avant de pêcher.

Les techniques de pêche efficaces

Le dessin ci-dessous représente une balance : c'est un filet rond, carré ou rectangulaire, cerclé de fer et lesté d'un poids que l'on dépose sur le fond de l'eau. Elle est appâtée avec de la viande fraîche ou du poisson. Au bout d'un certain temps, le pêcheur relève le filet à l'aide d'un bâton.

MATÉRIEL

■ **Balance appâtée avec de la viande**

Écrevisse de Californie

Son aire de répartition d'origine est la côte ouest des États-Unis. Elle a été introduite en France vers 1976, à partir d'une souche d'élevage obtenue en Suède dans les années 1960. La couleur de sa carapace est brune. La commissure des pinces porte une tache claire, parfois bleutée. Sa taille atteint les 15 cm pour un poids de 150 g.

FAMILLE
Astacidés

NOM LATIN
Pacifastacus leniusculus

NOMS USUELS OU VERNACULAIRES
Écrevisse à pattes rouges de Californie, écrevisse du Pacifique, écrevisse signal

Répartition

Cette écrevisse a la particularité de pouvoir vivre partout, aussi bien dans les eaux calmes que dans les grandes rivières, mais, contrairement à l'écrevisse américaine, elle ne résiste guère aux pollutions. En France, sa présence est signalée dans une vingtaine de départements : en région parisienne, en Haute-Savoie ou encore en Maine-et-Loire, dans la Creuse et l'Indre. Beaucoup l'estiment comme celle qui est le mieux adapté au repeuplement, ce qui n'est pas le cas du législateur qui la considère comme nuisible.

Reproduction

La période d'accouplement se déroule en septembre, parfois plus tard si les conditions climatiques ne sont pas réunies, mais la ponte a lieu à partir de la fin du mois d'octobre jusqu'à fin novembre. Pendant toute la période d'incubation, les ovules adhèrent à l'abdomen de la femelle.

Régime alimentaire

Si les jeunes écrevisses s'alimentent de petits invertébrés, les adultes consomment en majeure partie des végétaux.

Comment la reconnaître

On la confond souvent avec l'écrevisse à pattes rouges, car elle occupe le même habitat. Des signes distinctifs permettent cependant de ne pas se tromper : les taches claires cernées de rouge de ses pinces massives et dépourvues d'épines, son céphalothorax et les bords lisses de son rostre.

Quand la pêcher

N'étant pas protégée, il est possible de la pêcher toute l'année, à condition de respecter la réglementation. Mais, attention ! Comme toutes les espèces nuisibles, elle ne doit pas être remise à l'eau ou transportée à l'état vivant.

Les techniques de pêche efficaces

La pêche à la balance permet de faire de bonnes pêches, mais, contrairement à ce que l'on pourrait croire, les meilleurs appâts ne sont pas des morceaux de viande, mais des végétaux : l'ortie et le cresson crus, le poireau, la carotte et la pomme de terre à peine cuits.

MATÉRIEL

■ **Balance appâtée avec des légumes**

Écrevisse de Louisiane

Cette écrevisse cause des déséquilibres importants, car c'est un vecteur de la peste des écrevisses, et elle creuse des terriers dans les berges qui provoquent des éboulements. La couleur de sa carapace est généralement d'un rouge vineux, mais il arrive qu'elle soit grise ou bleue. Sa longueur est de 10 à 12 cm pour un poids de 30 à 60 g.

FAMILLE
Cambaridés

NOM LATIN
Procambarus clarkii

NOMS USUELS OU VERNACULAIRES
Écrevisse rouge, écrevisse rouge des marais

Répartition
Elle vit dans les eaux calmes ou dormantes. Occupant tout d'abord le nord du Mexique, elle s'est propagée un peu partout, aux États-Unis dans les années 1950, au Japon, au Kenya et en Espagne dans les années 1970, avant de se retrouver en France en 1975.

Reproduction
Elle peut se reproduire deux fois dans l'année, à partir du mois de septembre. Les femelles portent un nombre important d'ovules (500), ce qui explique une prolifération conséquente. On considère qu'en France elle est présente dans une dizaine de départements.

Régime alimentaire
Cette écrevisse s'attaque à des invertébrés divers, consomme des végétaux et des œufs de poisson.

Comment la reconnaître
L'écrevisse de Louisiane possède une morphologie caractéristique, à commencer par un céphalothorax rugueux, hérissé de tubercules et d'ergots puissants. Le rostre a une allure triangulaire et ne présente pas de crête médiane.

Quand la pêcher
Son transport, sa détention à l'état vivant et sa remise à l'eau sont strictement interdits, mais sa pêche est autorisée. C'est durant la saison chaude qu'elle se capture le mieux. Il faut signaler que sa chair est délicieuse.

Les techniques de pêche efficaces
Pour cette écrevisse également, les végétaux sont de bons appâts, tout comme les asticots si vous pêchez à la ligne. Si le montage avec cerceau métallique est efficace, il ne faut pas oublier celui qui se compose de potences sans hameçon où les appâts (vers, asticots) sont enfilés. Les secteurs propices : partout où il y a de la végétation.

MONTAGE

LES ÉCREVISSES ET LEUR PÊCHE

9

La pêche en France

En France, la pêche en eau douce est un loisir accessible à tous. Elle repose sur des structures associatives dont les représentants sont élus par les pêcheurs. Leur mission est de favoriser l'exercice de la pêche, mais aussi de protéger les milieux aquatiques et de veiller à une bonne gestion piscicole. Le Conseil supérieur de la pêche, établissement public de l'État qui gère les agents techniques et les techniciens de l'environnement commissionnés pour exercer la police de la pêche en eau douce et la police de l'eau, apporte son aide et son soutien, notamment pour assurer la surveillance du domaine piscicole de chaque fédération départementale.

Pour pêcher dans les eaux libres, l'adhésion à une AAPPMA (association agréée pour la pêche et la protection du milieu aquatique) est obligatoire et il faut s'acquitter de la taxe piscicole dont les taux sont relativement faibles. L'objectif n'est pas de faire des bénéfices, mais d'assurer le fonctionnement des structures actuelles et de financer les dépenses liées à la préservation du patrimoine halieutique. Une réglementation doit également être respectée pour éviter tout excès.

L'organisation de la pêche en France

En France l'organisation de la pêche en eau douce est unique. Elle repose sur le trépied de la pêche associative, du Conseil supérieur de la pêche (CSP) et du ministère chargé de la pêche.

C'est grâce aux bénévoles de la pêche associative que le milieu aquatique est préservé et que les pêcheurs peuvent prendre du poisson. L'aide du CSP est également essentielle.

L'Union nationale pour la pêche et la protection du milieu aquatique (UNPPMA)

C'est le sommet de la pyramide associative qui se bat pour que la pêche reste un loisir accessible à tous et se fasse dans un milieu naturel préservé. Fondée en 1947, l'Union nationale s'est fixée pour buts la défense des intérêts nationaux de la pêche de loisir, la lutte contre le braconnage et les pollutions, le soutien aux fédérations de pêche départementales qui y adhèrent. Centre d'action et de coordination, elle recueille les vœux des fédérations et donne les grandes orientations de la pêche en tenant compte des contraintes administratives et légales. C'est une interface entre le monde associatif de la pêche et les pouvoirs publics. Dès les années 1960, l'un de ses objectifs prioritaires a été la protection de l'environnement. Grâce à ses actions, des lois fondamentales ont été adoptées, donnant notamment aux pêcheurs les moyens de lutter contre les pollueurs et instituant l'obligation de gestion piscicole et de protection du milieu aquatique à tous les détenteurs du droit de pêche.

L'UNPPMA possède un président à sa tête. Il est élu par les représentants du conseil d'administration de l'Union qui sont désignés par les présidents des fédérations départementales.

Les Fédérations départementales des associations agréées pour la pêche et la protection du milieu aquatique (FDAAPPMA)

Les associations agréées pour la pêche et la protection du milieu aquatique (AAPPMA) sont regroupées en fédérations départementales. Elles sont 92 sur le territoire métropolitain, car certaines recouvrent plusieurs départements. Leurs missions sont la mise en valeur du domaine piscicole départemental, la promotion de la pêche de loisir ainsi que la coordination des actions menées par les associations pour la gestion piscicole. Les fédérations donnent par ailleurs leur avis aux autorités sur tout aménagement pouvant compromettre la qualité du milieu aquatique et des populations piscicoles, ou nuire à la pratique de la pêche. Elles peuvent également détenir et exploiter des lots de pêche.

Les présidents des fédérations et les membres de leur conseil d'administration sont élus, tous les cinq ans, par les délégués des AAPPMA de leur département.

Les fédérations sont soutenues dans leurs actions par une brigade de gardes-pêche mise à disposition par le CSP.

Les associations agréées pour la pêche et la protection du milieu aquatique (AAPPMA)

C'est en 1829 que les premières sociétés de pêche furent constituées. Aujourd'hui, il en existe plus de 4 000. Affiliées à leur fédération départementale, ces associations détiennent et gèrent les droits de pêche sur les lots dont elles ont la charge, en tant que propriétaires, locataires, ou quand ces lots leur ont été confiés à titre gracieux.

Elles mettent en vente les cartes de pêche qui financent l'organisation de la pêche associative. Les AAPPMA investissent l'argent des cotisations statutaires (les taxes piscicoles reviennent au CSP) dans des actions qui profitent à la pêche et au milieu aquatique (balisage des lots de pêche, valorisation des parcours,

création d'écoles de pêche, entretien des berges, gestion piscicole...).
Les présidents des AAPPMA, dont tous les membres sont bénévoles, se font élire tous les cinq ans par les pêcheurs.

Le Conseil supérieur de la pêche (CSP)
Le CSP est un établissement public de l'État, attaché au ministère chargé de la pêche.
Il donne son avis sur les mesures législatives et réglementaires concernant l'exercice de la pêche en eau douce, centralise les produits de la taxe piscicole et participe grandement à l'amélioration, à la mise en valeur du patrimoine piscicole et à la promotion du loisir pêche. Il apporte par ailleurs une assistance technique, financière et juridique aux fédérations de pêche. Il contribue également à développer la conscience de la fragilité du milieu aquatique auprès du grand public en apportant son soutien aux écoles de pêche et en favorisant les opérations de sensibilisation.

LES UNIONS RÉGIONALES

Les fédérations de pêche forment 7 Unions régionales qui se réunissent tous les ans pour tenir congrès. C'est à cette occasion que les vœux de chaque fédération sont recueillis pour être présentés à la Direction de l'eau et au ministère de l'Écologie et du Développement durable.

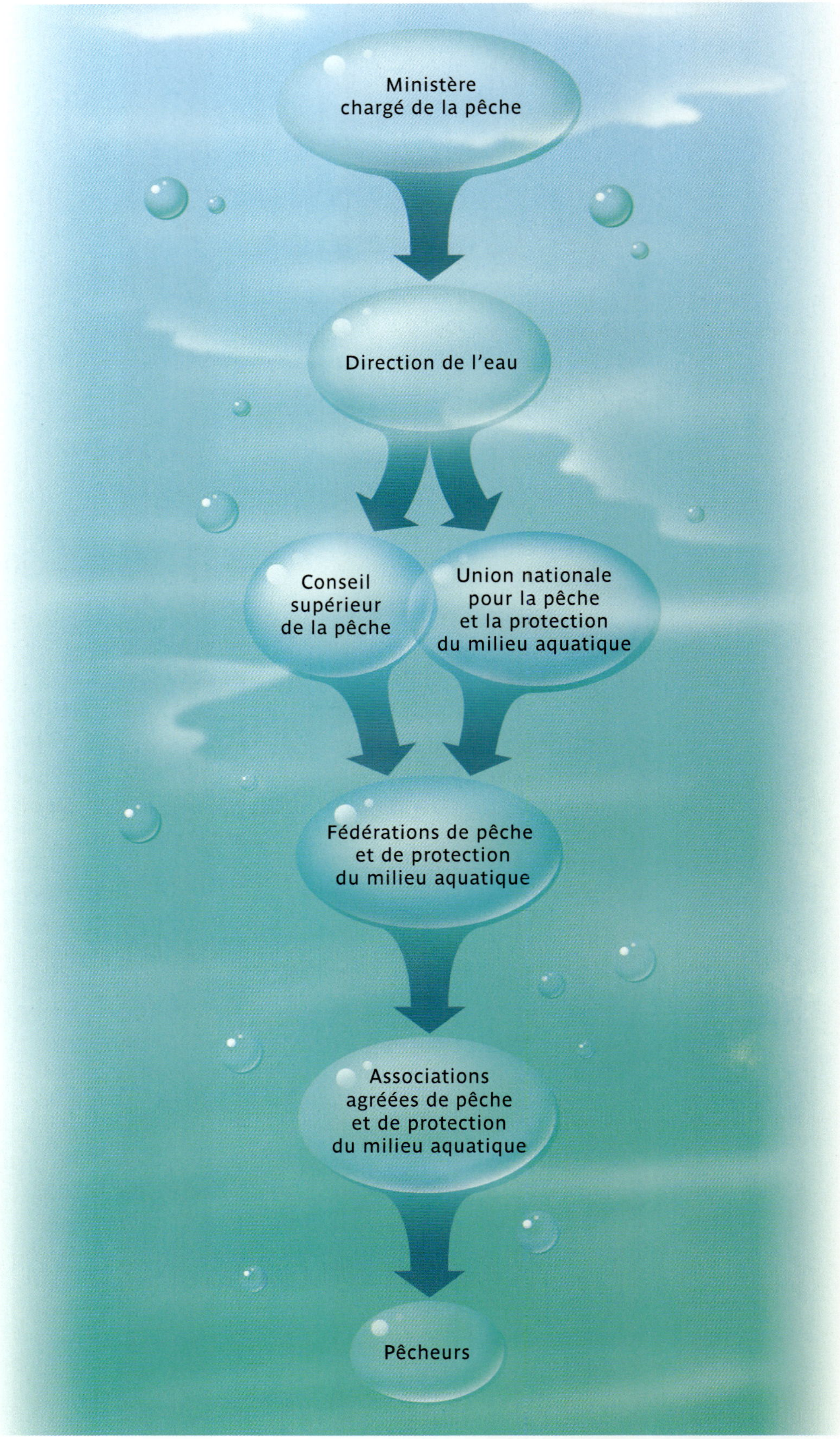

La carte de pêche et les taxes piscicoles

Pour pêcher dans les rivières, les canaux et les plans d'eau du réseau hydrographique, acquérir une carte de pêche délivrée par une AAPPMA est obligatoire, et il faut s'acquitter d'une taxe piscicole.

Plusieurs types de cartes et de taxes sont proposés à des prix qui varient selon les types de pêche pratiqués.

La carte à taxe réduite

Elle donne droit de pêche sur les lots gérés par son AAPPMA et sur les secteurs de réciprocité. Il est possible de pêcher en première et deuxième catégories des domaines concernés, mais aussi sur les rivières et plans d'eau du domaine public de toute la France. Tous les poissons peuvent être pêchés, à l'exception de la truite de mer et du saumon pour lesquels il faut acquitter des suppléments (taxe Truite de mer ou bagues Saumon). La technique autorisée est la pêche à la ligne (vermée comprise), ne comportant pas plus de 2 hameçons. La pêche au lancer est interdite. Pour acquérir les droits conférés par la carte à taxe complète en cours d'année, une deuxième taxe réduite est nécessaire.

La carte à taxe complète

Elle permet de pratiquer tous les modes de pêche (lancer, coup, mouche) en première comme en deuxième catégorie, sur les lots de l'AAPPMA, qui délivre la carte et les secteurs réciprocitaires. Quatre cannes sont autorisées en deuxième catégorie, deux en première et une partout en France, dans les eaux du domaine public. Tous les poissons peuvent être capturés, mais il faut s'acquitter de suppléments pour le saumon (bagues) et la truite de mer (taxe). Le nombre d'hameçons par ligne se limite à 2 ou 3 mouches artificielles.

La carte Jeunes

Valable toute l'année, cette carte s'adresse aux jeunes pêcheurs âgés de moins de seize ans. Elle confère les mêmes droits que la carte à taxe complète, y compris celui de participer à l'élection des membres du bureau de son AAPPMA. Toutes les techniques de pêche sont autorisées, même celle de la truite de mer et du saumon, en acquérant des suppléments.

La carte Vacances

Cette carte est valable 15 jours consécutifs, entre le 1er juin et le 30 septembre. Elle donne les mêmes droits que la carte complète, y compris dans les secteurs mis en réciprocité.

La carte journalière

Elle donne accès à des secteurs de pêche délimités par les AAPPMA ou les fédérations de pêche : des plans d'eau ou des parcours de pêche en rivière. Toutes les techniques peuvent être pratiquées, en respectant d'éventuelles règles spécifiques mises en place pour assurer une bonne gestion piscicole.

La taxe Plans d'eau

Cette taxe particulière donne la possibilité de pêcher dans les piscicultures créées à des fins de valorisation touristiques (obligatoirement d'une superficie de plus de 1 hectare). Les pêcheurs étant déjà en possession d'une taxe piscicole en sont dispensés.

LES EXONÉRÉS

Les grands invalides de guerre ou du travail titulaires d'une pension de 85 % au minimum, les conjoints des personnes qui s'acquittent d'une taxe piscicole et les jeunes de moins de seize ans sont dispensés de payer la taxe piscicole. Seule une cotisation statutaire, d'un prix modeste, parfois gratuite, est à leur charge pour pêcher avec une canne simple.

Les périodes d'ouverture de la pêche

Les milieux aquatiques font l'objet d'un classement piscicole qui détermine la réglementation applicable et définit l'ouverture et la fermeture de la pêche.

La première catégorie prend compte les milieux aquatiques où les truites et autres salmonidés sont majoritaires. Une réglementation particulière y est en vigueur. La deuxième catégorie regroupe les autres cours d'eau, canaux et plans d'eau où les cyprinidés sont dominants. On y trouve également d'autres poissons comme les carnassiers.

En première catégorie

La pêche est autorisée du quatrième samedi de mars au premier dimanche d'octobre inclus : dans l'Aisne, l'Eure, la Marne, le Nord, l'Oise, le Pas-de-Calais, à Paris, dans la Seine-Maritime, la Seine-et-Marne, les Yvelines, la Somme, l'Essonne, les Hauts-de-Seine, la Seine-Saint-Denis, le Val-de-Marne, et le Val-d'Oise. Partout ailleurs, l'ouverture à lieu du deuxième samedi de mars au troisième dimanche de septembre. Dans les deux cas, un arrêté préfectoral peut prolonger cette période d'ouverture de une à trois semaine. Quant à la pêche de l'ombre, elle est autorisée du troisième samedi de mai au troisième dimanche de septembre. Pourquoi ne pas permettre la pêche tout au long de l'année ? Le but est d'assurer la reproduction des poissons dans les meilleures conditions, même lorsqu'elle se déroule avec du retard.

En deuxième catégorie

La pêche est ouverte toute l'année, mais certaines espèces sont protégées durant leur période de reproduction. La pêche du brochet est ainsi autorisée du 1er janvier au dernier dimanche de janvier et du troisième samedi d'avril au 31 décembre inclus. Le préfet peut lui aussi prendre la décision d'une prolongation de la période de pêche, de une à quatre semaines. La pêche de la truite et d'autres salmonidés (omble chevalier, ombre de fontaine, cristivomer) est soumise aux mêmes dates qu'en première catégorie. Dans les cours d'eau classés à saumon ou à truite de mer, la truite arc-en-ciel est également concernée. La pêche de l'ombre est autorisée du troisième samedi de mai au 31 décembre.

Les heures de pêche

En règle générale, le pêcheur peut s'adonner à sa passion une demi-heure avant le lever du soleil, jusqu'à une demi-heure après son coucher. Des arrêtés préfectoraux peuvent prolonger les horaires, voire permettre la pêche de nuit. C'est le cas notamment pour pêcher la carpe sur certains parcours ou plans d'eau, avec l'accord, bien sûr, des AAPPMA et des fédérations de pêche gestionnaires.

■ ÉCREVISSES ET POISSONS MIGRATEURS

Les périodes de pêche des poissons migrateurs sont fixées par des arrêtés préfectoraux, conformément au Plan de gestion des poissons migrateurs instauré par le Comité de gestion des poissons migrateurs (COGEPOMI) de chaque bassin. Il tient compte de l'état des populations pour définir les possibilités de pêche. La pêche des écrevisses à pattes rouges, à pattes blanches et à pattes grêles est autorisée pendant une période de 10 jours, à partir du quatrième samedi du mois de juillet. Celle des autres écrevisses qui sont présentes sur la liste des espèces susceptibles de créer des déséquilibres biologiques est pratiquée pendant les périodes d'ouverture générale en première et deuxième catégories.

Les ententes réciprocitaires

Les fédérations de pêche et les AAPPMA ont toujours eu le souci de proposer un maximum de lots de pêche. Pour permettre aux pêcheurs de pratiquer leur loisir dans un vaste territoire, elles ont créé les ententes réciprocitaires.

VOIR AUSSI
• La carte de France des ententes réciprocitaires
pages de garde

Chaque association agréée de pêche délivre sa carte, qui donne accès aux lots de pêche qu'elle gère. Grâce à des accords de réciprocité consentis par plusieurs d'entre elles, il est parfois possible de pêcher dans les lots de pêche de toutes les AAPPMA d'un département ou presque. C'est ce qu'on appelle la réciprocité départementale. Des accords interdépartementaux sont également passés entre les fédérations.

Le Club halieutique et l'EHGO

Créé en 1964 par 17 fédérations de pêche du sud de la France, le Club halieutique interdépartemental (CHI) compte aujourd'hui 35 fédérations (mais 36 départements, la Corse comprend la Corse du Sud et la Haute-Corse). Le champ d'action des pêcheurs est élargi, d'autant plus que le Club halieutique interdépartemental et l'Entente halieutique du Grand Ouest (EHGO), qui existe depuis 1982, ont passé des accords entre eux. Les pêcheurs venant d'un département où la vignette du Club halieutique est en vigueur peuvent pêcher dans les 24 départements de l'EHGO. Ceux qui sont en possession de la vignette de l'EHGO ont la possibilité de pêcher dans les 36 départements du Club halieutique. À signaler que la fédération de la Haute-Saône est également membre de l'EHGO.

L'Union des pêcheurs d'Île-de-France

L'Union des pêcheurs d'Île-de-France (UPIF) regroupe les fédérations de pêche de Paris, des Hauts-de-Seine, du Val-de-Marne, de la Seine-Saint-Denis, des Yvelines, du Val-d'Oise, mais aussi de 11 AAPPMA de l'Essonne, laquelle fédération met à la disposition des adhérents de l'UPIF 5 étangs fédéraux.

La réciprocité interdépartementale à 4 lignes

18 départements du Nord-Ouest sont en réciprocité interdépartementale à 4 lignes. Autrement dit, un pêcheur qui acquiert une carte de pêche dans l'un des départements qui adhèrent à cette entente peut accéder aux lots de pêche du domaine public et y pêcher à 4 lignes, pêche au lancer comprise. Un plus lorsque l'on sait que le droit de pêche banal, en vigueur dans les eaux du domaine public de toute la France, ne permet de pêcher qu'à une seule ligne.

QUELQUES PRÉCISIONS...

• Chacune des ententes délivre une vignette annuelle que le pêcheur peut se procurer dans le département où il a acquitté sa cotisation fédérale.

• Les cartes Jeunes et Vacances des départements adhérents au CHI ou à l'EHGO sont réciprocitaires sans obligation d'achat d'une vignette.

• Tous les lots de pêche des AAPPMA ne sont pas forcément accessibles aux possesseurs de vignettes, notamment les plans d'eau faisant l'objet d'une gestion spécifique.

• Les ententes réciprocitaires ne concernent que les lots de pêche gérés par la pêche associative et non pas le domaine dont le propriétaire a réservé son droit de pêche.

Les règles à suivre

Afin de préserver le patrimoine naturel et d'assurer un avenir à la pêche, une réglementation a été mise en place. Tout n'est pas permis au bord de l'eau, même si un nouveau décret modifiant les conditions d'exercice de ce loisir a élargi le champ d'action des pêcheurs.

Les conditions d'exercice de la pêche sont déterminées par le Code rural, le Code de l'environnement et les arrêtés préfectoraux. Dans chaque département, il existe un arrêté préfectoral permanent qui fixe les dispositions réglementaires applicables en eau libre. Voici un condensé de la réglementation actuellement en vigueur qu'il faut respecter pour ne pas se mettre en infraction avec la loi.

Le nombre de lignes et d'hameçons autorisés

Dans les eaux domaniales et les plans d'eau de première catégorie désignés par le préfet, 2 lignes au maximum peuvent être utilisées, une seule ligne dans les eaux n'appartenant pas au domaine public.
Dans les eaux de deuxième catégorie, 4 lignes peuvent être employées. Munies au plus de 2 hameçons ou de trois mouches artificielles, les lignes sont montées sur des cannes disposées à proximité immédiate du pêcheur.

Les procédés interdits

Pêcher à la main, sous la glace ou en troublant l'eau sont interdits, exception faite de la pêche du goujon à gratter qui consiste à remuer le fond pour l'attirer. Il est également possible de pêcher le vairon à la carafe, d'une contenance de 2 litres au plus. Les poissons ne doivent pas, par ailleurs, être harponnés ou crochetés autrement que par la bouche. La pêche à la traîne ne peut se pratiquer, sauf dérogation préfectorale. La vente du produit de la pêche des pêcheurs amateurs est interdite.

Les vifs et autres appâts

Il est interdit d'utiliser comme appâts : des poissons appartenant aux espèces faisant l'objet de tailles réglementaires ; celles pouvant créer des déséquilibres biologiques, comme le poisson-chat ou la perche-soleil, ou encore celles protégées au titre de la protection de la nature ; les poissons non répertoriés parmi les poissons vivant dans nos eaux douces font également l'objet d'une interdiction.
Durant la fermeture de la pêche du brochet, l'utilisation de vifs, de poissons morts ou artificiels et de leurres susceptibles de le capturer de manière non accidentelle est prohibée dans les eaux de deuxième catégorie. Les asticots et autres larves de diptères ne sont pas autorisés en première catégorie en tant qu'appâts (encore moins à l'amorçage), sauf arrêté préfectoral.
Les œufs de poisson, naturels ou artificiels, ne doivent pas être utilisés comme appât ou amorce.

Les tailles minimales de capture

Certains poissons et écrevisses font l'objet d'une protection particulière basée sur la taille de capture. Cela leur permet de se reproduire au moins une fois dans leur vie avant de finir dans un panier de pêche.
Les espèces pêchées, dont la taille est inférieure à la dimension réglementaire doivent être remises à l'eau dans les meilleures conditions. Même mortes, elles ne peuvent être conservées.
Les poissons se mesurent du bout du museau à l'extrémité de la queue, les écrevisses de la pointe de la tête (antennes et pinces non comprises) à la queue déployée.
Les tailles minimales de capture sont en principe identiques dans tous les départements, exceptions faites de certains départements, mais le préfet peut les modifier, voire les supprimer pour certains poissons, dans le but notamment d'enrayer une épidémie.
Une précision importante : en première catégorie, les salmonidés étant dominants, il n'y a pas de taille réglementaire pour les poissons indésirables, comme le black-bass, le brochet ou le sandre. En conséquence, ils ne doivent pas être remis à l'eau en cas de capture.

Les tailles légales à la loupe

Aloses : 30 cm ; black-bass : 23 cm ; brochet : 50 cm ; cristivomer : 35 cm ; écrevisses autres qu'américaines : 9 cm ; esturgeon commun : sa pêche est interdite ; huchon : 70 cm ; mulet : 20 cm ; ombre et corégone : 30 cm ; sandre : 40 cm ; saumon : 50 cm ; truite de mer : 35 cm ; truite fario, truite arc-en-ciel, omble de fontaine et omble chevalier : 23 cm (ou 18, 20 ou 25 cm selon les départements).

Les quotas de captures

Le nombre de captures de certains salmonidés est limité. Cette mesure vise principalement à maîtriser la pression de pêche. Ainsi, en règle générale, les pêcheurs sont autorisés à conserver 10 truites par jour. Les dérogations locales sont nombreuses, si bien qu'il est difficile de faire des généralités et qu'il vaut mieux se renseigner auprès de l'AAPPMA qui détient le lot de pêche concerné.

Les réserves de pêche

Les réserves temporaires de pêche sont des portions de cours d'eau où la pêche est interdite par arrêté préfectoral, pour protéger les poissons. Elles sont généralement signalées par des panneaux, mais il vaut mieux se renseigner avant de pêcher pour ne pas risquer de contravention. Il était interdit, il y a peu, de pêcher près des barrages et des écluses, à une distance inférieure de 50 m. Un nouveau décret a assoupli cette interdiction. Il est désormais possible de pêcher à proximité des ouvrages d'art, à l'aide d'une seule ligne. Des restrictions sont toujours possibles, ne serait-ce que pour des raisons de sécurité.

LES POINTS IMPORTANTS DU NOUVEAU DÉCRET

Depuis 2002, un nouveau décret est entré en application qui modifie l'exercice de la pêche de façon substantielle. Il autorise ainsi l'utilisation de l'échosondeur, autrefois interdit, rend possible la réglementation du no-kill sur certains parcours, et allège l'interdiction de pêcher en aval des ouvrages d'art. Il autorise par ailleurs l'emploi des gros hameçons triples ; avant, la distance entre les pointes des hameçons possédant plus de 2 branches ne pouvait être supérieure à 20 mm. Autre point important : pendant la fermeture du brochet, il est désormais interdit d'utiliser des techniques susceptibles de capturer de manière accidentelle le carnassier. Le streamer et la pêche à la lanière de lard, par exemple, ne peuvent plus être employés durant cette période.

La pêche du saumon et de la truite de mer

Pour pêcher ces poissons migrateurs, une carte de pêche ne suffit pas. Il faut également acquérir des suppléments : une taxe piscicole spécifique en ce qui concerne la truite de mer, deux bagues au minimum pour la pêche du saumon qui exige d'être en possession d'un carnet de déclaration de captures. Lorsque vous pêchez un saumon vous devez le marquer d'une bague sans attendre et faire une déclaration au Centre national d'interprétation des captures. Cela sert à établir des statistiques de l'état des populations et mettre en place des mesures de gestion appropriées.

L'écrevisse se mesure de la pointe du rostre à l'extrémité de la queue.

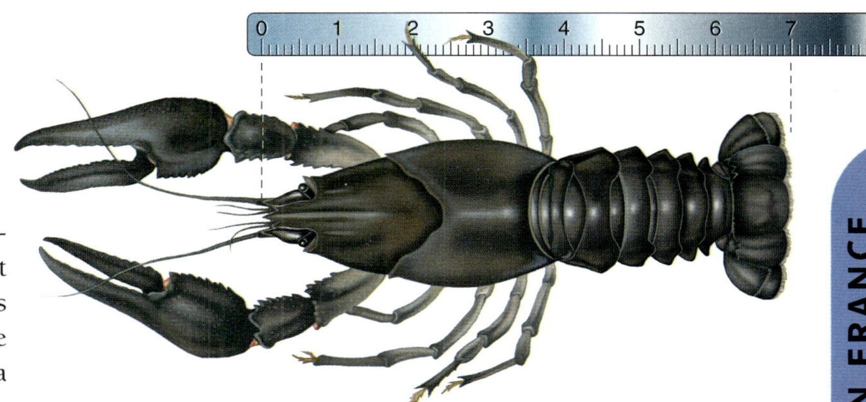

La taille réglementaire des poissons se mesure du bout du museau à l'extrémité de la queue.

Dictionnaire de la pêche

A

ABIOTIQUE : adj. Se dit d'un milieu où toute vie ne peut se développer.

ABLE DE HECKEL : n. f. Poisson de la famille des cyprinidés dont le nom latin est *Leucaspius delineatus*. Il est peu recherché des pêcheurs, mais se capture à la ligne.

ACCLIMATATION : n. f. Faire vivre et se reproduire une espèce végétale ou animale dans un milieu qui n'est pas le sien.

ACCLIMATER : v. Habituer une espèce végétale ou animale à un climat.

ACTION DE PÊCHE : n. f. Acte de pêcher. Désigne également les participations financières qui donnent le droit de pêche sur les parcours privés.

ACTION D'UNE CANNE : n. f. Caractéristique de sa courbure. Action de pointe (dite « rapide ») : la courbure est marquée à hauteur du scion. Action semi-parabolique (dite « moyenne ») : elle est surtout marquée en son milieu. Action parabolique (dite « lente ») : elle ploie de façon régulière sur toute sa longueur.

ADIPEUSE : adj. Nageoire située entre la caudale et la dorsale, propre aux salmonidés et aux ictularidés.

AÉROBIE : adj. Qualifie les organismes qui ne peuvent vivre dans un milieu dépourvu en oxygène. Contr. : anaérobie.

AFFLUENT : n.m. Cours d'eau se jetant dans un autre cours d'eau ou dans un lac. Syn. : tributaire.

AGRAFE : n. f. Accessoire prévu pour fixer les éléments d'une ligne.

ALEVIN : n. m. Jeune poisson de l'année.

ALEVINER : v. Peupler une rivière ou un plan d'eau de jeunes poissons. Cette opération se pratique dans les milieux dont la qualité de l'eau ne permet pas une reproduction naturelle ou dans le cas d'une forte pression de pêche.

ALLOGÈNE : adj. D'une origine différente de celle de la population autochtone. En France, le black-bass et le poisson-chat sont des espèces allogènes. Contr. Autochtone.

ALLUVIONS : n. f. Sédiments transportés et déposés par le courant. Selon les milieux, il s'agit d'alluvions fluviatiles, lacustres ou marines.

AMADOU : n. m. Substance spongieuse provenant de la chair d'un champignon (l'amadouvier), et dont on se sert pour sécher les mouches artificielles (imitation d'invertébrés aquatiques).

AMÉNAGEMENT PISCICOLE : n. m. Les associations de pêcheurs ont la mission de gérer la pêche, de protéger les milieux aquatiques, mais aussi de les entretenir en débroussaillant les berges, en faisant désenvaser le lit d'une rivière, en éliminant les embâcles, en disposant des abris pour les poissons ou en aménageant des frayères.

AMONT : n. m. Partie d'un cours d'eau située en tête de bassin. Désigne également une zone située dans le sens opposé au courant. Contr. : aval.

AMORCE : n. f. Mélange d'ingrédients que le pêcheur jette à l'eau pour attirer les poissons sur un poste.

AMORCER : v. Jeter à l'eau de l'amorce pour attirer les poissons.

AMORÇOIR : n. m. Accessoire servant à déposer de l'amorce en un point précis.

AMORTISSEUR : n. m. Élastique fixé en tête de ligne pour amortir les tirées d'un poisson ferré.

AMPHIBIOTIQUE : adj. Se dit d'un poisson migrateur qui change de milieu lors de sa migration.

ANADROMES : adj. Se dit des poissons migrateurs, comme le saumon, qui vivent et croissent en mer et se reproduisent en eau douce. Contr. : catadromes.

ANAÉROBIE : adj. Qualifie les organismes qui peuvent vivre dans un milieu dépourvu d'oxygène. Contr. : aérobie.

ANALE : n. f. Nageoire impaire située près de l'anus.

ANNEAUX : n. m. Bagues disposées sur les cannes à lancer pour que le fil du moulinet puisse y coulisser. Leur répartition est calculée de manière à ce que la ligne fasse corps avec les blanks de la canne.

ANODONTE : n. f. Mollusque bivalve de grande taille.

ANSE DE PANIER : n. f. Pick-up de moulinet à tambour fixe, en forme d'anse de panier.

ANTENNE : n. f. Partie supérieure d'un flotteur, servant à bien visualiser sa progression au fil de l'eau et à repérer les touches qui se manifestent par l'enfoncement de l'antenne.

ANTIRETOUR : n. m. Système que possèdent les moulinets modernes et qui empêche la manivelle de revenir en arrière, limitant ainsi les emmêlements du fil.

APPÂT : n. m. Tout ce qui s'accroche à l'hameçon d'une ligne pour capturer le poisson. Contrairement aux leurres, les appâts sont comestibles. On distingue les appâts d'origine animale et ceux d'origine végétale, mais il en existe aussi en matières synthétiques, comme certaines pâtes. Syn. : esche.

APPÂTER : v. Escher un hameçon ou attirer des poissons avec des appâts.

APRON : n. m. Poisson de la famille des percidés dont le nom latin est *Zingel asper*. Il n'est pas recherché des pêcheurs, mais mord parfois à la ligne. Sa présence est très localisée (bassin du Rhône).

ARAIGNÉE : n. f. Mouche artificielle de base pour pêcher en sèche ou en noyée.

ARDILLON : n. m. Ergot de métal situé à la pointe d'un hameçon et assurant une forte tenue dans la bouche des poissons.

ARIEL : n.f. Nom d'une monture utilisée pour pêcher au poisson mort comprenant un lest allongé en plomb.

ARRACHÉ : n. m. Extraction de l'eau d'une ligne à mouche. Pour pêcher avec discrétion, l'arraché doit se faire en douceur.

ARTIFICIELLE : n. f. Imitation d'un insecte que l'on utilise à la pêche à la mouche pour tromper les poissons.

ASSEC : n. m. État d'un plan d'eau vidangé. Le niveau de l'eau est alors au plus bas.

ASSOCIATED FISHING TACKLE MANUFACTURED OF AMERICA (AFTMA) : Association regroupant des fabricants de matériel de pêche à l'échelon international.

ASSOCIATION AGRÉÉE DE PÊCHE ET DE PROTECTION DU MILIEU AQUATIQUE (AAPPMA) : Association de pêche reconnue par l'Union nationale pour la pêche et la protection du milieu aquatique. Elle dépend d'une fédération départementale et délivre les cartes de pêche et les timbres piscicoles. La France en compte actuellement plus de 4000.

ATTAQUE : n. f. Se dit lorsque le poisson mord à la ligne.

AVAL : n. m. Désigne la partie où se dirige le courant. Contr. : amont.

AVALAISON : n. f. Migration vers la partie inférieure des cours d'eau ou vers la mer. Syn. : dévalaison. Contr. : amontaison.

AVANÇON : n. m. Bas de ligne, en acier ou en matière synthétique, utilisé pour pêcher les carnassiers aux dents tranchantes. Syn. : crinelle.

AVON : n.m. Terme anglais désignant un modèle de flotteur anglais que l'on utilise pour pêcher en eau courante. Son corps renflé se termine par une tige mince. Il présente deux ou trois points de fixation. Il porte le nom d'une rivière anglaise : la Hampshire Avon. L'Avon Topper, dont la tige est en quill de corbeau, fait partie de cette catégorie de flotteur. Il a été inventé par le pêcheur de compétition anglais Haskins Topper.

B

BACKING : n. m. Terme anglais. Réserve de fil placée dans la gorge d'un moulinet, avant le corps de ligne.

BAGUE : n. f. Anneau de métal ou de plastique servant à fixer un moulinet sur une canne. Désigne également le système de fixation de certains flotteurs.

BÂILLON : n. m. Accessoire servant à maintenir la mâchoire d'un poisson ouverte afin de pouvoir ôter un hameçon.

BALANCE : n. f. Matériel de pêche destiné à pêcher les écrevisses. Elle se compose d'un filet fixé à un cerceau.

BALLASTIÈRE : n. f. Étang artificiel créé en comblant d'eau les trous laissés par l'extraction de granulats.

BAMBOU : n. m. Plante utilisée autrefois pour fabriquer les cannes à pêche.

BANNIÈRE : n. f. Partie de la ligne située entre le scion de la canne et le bas de ligne.

BARBILLONS : n. m. Organes sensoriels situés près de la bouche de certains poissons, comme le barbeau, la lote, la carpe ou le poisson-chat. Désigne également les jeunes barbeaux. Syn. : moustaches.

BAS DE LIGNE : n. m. Partie terminale de la ligne de pêche. Elle est en Nylon, en acier, en tresse, suivant les montages, et se termine par un ou plusieurs hameçons. Syn. : empile.

BAVETTE : n. f. Déflecteur placé à l'avant d'un poisson nageur ou d'une monture à poisson mort, servant à orienter sa nage à la traction.

BÉCART : n. m. et adj. Salmonidé mâle dont les mâchoires se courbent en forme de bec durant la période de reproduction.

BERGES : n. f. Bords du cours d'eau.

BIBERON : n. m. Petit leurre en caoutchouc, en forme de tétine de biberon, que l'on emploie pour pêcher la perche.

BIEF : n. m. Partie d'un canal située entre deux écluses ou canal de dérivation d'un ouvrage hydraulique.

BIOCÉNOSE : n. f. Population vivante d'un biotope homogène.

BIOMASSE : n. f. Quantité d'organismes vivant dans un milieu donné.

BIOTOPE : n. m. Milieu biologique déterminé offrant un habitat à une population animale ou végétale.

BLAGEON : n. m. Poisson de la famille des cyprinidés dont le nom latin est *Leuciscus soufia*. Il est peu recherché des pêcheurs, mais mord bien à la ligne.

BLANCHAILLE : n. f. Appellation péjorative. Désigne l'ensemble des poissons blancs, comme le gardon ou l'ablette.

BLANCHIR : v. Montrer les flancs après la bagarre au bout de la ligne, en parlant d'un poisson épuisé.

BLANK : n.m. Terme anglais. Élément nu d'une canne à pêche.

BLENNIE FLUVIATILE : n. f. Poisson de la famille des blennidés dont le nom latin est *Blennius fluviatilis*. Il n'est pas recherché des pêcheurs et ne se capture pratiquement pas à la ligne.

BOUCHON : n. m. Nom du flotteur trapu. Cette appellation a pris aujourd'hui une connotation péjorative. Elle est aujourd'hui remplacée par le mot « flotteur ».

BOUILLETTE : n. f. Appât rond composé de farines de protéines végétales ou carnées. Vient du mot anglais « boilie ».

BOUQUET : n. m. Nom de la crevette rose.

BOUQUET DE MIE DE PAIN : n. m. Mie de pain fraîche pincée à la hampe d'un hameçon pour pêcher les poissons blancs.

BOURRICHE : n. f. Panier ou filet de pêche destiné à conserver le poisson vivant dans l'eau après sa capture.

BOUTONS DE NOCE : n. m. Tubercules apparaissant sur le corps des cyprinidés mâles lors de la période de reproduction.

BOUVIÈRE : n. f. Poisson de la famille des cyprinidés, dont le nom latin est *Rhodeus amarus*. Il n'est pas recherché des pêcheurs, mais se capture parfois à la ligne.

BRACONNAGE : n. m. Fait de pêcher sans autorisation, de capturer des poissons protégés, de pêcher en période de fermeture ou d'utiliser des procédés ou des engins interdits. Ces actes de braconnage caractérisés sont punis sévèrement par la loi.

BRANCHIES : n. f. Organes respiratoires des poissons.

BRANCHIOSPINES : n. f. Expansions situées à la concavité des arcs branchiaux d'un poisson. Elles empêchent les proies de ressortir par les ouïes tout en laissant passer l'eau.

BRAS MORT : n. m. Chenal abandonné d'un cours d'eau. C'est une zone humide où une multitude d'espèces (des poissons, mais aussi des oiseaux) se reproduit.

BREDOUILLE : n. f. ou adj. Fait de ne capturer aucun poisson durant une partie de pêche.

BRIDER : v. Contrôler le départ d'un poisson qui s'est saisi de l'esche et entraîne la ligne.

BRIN : n. m. Élément constitutif d'une canne à pêche.

BULDO : n. m. Sphère de plastique transparent que l'on remplit plus ou moins d'eau pour modifier sa densité. On l'utilise pour propulser loin un leurre ou un appât léger.

BULLES : n. f. Signes caractéristiques de l'activité des poissons. Si les bulles se déplacent, elles indiquent que les poissons fouisseurs recherchent leur nourriture dans la vase. Si elles restent au même endroit, il s'agit plutôt de la remontée d'un gaz de fermentation.

BUTÉE : n. f. Petit plomb ou autre arrêtoir destiné à bloquer un montage de fuite, un flotteur coulissant, ou à protéger un nœud.

C

CADRE : n. m. Accessoire de bois ayant la forme d'un cadre et faisant office de moulinet. Il était autrefois utilisé pour pêcher au poisson mort. On l'emploie encore aujourd'hui dans certaines régions.

CARASSIN DORÉ : n. m. Poisson de la famille des cyprinidés dont le nom latin est *Carassius auratus*. C'est le fameux poisson rouge.

CARBONE : n. m. Matériau léger et résistant que l'on utilise pour la fabrication des cannes modernes. Ce métalloïde est bon conducteur de l'électricité. Il ne faut donc pas l'employer en période d'orage ni à proximité d'une ligne à haute tension.

CARNASSIERS : n. m et adj. Poissons se nourrissant de proies vivantes (poissons, insectes…), comme le brochet, le sandre ou encore la perche.

CASQUE : n. m. Élément en plomb ou en laiton qui sert à lester une monture à poisson mort. Le casque recouvre la tête de l'appât et lui confère une nage dandinée.

CATADROMES : adj. Se dit des poissons migrateurs, comme l'anguille, qui vivent et croissent en eau douce et se reproduisent en mer. Contr. : anadromes.

CAUDALE : adj. Nageoire impaire, située à l'extrémité inférieure du poisson.

CENDRÉE : n. f. Petit plomb sphérique fendu servant à lester une ligne.

CERQUE : n. m. Appendice caudal de certains insectes. Désigne également les fibres utilisées pour les imiter dans la fabrication des mouches artificielles.

CHABOT : n. m. Poisson de la famille des cottités, dont le nom latin est *Cottus gobio*. Il n'est pas recherché des pêcheurs et ne mord pratiquement pas à la ligne.

CHEVROTINE : n. f. Gros plomb de pêche.

CLIPOT : n. m. Dispositif en plastique ou en métal, destiné à maintenir une potence ou un plomb écartés de la ligne.

COLLERETTE : n. f. Partie d'une mouche artificielle composée d'un ou de plusieurs hackles enroulés.

CONFLUENCE : n. f. Jonction de deux cours d'eau, l'un se jetant dans l'autre.

CONSEIL SUPÉRIEUR DE LA PÊCHE (CSP) : Organisme institué par la loi. Cet établissement public donne son avis sur les mesures législatives et réglementaires concernant l'exercice de la pêche en eau douce et centralise les produits de la taxe piscicole. Il administre par ailleurs les gardes-pêche commissionnés qui ont la mission de faire respecter la réglementation de la pêche et d'agir pour la préservation des milieux aquatiques.

CORPS DE LIGNE : n. m. Partie principale de la ligne, située entre le scion de la canne et le bas de ligne.

COUP : n. m. Secteur de pêche.

CRINELLE : n. f. Bas de ligne, en acier ou en matière synthétique, utilisé pour confectionner des bas de ligne résistant aux dents tranchantes des carnassiers, comme le brochet. Syn. : avançon.

CUILLER : n. f. Leurre métallique employé pour pêcher les carnassiers. On distingue deux principales catégories : la cuiller tournante, pourvue d'une palette qui entre en rotation lors de la récupération et la cuiller ondulante, qui se comporte à la manière d'un poisson blessé.

CUIR-AMADOU : n. m. Petit accessoire servant à sécher une mouche afin qu'elle flotte correctement. La matière utilisée provient de l'amadouvier, un champignon parasite dont on se servait autrefois pour réaliser du tissu et des mèches à briquet.

CUISSARDES : n. f. Bottes montant jusqu'aux cuisses, employées pour pêcher les pieds dans l'eau.

CUL DE CANARD : n. m. Plume de canard prélevée près de la glande qui lui permet d'imperméabiliser son plumage. On l'utilise pour confectionner des mouches artificielles.

D

DANDINER : v. Animer un leurre ou un appât à la verticale, est une pratique pour pêcher la perche au poisson d'étain.

DÉFENSE : n. f. Efforts déployés par un poisson lorsqu'il veut se libérer d'une ligne.

DÉGORGEOIR : n. m. Instrument servant à ôter l'hameçon de la bouche d'un poisson.

DÉGORGER : v. Ôter un hameçon de la bouche d'un poisson à l'aide d'un outil prévu à cet usage : le dégorgeoir.

DÉPART : n.m. Se dit lorsqu'un poisson s'empare de la ligne, la mord et l'entraîne avec lui.

DÉVALAISON : n. f. Migration vers la partie inférieure des cours d'eau ou vers la mer. Syn. : avalaison. Contr. : amontaison.

DÉVIDAGE : n. m. Sortie de la ligne d'un moulinet.

DEVON : n. m. Terme anglais désignant un leurre qui imite un poisson armé d'un ou de plusieurs hameçons. Lors de la récupération, le devon entre en rotation.

DISTROPHISATION : n. f. Eutrophisation d'un milieu aquatique provoquée par un facteur humain (pollution, ralentissement du courant...).

DOWN-STREAM : Terme anglais désignant une action de pêche, où le pêcheur prospecte les postes en descendant le courant. Contr. : up-stream.

DRACHKO : voir Monture Drachko.

DRAGAGE : n. m. Comportement de la mouche à la surface de l'eau, lorsque celle-ci ne dérive pas correctement.

DUBBING : n. m. Terme anglais désignant un matériau utilisé pour réaliser le corps des mouches artificielles. Il s'agit de fibres synthétiques ou de poils que l'on poisse sur le fil de montage et que l'on enroule autour de la hampe de l'hameçon.

DUDULE : n. f. Rondelle de caoutchouc servant à fixer une ligne au bout du scion d'une canne au coup.

DUN : n. m. Terme anglais. Mouche artificielle imitant un subimago.

E

EAUX CLOSES : n. f. Terme juridique désignant les eaux qui ne communiquent pas avec les eaux libres. Contr. : eaux libres.

EAUX LIBRES : n. f. Terme juridique qui désigne les eaux s'écoulant vers la mer. Contr. : eaux closes.

ÉCHELLE À POISSONS : n. f. Dispositif permettant aux poissons migrateurs de franchir un barrage.

ÉCUREUIL : n. m. Indicateur de touche visuel pour pêcher à fond.

EFFLUENT : n. m. Cours d'eau qui sort d'un lac. Syn. : émissaire.

ÉGRENER : v. Jeter des graines sur un coup pour attiser la convoitise des poissons.

ÉMERGENTE (MOUCHE) : n. f. Mouche artificielle qui imite un subimago progressant dans la pellicule d'eau avant le déploiement de ses ailes.

ÉMERILLON : n. m. Accessoire permettant de rattacher un bas de ligne à un corps de ligne ou de limiter le vrillage du fil. S'utilise également pour fixer un leurre à une ligne. Il existe des émerillons en forme de baril, à agrafe, ou encore à trois anneaux.

EMPILE : n. f. Bas de ligne.

EMPOISSONNEMENT : n. m. Déversement de poissons pour repeupler une rivière ou un plan d'eau.

ENGAMAGE : n. m. Action d'engamer.

ENGAMER : v. Avaler une esche en parlant d'un poisson.

ÉPILIMNION : n.m. Désigne la couche d'eau superficielle d'un lac située audessus de la thermocline.

ÉPINOCHE : n.f. Poisson de la famille des gastérostéidés, dont le nom latin est *Gasterosteus aculeatus*. Il n'est pas recherché des pêcheurs, mais se capture parfois à la ligne. Se différencie de l'épinochette par le nombre de ses épines dorsales : 2 à 4.

ÉPINOCHETTE : n.f. Poisson de la famille des gastérostéidés, dont le nom latin est *Pungitius pungitius*. Il n'est pas recherché des pêcheurs, mais se capture parfois à la ligne. Se différencie de l'épinoche par le nombre de ses épines dorsales : 6 à 12.

ÉPUISER UN POISSON : v. Fatiguer un poisson qui a mordu à la ligne pour le mettre au sec.

ÉPUISETTE : n. f. Accessoire employé pour mettre le poisson pris à la ligne au sec. Il se compose d'un manche (télescopique ou pas) et d'un filet fixé sur un support rond, ovale ou encore triangulaire.

ESCHAGE AU CHEVEU : n. m. Type de montage où l'appât est fixé à un brin libre rattaché à l'hameçon et non pas directement à l'hameçon. On l'utilise pour pêcher la carpe à la bouillette ou à la graine.

ESCHE : n. f. Tout ce qui se met à l'hameçon pour capturer les poissons. Contrairement aux leurres, les esches sont consommables. Syn. : appât.

ESCHER : v. Fixer un appât d'origine animale ou végétale, voire synthétique, à un hameçon, pour capturer les poissons. Syn. : appâter.

ÉSOCICULTURE : n. f. Élevage du brochet.

ESTURGEON COMMUN : n. m. Poisson de la famille des aspenséridés, dont le nom latin est *Acispenser sturio*. Les populations sont rares et sa pêche est interdite.

ÉTIAGE : n. m. Niveau d'eau le plus bas sur un cours d'eau.

EURYHALIN : adj. Se dit d'un poisson qui vit aussi bien en mer qu'en eau douce.

EURYTHERME : adj. Se dit d'un poisson pouvant supporter des variations de température importantes.

EUTROPHISATION : n. f. Accroissement des matières nutritives dans l'eau, ce qui cause, à terme, son étouffement et son comblement.

EXUVIE : n. f. Enveloppe abandonnée par certains insectes lors de leur mue.

F

FATIGUER UN POISSON : v. Lutter avec un poisson qui a mordu jusqu'à ce qu'on puisse l'amener à l'épuisette ou le saisir à la main.

FAUX-LANCER : n. m. Mouvement préalable au lancer d'une ligne à mouche pour allonger la ligne, sécher une artificielle ou l'orienter convenablement. En mouche noyée, en nymphe ou au streamer, les faux-lancers doivent être limités au maximum.

FÉDÉRATIONS DÉPARTEMENTALES POUR LA PÊCHE ET LA PROTECTION DES MILIEUX AQUATIQUES (FDPPMA) : n. f. Organismes fédérateurs des associations agréées de pêche et de protection des milieux aquatiques (AAPPMA). Il y en a aujourd'hui 93.

FEEDER : n. m. Terme anglais désignant un amorçoir que l'on remplit d'esches pures ou d'un mélange de farines. S'utilise pour pêcher à l'anglaise.

FERRAGE : n. m. Action de ferrer.

FERRER : v. Tirer sur la ligne pour que la pointe de l'hameçon se fiche dans la bouche du poisson.

FIBRE DE VERRE : n. f. Matériau employé pour la fabrication des cannes. Il est aujourd'hui de plus en plus remplacé par le carbone.

FILOCHER : v. Prendre un poisson dans le filet d'une épuisette.

FIN DE FER : adj. Se dit d'un hameçon dont la tige est fine. Contr. : gros de fer.

FLOTTEUR : n. m. Accessoire positionné sur la ligne pour détecter les touches, qui se manifestent généralement par son enfoncement, et maintenir l'appât à un certain niveau. Syn. : bouchon.

FOUET : n. m. Canne à mouche.

FOUETTER : v. Mettre en action la soie d'une canne à mouche.

FOUILLIS : n. m. Ensemble brut ou pur de vers de vase (larves de chironome) que l'on récolte dans la vase à l'aide d'un tamis.

FOUISSEUR : n. m. Qualifie un poisson qui recherche sa nourriture en fouillant la vase du fond.

FRAI : n. m. Produit de la ponte des poissons ou période durant laquelle ils se reproduisent.

FRAYER : v. Chez les poissons, action de se reproduire.

FRAYÈRE : n. f. Zone où les poissons se reproduisent et déposent leurs œufs.

FREIN : n. m. Dispositif servant à ralentir ou à stopper le déroulement du fil qui garnit la bobine d'un moulinet, durant la bagarre avec un poisson.

FUSEAU : n. m. Ligne pour la pêche à la mouche.

G

GAFFE : n. f. Accessoire métallique servant à crocheter une prise pour la mettre au sec. La gaffe est de moins en moins utilisée, les pêcheurs lui préférant de beaucoup l'épuisette qui permet de pratiquer le no-kill.

GAFFER : v. Piquer un poisson avec une gaffe.

GAMBUSIE : n. f. Petit poisson de la famille des poécilidés, qui porte le nom latin de *Gambusia affinis*. Il a été introduit en 1924 en Corse et en 1927 en métropole, pour lutter contre les moustiques. La gambusie est le seul poisson que l'on rencontre dans nos eaux à ne pas pondre d'œufs : il donne naissance à ses petits.

GARDE-PÊCHE : n. m. Agent chargé de faire respecter la réglementation de la pêche. Il existe des gardes-pêche commissionnés, qui dépendent de l'administration, et des gardes-pêche privés, employés par les propriétaires d'un parcours de pêche.

GARDERIE : n. f. Ensemble des gardes-pêche qui ont la charge d'un secteur.

GAULE : n. f. Désignation désuète ou familière de la canne à pêche.

GAVER LE POISSON : v. Lui distribuer trop d'amorce, au point qu'il ne mord plus.

GAZELLE : n. f. Farine utilisée dans la préparation de l'amorce.

GOBAGE : n. m. Action d'un poisson saisissant un insecte à la surface de l'eau. Le gobage se manifeste par un éclaboussement ou des ronds concentriques se formant à la surface de l'eau.

GOBER : v. En parlant d'un poisson, saisir un insecte à la surface de l'eau.

GOBIE : n.m. Poisson de la famille des gobidés. Il existe le gobie tacheté (*Pomatoshistus microps*) et le gobie buhotte (*Pomatoshistus minutus*). On les rencontre plutôt dans les zones saumâtres du pourtour atlantique et méditerranéen. Ils ne sont pas recherchés des pêcheurs.

GOUJONNIÈRE : n. f. Récipient où les vifs, en particulier les goujons, sont stockés pour être transportés.

GRAPPIN : n. m. Crochet servant à nettoyer le fond pour éviter les accrochages. Désigne également un hameçon triple.

GRAVIÈRE : n. f. Zone d'un cours d'eau peu profond et à fond de gravier où le courant est important.

GRÉGAIRE : adj. Se dit d'une espèce qui vit en groupes.

GRELOT : n. m. Détecteur de touche de forme cylindrique que l'on fixe au bout de la canne. Il est employé pour pêcher à la calée. Lorsqu'une touche a lieu, il est agité et se met à sonner.

GRÉMILLE : n. f. Poisson de la famille des percidés dont le nom latin est *Gymnocephalus cernua*. Il n'est pas recherché des pêcheurs, mais se capture parfois à la ligne.

GROS DE FER : adj. Se dit d'un hameçon dont la tige est épaisse. Contr. : fin de fer.

GROUPEMENT DE L'INDUSTRIE FRANÇAISE D'ARTICLES DE PÊCHE (GIFAP) : n. m. Cet organisme regroupe les fabricants et les distributeurs de matériel de pêche et les défend face à la concurrence internationale. Il fait aussi la promotion de la pêche de loisir.

H-I

HABITAT : n. m. Zone où se développe une biomasse. Syn. : biotope.

HACKLES : n. m. Terme anglais. Plumes employées pour réaliser des mouches artificielles.

HALIEUTIQUE : adj. et n. f. Qui concerne la pêche ou l'art de la pêche.

HAMEÇON : n. m. Crochet de métal qui sert à capturer les poissons. Il en existe de formes diverses, à une ou plusieurs branches.

HAMPE : n. f. Partie de l'hameçon située entre la courbure et l'œillet ou la palette.

HAUT-FOND : n. m. Endroit où le fond d'une rivière ou d'un plan d'eau est peu profond.

HERL : n. m. Terme anglais. Fibre de plume dont on se sert pour réaliser les mouches artificielles.

HÉTÉROCERQUE : adj. Se dit d'une nageoire caudale ayant une forme asymétrique chez certains poissons, comme l'esturgeon.

HOMING : Terme anglais désignant le phénomène du retour des poissons migrateurs, comme le saumon, dans la rivière où ils sont nés.

HOMOCERQUE : adj. Se dit d'une nageoire caudale dont les lobes sont égaux.

HYBRIDATION : n. f. Croisement de deux espèces différentes mais voisines. Ce phénomène n'a pas lieu uniquement en pisciculture. Les poissons comme le gardon ou le rotengle s'hybrident à l'état naturel, la nature des sites de reproduction et les périodes étant identiques.

HYPOLIMNION : n. m. Couche d'eau profonde d'un lac située en dessous de la thermocline.

ICHTYOLOGIE : n. f. Partie de la zoologie qui traite des poissons.

IMAGO : n. m. État adulte chez les insectes. Les pêcheurs à la mouche utilisent un grand nombre d'imitations d'imagos pour leurrer les poissons.

INCUBATION : n. f. Période durant laquelle l'embryon d'un poisson se développe à l'intérieur d'un ovocyte pour donner naissance à un alevin.

INFÈRE (BOUCHE) : adj. Bouche située sous la tête ou dirigée vers le bas. C'est un signe caractéristique des poissons fouisseurs qui recherchent leur nourriture en fouillant les substrats ou en raclant le fond.

L

LAITANCE : n. f. Sperme des poissons.

LANCER : n. m. Propulser une ligne à l'eau. Désigne aussi la canne utilisée pour pêcher au lancer.

LARVE : n. f. Forme embryonnaire d'un insecte. On l'utilise comme appât.

LB : Abréviation de la livre anglaise qui est une unité de mesure. Une livre anglaise est égale à 453 g.

LENTIQUE (ZONE) : adj. Habitat situé en eau stagnante ou à écoulement lent. Contr. : lotique.

LEURRE : n. m. Accessoire armé d'un ou de plusieurs hameçons et destiné à capturer des prédateurs. Il imite une proie ou excite l'agressivité des poissons par des stimuli (visuels, mécaniques ou sonores).

LIGATURE : n. f. Nœud permettant d'assembler les éléments d'une ligne ou de fixer des anneaux sur une canne à lancer.

LIGNE : n. f. Fil de pêche se terminant par un hameçon ou un leurre.

LIGNE DE FOND : n. f. Ligne de pêche évoluant près du fond ou dessus.

LIGNE FLOTTANTE : n. f. Ligne de pêche comportant un flotteur.

LIGNE LATÉRALE : n. f. Organe sensoriel situé sur les flancs de nombreux poissons, constitué de petits canaux en relation avec les nerfs latéraux. La ligne latérale leur permet d'analyser le milieu dans lequel ils vivent (présence de courant, température, profondeur, vibration…) et de détecter des mouvements qui se produisent dans leur environnement.

LIRE L'EAU : v. Chercher à comprendre, en observant certains indices, où se trouvent les poissons, s'ils sont en activité, ce qu'ils mangent et à quoi ils sont susceptibles de mordre.

LOCHER : v. Escher un vif en passant le bas de ligne sous sa peau à l'aide d'une aiguille.

LOCHE : n.f. Poisson de la famille des cobitidés. Il existe la loche d'étang (*Misgurnus fossilis*), la loche franche (*Barbatula barbatula*) et la loche épineuse (*Cobitis taenia*). Ces espèces ne sont pas recherchées des pêcheurs, car elles mordent difficilement et ne présentent donc guère d'intérêt.

LOTIQUE (ZONE) : adj. Habitat situé en eau courante. Contr. : lentique.

M

MAILLE : n. f. Taille minimale légale de capture de certains poissons. Un brochet de 50 cm fait la maille. Il peut donc être légalement conservé.

MANŒUVRE D'AGUICHAGE : n. m. Manœuvre de la ligne destinée à exciter l'agressivité des poissons ou à susciter leur curiosité pour les inciter à mordre.

MÉTALIMNION : n. m. Couche d'eau d'un lac située entre l'épilimnion et l'hypolimnion. Syn. : thermocline.

MÉTAMORPHOSE : n. f. Chez un insecte, transformation de la larve en adulte.

METTRE DU FOND : v. Augmenter la hauteur entre le flotteur et l'hameçon pour pêcher plus en profondeur.

MIGRATION : n. f. Déplacement de certains poissons pour se reproduire ou gagner une zone favorable à leur développement. On distingue les migrateurs amphibiotiques, qui changent de milieu pour se reproduire (de l'eau douce vers la mer ou de la mer vers l'eau douce), et les migrateurs holobiotiques, qui restent dans leur milieu. C'est le cas du brochet lorsqu'il gagne ses zones de frayère.

MITRAILLETTE : n. f. Petite canne utilisée pour pratiquer la pêche de vitesse.

MONOFILAMENT : n. m. Fil synthétique d'un seul brin, utilisé pour constituer les lignes ou remplir la bobine d'un moulinet. Syn. : filament.

MONTAGE : n. m. Préparation d'une ligne pour la pêche. Désigne également l'action de monter une mouche artificielle ou de fabriquer un leurre.

MONTAGE HÉLICOPTÈRE : n. m. Montage employé pour pêcher la carpe. Il comporte une potence qui se met en rotation lors du lancer.

MONTAGE PATER NOSTER : n. m. Montage comportant un émerillon pater noster (à 3 anneaux), employé pour présenter un vif monté sur une potence en dérivation.

MONTURE : n. f. Dispositif servant à recevoir certaines esches ou certains leurres.

MONTURE DRACHKO : n.f. Dispositif employé pour pêcher au poisson mort manié. Il a été mis au point par Albert Drachkovitch, spécialiste de la technique.

MONTURE STEWART : n. f. Monture comportant 2 ou 3 hameçons, employée pour pêcher au vif ou au ver. Elle porte le nom de son inventeur, un pêcheur anglais.

MOUCHE : n. f. Imitation d'un invertébré aquatique à différents stades (larvaire, nymphal ou parfait) pour tromper les poissons à la pêche à la mouche.

MOUCHE EXACTE : n. f. Imitation la plus parfaite d'un insecte.

MOUCHE FANTAISIE : n. f. Artificielle n'imitant rien de précis.

MOUCHE-TUBE : n. f. Leurre tubulaire utilisé pour la pêche au saumon et des grosses truites.

MOUCHERONNER : v. Pour le poisson, action de saisir des insectes à la surface de l'eau.

MOUCHEUR : n. m. Pêcheur à la mouche.

MOUILLE : n. f. Zone profonde d'un cours d'eau.

MOUILLER UNE AMORCE : v. Mouiller une amorce avec un liquide pour modifier sa densité.

MOUILLER UNE ANCRE : v. Jeter l'ancre.

MOULINER : v. Tourner la manivelle d'un moulinet.

MOULINET : n. m. Appareil mécanique permettant de disposer d'une longueur de ligne variable pour pêcher loin ou combattre un poisson. Il existe des moulinets à tambour fixe, dont l'enroulement du fil se fait grâce à un pick-up, et des moulinets à tambour tournant, dont la bobine tourne lorsque la manivelle est actionnée.

MUCUS : n. m. Sécrétion de certaines glandes de la peau des poissons, qui les protège de leur environnement.

N

NAPPE CAPTIVE : n. f. Nappe d'eau souterraine profonde.

NAPPE PHRÉATIQUE : n. f. Nappe d'eau souterraine située à faible profondeur.

NO-KILL : n. m. Terme anglais signifiant « ne pas tuer ». Il désigne une pratique qui consiste à relâcher le poisson après l'avoir capturé. Ceux qui s'adonnent au no-kill ne pêchent pas pour consommer le produit de leur pêche, mais par plaisir et par sport.

NOQUETTE : n. f. Appât constitué d'un cube de pain, de fromage ou encore de pomme de terre, entouré d'un fil sur lequel se fixe l'hameçon.

NUAGEANTE (AMORCE) : adj. Qualifie une amorce produisant un nuage attractif de particules dans l'eau. Les amorces nuageantes sont très utilisées pour pêcher l'ablette en surface.

NYLON : n. m. Monofilament à base de polyamide, inventé en 1937 par Du Pont de Nemours, dont on se sert pour réaliser les lignes.

NYMPHE : n. f. État intermédiaire chez un insecte entre celui de la larve et de l'insecte parfait (adulte).

O

ŒILLET : n. m. Partie terminale bouclée de certains hameçons où s'attache le bas de ligne.

OLIVE : n. f. Lest de plomb en forme d'olive.

OLIVETTE : n. f. Petit lest en forme d'olive.

P

PANACHÉ : n. m. Réunion de deux esches de nature différente sur un même hameçon.

PANIER : n. m. Récipient dans lequel on conserve les poissons.

PANTALONS DE PÊCHE : n. m. Waders.

PÂTE : n. f. Esche composée de farines et d'autres ingrédients goûteux.

PÊCHE À LA CALÉE : n. f. Technique de pêche selon laquelle la ligne plombée est posée sur le fond et la canne maintient la bannière tendue. La touche se manifeste par la courbure de la canne ou le tintement d'un grelot.

PÊCHE À LA SURPRISE : n. f. Technique de pêche qui consiste à présenter un appât (insecte, fruit) à la surface de l'eau pour faire croire au poisson qu'il a chuté naturellement.

PÊCHE À LA TIRETTE : n. f. Technique de pêche consistant à ramener la ligne par des tirées successives.

PÊCHE À LA TRAÎNE : n. f. Technique de pêche consistant à faire évoluer un leurre ou un appât derrière un bateau.

PÊCHE À LA VOLANTE : n. f. Technique de pêche traditionnelle qui consiste à présenter un appât à la surface de l'eau sur une ligne non lestée.

PÊCHE À RÔDER : n. f. Technique de pêche itinérante où le pêcheur présente son appât sur des postes où se tiennent les poissons.

PÊCHE AU TOC : n. f. Technique de pêche traditionnelle où la touche est détectée par les chocs imprimés à la ligne lorsque le poisson saisit l'appât.

PÊCHER : v. Pratiquer l'exercice de la pêche.

PÊCHER L'EAU : v. Pêcher en prospectant tous les postes susceptibles d'abriter des poissons. Syn. : pêcher en aveugle.

PELOTE : n. f. Boule de terre dans laquelle est dissimulé un hameçon esché. Bouquet de lombrics utilisé pour pêcher à la vermée.

PÉRIODE D'ÉCLOSION : n. f. Période durant laquelle des insectes aquatiques à l'état de larves se métamorphosent en insectes volants. Ils gagnent alors la surface de l'eau, ce qui déclenche le gobage des poissons.

PERRUQUE : n. f. Emmêlement important d'un fil de pêche à la sortie du moulinet ou sur la ligne.

PERRUQUER : v. Embrouiller la ligne.

PICK-UP : n. m. Terme anglais. Anse située au-dessus de la bobine des moulinets à tambour fixe, qui permet de rembobiner le fil. Lors du lancer de la ligne, le pick-up est levé. Lors de sa récupération, il s'abaisse automatiquement.

PIQUÉE : n.f. Enfoncement du flotteur.

PIQUER UN POISSON : v. Planter un hameçon dans la gueule du poisson en pêchant.

PISCICULTURE : n. f. Établissement où les poissons sont produits ou élevés. Désigne aussi les techniques se rapportant à cette activité.

PLIOIR : n. m. Accessoire utilisé pour ranger les lignes montées.

PLOMB : n. m. Lest pour les lignes.

PLOMBÉE : n. f. Ensemble des plombs qui lestent une ligne.

PLOMBER : v. Lester une ligne.

POINTE DE LIGNE : n. f. Partie terminale d'une ligne.

POINTE D'HAMEÇON : n. f. Partie piquante de l'hameçon.

POMPER : v. Ramener un poisson capturé à la ligne en faisant alterner traction sur la canne et récupération de la ligne par des tours de manivelle du moulinet.

POOL : n. m. Terme anglais désignant la partie profonde d'un cours d'eau située entre deux radiers.

POPPER : n. m. Terme anglais. Leurre utilisé pour pêcher le black-bass en surface. Lors de son animation, il produit des éclaboussures attractives.

POSTE : n. m. Endroit où se tient le poisson. Désigne également l'endroit où s'installe le pêcheur.

POTENCE : n. f. Bas de ligne monté en dérivation.

Q

QUEUE-DE-RAT : n. f. Bas de ligne de diamètre décroissant employé à la pêche à la mouche.

QUILL : n. m. Terme anglais désignant la tige d'une plume débarrassée de ses fibres et que l'on utilise pour réaliser des mouches artificielles.

QUIVER-TIP : n. m. Terme anglais désignant un indicateur de touche employé pour pêcher à l'anglaise à fond (pêche au quiver-tip) dans tous les types d'eau. C'est un scion fin et souple, généralement de couleur voyante, qui se courbe à la touche, contrairement au swing-tip, qui se relève.

RADIER : n. m. Partie peu profonde d'un cours d'eau où le courant est fort. Le fond est recouvert de graviers ou de sable.

RAPIDES : n. m. Parties d'un cours d'eau où le courant est important.

RÉCUPÉRER : v. Rembobiner le fil d'un moulinet en tournant sa manivelle.

RENDRE LA MAIN : v. Donner de la ligne au poisson pour éviter de la casser.

R-S

REMPOISSONNER : v. Repeupler une rivière ou un plan d'eau en y déversant des alevins ou des poissons adultes.

RETENUE : n. f. Désigne la partie amont d'un barrage.

RIPISYLVE : n. f. Végétation arborée ou buissonnante se développant au bord de l'eau.

ROD-POD : n. m. Terme anglais désignant le support de cannes que les pêcheurs de carpes utilisent.

SABLON : n. m. Sable fin, de couleur blanche, utilisé dans les amorces pour augmenter leur densité.

SAC VITELLIN : n. m. Poche nutritive que les alevins portent sous le ventre et qui qui assure leur subsistance avant qu'ils soient autonomes et puissent rechercher leur nourriture.

SALMONICULTURE : n. f. Pisciculture des salmonidés.

SALURE DES EAUX (LIMITE DE) : n.f. Frontière entre l'eau douce et l'eau saumâtre. Celle-ci varie en fonction des cours d'eau et des marées.

SAUTEUSE : n. f. Mouche artificielle montée en dérivation sur une courte potence et travaillant à la surface de l'eau.

SCALIMÉTRIE : n. f. Détermination de l'âge des poissons par l'observation des zones de croissance sur les écailles.

SCION : n. m. Partie terminale d'une canne à pêche.

SEDGE : n.m. Terme anglais. Imitation de la phrygane, insecte trichoptère dont les larves se protègent dans un fourreau.

SHOOT : n.m. Terme anglais. Action consistant à donner de la soie pour effectuer la dernière phase de lancer d'une mouche.

SHOOTER : v. Terme anglais. Effectuer un shoot.

SILLAGE : n.m. Syn. de dragage.

SLEEVE : Terme anglais désignant un tube de métal que l'on utilise, à l'aide d'une pince spéciale, pour former une boucle sur un bas de ligne en acier.

SMOLT : Nom anglais d'un jeune saumon ou d'une jeune truite de mer qui descendent la rivière pour gagner la mer.

SOIE : n. f. Ligne en matériau synthétique ou en soie naturelle employée pour pêcher à la mouche.

SONDE : n. f. Lest en plomb que l'on fixe en bout de ligne pour mesurer la hauteur du fond.

SONDER : v. Mesurer la profondeur à l'aide d'une sonde. Pour un poisson, gagner les profondeurs lors de la bagarre au bout d'une ligne.

SPENT : n. m. Terme anglais. Éphémère mort dérivant à la surface de l'eau sous l'action du courant.

SPINNER : n. m. Terme anglais. Leurre

SPINNING : v. Terme anglais. Pêche aux leurres.

SPIRLIN : n. f. Poisson de la famille des cyprinidés dont le nom latin est *Alburnus bipunctatus*. Il ressemble à l'ablette, sauf qu'il possède une bande sombre sur les flancs. On l'appelle également ablette de courant.

STEWART : voir Monture Stewart.

STICK : n.m. Terme anglais désignant un modèle de flotteur anglais effilé que l'on utilise pour pêcher en canal ou dans les rivières de taille moyenne. Il présente deux points de fixation.

STREAMER : n.m. Terme anglais signifiant « oriflamme ». Il désigne les mouches artificielles imitant des alevins qu'on utilise pour pêcher la truite, le saumon et autres salmonidés, mais aussi de gros carnassiers, comme le brochet.

SUBIMAGO : n. m. État d'un insecte lorsqu'il gagne la surface de l'eau, se laisse dériver et s'apprête à prendre son envol.

SURDENSITAIRE : adj. Se dit d'une truite de pisciculture lâchée sur un parcours de pêche.

SURF-CASTING : Terme anglais. Technique de pêche en mer qui consiste à placer une ligne plombée dans les vagues depuis les plages de sable. On l'utilise notamment pour pêcher le bar, le maigre, ou encore les poissons plats.

SWING-TIP : n. m. Terme anglais désignant un détecteur de touche utilisé pour pêcher à l'anglaise à fond (pêche au swing-tip) dans les eaux calmes. C'est un scion articulé qui, lors de la touche, se relève, contrairement au quiver-tip, qui se courbe.

T

TALON : n. m. Extrémité arrière de la canne à pêche.

TAMBOUR : n. m. Élément du moulinet sur lequel s'enroule le fil. Il existe des tambours fixes et des tambours tournants.

TEASER : n.m. Terme anglais. Leurre utilisé à la pêche à la traîne pour attirer l'attention des poissons carnassiers et les inciter à mordre. Par extension, un teaser est un élément que l'on positionne sur une ligne ou un leurre (billes de couleur, palettes de métal, fibres brillantes ou colorées…) pour obtenir les mêmes résultats. Un effet teaser peut se traduire par un effet aguicheur.

TENUE : n. f. Endroit où se tient le poisson.

THERMOCLINE : n. f. Couche de saut thermique située entre l'épilimnion et l'hypolimnion. Syn. : métalimnion.

TINSEL : n. m. Terme anglais. Fil de métal que l'on emploie pour monter des mouches artificielles.

TIRETTE : n. f. Manœuvre pour aguicher les poissons ou positionner la ligne dans le courant.

TOC : n. m. Manifestation de la touche du poisson.

TOUCHE : n. f. Saisie de l'esche par le poisson, qui se manifeste par l'immersion du flotteur, le déplacement de la ligne, des tocs caractéristiques ou encore par la courbure du scion, selon les cas.

TOURBE : n. f. Substance résultant de la décomposition de plantes aquatiques, dont la sphaigne.

TOXOSTOME : n. m. Poisson de la famille des cyprinidés, dont le nom latin est *Chondrostoma toxostoma*. Il est peu recherché des pêcheurs, mais se capture à la ligne.

TRAIN DE MOUCHE : n. m. Montage utilisé pour pêcher à la mouche artificielle. Il se compose d'une mouche sauteuse que l'on travaille à la surface de l'eau et qui sert aussi d'indicateur de touche, d'une mouche intermédiaire qui évolue entre deux eaux, et d'une mouche de pointe, généralement lestée, qui progresse plus en profondeur.

TRAVAILLER UN LEURRE : v. Animer un leurre pour provoquer l'attaque des poissons en imitant une proie ou en excitant leur agressivité naturelle.

TROPISME : n. m. Réaction d'un organisme à un stimulus.

TURBIDITÉ : n. f. État d'une eau troublée par les matières en suspension.

U-V-W

UNION NATIONALE POUR LA PÊCHE ET LA PROTECTION DES MILIEUX AQUATIQUES (UNPPMA) : n. f. Sommet de la pyramide associative qui se bat pour que la pêche reste un loisir accessible à tous et se fasse dans un milieu naturel préservé. Fondée en 1947, l'Union nationale s'est fixé pour buts la défense des intérêts nationaux de la pêche de loisir et la lutte contre le braconnage et les pollutions.

UP-STREAM : Terme anglais désignant une action de pêche. Le pêcheur prospecte les postes en remontant le courant. Contr. : down-stream.

VERMÉE : n. f. Grappe de vers enfilés en chapelet pour pêcher l'anguille.

VESSIE NATATOIRE : n. f. Organe en forme de sac rempli de gaz. Sa fonction est hydrostatique.

VIF : n. m. Poisson vivant fixé à l'hameçon d'une ligne pour pêcher les carnassiers.

VRILLAGE : n. m. Fil qui s'enroule sur lui-même et forme des torsades, ce qui le fragilise. L'émerillon permet de limiter ce phénomène.

WADERS : n. m. Terme anglais désignant des pantalons de pêche que l'on emploie pour pénétrer dans l'eau.

WADING : n. m. Pratique de la pêche en waders.

WAGGLER : n. m. Terme anglais. Type de flotteurs employés pour pêcher à l'anglaise. Il existe les wagglers à bulbe et les wagglers droits.

INDEX

Les pages en *italique gras* renvoient aux illustrations.

N

O

P

R

S

ADRESSES UTILES

Club halieutique interdépartemental
Résidence Concorde 1
23, rue de Turenne
66100 Perpignan
Tél. : 04 68 50 80 12
Fax : 04 68 50 85 40
Internet : www.club-halieutique.com
Courriel : clubhalieutique@aol.com

Conseil supérieur de la pêche
Immeuble Le Péricentre
16, avenue Louison-Bobet
94120 Fontenay-sous-Bois
Tél. : 01 45 14 36 00
Fax : 01 45 14 36 60
Internet : www.csp.environnement.gouv.fr
Courriel : dg-mcp@csp.environnement.gouv.fr

Entente halieutique du Grand Ouest
Les Dorides
1, rue Eugène-Varlin
44100 Nantes
Tél. : 02 40 73 62 42
Fax : 02 40 69 21 72
Internet : consulter le site de l'Union nationale pour la pêche et la protection du milieu aquatique
Courriel : peche44@club-internet.fr

Fédération française de pêche au coup
3, impasse Lorailler
27600 Gaillon
Tél. : 02 32 53 03 35
Fax : 02 32 53 77 12
Courriel : ffpc@peche.org

Fédération française de pêche à la mouche et au lancer
73, quai Auguste-Deshaies
94854 Ivry Cedex
Tél. : 01 45 21 01 69
Fax : 01 46 71 25 59
Internet : www.ffpml.com
Courriel : siege.ffpsml.fr@wanadoo.fr

Fédération française des guides de pêche
BP16
33450 Saint-Sulpice-et-Cameyrac
Tél. : 05 56 30 24 50
Fax : 05 56 30 27 60
Internet : www.ecoledepeche.com
Courriel : info@ecoledepeche.com

Groupement de l'industrie française d'outils de pêche (GIFAP)
17, rue Arnoux
92340 Bourg-la-Reine
Tél. : 01 40 91 03 24
Courriel : gifap@wanadoo.fr

Handipêche France
11, rue E.-Leguillermic
94290 Villeneuve-le-Roi
Tél. et fax : 01 45 97 36 63

L'Union des pêcheurs d'Île-de-France
4, rue Étienne-Dolet
94270 Le Kremlin-Bicêtre
Tél. : 01 53 14 19 80
Fax : 01 53 14 19 81
Internet : www.pechemedia.com/UPIF
Courriel : fppma75@club-internet.fr

Union nationale pour la pêche et la protection du milieu aquatique
17, rue Bergère
75009 Paris
Tél. : 01 48 24 96 00
Fax : 01 48 01 00 65
Internet : www.unpf.fr
Courriel : union.pêche@unpf.fr

Photogravure : Dupont, Paris.
Impression : Canale, Turin.
Impimé en Italie - 560290 / 01
Dépôt légal : mai 2003
10095833 Avril 2003

La carte de France des ententes réciprocitaires